***Jakobsweg im Paarlauf –***
*Drei Wochen Pilgern in Frankreich*

# *Jakobsweg im Paarlauf –*
## *Drei Wochen Pilgern in Frankreich*

***Jens Gundlach und Anke Sawahn***

LVH

Bibliografische Information Der Deutschen Nationalbibliothek

Die Deutsche Nationalbibliothek verzeichnet diese Publikation in der Deutschen Nationalbibliografie; detaillierte bibliografische Daten sind im Internet über http://www.d-nb.de abrufbar.

Bildnachweis:
Umschlagfotos: Kira und Elaine Zielinski, USA
S. 24, 27, 38, 45, 48, 73, 76, 118, 144, 147, 148/149, 154, 161, 166: Kira und Elaine Zielinski, USA
S. 8, 34, 52, 64, 78, 87, 93, 104, 111, 131, 135, 145, 159, 174: Jens Gundlach, Anke Sawahn, Hannover
Kartenzeichnung: Liselotte Lüddecke, Hannover




Umschlaggestaltung: Andreas Klein, Stilfrei Grafikatelier, Hannover
Layout und Satz: Liselotte Lüddecke, Grafikdesign, Hannover
Druck und Bindung: MHD Druck- und Service GmbH, Hermannsburg

ISBN 978-3-7859-0981-2

Printed in Germany

## *Inhalt*

## Stationen unseres Pilgerweges

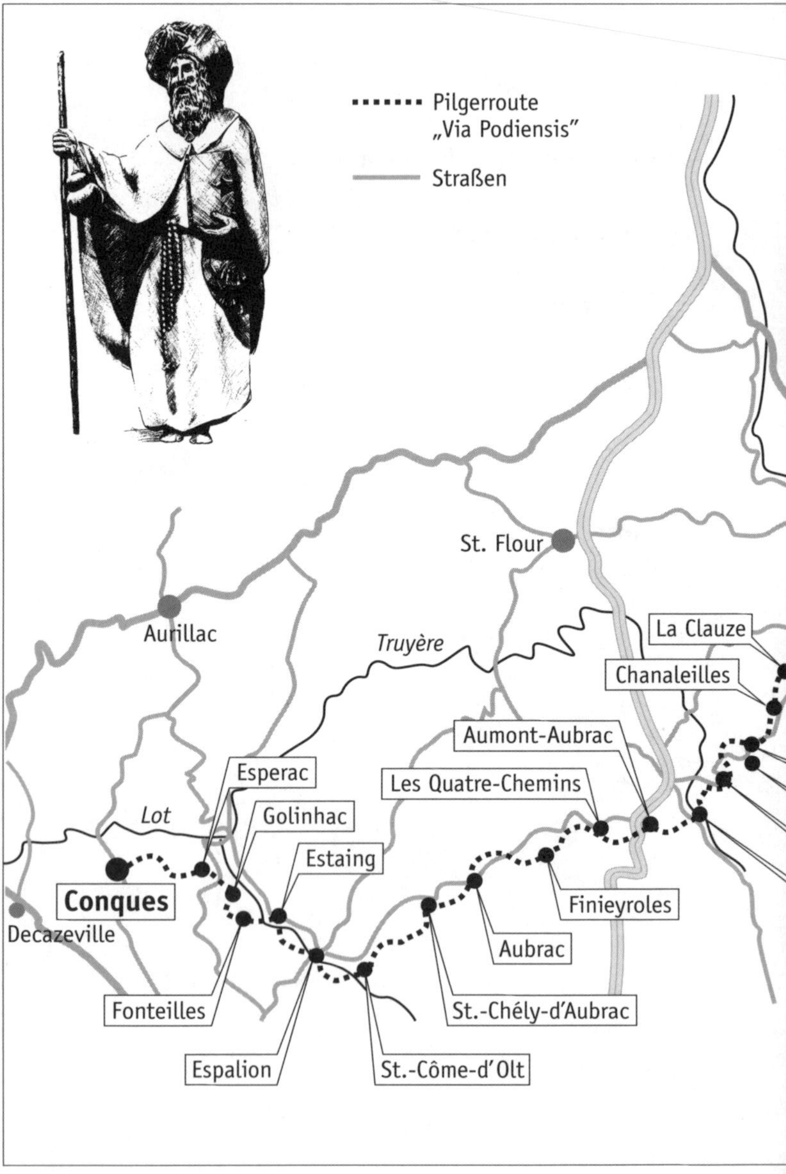

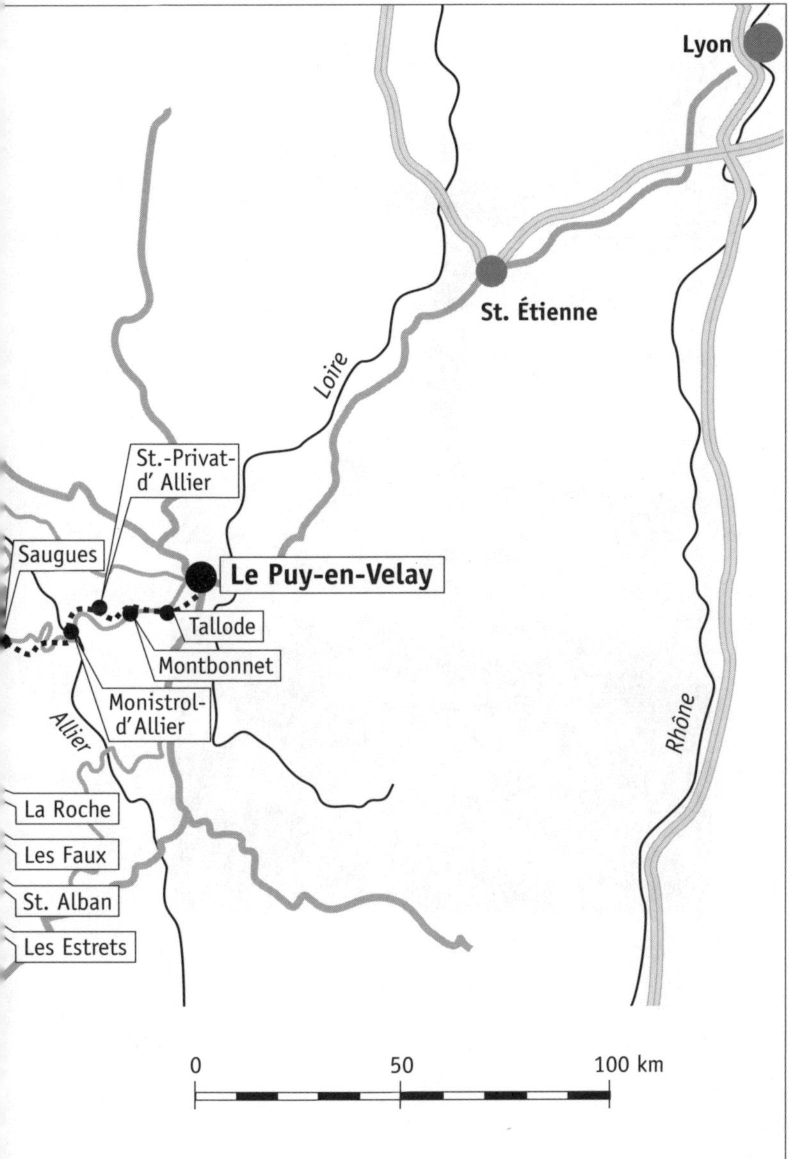
Lyon
St. Étienne
Loire
St.-Privat-d' Allier
Saugues
Le Puy-en-Velay
Tallode
Montbonnet
Monistrol-d'Allier
Allier
Rhône
La Roche
Les Faux
St. Alban
Les Estrets
0
50
100 km

Saint Jacques
de Compostelle

## *Mein Weg – dein Weg – unser Weg*

Drei Wochen zu Fuß mit Rucksack und Wanderschuhen, jede Nacht ein anderes Bett – alles Weitere würde sich finden. Am Anfang stand für uns nur fest, unsere Pilgerwanderung auf dem französischen Jakobsweg sollte in Le Puy-en-Velay im Zentralmassiv beginnen; unser Ziel, das rund 200 Kilometer entfernte Conques, ergab sich erst unterwegs. Mit unserem Motto „Schnecke statt Strecke" setzten wir uns bewusst ab vom Leistungsdruck, der auch die Pilgerszenen weitgehend beherrscht. Wir aber wollten nicht viel „schaffen".

Die so gewonnene Zeit erlebten wir als Geschenk. In überraschenden Begegnungen führten wir bewegende Gespräche jenseits der Belanglosigkeit. Die Reflexion von Lebenswegen und die Hoffnung, dass Gott uns begleitet, verbanden uns mit Pilgerinnen und Pilgern aus aller Welt. Wir haben mit ihnen die Freude geteilt an der Natur, an den Geheimnissen des Jakobspfads, wir haben miteinander getafelt, gelacht und getanzt. In solchen beglückenden Stunden vergaßen wir, dass auch kurze Wege anstrengen und Gewitterstürme im freien Hochland tiefe Ängste auslösen können. Den morgendlichen Aufbruch empfanden wir manchmal wie den Beginn eines neuen Lebens: Ein Pilgersegen, die Frische einer betauten Landschaft oder Rose Ausländers Aufforderung „Wirf deine Angst in die Luft" gaben uns neuen Schwung.

Der Anregung des Lutherischen Verlagshauses, als nicht mehr ganz junges Pilgerpaar über das Erlebte öffentlich Auskunft zu geben, folgten wir nach anfänglichem Zögern mit zunehmender Freude. Wir entdeckten dabei einmal mehr, wie wir bei weitgehendem Einverständnis auch unterschiedlich wahrnehmen und denken: Zwei machen eine Reise, die dem

Empfinden nach zwei Reisen sind und im gemeinsamen Erinnern dann doch eine werden.

Auf dem Pilgerweg trafen wir Elaine und Kira aus den USA. Mutter und Tochter bewunderten die Zeugnisse mittelalterlich-christlichen Glaubens auf dem Jakobsweg im alten Europa mit dem Blick von Übersee. Sie überließen uns freundlicherweise einige Fotos für dieses Buch. Gesine Daifi von der Gedenkstätte Langenstein-Zwieberge in Sachsen-Anhalt lieferte Informationen über den früheren NS-Häftling Louis Dalle, auf dessen Spuren wir unterwegs stießen. Ihr danken wir ebenso wie der Lektorin Corina Kruse-Roth für die kreative Begleitung unseres Schreibens und der Grafik-Designerin Liselotte Lüddecke für ihr „weggerechtes" Layout.

*Jens Gundlach* *Anke Sawahn*

Hannover, im Mai 2008

## Gedanken vor der Reise

### Jens

Weil ich glaube, dass die französischen Jakobswege zwar etabliert, aber noch nicht so zerpilgert sind wie die spanischen, reift in mir der Plan aufzubrechen nach Frankreich, nach Le Puy-en-Velay, einem der klassischen Startorte auf dem von dort 1600 Kilometer weiten Pilgerweg nach Santiago de Compostela. Mich treibt die Sehnsucht nach Schönheit der Natur, nach Zeugnissen alter und neuer Kultur, die Hoffnung, interessante und freundliche Menschen zu treffen aus aller Welt. Besonders romanische und gotische Kirchen und Klöster haben es mir angetan mit ihrem sakralen Charme. Auf der Suche nach dem Geheimnis Gottes gehe ich am liebsten zu Fuß – mit den Füßen geerdet und dem Himmel über mir.

Pilgern ist für mich Gehen mit Gott. Das hört sich prall an, täuscht aber. Ich weiß, dass ich nicht beschließen kann, dass Gott mit mir geht. Er ist unverfügbar. Und an ihn zu glauben, fällt mir sowieso schwer. Mein stärkstes Glaubenspotenzial ist der Wunsch zu glauben, die Sehnsucht zu glauben. Dahinter bleibt die Erfüllung oft weit zurück. Auch Glauben ist letztlich ein Geschenk. Ich kann mich dagegen verschließen oder mich dafür öffnen – falls es wirklich einen freien Willen gibt. Das Öffnen gelingt mir beim Pilgern besser als im Alltag. Deswegen pilgere ich gern. Mit Menschen unterwegs über den Glauben zu reden, Lebensgeschichten zu hören, während unter den Stiefeln die Steine knirschen, das finde ich spannend. Und wenn es in solchen Gesprächen an einen besonders wichtigen Punkt kommt, wenn man dann stehen bleibt, sich wechselseitig anschaut, Vertrauen erlebt und innere Nähe – dann glaube ich manchmal, dass Gott gegenwärtig ist, dass sein Geist eine solche Begegnung möglich macht. Solche Erlebnisse nehme ich mit in den Alltag, sie beruhigen und stärken mich.

Meine Frau Anke und ich sind schon viel zusammen gewandert und gepilgert, aber den Plan Le Puy verfolgt sie distanziert. Es wäre nicht das erste Mal, dass ich allein loszöge – denn bei aller Gemeinsamkeit leben wir immer wieder auch unser eigenes Ding. Aber ich möchte so gern, dass sie mitkommt. „Dir zu Gefallen", willigt sie ein. Zu Freunden sagt sie: „Meine Reise ist das nicht." Schade. Aber Anke ohne Begeisterung ist mir lieber als Begeisterung ohne Anke. Die positiven Aspekte des Weges werden sich ihr schon erschließen, hoffe ich.

Wir kaufen leichte Rucksäcke, der eine fasst 40, der andere 50 Liter. Wir kaufen Funktionswäsche und auch Handtücher aus Mikrofaser, leicht waschbar und schnell trocknend. Dazu Hygiene-Schlafsäcke aus Seide und eine Tube Waschpaste. Es gibt zwar die Regel „Pilger dürfen stinken", wir aber waschen unterwegs Wäsche mindestens jeden zweiten Tag. Anke steckt Föhn und Sandalen in ihren Rucksack. Ich sage: „Beides raus – als Sandalen reichen die Socken, und die Haare föhnt der Wind." Unsere Rucksäcke, optimal leicht gepackt, sind mit sieben und neun Kilo immer noch schwer genug. Später in Frankreich bemerkt Anke – nicht ohne Spott – dass ich versehentlich eine (dritte) Hose zuviel eingesteckt habe und diese nun schleppen muss; bequeme Sandalen hingegen vermisse ich an manchem Abend.

Wir nehmen Abschied, fahren zu Johann, unserem Enkel, gerade vier Monate alt. Sein Gesicht, sein Lächeln wirken auf mich, als sei er gerade eben aus dem Paradies auf die Erde gekommen. Natürlich ist er für uns das schönste Baby der Welt, die Erinnerung an sein Lachen wird uns drei Wochen begleiten. Nachbarin Waltraud übernimmt die Versorgung unseres Katers Erwin, Tina die unserer Blumen. Klaus, Internist i. R., erfährt im Telefongespräch von Ankes Ängsten. „Wenn was ist, ruft mich an, ich hol euch", sagt er. „Meinst du das ernst?", frage ich. „Ja, das meine ich ernst", bekräftigt Klaus. Seine Telefonnummer nehmen wir zu den Wertsachen, er ist unser Engel i. R. (in Reserve), ein richtig gutes Gefühl.

### *Anke*

Ich entschließe mich nicht aus religiöser Motivation zum Pilgern, nicht in einer Lebenskrise und nicht aus Dankbarkeit nach überstandener Krankheit; erst recht nicht, weil Pilgern „in" oder ein „Muss" ist. Ich mache mich nicht mit dem heimlichen Wunsch auf, um im Glauben vielleicht doch noch „nach vorne" zu kommen. Ich gehe nicht auf Pilgertour, um mir und der Welt zu beweisen, wie belastbar ich bin und welche Herausforderungen ich aushalten kann; da gab es andere Härtetests in meinem Leben. Es ist auch keine Abenteuerlust, die mich aufbrechen lässt, denn frei nach André Heller glaube ich: „Die wahren Abenteuer sind im Kopf, und sind sie nicht im Kopf, dann sind sie nirgendwo." Schon gar nicht gehe ich los, um es Hape Kerkeling gleichzutun, obwohl er viele Menschen zum Pilgern angeregt hat.

Warum bin ich dann drei Wochen „on the road"?

Ein wenig soll der Weg das Kontrastprogramm werden zu meiner 15 Tage vor unserem Start abgeschlossenen (späten) Promotion. Nach jahrelanger Konzentration über Akten, Büchern und am PC, in Archiven, Bibliotheken und in der Universität sollen Natur und Bewegung, neue Menschen, eine andere Kultur und Sprache, ein anderes Land, Entfernung von zu Hause eine erholsame Distanz schaffen. Frische Gedanken in frischer Luft.

Hauptsächlich mache ich diese Tour meinem Mann Jens zuliebe mit. Das sollte man sich überlegen: Gehe ich jemandem zuliebe aus Freundschaft oder auch nur zur Begleitung mit? Oder will ich dieses Abenteuer selbst von ganzem Herzen, weit geöffnet für alle Erlebnisse? Nur dann sind Wetterunbilden, schmerzende Füße, ungelüftete Schlafsäle, durchwachte Nächte und andere Härten keine Belastung. Dann trägt man das schwere Gepäck so selbstverständlich wie eine Schnecke ihr Haus bergauf, bergab durch Wind und Wetter, über Stock und Stein und durch meterlange Pfützen, alle Unwägbarkeiten unverdrossen hinnehmend.

Ich habe Angst vor dem Pilgern. Als recht autonome Person muss ich mich in einem Land, dessen Sprache ich nur aus ferner Schulzeit erinnernd bruchstückhaft spreche, dessen südliche Berglandschaft und Infrastruktur mir unbekannt sind, ganz auf meinen Mann Jens einlassen. Das gibt mir ein Gefühl von unfreiwilliger Abhängigkeit. Dabei ist auf Jens Verlass; er ist ein guter Pfadfinder, in schwierigen Situationen ruhig und einfallsreich, fürsorglich und rücksichtsvoll die Interessen anderer beachtend. Aber: Was wäre, wenn ***ihm*** etwas zustieße?

Noch etwas nährt meine Bedenken: Zu Hause haben wir beide neben vielen und langen Gemeinsamkeiten unsere eigenen Bereiche im Beruf, bei Beschäftigungen, in der Zeiteinteilung, räumlich und teilweise auch bei Freundschaften. Auf dem Pilgerweg werden wir drei Wochen von morgens bis abends und auch nachts zusammen sein, ohne Rückzugsmöglichkeit. Das ist für beide ungewohnt und für die Partnerschaft herausfordernd. Aber warum bin ich so ängstlich? Warum vertraue ich nicht einfach der Zusage im Psalm 37,5: „Befiehl dem Herrn deine Wege und hoffe auf ihn; er wird's wohl machen."?

Als Person, die zu Hause bequeme Lebensbedingungen hat, werde ich jetzt auf meine psychischen und körperlichen Kräfte, auf Gesundheit, sieben Kilo Rucksackgepäck, auf gutwillige Menschen, zumutbare Herbergen und freundliches Wetter angewiesen sein. Alle Gefahren vorweg phantasierend, fühle ich mich ihnen bereits im Voraus gänzlich ausgeliefert. Kleinmütig mache ich mich auf den Weg. Dabei habe ich schon so manche Wanderung hinter mir, allerdings überschaubare Touren, in Deutschland auf dem Zisterzienserweg von Loccum nach Volkenroda, in Portugal und Griechenland, auf den Kanarischen Inseln, durch Matsch, Regen, Schnee, Wind und Sonne. Erprobt sind also die knöchelhohen Wanderschuhe und der selbstgeschnitzte Wanderstock; sie vermitteln Halt.

Mental stelle ich mich kaum auf die Reise ein. Die Ausrüstung schaffen wir mit erheblichen Kosten an: anatomisch getesteter Leichtrucksack, Wandersocken, Funktionswäsche, Funktionssportkleidung, Mikrofaserhandtuch, Tübchen und Fläschchen für die Körperpflege, ein Dutzend Spezialpflaster, für beide ein französisches Taschen-Wörterbuch, Reisetauchsieder, Brustbeutel. Jedes Gramm wird gewogen, ein Achtel des Körpergewichts darf in das „Haus auf dem Rücken" gepackt werden. Immer wieder werden ein paar Gramm hinausbefördert. Föhn oder Trekkingsandalen? Sandalen. Über diese Entscheidung sollte ich viele Male bei der abendlichen Erholung der Füße erleichtert aufatmen. Zur gewohnten Einschlaflektüre drei Reclam-Heftchen: mit Heinrich Böll, Günter Kunert, Christa Wolf vertraute Namen. Warum nicht passender im Original zum Aufbruch von Jules Verne „In 80 Tagen um die Welt" („Le tour du monde en quatre-vingts jours") oder für meine Endzeitstimmung François Villons „Das große und das kleine Testament" („Le grant testament Villon et le petit")? Nicht noch in den Schlaf hinein ein Sprachkurs! Inhaltlich wenig informiert über unsere Tour, werde ich meine Gefühle und Gedanken auf diesem Weg aufzeichnen.

## Montag, 4. Juni

### Jens

Unsere Freundin Tina fährt uns zum Flughafen. Am liebsten wäre ich von zuhause zu Fuß losgegangen, denn wir wollen für drei Wochen dem zivilisatorischen Lebenserleichterungs- und Beschleunigungsapparat entkommen. Nun aber steigen wir ins Flugzeug, ins schnellste Verkehrsmittel, das es gibt. Das erscheint mir widersinnig. „Reines" Pilgern gibt es eben nicht. Der Kompromiss steckt schon in den Scheckkarten, die wir mit uns führen. Wir fliegen von Hannover über München nach Lyon. Während des Fluges überlegen wir, ob wir auf der richtigen Veranstaltung sind. In Heiligendamm tagen die G8-Staaten und toben die Demonstranten – Politpilger für eine bessere Umwelt. Eigentlich gehören wir dahin, anstatt uns romantischem Eskapismus hinzugeben. Diesen Gipfel haben Helmut Schmidt und Valéry Giscard d'Estaing 1976 erfunden. Der Ort Estaing liegt auf unserem Pilgerweg.

Obgleich unsere sichere Landung in Lyon statistisch fast eine Normalität ist, empfinde ich sie nicht als selbstverständlich. Im stillen Dank wird das „Normale" auf dem Pilgerweg immer wieder zur Besonderheit. Die pulsierende alte Römerstadt an der Rhône beansprucht uns voll, verdrängt Gedanken an daheim. Mit unseren Rucksäcken und den selbst geschnitzten Pilgerstöcken ziehen wir im Gedränge der Altstadt neugierige Blicke hinter uns her. Ein Passant fragt uns, ob wir „Schafe hüten" wollen. Trotz dieses deutlichen Hinweises auf unsere Waldschratigkeit beschließen wir, mit unseren derben Wanderstiefeln „französisch" essen zu gehen. Die Kellnerin beruhigt uns mit der höflichen Formel *„pas de problème"* (kein Problem) und erklärt uns freundlich die lyonesischen Spezialitäten; wir genießen die Menüfolge und den kräftigen Côtes du Rhône.

## *Anke*

Heute geht es los. Ein letztes Müslifrühstück vor dem in Kaffee gestippten Baguette, das uns in Frankreich erwartet. Ein letztes Ohrenkraulen für unseren Kater Erwin. Ein letztes Blättern in den Psalmen, zufällig Halt beim Psalm 32,8: „Ich unterweise dich und zeige dir den Weg, den du gehen sollst. Ich will dir raten; über dir wacht mein Auge." Was soll mir passieren?

Auf der Fahrt zum Flughafen Hannover murmelt Tina in Kenntnis meiner Lieblingsfarben und mit Blick auf meine grellhellblaue Wanderjacke und unsere Rucksäcke trocken: „Ja, Pilgern ist Verzicht auf der ganzen Linie." Unsere Wanderstöcke, viele Male in Handgepäckfächern mitgeflogen, irritieren heute die Schalterstewardess bei der Gepäckaufgabe. Sie gelten nun als Gefahrengut, wir verabschieden uns von ihnen an einem Sonderschalter. Unser pilgerisches Outfit nützt uns nichts: Beim Sicherheitscheck müssen wir die hohen Wanderstiefel aufknüpfen und noch die Einlegesohlen lüpfen, wir könnten Messer darin versteckt haben. Die Lufthansa bringt uns mit einer kleinen Maschine nach München. Direkt vor uns versperrt der wehende Vorhang zwischen Economy- und Business-Class die Sicht. Vorhang auf. Die resolute Stewardess besteht auf Klassentrennung. Vorhang wieder zu, basta.

In München haben wir Zeit zum Schlendern, zum Essen, für komische Szenen. Da liegt in der weiten Halle ein schwarzgekleideter Businessman bäuchlings auf einer fahrbaren Liege, mit dem Gesicht nach unten in einer Art Obstpflückkorb und lässt sich vor aller Augen von einer Mobil-Masseurin durchkneten. Hat sich bei seinen globalisierten Geschäften sein Rückgrat verbogen? Wenig später lese ich, dass mittlerweile viele Flughäfen den Passagieren für den Zwischenaufenthalt Wellnessprogramme anbieten: Einmal um das Flugfeld joggen oder Rad fahren, Tai-Chi-Kurse oder ein 20-minütiges Nickerchen in Spezialsesseln für neun Euro. Das alles brauchen wir nicht, wir werden jeden Tag Fitness gratis haben.

Auf dem Münchner Großflughafen starten minütlich Flugzeuge in alle Welt. Auch für 9,99 € einmal um den halben Globus. $CO_2$-Emissionen und Aerosol spielen keine Rolle. Adieu, G8-Gipfel über den Klimaschutz in Heiligendamm, wo hinter millionenteuren Schutzzäunen den Politikern gerade jetzt der Kopf raucht bei dem Versuch, unseren Globus zu retten. Das Problem des Fliegens wird kleingeredet: Der Flugverkehr macht angeblich nur 13 Prozent der Luftverschmutzung aus, davon rund 4 Prozent Kohlendioxid ($CO_2$). Also bleibt es, wie es ist. Und wir fliegen auch. Vor dem kurzen Weiterflug nach Lyon werden wir wie schon in Hannover mit dem Bus weit übers Flugfeld gefahren, Kennzeichen für die Billigflieger, die ich ablehne. Kleine Selbstentlastung: Unsere Tickets sind nicht billig. In dieser Maschine der Air Dolomiti darf der Blick frei schweifen zwischen uns und den Upper Ten. Liberté, Egalité, wir fliegen nach Frankreich. Meine Gedanken und Gefühle wirbeln durch Kopf und Körper und fliegen mit.

Es gefällt mir, dass der Flughafen in Lyon nach dem Dichter Antoine de Saint-Exupéry benannt wurde. Besser als „Großflughafen Franz Josef Strauß" wie in München oder „Hannover Airport" wie bei uns. Wer kennt ihn nicht, den „Kleinen Prinzen"? Der Flughafen heißt nach seinem Dichter Saint-Exupéry, weil der 1900 in Lyon geboren wurde (†1944 abgestürzt), aber auch, weil er von der Fliegerei begeistert war. Insofern verbindet ihn etwas mit dem früheren deutschen Verteidigungsminister. Der Dichter stilisierte seine Aktionen zwischen Himmel und Erde schwärmerisch zur humanistischen, Menschen verbindenden Sinnstiftung. „Terre des Hommes" betitelte er deshalb überhöht seinen Hymnus auf die Fliegerei; ganz anders die deutsche Ausgabe mit „Wind, Sand und Sterne" (1939, viele Neuauflagen), passend zu unserem Pilgern. Wenn Saint-Exupéry wüsste, wie viele Maschinen heute den Himmel zerschneiden, könnte er kaum mehr schwärmen. Bei dem Namen Strauß fallen mir aus seiner Zeit die fast 270 abgestürzten Starfighter ein. Erinnert sich heute nach 30 Jahren noch jemand an die Kampfjets und ihre Piloten?

Freundlicher Empfang in Lyon: Die gefällige Hostess am Info-Schalter sucht für uns geduldig gut eine halbe Stunde ein Hotel möglichst in der Nähe des Bahnhofes, den wir anderentags früh zur Weiterfahrt mit dem Zug nach Südwest benötigen, nach Le Puy. Wir wollen nicht gleich mit der Jugendherberge anfangen. Das ist nicht einfach, Lyon ist eine Messestadt, in der offenbar immer Messen und alle Hotels belegt sind. Der Flughafen liegt weit östlich der Stadt, der Zubringerbus braucht fast eine Stunde bis zum „ZOB", zum Gare Perrache nahe unserem Hotel im zweiten Arrondissement zwischen den Flüssen Saône und Rhône. Lyon, etwa so groß wie Hannover, präsentiert sich ungleich quirliger, nervöser, lauter und bunter. Auf dem riesigen Bahnhof fällt mir auf, in welche Hektik sich die Menschen treiben, mehr noch als in Deutschland. Kaum jemand, der nicht einen Knopf im Ohr oder den verlängerten Daumen am Mobiltelefon (*portable*) hat und die Umgebung laut mit intimen oder banalen Äußerungen belegt. Es ist soweit: Das erste Mal bin ich erwartungsfroh und freue mich auf eine kommunikationstechnologiefreie Landschaft, in der geschwiegen wird, freue mich auf den ruhigen Schritt, einen freien Kopf mit nur meinen Gedanken, auf den ungestörten Blick in die Natur.

Im Hotel beginnt, was wir allabendlich drei Wochen lang praktizieren werden: die Bitte um *„deux lits"*, zwei Betten statt des lakenschmalen französischen Betts mit einer Matratze und nur einem Betttuch. Die pilgerische Anspruchslosigkeit hat Grenzen. Es klappt. Auch hier eine liebenswürdige Rezeptionistin, auf deren Rat und mit deren Hilfe wir schon für unseren Rückweg in Lyon das Hotel reservieren.

Unser erstes französisches Abendessen fällt mit einem Menü und einer Flasche Rhônewein Coteaux Lyonnais auch nicht gerade pilgerisch asketisch aus. Wir bestellen nach Empfehlung der charmanten Kellnerin eine lyonesische Spezialität. Nun ja, er schmeckt, dieser schaumig gerührte Fischpudding, aber er ist gewöhnungsbedürftig. Es ist für uns Fischfans für drei Wochen der letzte „Fisch". Unser „Bistrot d'Auguste" mit lauschigem Innenhof und plätscherndem Brunnen wirbt für berühmte Söhne der Stadt Lyon, die Brüder Auguste und Louis Lumière: *„Eh oui! Le cinéma est né à Lyon, en 1894!"* Das Kino wurde 1894 in Lyon geboren. Der erste brauchbare „Cinématographe" wurde hier von den Fototechnikern Auguste Lumière (*1862 †1954) und Louis Lumière (*1864 †1948) erfunden; Lyon ist stolz auf sie und zeigt das unter anderem mit dem Namen seiner „Université Lumière Lyon 2". Ein erstes Souvenir: Für einen kinobegeisterten Freund nehmen wir das papierene Tischset mit der nostalgisch illustrierten Erfolgsgeschichte der Lumières mit. Wird es drei Wochen Rucksacktransport überstehen?

Ich hatte vor dem Aufbruch überlegt, wer uns kulturgeschichtlich auf unserem Weg „begegnen" könnte. Das sind wie meist berühmte Söhne einer Stadt, von bedeutenden Töchtern ist bekanntermaßen kaum je die Rede, auch hier in Lyon nicht. Später zu Hause erfahre ich, dass die Lyoner Universität für das Jahr 2009 ein internationales Symposium über die „Geschichte von Männern und Männlichkeiten" plant. Es gebe zuviel weiße Flecken auf diesem Gebiet, und in der Forschung zur Geschlechtergeschichte werde mittlerweile alles aus der weiblichen Perspektive betrachtet. Mein feministisches Herz ist geteilt. Schon wieder Männer! Aber es stimmt, es wird Zeit, den mentalitätsgeschichtlichen Blick ins Innere der männlichen Hälfte der Welt zu lenken. Da gibt es einen anderen, weitgehend unbekannten Bereich gegenüber der sichtbar zur Schau gestellten äußeren Fassade. Was wissen wir wirklich über die berühmten „Söhne"?

Da ist zum Beispiel der Meisterkoch Paul Bocuse. Er wurde 1926 nahe Lyon geboren, kreierte die Nouvelle oder Haute Cuisine und inspirierte in ganz Europa viele Köche, frische regionale Erzeugnisse statt Konserven zu verwenden. In seine fünf

Restaurants in und um Lyon werden wir nicht gehen. Mit Hannover verbindet uns der Pianist Walter Gieseking, der 1895 in Lyon geboren wurde (†1956 in London). Er studierte ab 1911 in unserer Stadt und war bis Mitte der 1920er Jahre hier aktiv, gab Konzerte in der Kestnergesellschaft und wurde mit seiner Spieltechnik und mit ausdrucksvollen Interpretationen weltberühmt. Nach ihm ist in Hannover eine Straße benannt. Weil dem Pianisten vorgeworfen wird, sich nicht vom Nationalsozialismus distanziert zu haben, fühle ich mich mehr mit meinem 1886 in Lyon geborenen, international anerkannten Berufskollegen Marc Bloch verbunden. Als Mitbegründer der Annales-Schule öffnete der Historiker unser Fach für die Sozial-, Kultur- und Wirtschaftsgeschichte. Die Straßburger Universität trägt ebenso seinen Namen wie das deutsch-französische Zentrum für Sozialwissenschaften an der Berliner Humboldt-Universität. Während der deutschen Besatzung wurde Bloch im nationalistischen Vichy-Regime für die Résistance aktiv, von der Gestapo verhaftet und 1944 nahe Lyon erschossen. Der verbrecherische Teil unserer deutschen Geschichte wird uns noch einige Male auf unserem Pilgerweg begegnen.

Den Abendspaziergang verbinden wir vorsorglich mit dem Fahrkartenkauf für den nächsten Morgen. Offenbar sehen wir pilgerisch jugendlicher aus, als wir sind, denn wir werden nicht auf den beträchtlichen Rabatt „ab 60" bei der französischen Staatsbahn hingewiesen. An unserem Weg sehen wir um die Kirche Sainte Blandine einen Kinderspielplatz, auf dem auch des Abends noch viele weiß-, gelb-, braun- und schwarz-hautfarbene Kleine wirbeln, ein heiteres Bild. Noch in der Dämmerung gleicht der Quai Perrache einem Ameisenhaufen. Er ist gesäumt von Lindenbäumen, die stärker duften als alle Auspuffgase.

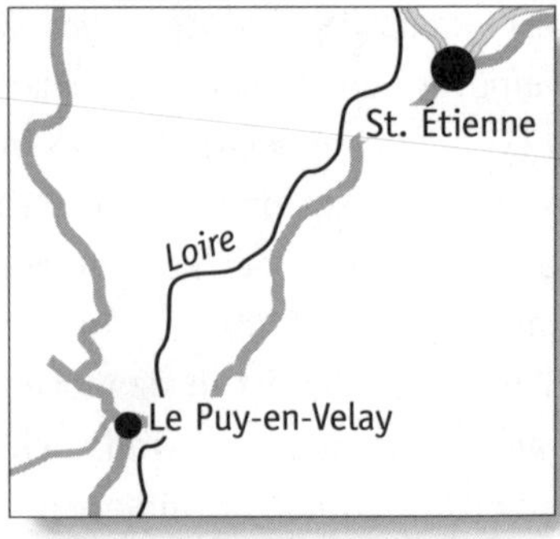


## Dienstag, 5. Juni

### Jens

Mit der Bahn fahren wir über St. Étienne in drei Stunden nach Le Puy (625 Meter), der von Vulkankegeln umgebenen, hoch thronenden Stadt mitten im Zentralmassiv. An der Loire entlang gleiten wir in eine andere Welt. Blühender Ginster und Mohn schmücken eine zerklüftete Berglandschaft, wilde Bäche stürzen in die Schluchten der Loire, an deren seichten Kieselstränden säulenstarr Graureiher und Silberreiher vorbeihuschenden Fischen auflauern. Fischadler schweben kreisend über angestauten Wasserflächen und spähen nach Beute. Nachdem wir das Frühjahr bereits in Deutschland erlebt hatten, schenkt uns die Haute-Loire einen zweiten Frühling.

Während wir wie im Traum mit dem Zug durch die Landschaft unserem Ziel entgegenschweben, fliegen meine Erinnerungen zurück zu der ersten Bahnfahrt meines Lebens. Auf der Flucht vor den Russen 1946 aus der sowjetisch besetzten „Ostzone" in das von den Engländern eingenommene Hamburg schaute ich als Sechsjähriger aus dem Zugfenster und betrachtete neugierig Dörfer, Menschen, Äcker und Bäume. Meine Mutter, vier jüngere Schwestern und ich hatten nur ein bisschen trockenes Brot und ein paar grünlich schimmelnde Pellkartoffeln einstecken können, die wir uns ausgehungert mit spitzen Fingern teilten. Wegen der Läuseplage hatte man uns die Köpfe kahlgeschoren. So strebten wir unserem Ziel Hamburg entgegen, in unserer Vorstellung eine Oase des

Wohllebens, zumal uns dort unser Vater, gerade aus amerikanischer Kriegsgefangenschaft heimgekehrt, in Empfang nehmen sollte. Ich schrecke hoch aus der Erinnerung wie aus einem schlimmen Film, nestele in meinem Rucksack nach einer Banane, atme tief: Ich hab's ja damals überlebt, einschließlich der lebensgefährlichen Diphtherie.

***Anke***

Trotz der zwei Betten wird es vor all dem Neuen eine unruhige Nacht. Das ohnehin flott und spartanisch angelegte petit déjeuner löst sich in der Unruhe von drei Studenten- und vier Reisegruppen auf, die sich in Selbstbedienung um die Kaffeekannen reißen und stehend ihre krümeligen Croissants in ihre Tassen ditschen. Irgendwie kommen wir doch zu einem Minimalfrühstück, sogar im Sitzen. Sehr früh stehen wir auf dem Bahnsteig und bestaunen eine Schulklasse von Zehnjährigen, die ruhig und diszipliniert auf denselben Zug wartet. Kein lautes Lehrerwort ist nötig. Im Zug fallen mir die netten Schaffner auf, ich vergleiche sie mit manchen deutschen Bahnmuffeln in Uniform. Wir fahren leider in eine dichte Nebelsuppe hinein, erst nach dem Umsteigen in St.-Étienne klart der Himmel auf und beschert uns eine grandiose Landschaft mit tiefen Tälern, schroffen Felswänden, malerischen Dörfern und Kirchen. Was wir später erfahren: Das Idyll war trügerisch. Eine Woche zuvor tobten hier Unwetter, die Berge und Schluchten in Bewegung brachten, und Wolkenbrüche, deren reißende Wassermassen Dörfer zerstörten. – Auf der parallel Richtung Süden führenden Autobahn schaukeln Laster von Aldi und Lidl. Ich reibe mir die Augen: Sind wir schon weg oder noch zu Hause? Die globalisierte Konsumwelt durchkreuzt die Illusion des ersten Aus-der-Welt-Tretens.

*Altarnische in Saint-Michel-d'Aiguilhe*

## *Jens*

In Le Puy (22 000 Einwohner), einem der ältesten Marienwallfahrtsorte Frankreichs aus gallo-romanischer Zeit, lernen wir gleich die Härten des Pilgerlebens kennen. Im Gîte d'étape Accueil Saint Francois, einem mittelalterlichen Klostergebäude im Schatten der imposanten Kathedrale Notre-Dame-de-France, müssen wir uns ein schmales Bett mit einer einzigen knappen Decke teilen, immerhin in einem eigenen Zimmer. Wird uns der Schlaf fliehen in die sternenhelle Nacht? Die Herberge wird von Franziskanerinnen betrieben und von ehrenamtlich arbeitenden weltlichen Frauen, die sich zur Betreuung von Pilgern zusammengeschlossen haben. Sie fühlen sich der universalen Menschenfreundlichkeit des Heiligen Franziskus verpflichtet und seinem auf jedes Druckmittel verzichtendes missionarisches Apostolat.

Meine Lieblingskirche in Le Puy wird Saint-Michel-d'Aiguilhe. Sie erhebt sich auf einer 88 Meter senkrecht aufragenden Vulkannadel über der Stadt. Bischof Gothescalk ließ sie 962 nach einer Pilgerreise nach Santiago de Compostela auf engstem Grund errichten. Wir steigen den felsigen Pfad hoch und betreten die Kapelle durch eine kunstvoll gestaltete Eingangsfassade mit maurischen Stilelementen. Ein Säulengang mit prächtigen Kapitellen windet sich nach rechts ins asymmetrische Innere und gibt den Blick frei auf wiederentdeckte Fresken, deren Bildsprache mich an die Fresken in der Sigward-Kirche im niedersächsischen Idensen erinnert. Europa hatte einmal eine Seele – auch in dieser Gemeinsamkeit kann man sie wiederentdecken. Draußen bietet Saint Michel ein faszinierendes Panorama der Stadt und der sie umgebenden Berge. Unschön wirkt auf mich der Koloss der 1860 aus erbeuteten russischen Kanonen gegossenen Marienstatue Notre-Dame-de-France, die auf dem Felsen (*rocher*) Corneille stehend die Altstadt beherrscht. So wird die Marienverehrung auf die Spitze getrieben und mit ihrem Kriegsbeutematerial ins Nationalistische pervertiert.

### *Anke*

In Le Puy, eingelagert in ein ausladendes Vulkanbecken des Zentralmassivs, staut sich schwüle Luft. Der Ort, deutlich geprägt durch Wallfahrts- und Urlaubstourismus, stellt sich größer und geschäftiger dar als er ist. Ein mit uns ankommender Engländer in Pilgeroutfit beugt sich neben uns über den Stadtplan, knapp unseren Gruß erwidernd. Wieder treffen wir auf eine freundliche junge Frau bei der Zimmerreservierung im Office du Tourisme. Die Rucksäcke dürfen wir hier parken, denn unsere Unterkunft können wir erst am Spätnachmittag beziehen, nach unserem Pilgerbuch ein „sehr guter Gîte d'étape". Wir haben Zeit für eine Stadtbesichtigung, zumindest der historischen heiligen Stätten.

Der touristische Kommerz prägt das Menschengewühl. Sogar Männer sitzen spitzenklöppelnd, die charakteristische Handarbeit dieser Gegend, vor den Ladentüren. Beherrscht wird das Stadtbild von der hoch gelegenen mächtigen Kathedrale. Schon auf dem unebenen Kopfstein auf dem Weg nach oben bewähren sich unsere Wanderstiefel. Die Kathedrale Notre-Dame-de-France aus dem 11./12. Jahrhundert mit ihrer Schwarzen Madonna gilt seit dem Mittelalter als attraktives Pilgerziel auf der Via Podiensis nach Santiago de Compostela und ist seit knapp zehn Jahren Weltkulturerbe. Mächtige Baugerüste zeugen von ihrem Altersverfall, dem trotz vieljähriger Restaurierung aufwändig begegnet werden muss. Die Schwarze Madonna soll in demütiger Anpassung an die sonnenverbrannten Weinbergarbeiter der Umgebung ihre schwarze Gesichtsfarbe erhalten haben. Sie ist eine Nachbildung der in der Französischen Revolution verbrannten Statue, die angeblich von einem Kreuzzug aus Ägypten stammte. – Da ich mich nicht auf die kultur- und kunstgeschichtlichen Sehenswürdigkeiten an unserem Pilgerweg vorbereitet habe, werde ich die Beschreibung von Kapellen, Kirchen und Kathedralen meinem kompetenteren Reisemanager Jens überlassen.

Diese Marienfigur ist meine dritte Schwarze Madonna. Vor fast 30 Jahren in tiefsozialistischer Zeit stand ich vor der Maria in Tschenstochau [Częstochowa], dem meist besuchten, nationalpolitisch aufgeladenen Wallfahrtsort in Polen. Gläubige Katholiken fielen vor ihr in eine Art mystische Trance, brachen in

*Orientierung für viele: Maria hoch über Le Puy*

Tränen aus, küssten kniend den Ring ihres Bischofs. Wenige Jahre später in Wilna [Vilnius] noch in der Sowjetrepublik Litauen erlebte ich, wie Hunderte von Menschen Schlange stehend warteten, um schließlich die Treppe hinauf vor der Schwarzen Madonna zu knien. Der ungebrochene Glaube der Menschen im entchristlichten Kommunismus war beeindruckend, erreichte mich tief innen aber nicht; der Marienkult ist mir fremd.

Unvorstellbar, dass wir die steile Vulkannadel mit dem Kirchlein Saint-Michel-d'Aiguilhe erklimmen können. Aber es ist nicht so schwer wie befürchtet, 268 (mitgezählte) Stufen mit Handlauf machen es möglich – kostenpflichtig und schwitzend. Die Mühe lohnt sich. Wilde Blumen schmücken seitlich den Aufstieg. Hinuntergucken kann ich nicht, doch der Blick in die Weite des zersiedelten Vulkangebiets ist faszinierend. Die der Bergspitze aufgesetzte Kapelle vermittelt eine besondere Atmosphäre. Wie später noch oft studiere ich das ausliegende Gästebuch und beobachte Besucher bei ihrer Begegnung mit dem Kleinod. Wie eilig sie es alle haben. Sie wirken wie Amerikaner auf einem Fünf-Tage-Trip durch Old Europe, die eine Liste Sehenswürdigkeiten abhaken. Am Kassenkiosk mit Pilgersouvenirtrödel beschenken wir uns mit einer kleinen metallenen Jakobsmuschel. Soll der Schlüsselanhänger insgeheim unser Talisman für die nächsten drei Wochen sein?

***Jens***

Wir unterhalten uns über Talismane. Anke weiß, dass ich empfindlich bin gegen Magie und Aberglauben. Warum fühle ich mich bedroht von Aberglauben, von „schlechtem" Glauben? Ist christlicher Glaube vielleicht auch nichts anderes als Selbstsuggestion? Äußerlich betrachtet gibt es keinen großen Unterschied. In meinem Gottesbild ist der Gedanke enthalten, dass Gott alle Phänomene in seinen Dienst stellen kann, auch die Selbstsuggestion. Warum sie also verteufeln, wenn sie – wie Pilgern – ein Weg zu Gott sein kann? Ein Talisman ist ein Glückssymbol, ähnlich wie ein Ehering. Anke und ich haben keinen. Wir glauben, dass unsere Ehe auch ohne dieses Zeichen der Treue hält. Fazit: Symbole, auch religiöse Symbole, sind spielerisch zu betrachten: mit Respekt, Freude und Zuversicht, aber ohne Krampf. Ein Ehering garantiert nicht, dass die Ehe hält, und der Verlust eines Talismans kündigt nicht ein Unglück an. Glückserwartungen in spielerischer Schwebe zu halten, gehört zur Lebenskunst. Also hefte ich meine Jakobsmuschel an mein Schlüsselbund.

***Anke***

Nepp auch in Le Puy: Auf der schönen Place du Plot im Herzen der Stadt enttäuscht uns ein schlechter, lauwarmer, teurer *café au lait*. Auf in unser Quartier, der nächste Flop für 35 € die Nacht. Ein mittelalterlicher, dickwandiger ehemaliger Klosterbau. Auf verwinkelten unbeleuchteten Wendeltreppen steigen wir ins 2. Stockwerk: ein Raum, in den gerade ein Bett passt mit durchgelegenen Stahlfedern; gegen Aufgeld ein dünnes Laken unten und eins zum Zudecken. Nicht einmal für die Rucksäcke bleibt Platz, also ans Fußende damit. Unsere wie eine Haut anliegenden Seidenschlafsäcke inklusive Regenjacken bewähren sich in dem kalten Gemäuer schon an diesem Sommerabend. Zur schmalen kalten Dusche eine Treppe links hinunter, zur Toilette zwei Treppen rechts hoch. Eine Zumutung für uns, aber für viele Menschen auf dieser Welt Luxus. Wir schaffen es, das erste Mal im Handwaschbecken unsere verschwitzten Sachen zu waschen, die jetzt zum Trocknen am Fensterkreuz baumeln und auf die Passanten herabtropfen. Angesichts dieser Improvisationen ist eine Grundentscheidung zu treffen: Saubere oder verschwitzte Wäsche? Gewaschen pilgern oder ungewaschen?

***Jens***

Am Abend folgen wir einer Einladung der lokalen Jakobsfreunde zum Austausch von Rat und Erfahrungen. Im Accueil Relais de Notre-Dame unterhalb der Kathedrale begrüßt uns gut gelaunt Monsieur Auguste Januel, ein älterer Herr, der uns einen *Kir pèlerin* anbietet, ein Glas Weißwein mit einem Schuss Likör. Schnell sind wir mit vier deutschen und einem kanadischen Pilger im Gespräch. Als Monsieur Januel hört, dass Anke und ich unsere morgige Etappe auf nur 7,5 Kilometer bemessen haben, lacht er ungläubig. Unser Motto „Schnecke statt Strecke" kann ich nicht ins Französische übersetzen, aber ich erkläre, dass wir nicht auf einer Olympiade, nicht in einem Manöver der Fremdenlegion sind. Das leuchtet ihm ein. „Er ist ein Philosoph", lobt er mich und schenkt nach. Richtig zufrieden ist er erst, als er uns einen Pilgerpass verkauft, den man unbedingt haben müsse. Obgleich wir keine Passfans sind, lassen wir uns gleich ein kräftiges Signet von Le Puy einstempeln.

***Anke***

Vor der Abendandacht ein zweiter Gang in die Kathedrale. Eine Dauerstaubsaugerin in Nonnentracht röhrt unermüdlich, der Motor durchpfeift jegliche innere Einkehr der nunmehr zahlreichen Jakobspilgerinnen und -pilger. Dann folgen wir dem Hinweis zu einem Treffen von Jakobsfreunden nahe der Kathedrale. Allabendlich werden hier ankommende Pilger zum Erfahrungsaustausch eingeladen. Obwohl die Stadt von Pilgern zu wimmeln scheint, begegnen wir im Jakobstreff nur fünf *„Jacquaires"*, wie die Jakobsbrüder und -schwestern in Frankreich genannt werden. In Englisch, Französisch und Deutsch tauschen wir Antworten aus auf die in den nächsten Wochen noch oft gestellten Standardfragen „Woher – Wohin – Wieviel – Wie lange – Warum?" Der Gastgeber bietet uns neben einem Erfrischungsgetränk und gutgelaunten Scherzen routiniert vor allem einen Pilgerpass für 5 € an, ein „Muss" auf dem Weg, aber nicht für uns, wir begnügen uns zusammen mit einem Pass. Jeder erreichte Ort wird durch einen Pilgerstempel im Pass dokumentiert. Wer davon die meisten in kürzester Zeit vorzuweisen hat, triumphiert, ist ein *„tougher"* Jacquaire. In kindlichen Zeiten überbot man sich mit Sanella-Sammelbildchen. Der Abendsegen von Monsieur Auguste macht das etwas magere Ergebnis doch zu einem guten Erlebnis. Gekrönt wird der Abend durch unser vorzügliches kleines Abendessen in einer *„Saladerie"* auf einer Restaurantveranda: zuvorkommende Bedienung, frische Salate, Ziegenkäse, ein Wein aus der Region, aufheiternde Beobachtungen vorbeiziehender Feierabendmenschen.

Fast ein Wunder: Unsere spartanische Unterkunft hat drei Treppen höher ein paradiesisches Gegenstück: Blumenterrasse,

Schmetterlinge, Vogelgezwitscher, Meditationsnischen, Ruhebänke, den schönsten Blick auf die Altstadt. In einer kleinen Teeküche funktioniert der Wasserkocher für einen Abendtee. Dies ist auch der Platz für ein Selfmadefrühstück. Direkt über diesem Paradies dräut eine 22 Meter hohe rote Madonna mit ihrem Jesuskind. Maria hier, Maria dort, Maria überall, Le Puy ist wirklich ein Marienwallfahrtsort. Diese angeblich aus erbeuteten russischen Kanonen gegossene Statue verunziert das Stadtpanorama. Nachts zerschneidet ein Alptraum meinen ohnehin fadendünnen Schlaf durch die sich aus der Madonna lösenden, auf unser Bett herabrollenden Kanonenkugeln. Beim Wachliegen vor unserem ersten richtigen Pilgertag versuche ich einzuschlafen mit dem Trost von Dietrich Bonhoeffer, der mir schon manches Mal Zuversicht gab, obwohl seine zum Tode verzweifelte Lage sich lebensweit von meiner unterscheidet: „Von guten Mächten wunderbar geborgen, erwarte ich getrost, was kommen mag, Gott ist bei mir am Abend und am Morgen und ganz gewiss an jedem neuen Tag."

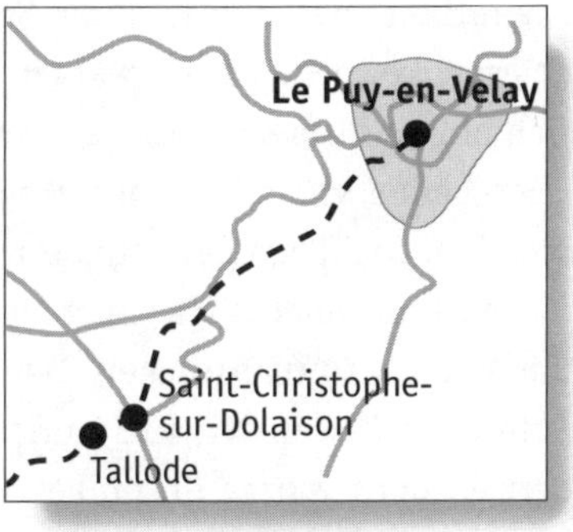


## *Mittwoch, 6. Juni*

### *Jens*

Morgens zum „Frühstück" betreten wir eine winzige Küche – mit Stromausfall. Unser Tag beginnt ohne Tee und Kaffee. Mit sieben anderen Pilgern klauben wir Stücke vom schnell zu Ende gehenden Baguette, ergattern mit Glück ein bisschen Butter. Frustriert stürzen wir um 7 Uhr zur Pilgermesse in die Kathedrale. Etwa 80 Pilgerinnen und Pilger und einige Nonnen haben sich versammelt, weit vorn im Chorraum leuchtet mystisch die Schwarze Madonna. Ein junger Priester zelebriert die Heilige Messe. Eine lange Schlange steht an zum Empfang der Oblate. Ein Mann kreuzt die Arme über der Brust zum Zeichen dafür, dass er auf das Sakrament verzichtet; der Priester segnet ihn. Ich reihe mich nicht ein, weil ich respektiere, dass Rom mich als evangelischen Christen ausschließt. Das schmerzt mich. Der Pilgersegen des Priesters aber gilt uns allen.

Nach der Messe versammeln wir uns vor der Skulptur des Heiligen Jakobus. Der Priester fragt sorgfältig ab, woher wir kommen. Die meisten sind aus Deutschland und Frankreich angereist, einige aus England, den Niederlanden, Belgien. Dann verteilt der Geistliche an alle einen in eine Klarsichthülle eingeschweißten Rosenkranz aus weißem Kunststoff sowie ein winziges metallenes Amulett der Schwarzen Madonna. Schwarze Madonnen gibt es in der Region etliche, die in Le Puy ist die berühmteste unter ihnen. Ihr wenden sich nun alle zu mit Blick in den Chor, Jakobus im Rücken, und singen das Magnifikat, das alle in ihrer Sprache auf einer großen Tafel ablesen können. Einige wählen Latein. Zum Schluss nehmen sich alle aus einem Körbchen einen Reisesegen. Meiner lautet: „Herr, ebne vor mir deinen Weg." (Psalm 5,9). Ich habe verstanden: nicht meinen, sondern „deinen" Weg.

Mit knurrendem Magen steuern wir das Cafe „Tam Tam" an, um endlich zu frühstücken. Der Wirt bedauert: Croissants und Zutaten müssten wir uns außerhalb besorgen, er werde uns derweil gern warme Getränke zubereiten. Auf diesem Umweg kommen wir dann doch zu unserem täglichen Brot.

### *Anke*

So gut das Diner, so schlecht das mit der Unterkunft gebuchte *petit déjeuner*. In der kleinen Küche sitzen schon um $6^{30}$ Uhr sieben fröhliche belgische Heuschrecken, die marmeladenstippend drei schlappe Baguettes unter sich aufteilen und auf ein paar Reste zeigen, uns aber kaum an den Tisch lassen. Der Strom ist ausgefallen, an Tee oder Kaffee ist nicht zu denken, die Milchtüte ist leer. Diese Luxuswanderer haben mich schon am Abend zuvor irritiert, als sie auf einer Serpentine mit einem Taxi ihre Rollenkoffer in unseren *Gîte* haben bringen lassen, statt – wie wir – mit Rucksack die vielen Stufen empor zu schnaufen.

Auf zur Pilgermesse in die Kathedrale, Rucksäcke und Wanderstöcke türmen sich in einer Ecke. Auf mich wartet die nächste Herausforderung: Weihrauch auf nüchternen Magen, fast eine Stunde stehend, das halte ich nicht aus wie die wohl hundert anderen Menschen. Die Abläufe der Messe registriere ich aufmerksam, aber oft sitzend. Priester, Nonnen, Sakramente, Bekreuzigung, Gesang, Kniefall, Marienfigur – die Gedanken gehen zurück in meine Kindheit im Rheinland, als ich als kleines evangelisches Mädchen in einem katholischen Waisenhaus jeden Morgen von den Nonnen zur Messe gezwungen wurde und danach mit dem Ranzen auf dem Rücken im Galopp quer durch die Stadt laufend die Schule pünktlich zu erreichen versuchte. Der Weihrauch stülpte mir regelmäßig den Magen um.

Eine einladende Geste der Priester und graugewandeten Nonnen bringt mich zurück in die Gegenwart. Wir versammeln uns vor der großen hölzernen Figur des Jakobus. Der Priester lädt uns ein, aus einem Korb ein Zettelchen zu nehmen, auf dem durchziehende Pilger ihre Wünsche hinterlassen haben. Auf meinem steht in Englisch und in Versform der unbescheidene Kinderwunsch, Gott möge den/die Schreiber/in morgens, mittags, nachts und einfach immer beschützen. Dem kann ich nichts hinzufügen, das erbitte ich auch. Ist es wahr, dass die Nonnen regelmäßig die Pilgerwünsche kontrollieren und notfalls aussortieren, damit sie katholisch korrekt sind? Das wird in dem Jux-Film „Saint Jacques“ gezeigt, den ich mir Wochen später zu Hause angucke.

*Es geht los: Anke Sawahn und Jens Gundlach in Le Puy*

Zwei Kerzen entzünde ich von nun an in jeder Kirche, eine für unsere kleine Enkelin Charlotte im Himmel, eine für Johann, unseren fünfmonatigen Enkel daheim. Zum Abschied bekommen wir ein Heftchen mit einem Evangelium, ich das *„Évangile Jean"* – Johannes, als wüsste der Priester, dass beide Kinder ihren Taufspruch aus dem Johannes-Evangelium haben. Beeindruckt, aber innerlich nicht berührt bin ich von dem in vielen Sprachen inbrünstig gesungenen Lobgesang „Salve Regina" auf die geheimnisvoll angestrahlte Maria; die Texttafeln stehen vor dem Altar. Der priesterliche Pilgersegen hingegen wird auch mich beschützen. Mit der flotten Aufmunterung aus dem Pilgerlied von Compostela verlassen die meisten gepäckschulternd die Kathedrale. Bei manchen klingt es wie ein militärisches Marschlied:

*„Ultreïa! Ultreïa! Es sus eia! Deus adjuva nos!*
*Hinüber! Hinüber! Und aufwärts also los! Gott hilf uns!"*

Vor der Kirchentür fällt mir eine schwarz gekleidete, weißschopfige junge Frau mit Flipflops an den nackten Füßen auf, die gämsengleich die holprigen Stufen empor hüpft und an uns vorbei in das Gotteshaus hastet. Während wir den unebenen Abstieg ins Stadtzentrum mit unseren stabilen Stiefeln noch nicht geschafft haben, springt sie schon wieder eilig an uns vorbei hinunter, über verwitterte Steine und Schlaglöcher hinweg. Wer oder was treibt sie wohl? In Gedanken taufe ich sie Blanche, die Gämse (*„la chamoise"*).

### *Jens*

Von der Place du Plot unweit vom „Tam Tam" betreten wir morgens die Rue Saint-Jacques. Mit der „Carte de Promenade" Nr. 50 (Maßstab 1:100 000) in der Hand wandern wir nun auf der Via Podiensis (abgeleitet von Le Puy, lateinisch Podium). Wir sind, wo immer wir nun auftauchen, *pèlerins* (Pilger), oder – noch genauer – *Jacquaires*. Pilger genießen bei Anrainern des Jakobsweges einen guten Ruf, gelten als gesittet und genügsam. Die Via Podiensis ist als nationaler Fernwanderweg GR 65 mit einem weiß-roten Rechteck sorgfältig markiert, so dass wir die Strecke (fast) auch ohne Karte gehen könnten. Schnell lernen wir die Zeichen schon von weitem zu erkennen. Haben wir aus Versehen einmal eine falsche Richtung eingeschlagen, werden wir alsbald durch das gleiche, aber diagonal rot durchgestrichene Markierungszeichen darauf aufmerksam gemacht.

Schwüle Hitze lastet auf dem Weg. Als meine Wasserflasche leer ist, bitte ich eine Frau, die im Garten arbeitet, sie nachzufüllen. Sie kommt mit der vollen Flasche und einem Schälchen Erdbeeren, die sie gerade geerntet hat, zurück und schenkt sie uns. Die freundliche Geste beschwingt uns, wir wandern munter bergauf. Unser heutiges Ziel ist Tallode, ein winziges Nest, knapp 1 000 Meter hoch. An einem der letzten Häuser vor einer öden Hochebene über einer steilen Schlucht haben Anwohner Tee, Kaffee und Wasser „gratis" auf einen Holztisch gestellt. Wir sind gerührt von so viel Gastfreundschaft.

***Anke***

Jetzt ist es wirklich Zeit für den Frühstückskaffee, der uns freundlich im lebhaft besetzten Café „Tam Tam" bereitet wird. Doch halt, noch eine Hürde: Brötchen, Brot, Butter, Marmelade, Käse müssen wir erst aus der gegenüber liegenden Bäckerei besorgen. Gut, dass die Einheitswährung Euro dies vereinfacht. Dann dürfen wir im Café – ohne Teller – den Tisch vollkrümeln. Trotz des strapaziösen Morgens beginnen wir guter Dinge mit Wasser-, Obst-, Hartkäse- und Broteinkauf nach ein paar Erinnerungsfotos unseren Weg. An der Place du Plot beginnt der Chemin de Saint-Jacques. Die kleinschrittigen Verzagtheiten will ich hinter mir lassen.

Die ansteigende Straße aus der Stadt hinaus ist gleichzeitig als großer Fernwanderweg [Grande Randonnée] rot-weiß und zusätzlich mit der Jakobsmuschel gut gekennzeichnet. Aber wir werden lange von lautem Autoverkehr begleitet und haben plötzlich Zweifel, ob wir wirklich auf dem Pilgerweg sind. Freundliche Auskunft an einem Zaun und schließlich an der Wegbiegung eine Rübezahl ähnliche große Holzfigur: Saint Jacques weist uns rechts in einen Waldweg. Die Fahrzeuge lassen wir links unten weiter dieseln. Es tut gut zu gehen. Der Wald mildert die schwüle Luft, wir ziehen an vielen Kreuzen vorbei, bald sind wir auf einer Hochebene mit faszinierendem Blick über Vulkanberge, Schluchten und Felder. Wenig Häuser, wenig Menschen. Bei Begegnungen heißt es stets fröhlich „Bonne journée!"; das klingt nicht wie eine Floskel, sondern wohltuend wie ein kleiner Pilgersegen. Ich werde ihn gebrauchen können.

***Jens***

Auf der Hochebene zieht sich ein Gewitter zusammen. Schwarze Wolken bewegen sich mit sichtbarer Geschwindigkeit auf uns zu. In der Ferne blitzt es und donnert. Ehe wir es richtig wahrhaben wollen, beginnt es zu regnen – weit und breit kein Schutz. Schon halb durchnässt hockt sich Anke unter einen Dornenbusch, ich setze mich auf einen Stein davor. Es prasselt, blitzt und donnert in dichter Folge. Durch den Regen sehe ich, wie Anke zittert vor Angst. Sie weint. Meine Worte, meine Hand beruhigen sie nicht. Ich fühle mich hilflos dem Chaos und Ankes Untröstlichkeit ausgeliefert, spähe aus nach einem hellen Streifen am Horizont. Vergeblich. Ich glaube nicht, dass wir vom Blitz getroffen werden. Oder genauer: Ich halte es für unwahrscheinlich im Sinne einer fiktiven Statistik. Obgleich mir Angst nicht fremd ist, packt sie mich in dieser Situation nicht. Könnte ich doch ein Stückchen meiner mich selbst verwundernden Coolness abgeben.

*Ausgeliefert: Gewitter auf der Hochebene*

Dass sich Ankes Angst wie eine dicke Säule zwischen uns schiebt, dass ich sie in ihrer Verzweiflung nicht erreichen kann, macht mich traurig. Das habe ich in unserer langen Zweisamkeit noch nicht erlebt. Und das an unserem ersten „richtigen" Pilgertag! Soll der auch schon der letzte sein? Ich erinnere mich, wie auch ich vor etlichen Jahren aus ganz anderen Gründen im Gefängnis meiner Angst fest steckte, und Anke mit ihrem Zuspruch – so schien es – nicht zu mir durchzudringen vermochte. Und doch weiß ich noch, wie wichtig ihre Gegenwart war. Meine Dankbarkeit dafür verschaffte sich erst später Raum. Also hoffe ich, dass meine Ruhe, meine Festigkeit ihr in dieser Situation auch hilft, wieder festeren Boden zu finden, wie ich ihn fand. Die Wiederentdeckung des Glaubens nach zwanzig Jahren Kirchenferne spielte damals für mich eine entscheidende Rolle.

Endlich wird es irgendwo heller, der Zeitabstand zwischen Blitz und Donner größer. Noch gießt es. Aber das Schlimmste scheint überstanden. Langsam lässt der Regen nach. Wir lösen uns aus der Starre. Unser schmaler Pfad hat sich in ein Rinnsal verwandelt. Schlamm und glitschiges Gestein erfordern Achtsamkeit. Wir tasten uns voran, trotz Regenzeug innen und außen nass. Wir waten durch Wasser, das Schuhleder weicht durch. Die dampfende Flora empfinde ich als wohltuend, freue mich an blau blühendem Natternkopf und weißen Dolden des schwarzen Holunders. Das Schlechte besteht oft nur darin, dass man noch nicht weiß, dass es gut wird.

### *Anke*

Der anfangs graue Himmel wird fast von einer Minute zur anderen schwarz. Abrupt einsetzender kalter Wind kündigt Unwetter an, schon platzt die Wolkendecke auf und schüttet Wassermassen über uns aus. Weit und breit kein Schutz. Die Regenkleidung für uns und unsere Rucksäcke können wir nur durchnässt mit Mühe überziehen. Der Himmel ist mittlerweile grün-lila-blau-schwarz, das Gewitter (*l'orage*) zieht krachend mit gelben Blitzen direkt über uns immer noch eine Runde von einem Vulkangipfel zum anderen, wohl eine Stunde lang. Ich habe Todesangst, flüchte mich panisch in die Reste eines vertrockneten Rotdornbusches und hocke in den Stacheln. Jens kauert ungeschützt im Freien, er ist die einzige „Erhebung" in der steinigen Wüstenei. Was haben wir in der Schule gelernt? Dort schlägt der Blitz ein. Was mache ich, wenn ihm etwas passiert? Weit und breit keine Orientierung zu einer Straße oder Ortschaft. Geht es hinunter oder hinauf? Nach Ost, West oder Süd? Wie könnte ich Hilfe rufen, hilflos, mit meinem Handy? Wie könnte ich beschreiben, wo ich bin?

Angst vor Gewittern hatte ich bisher nicht, aber wie zur Kinderzeit in auswegloser Not bete ich jetzt weinend und Halt suchend. Aus dem Konfirmandenunterricht fällt mir der Psalm ein: „Ich hebe meine Augen auf zu den Bergen, von welchen mir

Hilfe kommt." (Psalm 121,1) Hilfe? Von diesen Bergen nicht, knirsche ich verzweifelt durch zusammengebissene Zähne. Dabei heißt es doch weiter: „Meine Hilfe kommt von dem Herrn, der Himmel und Erde gemacht hat. Er lässt deinen Fuß nicht wanken; er, der dich behütet, schläft nicht." (Psalm 121,3/4) Aber aus diesem Himmel stürzt jetzt diese Apokalypse. Die Zuversicht ist mir abhanden gekommen, ich glaube an nichts als an den Untergang. Jens' ausgestreckte Hand erreicht mich nicht, die Tränen laufen wie das Regenwasser an mir herunter.

Eine Ewigkeit später wird es heller, es tröpfelt nur noch. Wir machen uns wieder auf den unebenen Weg mit schlüpfrigen Feldsteinen, in klitschnassschweren Kleidern und Schuhen. Wenn es bergab geht, begleiten uns quirlige Bäche, bergauf kommen uns Wasserströme entgegen. Später werden einige Leute lachen, wenn wir diese Geschichte erzählen. Merkwürdig. Ist es gutmütiger Spott oder Unverständnis oder Abwehr eigener Ängste? Für mich waren es eine sehr lange Stunde und endlose siebeneinhalb Kilometer.

***Jens***

Schon wieder droht Regen, doch endlich sind wir in Tallode. In einer der stattlichen Farmen, errichtet aus Quadern vulkanischen Gesteins, haben wir telefonisch ein Zimmer reserviert. Monsieur Allegre, der Patron, beäugt uns missmutig und holt seine Frau. Madame Allegre, eine gestandene Bäuerin, empfängt uns freundlich, zeigt uns Wasserkocher und Teeschachtel und heizt den Kamin an. Zusammen mit einer jungen Kanadierin hängen wir unsere durchnässte Kleidung auf und lassen unsere Schuhe trocknen. Als Anke in ihre Sandalen schlüpft und sieht, wie ich in Socken über die Fliesen surfe, entdecke ich in ihrem Blick einen leichten Triumph, für mich ein beruhigendes Signal, dass es ihr wieder besser geht. Wir fühlen uns in Sicherheit und geborgen.

### Anke

Aber am Spätnachmittag ist alles vergessen, als uns Madame Simone Allegre in Tallode gegenübersteht: rotbackig, rund, Schürze, Gummistiefel, von energischer Sicherheit. Monsieur Michel Allegre mustert uns muffig, weil wir seinen Mittagsschlaf durchkreuzt haben. Vor 17 Uhr ist nirgends in den Gîtes Einlass, daran halten wir uns selten, wegen unserer kurzen Strecken kommen wir meist früher an. Wo sollten wir jetzt um halb vier tropfnass und frierend bleiben? Im Stall? Madame Allegre, die sich wie viele Bäuerinnen auf ihrer Farm mit Beherbungen eine Einkommensalternative geschaffen hat, zeigt uns, wo wir in der Küche Tee machen können, gibt uns ein Zimmer nur für uns, sogar mit Dusche, na ja, ein Bett, eine Decke. Unten lodert schon der Kamin, wir können unsere Sachen trocknen. Schuhe, Strümpfe, Kleidung, Unterwäsche, Rucksack, einfach alles hängen wir an den Trockenständer und wärmen uns vor der Glut.

Plötzlich kommt Blanche herein, schwarz gekleidet und eilig wie schon morgens, auch sie ist bis auf die Haut nass, lässt sich hastig zum Tee einladen. Kurze, ebenso hastig genuschelte Bemerkungen. Sie ist Frankokanadierin, lehnt das Gemeinschaftsdîner ab, hetzt auf ihren Flipflops ins zurückliegende Dorf, kauft sich etwas zum Essen. Ihre feuchten Socken sengeln derweil dicht über dem Feuer. Mit voller Tüte kehrt sie zurück, sie will hier doch nicht übernachten, sondern noch das übernächste Dorf schaffen, streift sich ihre halbwegs trockenen Sachen über und ist schon unterwegs. Immerhin noch 13 Kilometer. Santiago in fünf Tagen? In ihrer Hast hat sie eine Socke vergessen.

### Jens

Neun Französinnen und Franzosen treffen noch ein und zwei Pilger aus der Schweiz. Entsprechend lebendig gestaltet sich die Tafelrunde an einem langen Tisch. Madame Allegre hat gekocht, ländlich-üppig und köstlich: eine Pastete vorweg; Rindfleisch vom Hof und grüne Linsen, eine Spezialität der Region; kräftiger Rohmilchkäse, erzeugt auf der eigenen Farm; dazu Rotwein in Glaskrügen. Der Gesprächspegel erreicht temperamentvolles Niveau. „Wir sind Wanderer und gläubig (*croyant*), aber keine Pilger", erklärt eine Frau aus der Stadtrandgruppe von Paris. Das gilt auch für die dunkelhäutige Françoise aus Guadeloupe, die eine Halskette mit Kreuz trägt. Wir machen uns den Spaß und kategorisieren, welche Selbstbeschreibungen wir unterwegs immer wieder antreffen: Wanderer ohne christliche Bindung; Wanderer, aber gläubig; Pilger, aber nicht sehr religiös; Pilger, religiös; entschieden religiöse Pilger. Dann fragt mich einer: „Und was sind Sie?" Ich antworte: „Von allem etwas, auf jeden Fall Pilger." Françoise hebt ihr Glas und stößt mit mir an: „So wie ich eigentlich auch! *À la votre!*" Der ungläubig gläubige Martin Walser drückte diese schwebende Befindlichkeit in einem Interview anlässlich seines 80. Geburtstags im vergangenen Jahr so aus:

*„Ich bin an den Sonntag gebunden*
*wie an eine Melodie.*
*Ich hab keine andere gefunden,*
*ich glaube nicht, aber ich knie."*

### *Anke*

Zwei Männer treffen mit einem Tiertransporter auf dem Bauernhof ein. Des Rätsels Lösung: Am nächsten Tag beginnen sie ihre Pilgerreise auf Esels Rücken. Mit Hilfe des Hausherrn üben Kurt und Pascal aus der Schweiz den Umgang mit dem Langohr. Ein Gratisschauspiel für uns. Für weitere Unterhaltung sorgt eine große bunte Wandergruppe aus der Nähe von Paris, mit der wir das üppige Abendessen (*repas*) an einer langen Tafel teilen: Brot, Salat, Pastete, köstlich gewürzte grüne Linsen, gefüllter

Braten, hausgefertigte Butter und Käse, Erdbeeren, Rosé, Rotwein, Wasser, Kaffee, Kuchen. *Les Lentilles Vertes du Puy*, grüne Linsen, sind eine Spezialität dieser Gegend, der Auvergne. Zu Hause aus dem Bioladen habe ich diese Hülsenfrüchte schon öfter zubereitet, ohne Kenntnis der Herkunft, nicht einmal ihrer pflanzlichen Beschaffenheit. Wo und wie wachsen Linsen? Wir werden noch weite Felder mit den zarten buschig-grünen Pflänzchen sehen. Madame Allegre schenkt mir ein Heft mit Linsenrezepten, Souvenir N°. 3.

So bunt der Tisch, so bunt die mehrsprachige Unterhaltung; sie ist einfacher als gedacht. Diese Wandergruppe will nicht nach Santiago, hat schon manche Touren hinter sich, ist routiniert im Belegen der Schlafsäle, in der sozialverträglichen Benutzung von Waschräumen und Toiletten und in der fairen Aufteilung des Essens. Nach diesem ausgiebigen späten Abendessen schlafen? Jens und ich zerren traumschwer unsere gemeinsame Bettdecke hin und her. Um Mitternacht schleiche ich schlaftrunken vor unsere Tür zu Madame Allegres großer Wäschetruhe. Blindlings ein Griff hinein, ich erwische ein zweites Laken zum Zudecken; es sichert unser Durchschlafen.

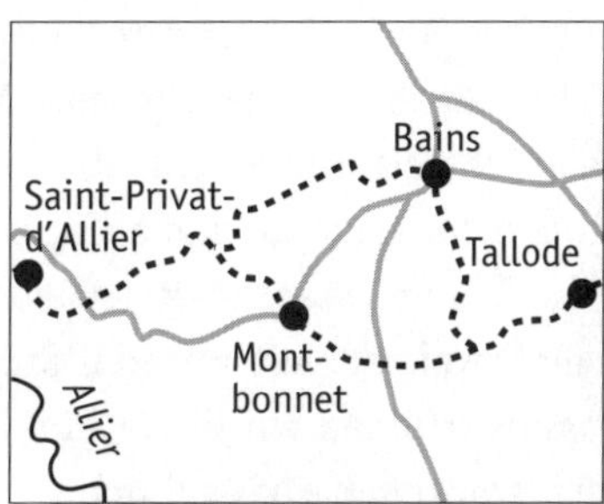


## *Donnerstag, 7. Juni*

### *Jens*

Nach gutem Frühstück bei Madame Allegre brechen wir auf: 15 Kilometer sind es bis Saint-Privat-d'Allier. Der frische Morgen, Spinnennetze in dornigen Sträuchern und eine weite Gebirgslandschaft verzaubern uns. Außer dem Pilgerzeichen leiten uns die Fußtritte des Esels, mit dem die beiden Schweizer vor uns losgegangen sind.

Ich hatte früher auch mit dem Gedanken gespielt, einen Esel zu mieten, der das Gepäck trägt und vielleicht ein treuer Begleiter wird, zu dem sich persönliche Beziehungen aufbauen ließen. Aber der Rationalist in mir winkt ab: Aus den persönlichen Beziehungen wie zu einem Hund wird nichts – Eseln mangelt es an Anhänglichkeit. Und hätten sie etwas davon, fiele einem der Abschied am Ende umso schwerer. Das Langohr empfiehlt sich zwar dem Pilger als biblischer Statist, kommt es doch im Alten und im Neuen Testament vor; aber ein Esel hat doch zu sehr seinen eigenen Kopf, frisst am Wegesrand, wenn er gehen soll. Auch wenn er gut versorgt wird, stößt er in unpassenden Momenten sein weithin hörbares, herzzerreißendes Schreien aus. Mein erster Satz im Lateinunterricht lautete: Asinus clamat procul (In der Ferne schreit ein Esel). Dieses laute, heisere Weinen wirkt wie eine Anklage gegen den Besitzer, versetzt ihn vor anderen in die Rolle eines Tierquälers. Nein, ein Esel ist eher eine Last. So schleppe ich mein Gepäck lieber selbst.

Oft bleiben wir stehen und staunen: Kornblumen mit intensivem Blau, Kolonien rosaroten Knöterichs, zyklamfarbene Nelken, Skabiosen, leuchtender Mohn und Ginster säumen den Weg. Schmetterlinge gaukeln vor uns her. Ich denke an Ernst Jünger, der sie jagte und aufspießte – lebendig gefallen sie mir besser als im Insekten-Mausoleum. An einer Stelle ist der Pfad überschwemmt, mit unseren Stöcken testen wir die Tiefe des Wassers. Müssen wir die Stiefel ausziehen? Ich komme gerade noch trockenen Fußes durch.

Für mich hat es einen Reiz, natürliche Hindernisse zu überwinden. Andere würden sagen: Das ist Quatsch – je glatter der Weg, desto schlanker der Gang. In meiner Jugend durfte ich dieses Spiel mit natürlichen Herausforderungen in der Christlichen Pfadfinderschaft austoben, begünstigt durch die

*Ginster und leuchtender Mohn säumen den Weg.*

Toleranz meiner Eltern. Wir wurden Meister in der Überlebenstechnik in Wald und Feld, fern von Zuhause unter klimatisch auch anstrengenden Bedingungen. Das war ein emanzipatorischer Akt: Übernahme von Verantwortung für sich selbst und andere sowie der Genuss des Elementaren als Basis von Lebensfreude und Gemeinschaft. Gesungen haben wir zum Teil blödeste Texte wie „Vom Barette schwankt die Feder ...", die zum Teil noch aus der Jugendbewegung stammten; vor denen würde ich heute davonlaufen. Aber wir sangen auch Volkslieder. Davon trällern Anke und ich auf unserem Weg auch schon mal eins. Ein Kuckuck ruft, wir stimmen ein: „Der Kuckuck und der Esel, die hatten einen Streit, wer wohl am besten sänge ...". Wir streiten nicht, es ist klar, wer von uns „besser" singt.

## *Anke*

Das frühe Frühstück mit der Gruppe ist begleitet von heiterer Hektik. Lediglich ein am Tischende sitzendes Paar, das seine Rentnerferien auf diesem Bauernhof verbringt, sorgt sich griesgrämig um seinen Anteil an der Erdbeermarmelade und am Kaffee. Dabei ist alles reichlich da und wird aufmerksam herumgereicht. Madame Allegre bringt uns Deutschen sogar Käse, Schinken und Graubrot, es reicht für ein Lunchpäckchen. Kurt und Pascal machen sich schon auf den Weg, sie haben ihren Esel „Papitou" schwer beladen; er ist es gewohnt, geduldig trabt er inmitten seiner Begleiter los. Zuversichtlich beginne ich den neuen Pilgertag, noch ist die feuchte Luft frisch, Sonne deutet sich durch den Dunst an. Es ist so schön, Hunderte von Metern an geheimnisvollen Büschen mit taubesetzten Spinnweben entlang zu gehen. Ich genieße Schritt für Schritt. Alle Verzagtheit ist verflogen, wie vor über 150 Jahren bei einem meiner Lieblingsdichter Joseph v. Eichendorff:

*„Fliegt der erste Morgenstrahl durch das stille Nebeltal,*
*rauscht erwachend Wald und Hügel: Wer da fliegen kann, nimmt Flügel! […]*
*Hinaus, o Mensch weit in die Welt, bangt dir das Herz in krankem Mut;*
*Nichts ist so trüb' in Nacht gestellt, der Morgen leicht macht's wieder gut."*

Die Regenmassen vom Vortag haben manches Wegstück in kleine Binnenseen verwandelt; seitwärts auszuweichen ist wegen der elektrisch umzäunten Weiden nicht möglich. Da Matsch und Tiefe nicht immer abschätzbar sind, trägt Jens wie der legendäre Christophorus einst das Jesuskind zuerst mich, dann meinen Rucksack durchs Wasser. Sein fester Schritt und seine Stiefel halten das aus wie der wirkliche Heilige, doch der ging barfuß. Immer wieder entdecken wir auf unserem Pfad richtungweisend Papitous Eselsspuren. Nie gesehene blaue Schmetterlinge umgaukeln uns und schweben in die dunstige Ferne. Kein Mensch weit und breit. Ein paar verlassene Dörfer, der Auftrieb einer Kuhherde, geleitet von drei gutmütigen Hirtenhunden und einem brummigen Hirten. Es wird immer heißer, die rot-blau-lila-gelbe Blumenpracht am Wegesrand lässt ermattet die Köpfe hängen. Wir finden eine schützende Raststelle am Feldrand, doch ein Stechfliegenschwarm beendet schnell unsere Sitzprobe.

***Jens***

Kurz vor Montbonnet stoßen wir auf das Ergebnis eines Konkurrenzgerangels unter Heiligen. Die romanische Kapelle aus dem 11. Jahrhundert war ursprünglich Jakobus gewidmet. Als sich im 17. Jahrhundert herumsprach, dass Rochus den Pestkranken helfe, verdrängte dieser Heilige aus Montpellier seinen galizischen Rivalen aus vielen Kirchen auf den Jakobswegen. So steht Rochus nun vor uns als Jakobspilger mit Muschel und Stab, dazu mit eigenen Symbolen: einer Pestschwäre am Bein und einem Hund zu Füßen, der ihm, dem Pestkranken, im Maul Brot nachträgt. In dieser Kapelle hat Rochus obsiegt. Dem Jakobsweg aber seinen Namen aufzuzwingen oder gar Santiago als Pilgerziel durch ein eigenes Heiligtum abzulösen, das hat er nicht geschafft. Ich freue mich, dass ich evangelisch bin und mich mit den Ressortüberschneidungen der Heiligen nicht auseinandersetzen muss.

Vor uns taucht eine Kuhherde auf. Ein Bauer treibt seine Rotbunten aus seiner Farm auf die Weide. Ausweichen können wir nicht, sind plötzlich umgeben von dreißig Kühen und drei Hirtenhunden. Als die sich uns knurrend zuwenden, ruft sie der Mann mit dem gegerbten Gesicht mit einem kurzen Pfiff zurück. Unser Ziel Saint-Privat-d'Allier liegt idyllisch an einem Berghang, bewachsen mit sattem Grün.

*Rochus mit Pestschwäre und Hund verdrängt Jakobus.*

***Anke***

Kurz darauf bietet wie schon Jahrhunderte lang auch uns der schattige Vorplatz einer Kapelle Ruhe und Rast. An diesem alten Gebetsort findet der Heilige Rochus seine Verehrung, heute durch frische Feldblumen sichtbar, denn es ist Fronleichnam. Ich bestaune ehrfürchtig dieses schimmelwandige Kirchlein. Es herrscht eine Stille wie nirgends sonst. In ihr schweigen viele hundert Jahre. Wieviel tausend Menschen mögen hier aus- und eingegangen sein, wie viele haben inbrünstig gebetet, um vor Krankheit, Krieg und Elend bewahrt zu werden? Wie viele haben sich einfach ausgeruht von der Last des Tages, von Plagen der Krankheit, von der Mühsal des Lebensweges?

Unsere Ruhe währt nicht lang, denn die fidel lärmenden Wandersleute aus Tallode nähern sich. Respektlos, wie ich jetzt empfinde, in kürzesten Shorts, weiblich oder männlich je mit Trägerhemdchen oder nackten Oberkörpern, Wasserflaschen schwenkend, Baguette kauend, knipsend und unverdrossen rappelnd durchkreuzen sie in Windeseile die Kapelle. Garstig wünsche ich ihnen einen Sonnenbrand auf ihre nackte Haut. Schon sind sie wieder weg, um im nahen Dorfgasthof ihre Mittagsrast zu halten. Das hält uns ab, dort unsere Lust auf einen Milchkaffee zu stillen.

Stattdessen erfreuen wir uns an alten geraniengeschmückten Feldsteinhäusern entlang der buckeligen Straße aufwärts und dorfauswärts; sie scheinen kaum bewohnt zu sein. Aber immer ist jemand da, wenn wir trotz der guten Wegkennzeichnung mit der Jakobsmuschel unsicher sind, um uns die richtige Abbiegung zu zeigen. Aus Tallode (928 Meter hoch) sind wir bergauf, bergab, bergauf mittlerweile auf 1 200 Meter Höhe gelangt. An einem Vulkankrater vorbei durch ein Wäldchen hindurch beginnt der schwierige, steinig-glitschige Abstieg 300 Meter tief in unseren nächsten Rastort Saint-Privat d'Allier. Ohne Wanderstock ginge das nicht. Nach dieser Anstrengung verzichten wir auf das bestellte, erst am Abend bereite Schlafsaalbett im kommunalen Gîte und mieten eine Unterkunft in der „Vieille Auberge" (Alte Herberge).

Die Bezeichnung „alt" hält, was sie verspricht hinsichtlich Mobiliar, Hygiene und Essen. Dennoch müssen wir an der Rezeption unsere Wanderstiefel ausziehen, um auf Socken über schmutzige Treppen und Teppichböden in unser Zimmer im dritten Stock zu gelangen. Die Toilettenspülung funktioniert unzureichend nur mit Höllengetöse, die Dusche ist schwarzfleckig, die knarzenden Fußbodenbohlen biegen sich verdächtig durch, die Läufer sind verklebt, das Flur-WC ist verstopft bis oben hin. Aber: deux lits, zwei Betten haben wir. Enttäuschung: Mit einem Tee im Zimmer wird es nichts, denn die französischen Steckdosen versperren sich unserem vorschriftsmäßig universalen Eurostecker; der Reisetauchsieder ist so nicht benutzbar.

Also auf zur Ortsbesichtigung und zum *café au lait*, „Milchkaffee" mit fettiger kalter Dosenmilch. Kopfschütteln, zwei Worte, die Kellnerin versteht und bringt uns einen echten café au lait. Jemand begrüßt uns, den wir nicht erkennen: der Schwabe Manfred vom ersten Abendtreffen mit den Jacquaires in Le Puy. Austausch über den schwierigen Abstieg vorhin. Wir beobachten, wie auf der anderen Straßenseite die Wandergruppe aus Tallode gerade in den Ort einfällt und sich bei einem Schlachter offenbar für einige Wochen mit Dauerwurst eindeckt; es soll eine regionale Spezialität sein. Erschöpft winkend traben auch Papitou, Kurt und Pascal an uns vorbei; sie müssen wegen des Vierbeiners zu einer Farm weiterziehen.

***Jens***

Fast bereuen wir unsere Entscheidung für das „Hotel", denn der unfreundliche Wirt mit dem Charme eines Fremdenlegionärs vergällt uns Abendessen und Frühstück. Entschädigt fühlen wir uns durch den Besuch der romanischen St.-Rochus-Kirche aus rotem, rissigem Vulkangestein mit besonders schönem Chor. Der Steinmetz, geschaffener Schöpfer, wurde hier zum Lavametz und zwang seinem porösen Material zum Lobe Gottes seine Ornamente auf. Auf der Empore entdecken wir, dieses Mal abgestellt, eine weitere Figur des Rochus aus Holz. Zwanzig Minuten bleibe ich still sitzen.

***Anke***

Am Ortsrand bestaunen wir die auf einen Hügel gebaute romanische Kirche, wohl eine halbe Stunde gehört sie uns ganz allein. Ein tränenblutendes Herz inmitten eines großen gusseisernen Kreuzes verstört mich. So etwas habe ich noch nie gesehen, es wird uns öfter begegnen. Weint das Herz um Christus am Kreuz? Weint es um die Toten der Kriege? Sind hier Christusglauben und Kriegerdenkmalskult vermengt? Vom Kirchhof aus überblicken wir die Schlucht, die engen Gassen, die unbewohnbar erscheinenden alten Häuser, aber auch die weiten Täler und Höhen, die wir in den nächsten Tagen unter unsere Stiefel nehmen werden. Kaum in der Auberge angekommen, entlädt sich der Himmel mit gewaltigem Getöse, das sich im Talkessel fängt. Schwarze Wolken und ferne Hügel glühen unter den Dauerblitzen. Wir sind in Sicherheit.

Der glatzköpfige bullige Hotelchef beeinträchtigt die Atmosphäre, finsteren Gesichts knallt er mit eisenbeschlagenen Stiefeln durch die Räume. Die Frau, die offenbar seine Freundin ist und Rezeption, Küche, Lokal und Zimmer gleichermaßen versorgt, schleicht geduckt unter seinem Gebell herum. Ein mäßiges, unfreundlich serviertes Abendessen (Linsen) – das orange wabernde Götterspeisendessert dürfen wir nicht gegen Kaffee tauschen – wird noch unterboten durch das kümmerliche Frühstück. Unterkunft und Abendessen für 92 €.

*Tränendes Herz in eisernem Kreuz*

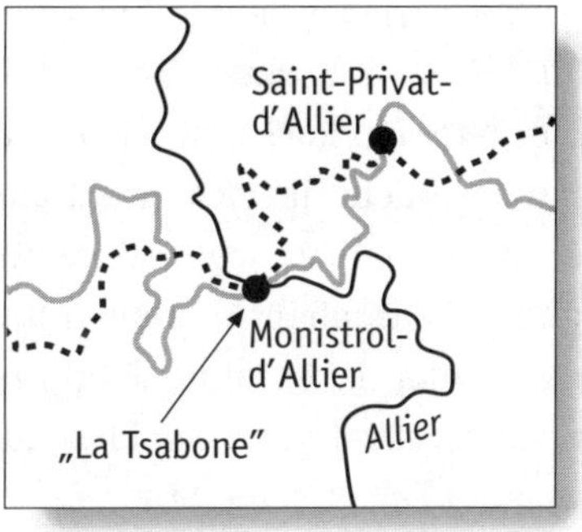


## *Freitag, 8. Juni*

### *Jens*

Bevor wir an diesem Morgen weiterziehen, bittet uns eine junge Französin mit dem schönen Namen Aurore (Morgenröte), dass wir uns an einer tourismuswirtschaftlichen Meinungsumfrage beteiligen. Unter anderem geht es um das Preisgefüge von Transportunternehmen wie Transbagage und Factage, die täglich den Jakobsweg abschnittsweise abfahren und Pilger oder deren Gepäck transportieren. Bei Telefonanruf einen Tag vorher können Wanderer einen Transfer von A nach B bestellen. Die Via Podiensis ist mit ihrer sehr guten Dienstleistungsstruktur zu einem regionalen Wirtschaftsfaktor geworden. Kundenwünsche beeinflussen das Preis- und Leistungsverhalten konkurrierender Herbergen, privater Zimmeranbieter, Hotels, Restaurants und Transportunternehmen. Wie schon im Mittelalter wird an Pilgern Geld verdient. Und wie schon im Mittelalter sind Pilger nicht nur Gottsucher, sondern auch Touristen, Kunden mit unterschiedlichen Ansprüchen und Leute, die andere Pilger unterwegs über erlebte Qualität oder Defizite informieren. Die Marktwirtschaft pilgert mit.

Am Eck-Café treffen wir Manfred, er schließt sich uns an. Auf dem Rucksack des 65-Jährigen prangt eine große Muschel. Vor zwei Jahren erkrankte der leitende Angestellte an Kehlkopfkrebs, nach der Operation erlitt er einen Herzinfarkt. Nun pilgert er von Fulda nach Santiago de Compostela, um Dank abzustatten für seine Genesung. Und um zu testen, ob „es wirklich wieder geht". Und es geht wieder. Täglich schafft er 30 bis 35 Kilometer. Dabei hilft ihm sein Vorrat an Betablockern im Rucksack, denn sein Puls darf die Marke Einhundert nicht überschreiten. Ein Messgerät führt er nicht mit, er merkt selbst, wenn seine Halsschlagader zu pochen beginnt. Dann bleibt er stehen und wartet ab, bis der Puls wieder runter ist. Während er uns seine Krankheitsgeschichte erzählt, erwähnt er dankbar „den da oben", und innere Bewegung belegt seine Stimme.

Manfred ärgert sich darüber, dass, wie er sagt, viele „Nichtpilger" den echten Pilgern in Herbergen die Plätze wegnähmen. Er berichtet von einer Pilgerin, die abends vor Erschöpfung weinend in einem Gîte ankommt und alles besetzt vorfindet. Aber der Wirt zeigt Herz und bietet ihr für die Nacht eine Matratze an. Manfred war als Jugendlicher Ministrant, trat später aber aus der Kirche aus. Während er das erzählt, bleibt er stehen und fährt fort: „Durch meine Krankheit bin ich jetzt wieder dabei." Wir gehen zusammen sechs Kilometer bis Monistrol-d'Allier. Die letzte Strecke ist steil und rutschig. In kleinen Schritten und oft im Rückwärtsgang tasten wir uns bergab. Unten angekommen, verabschieden wir uns von Manfred mit kräftigem Händedruck. Er sagt Adieu und rudert mit seinen Bergstöcken weiter.

### *Anke*

Die „Alte Herberge" und den Legionär lassen wir hinter uns, der Tag ist frisch und bringt Neues. Anders als die Wandergruppe scheuen wir den extrem steilen Aufstieg und wählen den Pfad durch blumige Wiesen, um auf einer Asphaltstraße bergauf den nächsten Ort zu erreichen. Manfred, ein großer, massiger Mann mit schwerem Rucksack, begleitet uns mit Riesenschritten, weit ausladend gestützt von klackernden Wanderstöcken. Jens hat kaum Platz neben ihm. Gut zwei Drittel aller Pilgerwandernden benutzt mittlerweile diese Wanderstöcke als drittes und viertes Bein und behauptet, sie entlasteten besonders bei Abstiegen um 30 Prozent die Gelenke. Ich wünsche mir noch einige Wanderjahre ohne diese „Gehhilfen". Den Rucksack kann ich ohne Mühe schleppen, nur die Trageriemen muss ich öfter anheben, denn sie scheuern meine Schulterknochen fast wund. Doch nach einer Woche spüre ich das nicht mehr.

Während Manfred unaufhörlich redet, redet, redet, erfahren wir alles über sein Leben, seine Krankheiten und Medikamente, seinen Herzschrittmacher, seinen Beruf, seine Firma, seine Erfolge, seine Entfremdung von der katholischen Kirche und die Wiederannäherung, nichts über seine Familie. Dankbar für seine Gesundung, macht er sich in zwei Jahresurlaubsetappen aus Deutschland auf nach Santiago und schafft mit Hilfe von einem Sack voller Medikamente täglich 35 Kilometer. Zwischen aller egozentrischen Selbstdarstellung fragt Manfred doch nach dem Namen der blauen Blumen, die neben uns die Felder schmücken. Es ist der schöne Natternkopf, wie ich ihn so reich noch nie habe blühen sehen. Obwohl ich wie eine türkische Frau im Abstand hinter den beiden Männern hergehe, strengt mich Manfreds ausdauernder Redestrom an. Zusammen zu schweigen ist manchmal schwerer als zusammen zu reden, viele halten das nicht aus. Angela Merkel meinte unlängst, in unserer lauten Gesellschaft gingen wir ein bisschen sparsam mit Schweigen um.

### *Jens*

Wir suchen ein Quartier. Die Entfernung bis zur nächsten Herberge ist uns zu weit, der nächste Pfad bergauf zu steil. Umso mehr Zeit haben wir, nun Ruhe zu finden in dieser tief eingeschnittenen Schlucht mit ihrem Wasserkraftwerk von 1926. Gefährlich ist es, sich im unteren Bereich des Allier aufzuhalten. Der plötzlich anschwellende Fluss hat schon manchen Ahnungslosen in den Tod gerissen, Schilder weisen auf die Gefahr hin. Wir erinnern uns unseres gemeinsamen Freundespaares, das vor einigen Jahren auf diese kaum vorstellbare Weise in Italien sein Leben verlor. Wir vermissen beide.

Im *Gîte privé* „La Tsabone", einem alten, aus Lava errichteten Gebäude, beziehen wir ein Zimmer. Hier wohnte früher der Hirte des Ortes, der für alle Einwohner die Schafe über die saftigen Berghänge trieb. Noch sind wir die einzigen Gäste in diesem Haus, dessen Atmosphäre noch ein bisschen an alte Zeiten erinnert. Der Wirt, dessen tätowierte Arme keinen Flecken helle Haut mehr aufweisen, ist freundlich und hilfsbereit. Der Aufstieg morgen sei „hart", informiert er uns. Man soll sich streckenweise an einem Geländer hochziehen müssen. Wir überlegen, ob wir morgen lieber die wenig befahrene D 589 in Richtung Saugues nehmen sollen.

***Anke***

Wegen der zunehmenden Schwüle biegen wir schon mittags steil in den Ort Monistrol-d'Allier (619 Meter) hinab, denn die geplanten 18 Kilometer sind für dieses Wetter zuviel. Unmöglich, schon jetzt ein Quartier zu finden. Der *Gîte communal* am unteren Ortseingang macht keinen vertrauensvollen Eindruck, es ist nicht sicher, ob wir dort abends überhaupt ein Bett bekommen. Das einzige kleine Hotel hat wegen eines Trauerfalls geschlossen. Vor einer Familienpension sitzen bereits erschlafft einige Wanderer, aber im alten Ortskern finden wir ein weiß getünchtes gastliches Häuschen aus Lavagestein in einem Blumengarten, den Gîte privé „La Tsabone" mit zehn Schlafplätzen. Der Sohn des Hauses lässt uns schon ein, wir bekommen ein Zimmer mit zwei Doppelstockbetten. Wer wird sich noch zu uns gesellen? Die Küche steht uns zum Essen und Kaffeekochen zur Verfügung, neue Duschen und saubere WCs erfreuen uns.

Der Ort scheint ein sterbender Industrieplatz zu sein, viele Häuser stehen leer. Restaurants: null. Pizzeria: zu. Café und kleiner Laden: Mittagspause. Am recht ausgetrockneten Fluss Allier stehen verloren einige Campingwagen herum. Vor der stechenden Schwüle flüchten wir in unsere Herberge, wo Madame Pauline und der über und über tätowierte Monsieur Charles Vedrenne emsig und gesprächig beim Großreinemachen sind. Von der Küchendecke hängen Fliegenfänger (*attrape-mouches*) mit Hunderten zerklebter Fliegen herunter, aber noch sind ein paar Quadratzentimeter Platz für die nächsten hundert, die uns umschwärmen. Gewöhnungsbedürftig. Noch erlaubt das Wetter einen Einkauf im einzigen Krämerladen, wie wir ihn schon Jahrzehnte nicht mehr kennen: Autobatterien neben Porreestangen, Seife neben Zucker, Feuerzeugbenzin im Brotregal, Waschpulver neben Kartoffeln, kurz, es gibt alles. Brot, Hartkäse, Joghurt, Wasser und Obst für unser morgiges Picknick auch. Danach führt uns Glockengeläut in das romanische Kirchlein; wieder sind wir mit Saint Jacques allein in der Stille, die zum Gebet oder zu Tagträumen einlädt. Und doch finden wir uns in Gemeinschaft mit vielen anderen, die hier vor uns schon zu sich kamen. Auf dem Kirchhof beeindruckt uns ein Kreuz aus dem 16. Jahrhundert.

***Jens***

Kurz vor dem Abendessen, das uns freundlich und reichlich – mit grünen Linsen – Madame Vedrenne serviert, stürmen zwei vitale Männer „La Tsabone", Vater und Sohn, Michel (Anfang 50) und Thomas (Mitte 20). Beide ekeln sich noch mehr als wir über die unzähligen Fliegen, die uns umschwirren. Sie beginnen mit Fliegenpatschen eine wilde Jagd, die manchen neuen Fleck an die Wand, aber insgesamt wenig Entlastung bringt. So müssen wir im alten Schäferhaus mit den Fliegen leben. Michel arbeitet in Paris für einen deutschen Chemiekonzern, spricht gut deutsch. Er liebt Deutschland und aüßert sich antisemitisch. Seine abenteuerlichen Theorien über „die Macht der

Juden“ irritieren Anke und mich. Erschrocken wechseln wir Blicke. Normalerweise kontern wir in solchen Fällen mit kritischen Fragen und Widerspruch, oder wir winken ab und beenden das Gespräch. Bei Michel ist das anders. Er ist ein ansonsten kluger und sympathischer Typ mit Benehmen und Stil. Wir lassen seine Ausführungen ins Leere laufen und wenden uns anderen Themen zu.

Michel berichtet, er verstehe sich als Pilger, kehre in Kirchen ein und bete. Seinen Sohn habe er mit Mühe für diese Reise gewinnen können mit dem Ziel, das beiderseitig zerrüttete Verhältnis zu reflektieren und zu verbessern. Sie hätten Höhen und Tiefen hinter sich und wollten nun versuchen, neues Vertrauen aufzubauen. Thomas werfe ihm vor, erzählt Michel, als dieser gerade unter der Dusche steht, dass er ihn als Sohn niemals richtig zur Kenntnis genommen und ihn vernachlässigt habe. So habe er als Kind und Jugendlicher kein stabiles Selbstbewusstsein entwickeln können, sich dann in die Krankenpflege geflüchtet und erst jetzt ein Medizinstudium begonnen. Vater und Sohn scheinen als Pilger auf Katzenpfoten umeinander herum zu tänzeln: Sie frühstücken zwar zusammen, gehen aber tagsüber den Pilgerweg getrennt und treffen sich erst abends in der Herberge zu Gesprächen wieder. Michel gibt uns gegenüber zu, dass Thomas mit seinen Vorwürfen Recht habe, und bemüht sich um einen Neuanfang.

Thomas erzählt uns, als der Vater gerade duscht, dass der recht eigenwillig sei, aber einen guten Willen habe. Ohne diese Voraussetzung wäre er mit ihm gar nicht losgezogen. Thomas arbeitet als Krankenpfleger am liebsten nachts auf Intensivstationen. Dort begleitet er Sterbende, wie er sagt, entweder zum Tod oder zum Leben. Von Sterbenden habe er viel gelernt. Die Essenz dieser Begegnungen sei: Menschen wollten nicht umsonst gelebt haben, jeder wolle der Nachwelt irgendetwas hinterlassen. Sein Medizinstudium, berichtet Thomas, habe er begonnen, als seine Frau, von der er inzwischen geschieden sei, ihn mit seinem besten Freund betrogen habe. Diese Kränkung habe ihm für seinen Entschluss zu studieren viel Energie gegeben. Wir sind uns einig, auch Schlimmes kann gute Impulse auslösen.

***Anke***

Zwei Männer werden unsere Herbergsgenossen, Michel und Thomas, Vater und Sohn. Wir hatten sie schon erschöpft unter einem Baum am Ufer liegen sehen. Sie beziehen den Schlafsaal unterm Dach und waschen sich und ihre Wäsche ausgiebig. Von Thomas bekomme ich unter Entschuldigungen mein Seifendöschen zurück, das er versehentlich für seins erklärt hatte. Thomas ekelt sich sichtlich vor den Fliegenfängern, als Medizinstudent und diplomierter Krankenpfleger achtet er von Berufs wegen sehr auf Hygiene. Mit den beiden verbringen wir angenehme Stunden. Der eloquente Vater Michel plaudert charmant akzentuierend in fließendem Deutsch. Dem stillen Thomas merke ich an: Er hat viel privaten Kummer hinter sich. Zu viert sitzen wir um das von Madame Vedrenne servierte mehrgängige Abendessen; es gibt – ? – grüne Linsen, deftige Wurst, Reissalat, eine Flasche Rotwein, Wasser, Schokopudding (alle vier Portionen bekommt Thomas). Im Laufe des Abends äußert Michel nationalistisch-antisemitische Urteile zu Politik und Kultur. Jens und ich haben im Verlauf von beruflichen, sogar privaten Begegnungen gelernt, dass man solche Menschen kaum belehren, ja, nicht einmal mit ihnen diskutieren kann. Damit feuert man sie nur an. Aber wir geben Michel zu verstehen, wir seien ganz und gar nicht seiner Meinung. Nur einen Augenblick verlässt Michel die zivilisatorische Kultur, dann wird er wieder ein nachdenklicher, interessanter Gesprächspartner.

Madame Vedrenne erklärt, „La Tsabone" sei die regionale Bezeichnung für alte fahrbare Hirtenkarren, die von Pferd oder Esel zu den Weidestellen gezogen wurden. Sie zeigt uns das Foto eines Vorfahren, der so eine Tsabone bewohnte; deswegen sei ihre Herberge so benannt. Die übrigen Betten in unserem Zimmer bleiben leer. Ich schlafe gut, höre nicht einmal den nächtlich eintretenden Motorradpilger, der sich geräuschlos auf der Küchenbank zum Schlaf niederlässt und schon sehr früh seine Maschine startet.

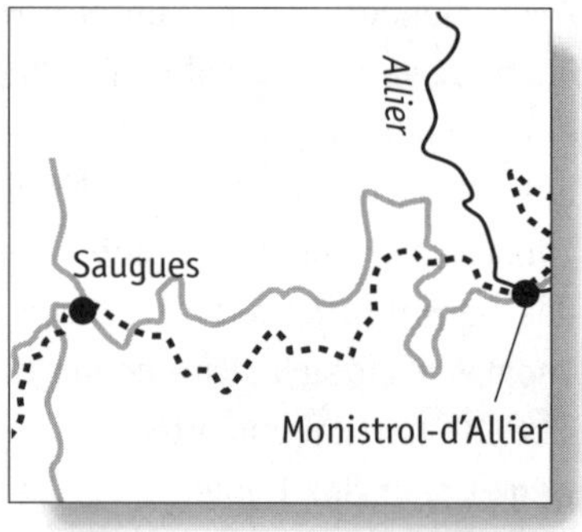


## *Sonnabend, 9. Juni*

***Jens***

Adieu Michel, Thomas, adieu Tsabone!

Schon nachts hatte mich bedrückt, dass ich dem netten Michel bei seinem antisemitischen Gerede nicht sofort frontal widersprach, wie ich es sonst tue, wenn ich auf ähnlich krude Auffassungen stoße. Angesichts der Shoa hat dieses Thema für mich nicht den Rang eines gepflegten Salonstreits, sondern ist eine Wunde in der Seele. Ich fühle mich herausgefordert, wenn ich auch nur Krypto-Antisemiten auf Samtpfoten treffe. Im Ausland aber pflege ich mich zurückzuhalten, da es mir unangemessen erscheint, in dieser Sache als Deutscher belehrend aufzutreten. Außerdem hatte ich am Abend keine Lust, mit Michel zu streiten.

***Anke***

Monsieur Vedrenne bestätigt die Warnungen in unserem Pilgerbuch: Der nächste Streckenabschnitt auf den Gebirgskamm (1 550 Meter) wird hart, *„trop dure"*, zu hart. Aber an metallenen Handläufen ließe sich der Steilaufstieg aus dem Tal schon schaffen. Bergwand, Handläufe, Rucksack, unebener Weg? Eine kurze Überlegung nur, und wir wählen die Serpentinenstraße, um dann in halber Höhe wieder auf den Jakobsweg zu stoßen. Mit Blick zum Himmel verlassen wir Monistrol und starten zuversichtlich in den Tag. Doch mir kommt ein Vers von Ludwig Uhland in den Sinn:

*„Morgenluft, so rein und kühl, Labsal, tauend allem Volke,*
*Wirst Du Dich am Abend schwül türmen zur Gewitterwolke?"*

Ein anderes Unheil türmt sich schon bald auf. Die frisch geschotterte Asphaltstraße windet sich um die Talschlucht herum weit hinauf in die Wälder. Schon nach einem Kilometer rutsche ich mit dem rechten Wanderschuh auf einem Kiesel aus, schwanke, verliere den Halt, falle unter dem Gewicht des Rucksacks haltlos nach vorn bergab. Ergebnis: linkes Knie blutig aufgerissen, rechtes Knie Bluterguss und Schwellung, linke Hand blutig aufgerissen, Handgelenk geschwollen, blutige Stirnwunde, Nase aufgescheuert, Hose zerrissen. Kreislaufschock.

Weil mein Taufspruch wie bei vielen Menschen nicht dokumentiert wurde, habe ich mir selbst vor einiger Zeit den ausgesucht, der mir zeigt, wie viele Jahre ich trotz mancher Gefährdungen mit Gottes Güte heil durchs Leben gekommen bin:

*„Denn er hat seinen Engeln befohlen über dir, dass sie dich behüten auf allen deinen Wegen, dass sie dich auf den Händen tragen und du deinen Fuß nicht an einen Stein stoßest".* (Ps. 91,11/12.)

Diesmal hat es nicht geklappt.

Auch Jens ist geschockt. Auf einer nahen Bank betupft er die Verletzungen mit Desinfektionslösung aus seinem Notfläschchen, das Hosenbein trenne ich ab, die Wunde voll mit Sand und Dreck soll trocknen. Voller Ekel bemerke ich, wie sich Fliegen in die blutenden Abschürfungen setzen, und wedele sie ständig mit dem Taschentuch fort. Maden werden zwar bei Wundbehandlung verwendet, aber mir dreht sich der Magen um bei dem Gedanken, diese Dinger auf und in mir kriechen zu sehen. Entschlossen wandere ich weiter, die Straße windet sich ohne Ende, ohne Schatten nach oben, es wird fast unerträglich heiß, die versprochenen Rastplätze bleiben aus. Zum späten Vormittag nimmt der Autoverkehr zu, es wird gefährlich. Endlich kreuzen wir den Jakobsweg, aus der tiefen Steilwand kraxeln nicht minder erschöpfte Bergwanderer hoch. Es geht auf breiteren, steinigen, von Bäumen und Büschen beschatteten Wegen weiter in die Höhe. Mehrfach füllen wir auf Gehöften an den Pumpen unsere Wasserflaschen nach und pausieren.

Während ich erschöpft weiterschleiche und über mein Unglück von vorhin nachdenke, kommen mir die Worte in den Sinn: „Ich habe keinen Stein ins Rollen gebracht“, mit denen Thomas Brasch 1980 sein Gedicht „Der schöne 27. September“ beendete. Ein doppeldeutiges Sinnbild, Besseres zu bewegen und das Eingeständnis von Versäumnis. Ich habe heute einen Stein ins Rollen gebracht, aber nicht so, wie ich es mir manchmal wünsche. Hin und wieder glaube ich: Alles ist daneben gegangen und sinnlos, empfinde eine Vergeblichkeit aller Bemühungen und Beziehungen, ja, des ganzen Lebens. Ich werde nie einen Stein ins Rollen bringen.

Jetzt dagegen zeigt sich sogar in meiner Mattheit noch ein Rest von Sarkasmus. „Ich habe heute einen Stein ins Rollen gebracht“, sage ich zu Jens. Er versteht, aber er zögert, ob er das komisch finden soll. Wir haben schon oft über diesen Sinnspruch diskutiert. Während ich manchmal die Welt spontan von rechts nach links rollen möchte, ist Jens bedachtsamer. Langsam, erst mal nachdenken, vordenken. Während ich behaupte, jeder Mensch sei in seinem Leben verpflichtet, die Welt voranzubringen, hält Jens diesen Gedanken für zu anspruchsvoll. Was sollen Einzelne schon bewegen? Zu dieser Diskussion aber fehlt mir jetzt die Kraft, wir lachen einfach nur mit schwarzem Humor über den hinabgerollten Stein, die „Rolling Stones".

***Jens***

Um 9 Uhr starten wir auf der D 589. Wir gehen heute ausnahmsweise Chaussee, wir wollen sicher gehen. Nach etwa einem Kilometer höre ich hinter mir einen Schreckensruf von Anke, drehe mich um, sehe, wie sie noch mit dem Gleichgewicht kämpft und dann unter der Last ihres Rucksacks vornüber zu Boden stürzt. Auf einem rollenden Stein über dem Split muss sie ausgerutscht sein. Sie blutet an Händen, Knien und Stirn, steht unter Schock, ihr Kreislauf schwankt. Dies ist für mich der schlimmste Moment der Pilgerreise, mir rutschen auch fast die Füße weg, innerlich. Doch ich spüre: Ich darf und will mir jetzt keine Schwäche leisten, ich ringe den Schrecken nieder. Auf einer Lichtung am Straßenrand breite ich meinen Regenumhang als Decke aus. Mit Desinfektionsmittel reinige ich ihre Wunden, so gut es geht. Gegen anschwellende Blutergüsse an Hand- und Kniegelenken lässt sich jetzt nichts tun. Wir nehmen uns Zeit, beruhigen uns. Kehren wir um? Wir überlegen. Anke steht auf, probiert ein paar Schritte: Sie will weiter. Will sie mir die Tour nicht vermasseln? Bedrückt und zögernd setzen wir den Weg fort. Der Tag wird heiß, und es geht immer bergan. Bald sind wir wieder auf dem Jakobspfad. Trampen wir den Rest der Strecke? Anke verwirft die Idee. Ich kenne ihren Ausdruck von Entschlossenheit und rede nicht dagegen. Ich staune über Ankes psychische und physische Kraft. Mit langsamen Schritten, vielen Pausen und reichlich Trinken schaffen wir die 15 Kilometer bis Saugues.

*Blutrünstiges Ungeheuer in Wolfsgestalt*

## *Anke*

Endlich, nach sehr langen 15 Kilometern stehen wir nachmittags oberhalb von Saugues (960 Meter), unserem nächsten Schlafplatz, und blicken in den zersiedelten Ort hinunter. An sich sollte die Tagestour noch 7,5 Kilometer weitergehen, doch wir lassen das reservierte Farmquartier sausen und bleiben hier. Von einem sagenumwobenen, wolfsähnlich nachgebildeten Riesentier aus Eisen werden wir empfangen. Als blutrünstige Bestie soll es vor 240 Jahren über hundert Kinder und Frauen zerrissen haben. Warum gerade sie? Damit sich bei der Schilderung der Verfolgungs- und Tötungsjagd die Männer heldisch tradieren können? In meinem Zustand erschüttert mich diese Geschichte nicht, weil meine geschundenen Glieder nur noch den steinigen Abhang hinunter wollen.

## *Jens*

Am Ortseingang von Saugues werden Pilger zu einem Slalom zwischen Gut und Böse eingeladen. Auf einem Hügel ragt hoch über der Stadt eine 1947 errichtete Statue der Jungfrau Maria, der Notre-Dame du Gévaudan. Sie neutralisiert auf der gegenüberliegenden Seite das Symbol des Todes, eines aus Holz geschnitzten blutrünstigen Ungeheuers in Wolfsgestalt mit dem Namen „La Bête du Gévaudan". La Belle et la Bête, die Schöne und die Bestie, symbolisieren die Ambivalenz der Schöpfung Gottes, der auch friedliche Pilger immer wieder ausgesetzt sind. Das Untier soll durch seine Raubzüge in dieser Provinz Angst und Schrecken verbreitet haben. Ein Sonderkommando des Königs jagte das Biest – ohne Erfolg. Schließlich wurde der riesige Wolf von einem einheimischen Jäger erlegt. Anke interessiert sich für solche Sagen überhaupt nicht – heute habe ich Verständnis dafür.

## *Anke*

Es ist schwer, eine Unterkunft zu finden, weil die 2 000 Einwohner kleine Kreisstadt drei Tage lang ihr Sommerfest „Saint Médard" feiert, zu dem aus der ganzen Region Hunderte von Besuchern strömen. Entsprechend fällt unser Zimmer im kleinen Hotel „Les Tours neuves" aus: Im Gastraum überdröhnt die derbe Wirtin Trinkgelage, Lautsprechergekrächze und Billardspiel; uns erwarten ein verdrecktes Treppenhaus, eine verzogene Zimmertür ohne Klinke mit herausgebrochenem Schloss, Funzellampen, vollgekleckerter Teppichboden, benutzt wirkende Synthetikbettwäsche. Dusche eine Treppe runter, WC ohne Licht eine Treppe hoch. Ist so eine Unterkunft erlaubt?

Bedrückt liege ich auf dem Bett. Bereits das dritte Mal in dieser ersten Woche denke ich: Musste das wirklich sein mit diesem Pilgern? Drei Gründe der Verzweiflung: Zuerst das

Unwetter auf der Hochebene, zweitens der Sturz mit den Verletzungen, drittens dieses Zimmer. Wenn es ginge, würde ich sofort mit Bus oder Bahn nach Hause fahren. Doch wir sind weit entfernt von der gewohnten verkehrstechnischen Infrastruktur.

Auf der Treppe begegnet mir doch noch ein Engel: Thomas, der wunderbarerweise auch hier übernachtet. Ein Blick, und schon ist der barmherzige Samariter, in diesem Fall der warmherzige Sanitäter, mit seinem Erste-Hilfe-Köfferchen umsichtig mit meinen Wunden beschäftigt, desinfiziert, reinigt, wäscht, gibt Anweisungen, besprüht, betupft, verbindet, verklebt perfekt. Es tut weh, und es tut gut. Jens kauft mit Thomas' Hilfe in der auch Sonnabendabend geöffneten Apotheke Vorräte an Flaschen, Lösungen, Pflastern, Verbänden ein. Sein Rucksack wird schwer. Geduldig verarztet er künftig morgens und abends meine Wunden.

### *Jens*

Im Hotel „Les Tours neuves" treffen wir Thomas – der Zufall hat uns mit Vater und Sohn wieder zusammengeführt. Fürsorglich versorgt Thomas Ankes Wunden mit dem Nötigen aus seiner Medizintasche. Anke hegt Abreisephantasien. Ich bin heimlich froh, dass hier kein Zug fährt. Thomas' professionelle Fürsorge tut ihr gut. Fröhlich zechen wir vier abends beim Diner, Michel spendiert eine gute Flasche Bordeaux. Wir diskutieren über Religion, Musik, Sterben, Kunst. Michel fragt: „Was ist ein Leben ohne Ästhetik?" Er, der Chemiker glaubt im Gegensatz zu mir nicht, dass Gott die Welt aus dem Nichts geschaffen hat. Da müsse schon vorher etwas gewesen sein, meint er. Mit meiner Definition Gottes als des „voraussetzungslosen Urgrunds des Seins" kann er nichts anfangen. Michel glaubt nicht an die Auferstehung, aber ans Weiterleben. „Nichts kann verloren gehen, was Gott geschaffen hat", sagt er. Diese Gewissheit beruhige ihn. Mich auch. Anke sagt: „Tot ist tot".

### *Anke*

Als Gegensatz zur Unterkunft erleben wir das gepflegte Hotelrestaurant, wo wir uns mit Thomas und seinem Vater zu einem mehrstündigen Abendessen treffen. Unsere Gespräche berühren tief Inneres. Obwohl wir uns kaum kennen, tauschen wir vertrauensvoll Privates aus. Diese menschlichen Begegnungen sind Glücksmomente, die mich alle Widrigkeiten vergessen lassen. Bei unserem Reden über ein Weiterleben nach dem Tod habe ich eine „unchristliche" Meinung. *Tot* ***bleibt*** *tot*, musste ich als Kind erfahren. Mich stört es, in fast jeder Kirche mit dem ermordeten Christus am Kreuz konfrontiert zu werden. Wo soll da die österliche Lebenszuversicht herkommen? Das Kreuz weckt in mir nicht die Hoffnung auf ein Auferstehen. Ich muss nicht „weiterleben", schon gar nicht in der Vorstellung einer Wiedergeburt. Dennoch fühle ich mich nicht von Gott verlassen.

Meine Bilanz vor dem Einschlafen: Ich habe heute dreimal Glück im Unglück gehabt: 1. Ich habe mir wenigstens nichts gebrochen oder gezerrt, sonst müssten wir unser Pilgern beenden. 2. Ich habe trotz des Sturzes die anstrengende Tagestour geschafft. 3. Thomas, die lebendige Erste Hilfe, hat meine Verletzungen optimal versorgt. Das sind drei Pluspunkte. Ich habe mich soweit stabilisiert, dass mich Michels sarkastische Bemerkung zu meinem Unfall: „Der liebe Gott hat Asphaltstraßen ja auch nicht für Pilger gemacht", wie beabsichtigt erheitert.

## *Sonntag, 10. Juni*

### *Jens*

Anke und ich bleiben eine zweite Nacht in Saugues und besuchen am Sonntagmorgen die Messe in der Stiftskirche Saint-Médard. Die Kirche ist anlässlich des jährlichen Stadtfestes bis auf den letzten Platz besetzt. Im Chorraum nehmen eine Lektorin sowie Messdiener und Messdienerinnen ihre Aufgaben wahr. Der Gekreuzigte bildet in der Apsis den Mittelpunkt, Maria und andere Heilige spielen Nebenrollen. Der Priester schließt in seine Fürbitte orthodoxe und protestantische Christen mit ein, ebenso Juden und Muslime. Das Repertoire eines im Gottesdienst eingesetzten Spielmannszuges reicht von „O Haupt voll Blut und Wunden" über Spirituals bis hin zu karnevalesken Einlagen. Viele Gottesdienstbesucher folgen der Einladung des Priesters zum Abendmahl, nur der Spielmannszug bleibt verlegen sitzen.

### *Anke*

Wir beschließen, wegen meines Zustands eine zweite Nacht in Saugues zu verbringen, aber in einer anderen Unterkunft. Das wilde Fest geht weiter in der Stadt. Frühstück inmitten einer Horde junger Männer, die im Feiertrubel ihren Kater wegsaufen. Der Koch lacht sich schlapp, weil wir uns zum Frühstück Käse bestellen. Der richtige Sonntag beginnt für uns in der gotischen Stiftskirche Saint-Médard, die durch viele Um- und Anbauten in ihren Ursprüngen nicht mehr zu erkennen ist. Wir werden von Gläubigen auf zwei durch Zusammenrücken freie Plätze gelotst. Das Stadtfest ist dem Namenspatron Saint Médard (*456 †545) gewidmet, einem wohltätigen Bischof aus Nordfrankreich. Sagenumwoben wird er als Schutzheiliger am 8. Juni, seinem Todestag, in vielen Orten Frankreichs gefeiert. So weitherzig, wie der Priester alle Gläubigen der Welt in seine Festpredigt einschließt, so weitherzig ist die Ausstattung des Altarraums mit zwei Reklameballons der Fotomarke Kodak neben St. Rochus in der Ecke und der Tschingderassabumm-Musik des Spielmannszugs „Bandits desperades". Sponsert die Fotofirma etwa hier die Gottesdienste? Egal, es wird eben gefeiert in Saugues. Die blechblasenden Schützen, Feuerwehrleute und Jugendlichen kichern über die Einladung zum Abendmahl.

Zum Ende der Messe spricht uns fröhlich der Schweizer Bäcker Hans aus Luzern an, der uns aus wer weiß welchem Grund als deutsche Pilger erkannt hat. In Windeseile hören wir noch in der Kirche von seinen sozialen Engagements in Zentralasien und Südamerika, von seinen Motorrad-Pilgerfahrten. Er hat sein hinter ihm liegendes Berufsleben am ultimativen „Pilger"-Ziel Kap Finisterre in den Atlantik versenkt und dort am „Ende der Welt" das Ende seiner Bäckertätigkeit gefeiert. Er berichtet von seiner Frau, sie sei „genau so dick" (55 Kilo) wie ich und mache alle seine halsbrecherischen Touren mit. Mich rührt seine Zutraulichkeit an, und ich merke daran, wie dünn meine Seele und Nerven sind.

### *Jens*

Am Nachmittag trinken wir vor der Tür einer winzigen Bar einen Kaffee. Plötzlich nähert sich ein Trecker, auf dessen Anhänger sich zwei Dutzend Jugendliche johlend durch die Stadt chauffieren lassen. Als sie an uns vorbeifahren, schüttet einer von ihnen einen Eimer voll Wasser über uns aus. Anke bekommt am meisten ab. Ich bin wütend über das blöde Pack, das sich an primitiver Schadenfreude delektiert und gerade Anke erwischt, die nun gerade genug hinter sich hat. Aber ein bisschen nass werden ist ja eigentlich nicht so schlimm. Wir gehen in unsere neue Herberge von Madame Martins und ziehen uns um.

23 Pilger und Wanderer aus aller Welt finden sich an einer langen Tafel zum Diner ein. Madame hat mit *„amour"* gekocht, wie sie strahlend erklärt. Uns gegenüber sitzen Farmerin Elaine aus Arizona und ihre Tochter Kira aus Louisiana, Hubschrauberpilotin im Dienste einer Ölgesellschaft. Im Golf von Mexiko versorgt die sympathische junge Frau Ölplattformen. Zuvor diente sie als Pilotin in der US-Army. Mit eiserner Energie hat sie sich in der Männerwelt auch gegen Vorurteile durchgesetzt, ohne ihren weiblichen Charme leiden zu lassen. Immer wieder muss sie harte berufliche und gesundheitliche Eignungstests absolvieren, um ihren Job als Pilotin zu behalten. Die pilgerischen „Strapazen" am Boden sind für sie die reine Erholung.

### *Anke*

Wolkenbrüche verhindern den Festumzug, die ausgelassene Stimmung der Feiernden kippt um in Aggression. Junge Rüpel umrunden auf einem Festwagen mit Getröte und aus Wasserpistolen spritzend x-mal das historische Stadtzentrum und versuchen, von Passanten und in Geschäften Geld zu sammeln. Es ist wohl ein Brauch, der ihnen bei leeren Straßen aber nichts einbringt. Wir sitzen nichts ahnend in einem Straßencafé, sie schütten frustriert krakeelend einen vollen Eimer Wasser in unsere Richtung, vor allem über mich. Ich kann darüber nicht lachen wie sie, sondern fühle mich wieder schutzlos allen Unbilden dieser Welt ausgeliefert. Jens findet meine Reaktion übertrieben, das kränkt mich zusätzlich. Mein Stimmungsthermometer ist wieder unter Null.

Die schützende Höhle erwartet uns im gastfreundlichen Accueil à la ferme chez Brigitte & Jacky Martins. Das erste saubere, helle Zimmer für uns. Brigitte ist eine zupackende Frau, die aus ihrem Bauernhof eine Herberge gemacht hat und abends mit einer fast blinden Köchin 23 hungrige Pilgerwandernde beköstigt. Sie weist stolz auf all die hausgemachten Köstlichkeiten hin: Zweierlei Suppe, *Pâte*, Fleisch, *Pommes boulanger*, Käse, Brot, Rotwein. Es fehlt uns an nichts. Rucksäcke, Wanderstiefel, Rollenkoffer – so unterschiedlich das Gepäck im Flur, so unterschiedlich unsere Tischnachbarn. Es sind auch Edelpilger dabei, die sich zu gut sind, nachher bei der Küchenarbeit zu helfen. Lebhafte Gespräche in vielen Sprachen bis fast in die Nacht. Der polyglotte Maarten aus Holland dolmetscht in alle Richtungen.

Neben uns sitzen Kira und Elaine aus Arizona (USA), Tochter und Mutter, Pilotin und Farmerin. Die tiefgläubige katholische Elaine versenkt sich in ein Tischgebet. Ihr Bischof schickte sie auf den Jakobsweg. Sie, auch Lehrerin an einer Montessorischule, wird von ihrer Tochter, ehemals Soldatin, durch Südfrankreich geführt. Sie verbinden ihre Gebete mit Neugier auf europäische Kultur, Landschaft und Menschen. Vor Generationen wanderte ihre Familie aus Polen nach Amerika aus. Das ungewohnte kilometerweite Gehen über Stock und Stein fällt der kräftigen Elaine schwerer als ihrer durchtrainierten Tochter. Doch es ist fantastisch, wie diese Amerikanerinnen auch in schwierigsten Begebenheiten etwas Positives sehen. Kira zeigt häufig schallend lachend ihr strahlend schönes Gebiss, die rothaarige Elaine ist an allem interessiert. Wie gern möchte ich etwas von ihrem schlichten Optimismus haben, den ich früher bei Amerikanern manchmal als oberflächlich bewertet habe.

Beim Anblick der großen Weideplätze bekommt die Farmerin Sehnsucht nach ihren Tieren in Arizona. Sie lädt uns auf ihre Farm ein. Jahrelang hat sie für Kira gebetet, damit sie den „richtigen“ Liebsten fände. Vor kurzem begegneten sich Kira und Nathan, sie wollen heiraten. Mutter und Tochter wissen, dass es wohl das letzte Mal sein wird, drei Wochen auf Reisen zusammen sein zu können – familiärer Abschied auf einem Pilgerweg. Das zweite Mal erleben wir nun auf dem Pilgerweg Vater bzw. Mutter mit „Kind", intensiv verbunden durch Harmonie und Konflikte, Aussprache und Schweigen, Aufbruch und Ankunft. Anschauung genug, über eigene familiäre Konstellationen und Möglichkeiten nachzudenken. Jens und ich überlegen eine Weile, ob sich eigentlich bei uns in deutschen Familien Mütter und Töchter, Väter und Söhne auch nah genug sind, um gemeinsam wochenlang Wege zu gehen und Krisen zu riskieren. Wir kennen niemanden.

***Jens***

Nach der ersten Woche ziehen Anke und ich Zwischenbilanz. Das Pilgern in Frankreich strengt uns an: die Entfernungen mit dem Rucksack; fast jeden Tag ein anderes Bett; die telefonische Reservierung und das rechtzeitige Ankommen gegen 16 oder 17 Uhr, damit die Betten nicht anderweitig vergeben werden; das Suchen nach einer Wäschewaschstelle und einer Leine, um die Wäsche zum schnellen Trocknen aufzuhängen; die fast tägliche Vorspeise *„charcuterie"* (kalte Schlachteplatte), die unsere Essgewohnheit mit zu viel Fleisch belastet. Ich verhehle nicht: Ich könnte noch mehr „schaffen", aber das wäre vielleicht nur an einem Tag in der Woche ein Reiz. Wir wünschen uns beide noch mehr Zeit, um die Natur, die Landschaft, die Architektur und Atmosphäre der Kirchen und Kapellen besser aufnehmen zu können. Wir möchten noch genauer mit Menschen sprechen. Wir möchten noch mehr Ruhe haben, um die Orte, in die wir kommen, besser nach Zeugnissen christlichen Glaubens und Kultur erkunden zu können. So beschließen wir, die Zahl der Tageskilometer weiter zu vermindern. Zum zurückgesteckten Ziel unserer Pilgerreise, zu unserem persönlichen „Santiago", wählen wir Conques, das

*Sich Zeit lassen, um in Kirchen „nach oben" zu schauen*

sich als besonderer Höhepunkt zu eignen scheint, wie uns Weggefährten und Literatur berichten.

Das alles hört sich vernünftig und gelassen an und ist es auch. Aber ich gebe zu, dass ich zuweilen zu den Männern gehöre, die es richtig wissen wollen und Strecke machen bis an die Grenze ihrer Kraft. Dann fasse ich ein fernes Ziel ins Auge, nehme unter die Füße, was Kondition und Zeitvorrat hergeben. Getrunken wird im Gehen, Essenspausen reduzieren sich auf zehn Minuten, die Dorfkirche bleibt links liegen, die Blumenpracht am Wegesrand registriere ich aus den Augenwinkeln. Nicht der Weg ist das Ziel, sondern das Ziel ist das Ziel. Die Freude an solchem Sport ist beträchtlich und die nachlassende Erschöpfung am Abend ein Genuss. Die naheliegende Frage, wovor man vielleicht wegläuft, sollte nicht verscheucht, sondern möglichst beantwortet werden. Aber jenseits von allen Skrupeln kann es einfach schön sein, sich mal richtig zu verausgaben und dafür dankbar zu sein, das (noch) zu können.

***Anke***

Es war eine sehr lange erste Woche. Anstrengend, die mehrmals täglich wechselnden starken Eindrücke. Unseren im Vergleich zu anderen Pilgernden ohnehin mäßigen Streckenehrgeiz wollen wir nochmals reduzieren. Nicht die Kilometerzahl ist wichtig, sondern wir und unser inneres Gleichgewicht sind es.

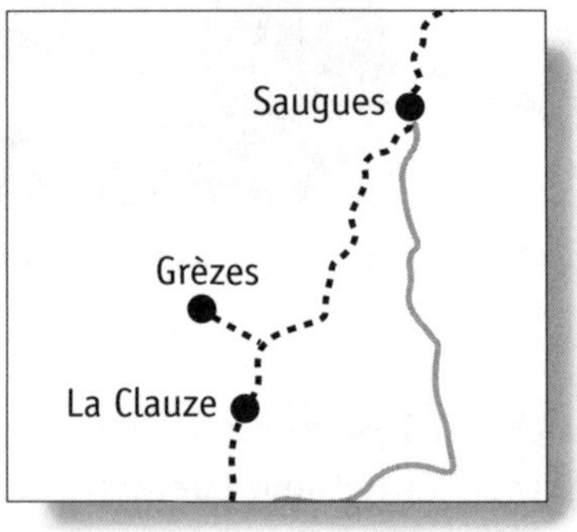


## *Montag, 11. Juni*

***Jens***

Bei strahlendem Sonnenschein lassen wir Saugues hinter uns und wandern in Richtung des Weilers La Clauze, wo wir uns im Gîte bei Sonia angemeldet haben. Ein älterer, straffer Amerikaner überholt uns mit langen Schritten, fragt uns einiges und sagt dann: *„German?“* Woher weiß er das? *„That's why you speak English“*, antwortet er und beklagt sich über die Franzosen, die sich nur schwer auf eine andere Sprache einließen. Das muss er als Amerikaner gerade sagen. Im Mai war er von Pamplona nach Santiago gegangen. Jetzt wandert Joe von Le Puy nach Pamplona, um dort rechtzeitig zum Stiertreiben in der Altstadt anzukommen – auch ein Pilgermotiv.

Eine Weile läuft der Nostalgie-Hemingway mit seinem breitkrempigen Cowboyhut neben uns her, parliert freundlich und unkompliziert in der Art seiner Landsleute. Dann ziehen ihn seine langen Schritte weiter, bis ihn die sprießende Vegetation vor uns verschluckt.

Zum Schweigen verabreden Anke und ich uns nie, es stellt sich unterwegs immer wieder mal von selbst ein. Jetzt sind wir in ein Gespräch vertieft. Als wir die Augen heben, sehen wir weit vor uns einen die Arme kreuzenden, winkenden Mann. Seine Signalsprache bedeutet uns, zurückzugehen und rechts abzubiegen. Offenbar hat er uns als Pilger erkannt und bemerkt, dass wir eine Abzweigung verpasst haben. Wir bedanken uns winkend für den Hinweis und korrigieren unseren Kurs. Wir haben das Gesicht des Mannes nicht gesehen, er nicht das unsere. Wir haben seine Stimme nicht gehört und umgekehrt. In zweihundert Metern Abstand haben wir einander für immer Unbekannte kommuniziert, haben dabei alle drei mit Sicherheit ein bisschen gelächelt und uns gefreut. Ja, wir haben Monsieur Inkognito sogar ein wenig ins Herz geschlossen. Umkehr gehört – wie Buße im Leben – zu den pilgerischen Hauptexerzitien; schon die Füße raten einem: je eher, desto besser.

Jetzt sind wir wieder auf dem richtigen Weg. Anke fragt unvermittelt: „Leben wir eigentlich verkehrt?" Erschrocken frage ich zurück: „Wie meinst du das?" Anke: „Zuhause verpassen wir so manche sonnige Tage wie heute. Wir sitzen am Computer, schreiben Texte, bereiten Vorträge vor, und dann deine Ehrenämter." Ich wende ein: „Zwischendurch fahren wir Rad, walken, joggen, sind beim Fitness." Anke: „Nur um am PC wieder fit zu sein. Aber dass wir einfach mal nichts tun, das kommt zu selten vor. Andere leben entspannter." Ich: „Aber mir gefällt dieses intensive Leben." Anke: „Mir ja auch. Ich möchte nicht wie andere ständig reisen oder nur vorm Fernseher hocken oder den ganzen Nachmittag Sudokus lösen." –

*Jakob als Weggenosse mit Muschel, Stab und Kalebasse*

„Vielleicht wär' ein Kompromiss gut. Woll'n wir auch zuhaus' weniger machen so wie hier beim Pilgern?", frage ich. Anke: „Ja, du sagst doch oft: ‚Pilgerweg spiegelt Lebensweg.'" – „Gut, abgemacht. Wir werden's mal versuchen. Die Geschichte vom Hasen und Igel fand ich schon als Kind gut. Ich wollte immer der gewitzte Igel und nicht der hetzende Hase sein."

Blühende Wiesen und Kiefernwald schmücken die hügelige Landschaft. Weil der kürzeste Weg nicht immer der schönste ist, legen wir zwei Kilometer vor La Clauze eine Kür ein: Wir wählen einen Pfad durch den Wald als Umweg über Grèzes. Der Pfad wird immer schmaler, kurviger und sumpfiger, so dass wir irgendwann befürchten, wir hätten uns verlaufen. Kein Schild, kein Zeichen, kein Haus, kein Mensch. Jetzt hilft nur noch der Kompass für die halbwegs richtige Richtung. Endlich Häuser am Horizont. Ist das Grèzes? Die Spitze eines Kirchturms nehmen wir als hoffnungsvolles Signal. Durch das menschenleere, halb verlassene Dorf stoßen wir auf das Gotteshaus. Bevor wir hineingehen, picknicken wir neben einem Sarkophag aus Granit, der an der Kirchenmauer abgestellt ist. Wer ist wohl im Mittelalter wann in ihm bestattet worden? Ein Kriegerdenkmal erinnert an die Toten von 1945, 1918 und 1859 – ein Kriegsjahr, mit dem wir nichts anfangen können. Später erfahren wir vom Sardinischen oder 2. Italienischen Unabhängigkeitskrieg, in den Frankreich unter Napoleon III. verstrickt war. Wer erinnert sich in diesem verfallenden Dorf noch an die Toten der Geschichte? Sind sie „aufgehoben" bei Gott?

### *Anke*

Die zweite Pilgerwoche beginnt. Nach einem turbulenten Frühstück verlassen wir als letzte Brigittes Herberge. In einem Hausratgeschäft bricht uns die resolute Verkäuferin mit einer Zange einen Adapter für unseren Eurostecker zurecht, damit wir ihn endlich benutzen können, ein starkes Erlebnis, undenkbar in

*Unterkunft für Pilger in letzter Not*

Deutschland. Unser Weg führt uns verwinkelt an Industriebetrieben vorbei bergauf aus Saugues heraus ins weite Land, das hinter jeder Kurve eine neue Überraschung birgt. Das sind allmorgendlich Momente wie Wunder, wenn alles neu vor uns liegt. Wege, die Abertausende vor uns gegangen sind und sich dennoch ganz neu für uns dahinziehen, Blumen, die nur für uns blühen und die doch an Tagen zuvor schon andere gesehen haben. Vögel, die nur uns mit ihrer Konzertpremiere beschenken, aber schon vielen anderen Ohren ein Morgenlied gesungen haben. Schmetterlinge, die uns mit ihrem Willkommen umgaukeln, zart betaute Gräser, die sich vor uns verneigen, Sonnenstrahlen, die nur uns wärmen, sanfte Winde, die nur uns berühren. Wir sind zu zweit allein mit Gottes Schöpfung, unseren Gedanken, unserem Schweigen und Reden, unseren Sinnen, unseren Kräften. Manchmal sehen wir uns still an und merken, wie unsere Gedanken und Erinnerungen zueinander fliegen.

Momente des Schweigens können Momente größter Vertrautheit sein. Alles Beschwerliche ist verschwunden, zuversichtlich wandere ich in den Tag.

Heute soll es in das nur 7,5 Kilometer entfernte La Clauze (1 095 Meter) gehen, wo eine Herberge neu eröffnet wurde. Wir freuen uns über vier große Hunde, die am Weg umeinander tänzelnd eine verrottete Farm bewachen, uns aber friedlich rasten lassen und dabei ihre Spiele nicht vergessen. Hier steht allen Ernstes ein vermüllter Drahtverhau als Pilgerunterkunft in letzter Not offen, davor eine Ansammlung stuhlgroßer, aus dunklem Holz geschnitzter Pilze, die wir noch oft vor Häusern sehen werden. Ein schwarzgekleideter Mann jagt in Mokassins mit kleinem Rucksack stieren Blickes mit knappem Gruß vorbei. Verrückt. Wieder so einer, der vor sich weg- oder seiner Vergangenheit hinterher rennt.

Wir verlängern unsere Tagesroute um eine angeblich nur anderthalb Kilometer große Schleife, um auch den Kirchort Grèzes zu sehen. Wer das wohl gemessen hat? Durch sumpfige, vermückte Wälder und über einen weitausholenden neuen Sandweg erscheint mir bei zunehmender Schwüle die Strecke wohl viermal so lang. Die Rast auf dem Kirchhügel erfrischt uns, vor uns wieder ein gusseisernes Kreuz mit blutendem Herz. Die schwammfeuchte Kirche mit einem doppelten Rochus – als Skulptur und im Fensterglas – wurde stümperhaft restauriert. Das Dorf scheint wie so viele verlassen, doch eine trotz der Hitze dickjackig gekleidete Alte umschlurft uns in Krempelsocken und Pantoffeln, grüßt nickend; die soziale Kontrolle ist gesichert. Der geräumige Friedhof jedoch scheint trostlos ungeschützt in der prallen Sonne die Bevölkerung einer großen Stadt zu beherbergen.

Beim Anblick von Friedhöfen entwickeln sich zwischen uns nicht selten Gedanken und Gespräche über das eigene Ende. Mir fällt es nicht schwer, darüber zu reden, denn seit Kindeszeiten hat mich in der Familie der Tod begleitet; er ist mir vertraut, während Jens derlei Überlegungen möglichst (noch) vermeidet.

Wenn ich denn eines Tages Einfluss auf mein Ende habe, möchte ich nicht auf der Stelle tot umfallen, dann möchte ich in Gottes Aufgehobenheit bewusst sterben und Abschied nehmen können; dann möchte ich so organisch vergehen, wie ich auf die Welt gekommen bin und nicht verbrannt werden. Sterben ist ein Gewaltakt, den möchte ich mit Kremieren nicht noch toppen; sondern ich möchte in einem Rasengrab *„six feet under"* vielleicht unter Bäumen ruhen, aber nicht in so eine Schublade wie in Südeuropa üblich gesteckt werden und als Grabstein keine solche steinerne Karteikarte mit meinen Daten auf mir liegen haben. Jens wendet ein, alle diese Gedanken seien müßig, weil wir nach dem Sterben von alldem nichts mehr merkten. Wenn das stimmt, dann habe ich wenigstens den kindlichen Wunsch, wie ihn Matthias Claudius 1783 bewegend verdichtete:

*„Der Mensch lebt und bestehet nur eine kleine Zeit;*
*und alle Welt vergehet mit ihrer Herrlichkeit.*
*Es ist nur Einer ewig und an allen Enden,*
*und wir in seinen Händen."*

### *Jens*

Einspruch! Lange Zeit meines Lebens bin ich zwar dem Thema Sterben ausgewichen, weil der Krieg mit den vielen Toten meine Kindheit überschattete. Mit dem Älterwerden aber beginne ich hinzuschauen. Früher hatte ich Angst vor dem Tod, heute nur noch vor dem Sterben. Ewig leben möchte ich aber auch nicht. Ich glaube, nach meinem erfüllten Leben kann ich mich eines Tages mit dem Tod ganz gut abfinden. Fast täglich denke ich an mein Ende und kann nun auch darüber sprechen. Mein Engagement in der Hospizbewegung hilft anderen, aber auch mir.

Noch leben wir. Zwei Flüsse haben wir seit Le Puy überquert: den Allier und dessen Nebenfluss Seuges. Seitdem beobachten wir einen markanten Wechsel des Baumaterials: Granit verdrängt das Vulkangestein. Mächtige granitene Farmen bilden den Weiler La Clauze, dessen Name eine frühere Einsiedelei vermuten lässt. Auf einem Felsblock steht als Rest einer Burg ein Turm aus dem 12. Jahrhundert. Wie andere Bauwerke erinnert diese Festung an den Hundertjährigen Krieg zwischen England und Frankreich (1337-1453), der wie viele andere Kriege auch mit religiösen Impulsen geschürt wurde.

### *Anke*

Der Weg nach La Clauze durch saftig blühende Wiesen endet bei mir in Panik, das tägliche Gewitter bricht los. Jens wiegelt ab, er hält mich für überdreht, weil ich seit letztem Mittwoch bei jeder grauen Wolkenansammlung wieder das Schlimmste befürchte und fast ausflippe. Bergauf laufend erreiche ich vor ihm unser Quartier bei dem jungen Bauernpaar Sonia und Michel Vidal. Die Tür steht einladend offen: der Willkommensgruß *„Bonjour et Bienvenue. Chambre 1. A tout à l'heure, Sonia"* erwärmt uns wie unser Tee. Ein altes Steinhaus mit Bauernmöbeln, Kamin und Kitchenette, beim ersten Eindruck gemütlich und modern zugleich, beim zweiten dunkel, kalt und feucht. Bis Sonia kommt, lese ich im Gästebuch das mir Verständliche. Die französischen Einträge geben oft seitenlang enthusiastisch Erlebnisse wieder – drei Ausrufezeichen hinter jedem Satz. Auch die englischen und deutschen Vermerke sind voll Euphorie, die an gruppendynamische Seminare erinnert. Pilgern weckt wohl ein besonderes emotionales Mitteilungsbedürfnis, alle Gästebücher sind voll polyglotter Seelenbekenntnisse. Weitere Pilger treffen nicht ein.

### *Jens*

Unsere Wirtin begrüßt uns auf einer Schiefertafel freundlich mit „Jean et Anne". Sonias Übersetzung unserer Vornamen ins Französische klingt nicht nur freundlich, sondern erweist sich auch als sprachlich zutreffend, ist doch „Jean“ wie „Jens“ eine Kurzform von „Johannes“ und „Anke“ die Verkleinerungsform von „Anna“ oder „Anne“. Wir genießen die Ruhe, die Atmosphäre, unseren Tee, fühlen uns geborgen.

Dann fegt wie ein Wirbelwind Sonia herein, mit einem Outfit, das eher an die Champs-Elysées als an eine handfeste Bäuerin denken lässt: hochhackige, spitz zulaufende Schuhe, ein Reigen von Fingerringen und wildbunte Gravierungen auf der Haut. Schwungvoll heizt die frühere Postbotin den Kamin an, jetzt wird uns wohliger. Abends serviert sie uns ein reichliches Menü. Zum Abschied küsst sie uns dreimal; sie wird morgen erst wiederkommen, wenn ihre Kinder in der Schule und wir längst über alle Berge sind.

### *Anke*

Zum Abendessen kommt Sonia, sie ist jung und quecksilbrig munter, gepierct und sichtbar bis zum unteren Rücken tätowiert („Arschgeweih“, so Jens), voll mit Goldschmuck behängt, auf hohen Hacken in Jeanskleidung – sie ist eine *fermière*, Bäuerin, kaum zu glauben; mir fallen zum Vergleich die deutschen Landfrauen ein, über die ich mehrfach geschrieben habe. Sonia zeigt uns stolz ihren „Repos d'Antan“, den 250 Jahre alten, zur Herberge umgebauten Schafstall. Vor dem Kaminfeuer steht ein ausgestopfter Dachs (*blaireau*), ein Prachttier, es beobachtet uns glanzäugig. Bettwäsche holt Sonia von ihren Eltern in der Nähe, aber Handtücher? Nein. Also nehmen wir unsere glatten Mikrofaserfussel. Sonia rührt uns gut gelaunt ein fettes Abendessen zusammen, wundert sich, dass wir *„courgettes“* nicht kennen, doch diesen zerkochten Gemüsebrei enttarnen wir wirklich nicht als Zucchini. Wir unterhalten uns angeregt so gut es geht. Ihre Farm ist sieben Kilometer entfernt, sie hat zwei Kinder, Milchwirtschaft mit dreißig Kühen, füttert vom Nachbarn noch Schweine mit durch. Wir bewundern, was sie leistet, wie wir überhaupt all' die tatkräftig wirtschaftenden Frauen in den Unterkünften bestaunen. Sonia steckt hurtig die Reste unseres Abendessens ein, zeigt uns das knapp abgemessene Frühstück und jagt nach Hause.

***Jens***

Als ich nachts aufwache, packt mich die Vorstellung, dass durch die nicht abschließbare Schafstalltür jeder Einbrecher mühelos rein- und rausgehen kann; dass plötzlich ein Typ mit Revolver vor unserem Bett steht und wir unsere Wertsachen rausrücken müssen – wenn es denn damit getan ist. Es braucht eine Stunde, ehe ich mich von diesem Albdruck befreien und wieder einschlafen kann.

***Anke***

Regengüsse brechen auf den Schafstall nieder. Die Krise kommt. Die Synthetikbettwäsche liegt wie eine Plastikplane in den klammen Betten und ist nach kurzer Zeit nass. In der Feuchtigkeit versagen unsere Taschenlampen. Zum WC müssen wir durch dunkle Gänge über winkelige Treppenstufen steigen. Warum bin ich wieder so mutlos? Heißt es doch im Psalm 119,105: „Dein Wort ist meines Fußes Leuchte und ein Licht auf meinem Weg." Auch im weltlichen Sinn könnte dies doch Sicherheit geben.

Erst am Morgen sehen wir, dass unser Raum teilweise in einen bizarren Felsblock hineingebaut wurde; hätte ich das schon abends bemerkt, wären Angstphantasien mit herabstürzendem Geröll sicher gewesen. Trotz der Widrigkeiten träume ich im dünnen Morgenschlaf von blaireau, dem Dachs, oder vielmehr von „Blaireau" (auch Rasierpinsel), dem rostbraunen Kater mit den büscheligen Pinselohren, der mich vor dreißig Jahren bei einem französischen Freund umschnurrte. Merkwürdig, wodurch verschüttete Begebenheiten wieder lebendig werden.

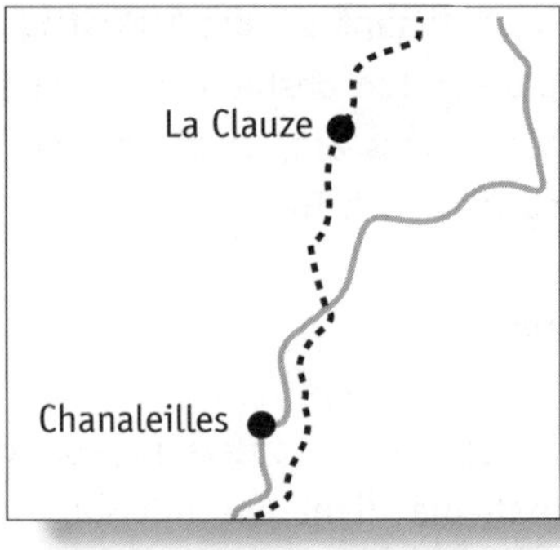


## *Dienstag, 12. Juni*

### *Anke*

In dunstiger Morgenluft mit zaghafter Sonne starten wir in den neuen Tag. Den Turm in La Clauze als Relikt einer aus dem 12. Jahrhundert stammenden Burg, der sogar Touristen nach hier lockt, lassen wir links liegen, der Stumpf ist hässlich und uninteressant. Unsere Strecke wird heute zwar nur kurz sein, hat es aber in sich mit ihren auf- und abwärts führenden Schotterwegen. Uns überholen mit langen Schritten eine Frau und zwei Männer. Wir spekulieren über die Pilgermotivation von anderen. Die rasch ausschreitenden gut gelaunten Daumenhoch-Menschen – „Ich war dabei!“ – haben unter ihrer berstenden Energie vermutlich oft andere Gründe. Machen sie sich diese klar? Wollen sie sie herausfinden? Oder laufen sie an ihren Sehnsüchten vorbei? Wir werden es nicht erfahren.

Ich bin glücklich, auf diese besondere Weise (noch) etwas von Gottes wunderbarer Welt erleben zu können. Das vor vielen Jahren von den Beatles gutmütig-ironisch gesungene Alterszukunftsbild *„When I'm sixty-four …“* – ich bin es gerade genau – trifft nicht auf mich zu. Anders als Paul McCartney prophezeite, sitze ich noch nicht am Kamin und stricke nur, halte mich nicht am Unkrautjäten fest und verbringe nicht jeden Sommer im Ferienhäuschen an der See. Jens und ich sind dankbar, dass wir fit genug sind, um solche Touren zu machen.

Manche Paare machen sich zum Pilgern auf, weil sie dabei endlich mal füreinander die Zeit haben, die ihnen der Alltag zu

Hause nicht lässt. Sie wünschen sich, schwindende Nähe wieder herzustellen oder hoffen auf klärende Aussprachen über vergrabene Probleme. Deswegen haben Jens und ich uns nicht auf den Pilgerweg gemacht. Jede Mahlzeit, jedes Teetrinken und unsere Abendspaziergänge nutzen wir daheim für Gespräche. Nicht, damit das so wird, sondern weil es so ist, sind wir zusammen unterwegs. Und zu unserer Überraschung lernen wir dabei noch neue Seiten von uns kennen.

***Jens***

Da uns die Strecke über die Berge der Margeride (1 400 Meter) als Tagesetappe zu weit ist, gehen wir heute wieder nur sieben Kilometer bis Chanaleilles. Es ist ein Tag wie mancher andere, es passiert nichts Besonderes, auch nichts Schlechtes. Wir gehen zufrieden nebeneinander her. Wiederkäuend vermitteln Kühe und Kälber am Wegesrand eine ähnliche Stimmung. Solche Tage tun uns gut, wir vermissen nichts. Madame Mouche empfängt uns freundlich-distanziert mit kühlen Augen. Ihr Gîte präsentiert sich in der Ausstattung stark reduziert, es fehlt an Praktischem hier und da. Es ist kein gastliches Haus, wir fühlen uns nicht wohl. Bleiben wir? Ziehen wir weiter? Wir bleiben.

***Anke***

Nach drei Stunden erreichen wir bei schwülem Wetter den Weiler Chanaleilles (1 150) und den Gîte von Madame Mouche, einer Witwe. Wie die kluge Else aus Grimms Märchen fängt sie uns in ihrem Hauskittel auf dem Hof ab. Vorbei an einer verrotteten Autowerkstatt gehen wir zu dem ebenso heruntergekommenen Gästehaus und in unsere Einzelzimmer, die in keinem besseren Zustand sind. Obwohl kaum etwas funktioniert, die Armaturen fast überall abgebaut wurden, die versprochene Waschmaschine zerborsten, Bad, WC und Küche verdreckt sind, vermietet Madame Mouche offenbar regelmäßig an Feriengäste. Fliegenschwärme werden von der Wirtin ohne Unterlass energisch mit der Klatsche erledigt, bis Hunderte von Fliegenleichen auf unserem Zimmerfußboden liegen und liegen bleiben. Diese elende Atmosphäre greift mich solange an, bis wir hinterm Haus an einem plätschernden Bach sitzen, uns an zwei Pferden erfreuen (Falbin und Schimmel), die schnaubend und fressend, fressend und schnaubend, einander am Ufer umtänzeln. Vögel nutzen den Bach als Tränke, wir trinken grünen Tee.

### *Jens*

Die romanische Kirche aus Granit beeindruckt mich schon von außen mit ihrem frei stehenden Glockenstuhl. Drinnen finde ich Ruhe unter schlichten Bögen und kunstvoll gestalteten Kapitellen. Unruhe packt mich, als ich über der Gedenktafel zum Ersten und Zweiten Weltkrieg folgende Inschrift lese: „Auguste Mayrand, Dominikaner, 1894-1979, Prior des Kollegs St. Thomas von Aquin (1937-1945), hat unter Einsatz seines Lebens zahlreiche jüdische Kinder im Zweiten Weltkrieg versteckt und vor dem Tod gerettet." Aus dem Talmud zitiert die „wiedererstandene jüdische Gemeinschaft" den Satz: „Wer ein Leben rettet, der rettet das ganze Universum." Seit 1998 wird der Pater als „Gerechter unter den Menschen" im israelischen Yad Vashem dafür geehrt. Ganz unvorbereitet hat uns die NS-Zeit hier in der idyllischen französischen Provinz eingeholt.

Die anschließende Begegnung will zu dem Vorangegangenen kaum passen. Auf dem Rückweg ins Dorf erwidert ein alter Mann, der seinen Garten umgräbt, freundlich unseren Gruß. Er habe nach dem Krieg als Besatzungssoldat erlebt, wie die Deutschen die Ärmel hochgekrempelt und hart gearbeitet hätten. Um zu unterstreichen, wie ihn das damals beeindruckte, zieht er vor uns tief den Hut und sagt: *„Chapeau!"*

*Kirche aus Granit mit freistehendem Glockenstuhl*

Ich hätte dieses Kompliment besser annehmen können, wenn unsere Elterngeneration eine ähnliche Energie in die elementare Menschlichkeit gesteckt und die Welt nicht mit Rassenwahn und Krieg überzogen hätte.

***Anke***

Das Café im Dorf ist wenig einladend und teuer. Die Wirtin steht qualmend an der Theke und mustert uns kritisch, weil wir nur

Äpfel kaufen wollen. Gleichzeitig bewirtet sie eine heitere Frauenwandergruppe, deren Tisch sich unter Fleischbergen, Käse und Rotweinflaschen biegt. Wie wollen die morgen Strecke machen? Ein hoch aufgeschossener Belgier in Spielhose und Badelatschen quengelt verspannt an der Bar und lässt sich in der Landkarte nochmal und nochmal seinen Weg für morgen zeigen, nie ist er ihm lang genug. Wenn er wüsste, was ich über ihn denke. Und was mögen andere wohl über uns denken und reden? Nun ja, „die Gedanken sind frei, wer kann sie erraten? ... Ich denke, was ich will und was mich beglücket, doch alles in der Still' und wie es sich schicket. ... Die Gedanken sind frei", wie es in dem alten revolutionären Volkslied heißt.

Hoch über dem Ort stoßen wir zum ersten Mal auf eine in dieser Gegend typische fünfstöckige Glockenarkade einer romanischen, seitdem oft umgebauten Kirche aus dem 11. Jahrhundert. Im Kirchraum hängt die Gedenktafel für einen Dominikanerpater, der während der deutschen Besatzung im Zweiten Weltkrieg unter Lebensgefahr jüdische Kinder rettete. Auguste Mayrand stammte aus dem Nachbardorf und unterrichtete in Lyon in einem Kolleg, das diese Kinder vor der Gestapo versteckte. Ehe es mir bewusst wird, laufen die Tränen. In der Inschrift geht es wie in dem Film *„Au revoir, mes enfants"* von Louis Malle (1987), ich habe ihn mehrfach gesehen, um den Kern menschlicher Stärke und Schwäche, um Zuneigung und Verrat, um Hoffnung und Versagen, um Abschied in den Tod: Schüler und Lehrer eines Klosterinternats werden von der SS auf Nimmerwiedersehen verhaftet. Aus Frankreich wurden 11 000 Kinder mit Organisation der Reichsbahn in die Todeslager transportiert, aus ganz Europa waren es über eine Million. Einer der berüchtigtsten Mörder, Klaus Barbie, war Gestapochef in Lyon. Noch im April 1944 ließ er 44 jüdische Kinder aus einem Kinderheim deportieren. Im offen liegenden Kirchenbuch suche ich vergeblich Einträge, die ähnliche Empfindungen wie meine ausdrücken; es sind nur selbstzufriedene, ignorante

Pilgersätze zu lesen. Unsere deutsche Geschichte, sie geht mit uns mit.

### *Jens*

Madame Mouches Tochter, die als Pflegerin in einem Altersheim arbeitet, serviert uns zum Abend Bratkartoffeln, mein Lieblingsgericht, als wolle sie mein Urteil über ihre Herberge besänftigen. Sie macht uns Komplimente: Der nationalen Herkunft nach benähmen sich die Deutschen mit Abstand am besten auf dem Sentier Saint-Jacques, während die Franzosen gern Ansprüche stellten. „Ich bin auch ein Franzose", denke ich angesichts unseres dürftigen Quartiers, aber das behalte ich für mich. Die Pilgersaison, erzählt sie, läuft von April bis Juni. Bis dahin muss die Kasse stimmen.

Einen gemütlichen Platz für abendliche Bettlektüre finden wir in diesem Haus nicht. So gehen wir unseren Gedanken nach; sie fliegen zurück nach Hause, zurück zu unserer Enkelin Charlotte, die wir nach wenigen Lebenstagen begraben mussten – ein ungelebtes Leben. Zum Abschied hatten wir eine Blume auf den Grabhügel gelegt. Wir sind traurig.

### *Anke*

Mademoiselle Mouche, die erwachsene Wirtstochter, beköstigt uns. Um den sonst selbstverständlich servierten Rotwein müssen wir bitten. Sie besorgt uns telefonisch ein Zimmer für übermorgen in St. Alban oder sie tut jedenfalls so, wie sich herausstellen wird. Im Gästebuch lese ich den enthusiastischen Eintrag: „Ultreïa! Ultreïa! Immer weiter, immer weiter!" Margit aus Niederösterreich hat auf ihrem Pferd Galipolis schon 1 650 Kilometer zurückgelegt, hier in Chanaleilles war am 12. Oktober 2005 Halbzeit. Ritt sie etwa im Winter über die Pyrenäen? Den Eintragungen ist zu entnehmen, dass der Mai 2007 für Pilger noch sehr kalt und nass war. Jetzt im Juni haben wir also Glück mit dem Wetter.

Trotz oder vielleicht wegen all der vielen Eindrücke heute folgen schlaflose Stunden, frieren, Decke suchen, im Dunkeln die steile Treppe zur Toilette hinuntertappen; die Gedanken verknoten sich mit Gefühlen. Mir kommen Jochen Kleppers Verse in den Sinn. Obwohl sie als Adventslied im Gesangbuch stehen, versuche ich mich jetzt mit ihnen zu beruhigen, wenngleich mein Zustand nicht annähernd mit seiner bedrängten Situation zu vergleichen ist:

*„Die Nacht ist vorgedrungen, der Tag ist nicht mehr fern.*
*So sei nun Lob gesungen, dem hellen Morgenstern.*
*Auch wer zur Nacht geweinet, der stimme froh mit ein.*
*Der Morgenstern bescheinet auch deine Angst und Pein."*

Irgendwie, irgendwann wird es dann auch Morgen.

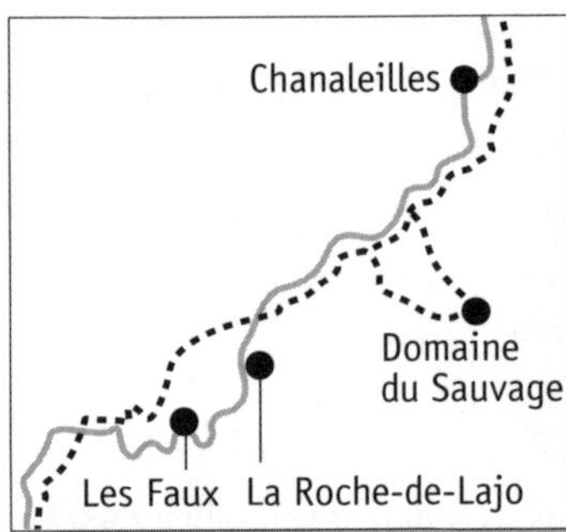


## *Mittwoch, 13. Juni*

### *Jens*

Heute ist der Tag, an dem wir von der Auvergne über die Bergkette der Margeride ins Languedoc-Rousillon wandern werden. Schöner könnte der Morgen in dieser blühenden Landschaft nicht sein. Orchideen säumen unseren Weg, eine Hirschkuh, die wir beim Äsen stören, springt vor uns in den Wald. Wir könnten geradeaus zum Pass hochgehen und damit die Entfernung nach La Roche-de-Lajo abkürzen. Aber der spitzwinkelige Abstecher zur Domaine du Sauvage, zur Alm in der von Felsen durchsetzten Wiesenwildnis, reizt uns. Landschaftlich ist die heutige Etappe einer der Höhepunkte der gesamten Reise, das steht bereits am Morgen fest.

Anke neckt mich: „Willst du nicht dein ‚Im Frühtau zu Berge' singen? Wie geht noch der Text?" Bei den Pfadfindern hatten wir dieses Lied gesungen, ein bisschen ältlich, aber doch ganz schön.

*„Im Frühtau zu Berge wir zieh'n, fallera,*
*es grünen die Wälder, die Höh'n, fallera.*
*Wir wandern ohne Sorgen singend in den Morgen,*
*noch ehe im Tale die Hähne kräh'n. … .*
*Wir sind hinausgegangen, den Sonnenschein zu fangen,*
*kommt mit und versucht es auch selbst einmal!"*

Wir lachen über „früher". Wir singen das Lied. Wir versuchen es im Kanon, aber der verwackelt. Wie auf Flügeln genießen wir die Leichtigkeit des Seins.

Die Domaine ist eine Bilderbuchfarm – wenn da nicht die Bäuerin wäre. Freundlich herangelockt zum Empfang im granitenen Wohnhaus der Farm, setzen wir unsere Rucksäcke im Vorgarten ab. Wie in anderen Gehöften wollen wir einen hauseigenen Joghurt löffeln oder einen guten Käse für unterwegs kaufen. Doch als die Bäuerin hört, dass wir nicht bei ihr übernachten, fordert sie uns barsch auf, den Gartenplatz mit dem wuchtigen Steintisch zu verlassen – der sei *privée*. Wir ziehen ab, ich hole tief Luft, um die Episode zu löschen. Das geniale bauliche Ensemble von Wiesen mit weidenden Schafen und Rindern, von Fischteichen, springendem Bach und harmonisch gesetzten Gebäuden aus glitzerndem Gestein will ich in guter Erinnerung behalten. Dieser Gutshof, eine Gründung der Templer, wird schon im 13. Jahrhundert erwähnt. Heute gehört er dem Departement, das ihn verpachtet.

In der Geschichte des Pilgerns spielen die Templer eine wichtige Rolle. 1120 gegründet, schützte der Orden, dessen Mitglieder zugleich Ritter und Mönche waren, sowohl die Pilgerwege nach Jerusalem als auch die Jakobswege nach Spanien vor räuberischen und kriegerischen Angriffen. Eine weitere Spur der Templer finden wir drei Kilometer weiter auf der Passhöhe (1 304 Meter), dem Col de l'Hospitalet. Hier stand einst ein seit 1198 von den Templern geführtes Hospiz, das ursprünglich Jakobus und nach dessen Entmachtung Rochus gewidmet war. Im Hospiz nächtigten Pilger, Kaufleute und andere Reisende, Kranke wurden hier gepflegt. Pilgerbewegung und Hospizidee haben eine gemeinsame Wurzel. Leider finden wir keinen steinernen Rest mehr vom einstigen Spital, während der Religionskriege wurde alles zerstört. Nur eine alte Quelle, der heilende Kraft zugesprochen wird, tröpfelt noch aus gemauertem Gestein und erzeugt fauligen Geruch.

### *Anke*

Karges Frühstück, professionell-knapper Wirtinnenabschied. Sommerliches Wetter, leichter Wind, der Weg durch blühende Wiesen und lichte Wälder, sanft bergauf, ohne anstrengende Prüfungen. Wir überqueren das manchmal schroff erscheinende Gebirge mit dem schönen Namen Margeride an seiner fast höchsten Stelle. Zuvor ein Umweg zur Domaine du Sauvage (1300 Meter), die in Pilgerinfos warm als „Ökofarm mit Herz" empfohlen wird. Bei unserer Rast auf dem Innenhof treffen wir dagegen auf eine schlecht gelaunte Meckerschnepfe, die uns verjagt, weil wir nur rasten wollen. Während wir nun abseits auf Steinen sizend unsere Pause machen, hängt sie missmutig Mikrofaserwäsche an die Leine. Versetzt das Ambiente mit Teichen, Gänsen, Puten, Schafen, Kälbchen und Weidenbüschen, Brunnen und alter Hofanlage alle urbanen Wandersleute in euphorische Stimmung? Die positiven Berichte anderer Weggenossen über La

*Pilger mit Isomatte für Nächte im Freien*

Sauvage teile ich nicht. Mir verdirbt die Patronin den schönen Ort, Jens schüttelt den Zwischenfall ab.

Beim Weiterwandern muss ich über meine Bewegungslust heute lachen; wie sich die Zeiten ändern. Wie habe ich in der Jugend die Familienausflüge gehasst, das sonntägliche Pflichtprogramm mit Schwestern, Pflegevater und Dackel. Immer die gleichen Rituale: der Hinweis auf den Kuckucksruf und das alberne Schütteln des Portemonnaies mit dem Wunsch, das Geld möge nicht ausgehen; die Lektion über die ersten Buschwindröschen, die mir egal waren. Die Sehnsuchtsgeschichten über die Schönheit der verlorenen pommerschen Heimat, die mir auch egal war. Nur das Versprechen auf ein Eis hielt mich bei Laune. Heute als nicht mehr junge Frau jogge und walke ich, mache Wandertouren, freue mich über Blumen und den Kuckucksruf. Eis lockt mich nicht mehr, und die Sehnsucht nach dem verlorenen Paradies verstehe ich gut.

### *Jens*

In La Roche-de-Lajo fragt uns unsere neue Wirtin Madame Jalbert, ob sie uns einen Tee zubereiten dürfe. So kommen wir mit der alten Bäuerin, deren Mann durch einen Autounfall ums Leben kam, gleich gut ins Gespräch. Wir beziehen ein einfaches Zimmer, im Treppenhaus riecht es nach hundert Jahren Viehwirtschaft, und gegen die Fliegenplage wird nicht einmal symbolisch etwas unternommen. Bald stößt noch Françine dazu, eine sympathische junge Frau aus dem frankophonen Teil Kanadas. Die meisten kanadischen Pilger auf dem Jakobsweg, meint sie, seien keine gläubigen Christen, sondern hätten eine Patchwork-Religion, eine Philosophie mit einem „Glauben an das Leben statt an Gott". Sie selbst versteht sich als bekennende Katholikin. Françine klagt über schmerzende Schultern und Beine, kein Wunder, denn ihr Rucksack wiegt zwölf Kilo. Da sie morgen wieder dreißig Kilometer gehen will, bestellt sie für acht Euro bei der Firma Transbagage einen Gepäcktransfer zu ihrem Etappenziel.

***Anke***

Es geht weiter, 11 Kilometer nach La Roche-de-Lajo (1 184 Meter). An einer Gedenkstelle für Rochus in einer Waldanlage rasten die elf Weiblein aus Chanaleilles mit Tagesgepäck. Wir suchen die nahe, um 1900 rekonstruierte, leider abgeschlossene Templerkapelle für unsere Pause auf; an der Waldseite lassen wir uns auf einem stufenförmigen Ruheplatz mit schöner Aussicht über hügeliges Land nieder. Dann ziehen wir durch Bachwiesen mit Orchideen, begleitet von hüpfenden Buchfinken, auf steinigen Wegen unserem Tagesziel entgegen. Im Straßendorf La Roche suchen wir von vorn nach hinten und hinten nach vorn unsere Unterkunft, bis uns am verwinkelten Dorfende die füllige Madame Anne Jalbert die Tür öffnet. Nicht mehr jung, klettert sie doch behände enge Treppen hoch, zeigt uns die Zimmer und das große Bad, teilt sauberes Bettzeug aus und lädt freundlich zum Tee ein. Beim frühen Abendessen, einer deftigen Landmahlzeit mit Charcuterie, Suppe, Salat, Reis, Gulasch, Rotwein, Rhabarbertarte und aufgekochtem Kaffee fragt sie uns gewitzt lächelnd aus.

Dazu gekommen ist Françine, eine unnahbar wirkende, hübsche Frankokanadierin, die sich nur mit Madame Jalbert unterhält, mit ihr Französisch, mit uns zögerlich auf Englisch. Sie ist Managerin, will allein lange Tagesstrecken schaffen. Wir rätseln, warum so viele Frankokanadier auf dem Jakobsweg sind. Weder die reizvolle Landschaft, die ja Kanada selbst bietet, noch die Wurzeln der französischen Vorfahren, auch nicht der Katholizismus seien der Grund, meint Françine. Vielmehr gelte es in der Schickeria von Montreal als ein „Muss", den Saint Jacques möglichst in einem Urlaub bis Compostela geschafft zu haben. Dementsprechend zieht Françine frühmorgens los, auch sie mit Flipflops, *bonne route*. Auf meinem Abendspaziergang durch das verlassene Dorf treffe ich auf einen dreibeinigen verflöhten Hund, richte ein paar mitleidige Worte an ihn, schon wird er mein Begleiter, denn die hört er sonst wohl nie. Die Abendsonne zeigt eine wunderschöne Landschaft – bis auf den wuchtigen Felsen, der hakennasig unsere Herberge überragt. Dennoch habe ich in meinem breiten Bett einen langen guten Schlaf; unter sauberen Bedingungen geht es mir besser.

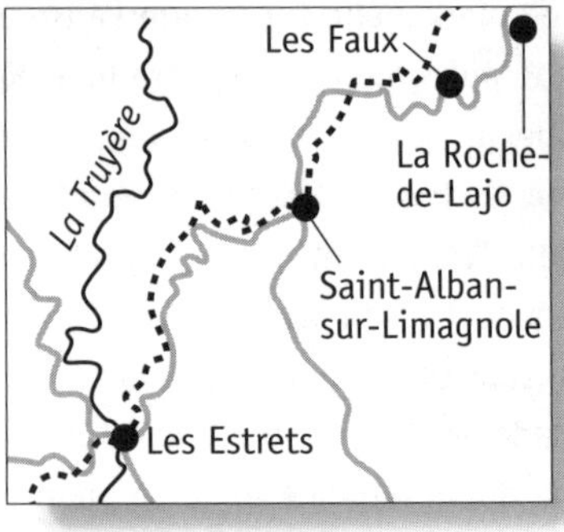


## *Donnerstag, 14. Juni*

### *Jens*

Wir erreichen Saint-Alban-sur-Limagnole (2 000 Einwohner) und suchen vergeblich nach einer Unterkunft. Der Ort ist geprägt von einer psychiatrischen Klinik mit 600 Patienten und 400 Betreuern. Psychiater und Pflegekräfte aus ganz Frankreich haben sich hier gerade an diesem Wochenende zu einem Kongress versammelt und noch die letzte Besenkammer als Quartier besetzt; unser angeblich von Mademoiselle Mouche bestelltes Zimmer auch. Als wir die steile Treppe ins Zentrum hinunter steigen wollen, kommt uns ein zahnloser Mann mit orangenem Hemd entgegen, der allen Anzeichen nach ein psychiatrischer Patient zu sein scheint. Ich spüre Abneigung, ihm zu begegnen und warte, bis er vorbei gegangen ist. Wohl fühle ich mich dabei nicht. Mir fallen die neutestamentlichen Geschichten mit Aussätzigen ein und mit Menschen, in die „ein böser Geist" gefahren ist. Läuft man vor denen davon?

Schräg gegenüber der romanischen Kirche aus farbigem Sandstein mit Glockenarkaden aus dem 11. Jahrhundert bestellen wir in einer Bar einen Salat mit warmem Ziegenkäse.

Das Wirtsehepaar nimmt sich unserer Zimmersuche an und telefoniert – vergeblich. Aber der Wirt gibt nicht auf. Einer seiner Gäste, ein Mann in orangenem Hemd, beteiligt sich lebhaft an der Suche nach weiteren Adressen. Ich stutze: Es ist der „Patient", dem wir ausgewichen sind. Im Ort ist wirklich nichts mehr frei. Frustriert beraten wir an der Theke. Dann ein letzter Versuch: Anruf beim Gîte d'étape L'Oustal de Parents in Les Faux, einem Dorf, an dem wir heute Morgen bereits vorbeigepilgert sind. Die Miene des Wirts hellt sich auf – wir sind willkommen. Der „Patient" und wir reißen vor Freude die Arme hoch: Wir haben ein Quartier! Aber wir müssen fünf Kilometer zurück, unsere halbe Tagesroute. Monsieur Orange sagt: „Ich fahre Sie hin, mein Auto steht vor der Tür." Ab geht's nach Les Faux. Wir geben ihm ein paar Euro für die Fahrt. Insgeheim entschuldige ich mich bei ihm, wir verabschieden uns herzlich. Ich denke an die erste Begegnung – wieder Umkehr –, dieses Mal ein doppeltes Exerzitium.

### *Anke*

Der Tag beginnt als ein Tag der Irrtümer. Gleich morgens verwechseln wir den richtigen Weg durch Wiesen und Felder mit einem Sumpfweg. Nässe bis zu den Knöcheln, die Schuhe durchweicht, ich bedrückt, bis wir auf dem richtigen Jakobsweg bei einer Waldrast auf einen zerlumpten Rückpilger treffen, der von Santiago in seine Heimatregion Ardèche zurück will. Mir wird bewusst, wie gut es uns geht. Wir erreichen das Bergstädtchen Saint-Alban-sur-Limagnole (950 Meter), das durch steile, enge Straßen und Treppen bergab zu passieren ist, und von einem massigen Schloss überragt wird. In ihm befand sich seit Beginn des 19. Jahrhunderts eine „Irrenanstalt", jetzt ausgebaut als Psychiatrische Klinik. Zwischen 1939 und 1945 operierte hier, wie wir auf einer Gedenktafel lesen, eine Zelle der Résistance gegen die deutschen Besatzer.

### *Jens*

In Les Faux erwartet uns ein Schlafsaal, für uns eine Premiere. Mal sehen, wie wir damit fertig werden. In der kleinen Küche laden wir ein englisches Wanderpaar zu grünem Tee ein, sie erzählen von ihrem Berufsleben. Joan rehabilitiert in England notorische Schulschwänzer mit einer Erfolgsquote von angeblich 80 Prozent; William ist Computerspezialist und entsprechend wortkarg. Beide beschreiben sich als nicht besonders religiös.

Die Tür geht auf: Bis auf die Haut durchnässt stürmt eine Wandergruppe von 14 Männern und Frauen den Schlafsaal, schnaufend, schwitzend, erschöpft. Schnell sind alle Betten belegt, und unsere Ecke gehört nun unversehens zum Frauenteil des Saales. Kritisch beäugt erkläre ich, dass ich nicht umziehen, sondern an der Seite meiner Frau schlafen möchte. Gelächter, kurze Abstimmung: Ich darf bleiben. Dann beginnt ein Wettlauf auf die drei Duschen und zwei Waschbecken im Parterre. Männer und Frauen stehen Schlange vor den engen Kabinen, die Geduschten suchen ihre Kleidung. Allgemeine Fröhlichkeit und Rücksicht mildern das Chaos. Nach dem Abendessen kreist eine Whiskyflasche bei den Wanderern, unter ihnen – tonangebend – eine aufgedrehte Professorin aus San Francisco. Joan hatte zum Diner aus ihrem Rucksack ein bezauberndes Abendkleid gezogen – Britin mit Stil.

Um 22 Uhr geht im Schlafsaal automatisch das Licht aus. Die ersten haben sich bereits zusammengekringelt und suchen Schlaf. Mir fällt das schwer. Meine Bettnachbarin hat sich eine Art Grubenlampe um die Stirn montiert, um ihre Nachtlektüre durchzuziehen. Mich blendet die Helligkeit trotz Augenklappe, aber zu protestieren traue ich mich nicht, bin ich doch hier nur geduldet. Endlich löscht die Erleuchtete gegen Mitternacht ihr Licht und beginnt ein starkes Schnarchsolo, das zusammen mit anderen Geräuschen ein kakophones Gesamtkunstwerk ergibt. Meine Ohrstöpsel liegen leider ganz unten im Rucksack, aussichtslos, sie jetzt im Dunkeln zu finden. Ich besänftige meinen Grimm mit dem Gedanken, dass ich überhaupt Bett und Dach habe, und schlafe ein.

### *Anke*

Ein freundlicher Empfang durch Madame Julienne Parent im sehr sauberen Gîte d`étape lässt mich den Etappenrückschlag vergessen – bis ich den 19-Betten-Schlafsaal unterm Dach sehe. Wir haben gerade noch die Chance, die besten Eckbetten zu belegen und vor dem Abendessen zu duschen. Da stampft mit der Wucht einer Wildschweinrotte eine große Gruppe mit „Ultreïa! Ultreïa!“ herein, mit lehmverdreckten Stiefeln. Aus „Ultreïa“ wird „Ultra plus“! (Hoch! Hoch!). Die Hausordnung in jeder Unterkunft lautet: Wanderstiefel an der Tür ausziehen, in die bereitstehenden mehr oder weniger sauberen Pantoffeln schlüpfen oder auf Strümpfen in die Schlafsäle. Für die 15 Neuen gilt das nicht. Sie belagern gutgelaunt mit Schmutzstiefeln und riesigen Gepäckstücken die engen Gänge, verteilen die Bettplätze, verkrümeln Kekse, verkleckern Cola, telefonieren und telefonieren mit ihren *portables*. Die Duschen und WCs unten sind zwar dauerbelegt, reichen aber doch für alle, die wissen, wie man Knappes miteinander teilt. Ich kauere beobachtend auf meinem Bett und frage mich wieder einmal: „Was will ich auf dem Jakobsweg?“

### *Jens*

Schlafsaal war noch nie etwas für mich, weil immer jemand quertreibt. Die Geschütztheit des eigenen Raums ist ein kostbares Gut, an das ich mich in Zeiten des Individualismus umso mehr gewöhnt habe. Ein Blick auf globale Wohnverhältnisse zeigt, dass mein Anspruch Luxus ist. Ich werde ihn künftig umso mehr schätzen. Eine Nacht im Massenquartier kann ich schon mal wegstecken. Deswegen bin ich nicht so verdrossen wie Anke.

### *Anke*

Beim einfachen Abendessen sitzen wir mit Joan und William zusammen. Als Joan von meinen Krisen hört, erwidert sie, in drei Wochen wäre ich *„so tough"*, da würde mir gar nichts mehr was ausmachen. Als ob das meine Absicht wäre. Überraschend schlafe ich, bleiern müde, bald ein, besser als Jens. Neben ihm liegt bäuchlings lesend „Undine" mit hüftlang gelöstem silbernen Haar wie die Wasserfee, um den Kopf eine Stirnlampe, als wolle sie durch Meeresgründe gleiten. Nicht nur sie, auch ihr Gegenüber blinkt mit Leselicht, dazu Bonbonpapiergeraschel, mächtiges Geschnarche. Der Rat der Schriftstellerin Thea Dorn, mit einem guten Buch ins Bett zu gehen – „Bücher schnarchen nicht" –, erweist sich hier als wirkungslos. Regengeprassel auf dem Wellblechdach, die zwei kleinen Dachfenster werden geschlossen, stickige Luft. Viertel vor sieben ertönt wiederholt eine Jagdhornfanfare, kein zentraler Weckruf, sondern Undines Wecker; sie hat sich über Nacht von der Wasserfee in die Jagdgöttin Diana verwandelt. Während die Gruppe in Regenkleidung gehüllt im Morgendunst aufbricht, auch sie lässt ihr Gepäck transportieren, frühstücken wir lange und gemütlich.

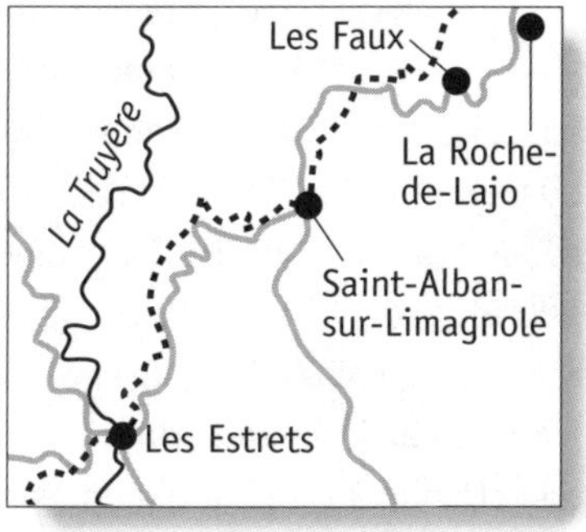


## *Freitag, 15. Juni*

### *Jens*

Am Morgen stellen wir uns an die Straße, um dorthin zurück zu trampen, wo wir gestern schon einmal waren. Kaum heben wir die Daumen, hält ein freundlicher Herr und lädt uns ein. Er ist Psychiater und will zum Kongress nach Saint-Alban. Im Kanton Aumont-Aubrac, so bereitet er uns vor, in den wir nun hineinwandern würden, erwarte uns eine klimatisch herbe Berglandschaft mit geringem Baumbestand und starken Windbruchschäden. Er empfiehlt uns das zarte Fleisch des Aubrac-Rindes, zusammen mit der regionalen Spezialität Aligot. Das Kartoffelpüree mit eingeschmolzenem Käse wurde einst von Mönchen als Sättigungsgarant entwickelt. Und einen köstlichen Likör, der aus den Wurzeln des hier reichlich wachsenden Gelben Enzians hergestellt werde. Steht der nicht unter Artenschutz? „Kein Problem", antwortet der Arzt und wünscht uns *„bonne route!"*

### *Anke*

Obwohl Trampen in Frankreich eher unüblich ist, hat gleich unser erster Auto-Stop-Versuch Erfolg. Ein aufgeschlossener Psychologe bringt uns nach St. Alban zurück. Auf der Fahrt bekommen wir eine Kurzanleitung für die nächsten Tage hinsichtlich Landschaft, Essen, Menschen und auch seine hohe Meinung über Sigmund Freud zu hören. Hinter St. Alban treffen wir Joan und

William wieder, sie „tough“ etliche Meter vor ihrem sichtlich älteren Freund marschierend, er japsend hinterher. Der Himmel hat sich aufgeklart, Sonne, leichter Wind, Wolkenbilder am blauen Himmel. Wir wechseln ein paar Worte mit einem Mann, der mit seinem Auto pilgert, ziemlich verrückte Idee. Im Wind schräg gegenüber sitzt die junge Pilgerin Hélène auf einem Stein und knüpft hingegeben aus Baumwollfäden einen Rosenkranz, weil sie ihren verloren hat. Ihre in kurzen Shorts steckenden stämmigen Beine haben sichtlich schon einige Pilgertouren bewältigt.

Beim Rasten auf einem verlassenen Bauernhof umschnurrt uns und unseren Proviant eine Schar cognacfarbener Kätzchen; sie treiben ihre Kletter- und Fangspiele durch Türspalten und offene Fenster. Es ist eine Freude, ihnen in ihrer Leichtigkeit zuzusehen. Sie sind ausgehungert und deswegen zufrieden mit zwei Tage alten trockenen Baguetteresten, auch der letzte Krümel verschwindet in ihren Schnäuzchen. Haben wir hier nun ein Katzen-Prekariat um uns, überlege ich. Ich vergleiche die Tierchen mit unserem Kater Erwin, der zur Zeit zu Hause mit besten Häppchen von Nachbarin Waltraud verwöhnt wird.

***Jens***

Hinter Grazières-Mages kommt uns ein Pilger mit blutendem Arm entgegen. Bergab sei er in einer schmalen felsigen Rinne nicht trotz, sondern wegen seiner Bergstöcke gestürzt und habe sich verletzt; für die Stöcke war der Pfad zu schmal, und er sei über sie gestolpert. Unsere Hilfe braucht er nicht. Wir nehmen den Unfall als Warnung. Nachdem wir den Fluss Limagnole überquert haben, folgen wir nicht den Wegmarkierungen durch den Wald. Stattdessen führt uns parallel eine winzige Teerstraße bis Chabanes-Planes, wo wir wieder auf den Sentier Saint-Jacques treffen. Nach Les Estrets, unserem Tagesziel, ist es nun nicht mehr weit.

Uns begleitet das dunkle Gebrüll der Aubrac-Rinder, die mit ihrer muskulösen, mächtigen Gestalt die Weiden schmücken. Dass in der 150 Jahre alten Zucht der Auerochse steckt, sieht man den Tieren mit dem fahlgelben, manchmal weizengrauen Fell an. Ihre geschwungenen Hörner mit schwarzer Spitze, ihre schwarzen Klauen, die weiß umrandeten breiten Mäuler und die ausdrucksvollen Augen lassen uns immer wieder verharren und über die Schönheit dieser Tiere staunen.

***Anke***

Nach rutschigem Abstieg auf Schottergeröll erreichen wir schon am Frühnachmittag in Les Estrets (940 Meter) den Gîte privé von Pascal Rousset, einem Jungbauern. Das Dorf scheint verlassen, uns empfängt außer sieben Hunden eine schicke junge Städterin, seine Freundin Chantal. Während er sich um seine Viehzucht kümmert, versorgt sie uns professionell freundlich, knapp und teuer. Wir bekommen den dritten Abend als Vorspeise fette Wurstscheiben, dann Spiralnudeln mit Gulasch, weder Salat noch Gemüse. Wie leben hier eigentlich Vegetarier? Anders als die später eintreffenden Deutschen Eberhard und Werner und ein französisches Paar haben wir ein Zimmer für uns; sie müssen sich zu viert in einem Raum arrangieren. Die Wäsche von uns sechs Verschwitzten flattert neben uns im letzten Sonnenstrahl an der knappen Leine.

Eberhard erzählt – Daumen hoch! –, er habe für seinen Flug von Frankfurt nach Montpellier nur 10 € bezahlt. Innerlich seufze ich: Jetzt geht's schon auf dem Pilgerweg los mit dem Unterbieten für Billigflüge. Die beiden Zwei-Meter-Männer scheinen vor Vitalität zu strotzen, aber wir hören von ihnen Herzklappengeschichten und nehmen sichtbare Spuren einer Midlife-Crisis wahr. Dagegen angehend, legen sie täglich bis zu 40 Kilometer zurück. Werner: „Meine Beine wollen weiter!" Ich bin skeptisch, ob auch Seele und Herz das wollen. Abends wieder unter uns,

*Am Boden versteckt ein Nest mit vier gesprenkelten Eiern*

beginnen Jens und ich unpassend flapsig unsere Begegnungen einzuteilen in: Herzklappe 1, Herzklappe 2, Herzklappe 3.

Bei unseren lebhaften Gesprächen am Tisch bedauere ich, nicht besser Französisch sprechen zu können. Wir hatten uns vormittags über die Notwendigkeit von Sprachkenntnissen im Ausland unterhalten, damit wir uns über alltägliche Erfordernisse hinaus auch über Feinheiten, Emotionen und Hintergründe verständigen können. Andererseits verstehe ich vieles und kann zudem mimisch und gestisch reagieren. Von vier Französischschuljahren ist doch erstaunlich viel geblieben. Ein Spaziergang führt uns in das sandsteinbröckelnde Kirchlein inmitten eines verwahrlosten Friedhofs. Das Dorf scheint auch seinem Ende zuzugehen, kein Laden, kein Handwerker, kein Mensch sind zu sehen. Ein paar Häuser scheinen dem Verfall mit der leuchtenden Schönheit üppigen Geranienschmucks entgegensteuern zu wollen. Neumondnacht senkt sich über diese Stille.

### *Jens*

Das Gekläff einer Hundemeute lässt uns vermuten, eher vor einer Tierpension zu stehen als vor unserer Herberge. Die langhaarige Hündin „Papaye" ist nach einer Krankheit in ihren frühen Hundejahren erblindet, läuft aber mit Hilfe ihres Gehörs und Geruchssinnes munter umher. Trotz ihrer Behinderung kann sie es in ihrer Vitalität mit den anderen Hunden aufnehmen. Das rührt mich an. Obgleich mir Hunde beim Joggen und Wandern oft zu nahe kommen, wird sie für heute und morgen mein Lieblingstier.

Nach zwei Wochen ziehen wir wieder Bilanz. Die Verminderung der Tagesetappen hat sich bewährt, wir haben unseren Rhythmus gefunden. Wir genießen es, für vieles unterwegs Muße zu haben, wozu wir sonst wenig oder keine Zeit haben. Wir müssen nichts „bewältigen" und können uns mit anderen in Ruhe über Gott und die Welt unterhalten. Dicht vor uns fliegt am Wegesrand ein Vogel auf. Am Boden finden wir ein Nest mit vier gesprenkelten Eiern, bebrüteter Nachwuchs einer Lerche? Eines Berg- oder Wiesenpiepers? Wir staunen, dass weder Hund noch Katze noch Iltis noch Maulwurf die schutzlose Lage dieser Kinderkrippe für sich ausgenutzt haben. Wie diese Vogelmutter und ihre Brut werden auch wir immer wieder von Gott geschützt. Als Pilger spüren wir das manchmal noch stärker als zuhause.

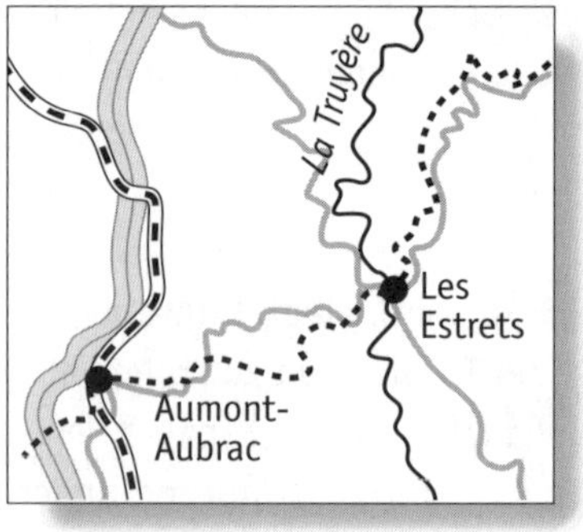


## *Sonnabend, 16. Juni*

### *Jens*

Heute ist so ein Tag, wie er auch sonst immer mal wieder vorkommt: Meine Stimmung hängt knapp unterm Mittelmaß, ich lasse mich vom Tag treiben ohne besonderes Engagement, nicht ich gehe, sondern „es" geht. Ein bisschen fühlen sich meine Augen an wie mit Watte verhängt. Es ist, als hätte die Seele ihren Führungsanspruch gegenüber dem Körper auf- und an ihn abgegeben. Für mich verschwimmen die Tage. Mir fällt es schwer, den Rest der Reise klar zu strukturieren. So übernimmt Anke für die letzte Woche unserer Pilgertour spontan die „Reiseleitung". Wir überlegen, wie wir in einer Kombination von Wandern und Zuhilfenahme der Transportunternehmen Factage oder Transbagages die restliche Strecke bis Conques zurücklegen können, ohne Höhepunkte am Pilgerweg auszulassen. Zwei Nächte in Estaing am Fluss Lot bilden dabei eine feste Größe, alles Weitere soll improvisiert werden. Von Conques wollen wir dann nach Lyon zurück fahren.

Im Laufe des Vormittags löst sich der Schleier auf, meine Physis überträgt ihre Lust auf den Geist. Mit etwas mehr Zeit als sonst hat mein Tag sein Gleichgewicht gefunden. In scharfem Tempo überholt uns ein Engländer mit gewaltigem Gepäck. Der 54-jährige technische Zeichner stammt aus Liverpool, zeltet nachts und kocht im Freien. Katholik sei er, „aber nicht sehr religiös". In Santiago de Compostela war er schon, hat dort den Jakob in der Kathedrale umfasst und die

Stimmung in der Stadt als großes Erlebnis empfunden. Santiago genügte ihm nicht; er legte noch drei Tagesmärsche zum Kap Finisterre zu und warf nach verbreitetem Ritual seine Socken in den Atlantik. Jetzt will er noch mal nach Santiago, hat noch vier Wochen und 1 500 Kilometer vor sich. Für später sucht er in Südfrankreich ein Haus, das er sich vom Ersparten kaufen will, um im Ruhestand zu malen. Ob er je am Ort seiner Sehnsucht ankommt und Ruhe findet? Die kleine Pause im Gehen mit uns hat ihm neue Kraft gegeben, mit langen Schritten eilt er davon.

### *Anke*

Morgens sitzen Pascal und Chantal rauchend am Gartentisch, sie lachen spöttisch über unsere geplante kurze Etappe. Sollen sie. Am Ende der zweiten Woche bin ich mit mir besser in Übereinstimmung als anfangs. Bei frischem Wetter ist das Gehen erholsam. Auf der landschaftlich herben Strecke sind nur wenige unterwegs. Sobald jemand mit uns redet, bin ich nach einigen Minuten froh, wenn wieder Ruhe für eigene Gedanken ist, denn sie wandern mit, die Vergangenheit wird Gegenwart. Längst für vergessen gehaltene Gedichte kommen mir in den Sinn. Wie jenes von Bert Brecht über das Kranichpaar: „... So mag der Wind sie in das Nichts entführen, wenn sie nur nicht vergehen und sich bleiben, so lange kann sie beide nichts berühren ...“. Ein Blick zum Himmel, ein Blick auf uns. Wie die Kraniche „aus einem Leben in ein andres Leben in gleicher Höhe und in gleicher Eile“ durch die Wolken schweben, so bewegen wir uns geruhsam und schweigsam auf unserem Weg. Im Sand finde ich ein schmales Silberarmband mit Jakobsmuscheln, ein unfreiwilliger Gruß einer vorausgegangenen Pilgerin.

### Jens

In Aumont-Aubrac treffen wir in der romanischen Kirche Saint-Étienne Abbé Robert. Über dem Portal seiner Kirche prangt als Einladung für Pilger eine große Jakobsmuschel. Drinnen ist Christus, nicht Maria der Mittelpunkt. Im Pfarrhaus der Gemeinde liegen Matratzen aus, auf denen Durchziehende übernachten können. Der Priester begrüßt uns freundlich und bekennt sich zur Ökumene. Stolz berichtet er, dass 13 französische protestantische Geistliche und zwei lutherische Pfarrer aus Deutschland als Pilgergruppe auf dem Weg nach Santiago bei ihm zu Gast waren. „Lutheraner sind gute Leute", meint er, als er hört, dass wir aus Hannover kommen. Eigentlich sei er längst im Ruhestand, aber der Priestermangel in Frankreich entlasse ihn nicht aus seinen Pflichten.

Beim Abendspaziergang kläffen uns Hunde an, kommen uns zu nahe; wir bringen sie mit unseren Pilgerstöcken auf Distanz. Daraufhin stürzen sie sich auf eine Weide und jagen Kühe; mit schweren Eutern flüchtet das Rindvieh. Die Besitzerin kräht vergeblich hinter ihren Kötern her. Uns ruft sie Worte nach, die wir zum Glück nicht verstehen.

### Anke

Schon mittags erreichen wir unsere nächste Station, das nur rund 1 000 Einwohner zählende, aber städtisch wirkende Aumont-Aubrac (1 050 Meter) mit massiven mittelalterlichen Bauten. Unser Gîte d'étape erweist sich umgebaut als Hotel, klein und sauber, mit Bistro, in dem wir unseren Salathunger stillen. Jens probiert zum ersten Mal den Aligot, den würzigen Kartoffel-Käse-Brei, zähdeftig im Magen liegend. Die freundliche Begegnung mit einem Priester und der abendliche Stadtrundgang lassen uns gut schlafen – trotz lärmender Jugendlicher vor einer nahen Bar.

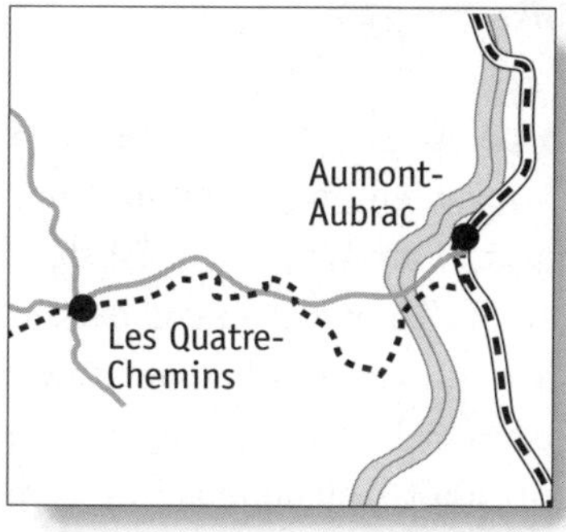


## *Sonntag, 17. Juni*

***Jens***

Kurz hinter Aumont-Aubrac treffen wir einen aus England stammenden Franzosen. Er löst das Gewichtsproblem seines Rucksacks nur scheinbar: Einen Teil seines Gepäcks hat er in eine große Plastiktüte gesteckt. In der einen Hand den Wanderstock, in der anderen die Tüte, spaziert er mit leichter Schlagseite durchs Bergland, sichtlich beschwingt von skurrilem Humor.

Guten Muts ist auch eine 63-jährige ehemalige Deutschlehrerin aus Rosenheim, die solo pilgert und bei uns auf einer Steinbank Platz nimmt. Als wir von unserem Enkel Johann erzählen, schwärmt sie von dem Kinderbuch „Tranquilla Trampeltreu“, das wir ihm vorlesen sollen, wenn er soweit ist. Auf dem Weg hat die Rosenheimerin die Deutsche Friederike kennen gelernt, die von einem stattlichen Hund begleitet wird und jetzt, da sie schneller ist, viele Kilometer vor ihr hergeht. „Tranquilla“, wie wir die Rosenheimerin nun der Einfachheit halber nennen, spricht gut Französisch, Friederike gar nicht. Wenn sie ein Sprachproblem hat, ruft sie per Mobiltelefon Tranquilla an und lässt sich helfen. In Le Puy steht Friederikes Auto. Dort wollen sie sich wieder treffen und zusammen nach Deutschland zurück fahren.

## *Anke*

In der Ortsmitte wird uns auf einem Schild geraten, Proviant einzukaufen, weil bei den nächsten drei Tagesetappen kein *magasin* am Wege läge. Ist das ein Kaufmannstrick? Wir wollen kein Risiko eingehen und decken uns mit Obst, Wasser, Brot und Käse ein. Jens schleppt schwer. Es ist kein Trick. Nicht zum ersten Mal wundere ich mich über die Äpfel. Frankreich ist der drittgrößte Apfelproduzent Europas, gerade in unserer Pilgergegend wird fast die Hälfte der rund zwei Millionen Tonnen großen Apfelernte mit etwa 30 Apfelsorten erzeugt. Aber was liegt in den Obstregalen? Äpfel aus Peru, Gala, eingeflogen, und sie kosten nur einen Bruchteil der französischen Äpfel, auch Gala. Wie kann das sein? Der globalisierte Apfel.

Bei unbeständigem Wetter – Jacke an, Jacke aus – ist der 1 100 Meter hochgelegene Weg weiter als beschrieben, aber nicht zu schwierig, lange durch windbruchzerstörte Wälder, an kaum befahrenen Landstraßen entlang. Mit dem Paar Anne und Roger aus der Bretagne wechseln wir freundliche Worte – bis Annes Mobiltelefon klingelt. Wir sind doch ***nicht*** aus der Welt. Die Tochter gratuliert Roger, es ist heute Vatertag, *le jour des pères*, der in Frankreich am dritten Junisonntag als Volksfest mit Feuerwerk gefeiert wird. Im Dörfchen Lasbros wird der Tag des Brotes gefeiert, *la fête du pain*. Als wir uns nähern, mustert uns die Dorfgemeinschaft skeptisch, als wollten wir schnorren. Mir fällt ein, dass es auch in Deutschland mal am 17. Juni einen Feiertag gab, den Tag der deutschen Einheit. Wir mussten mit deutsch-deutschem Pathos in der Turnhalle stehend der Aufständischen in der DDR gedenken und das Deutschlandlied singen. Der Schulhausmeister musste schwarz-rot-gold flaggen. Das war der Kalte Krieg vor 50 Jahren. Ist er je zu Ende gegangen? Beginnt er schon wieder? Wir besprechen die Weltlage.

An einer Kreuzung gehen wir in eine äußerlich schlichte Kapelle, deren Alter auf 1522 zurückgeht, heute aber von vorn

*Auch Schönheit wirft Schatten: Margeriten am Wegesrand*

bis hinten voll Plastikkitsch steckt und nicht zum Verweilen einlädt. Das fragile Jakobsmuschelarmband habe ich schon wieder verloren, ich bin nicht traurig, es wird hoffentlich eine andere Pilgerin erfreuen. Bei einer Rast treffen wir auf eine norddeutsch sprechende Bayerin, gebürtige Schlesierin, die uns ihre Lebensumstände in Windeseile erzählt, anders als die schneckenlangsame Hauptperson „Tranquilla Trampeltreu" aus ihrem Lieblingskinderbuch. Die Bayerin ist furchtlos allein unterwegs, erholt sich von ihrer Ehe. Nach Touren wie dieser kann sie wieder eine Weile bei ihrem Mann bleiben. Eine anregende Begegnung, wir teilen uns Obst und Wasser und nennen sie fortan unter uns voll Sympathie „Trampeltreu", denn wie die beharrliche Schildkröte lässt auch sie sich nicht von ihrem Weg abbringen.

### *Jens*

In Les Quatre-Chemins, das nur aus einer Wegkreuzung und drei Häusern besteht, wollten wir eigentlich in Patricks neu eröffnetem Gîte d'étape unterkommen, der in der aktuellen Pilgerliteratur einen hervorragenden Ruf genießt. Doch Patrick ist tot, sein Gîte geschlossen. In der Nacht nach seinem 40. Geburtstag, so erfahren wir, starb er an einem Blutgerinsel im Gehirn, wie schon vor ihm seine Mutter mit 45 Jahren. Ich kenne Patrick nicht, aber mir geht sein Schicksal nahe.

So kehren wir, vor heftigem Regen flüchtend, ein im Gîte d'étape „Chez Régine", einer Bar, deren Theke von Einheimischen bevölkert wird. Régine, eine Wirtin im Pariser Chic, mustert uns freundlich vom Zapfhahn her. Mit ihrem festlichen Tüllkleid, ihrer gepflegten Frisur, der Schminke und dem Schmuck wirkt sie wie eine gealterte Schauspielerin, der einst ganze Theaterscharen zu Füßen lagen. Ja, sie hat ein Zimmer für uns. Über einen Hund hinweg, der sich vor der Türschwelle breit macht, steigen wir auf den Hof. Wir umgehen die aufgeweichten Hinterlassenschaften fetter Enten, deren Backofenschicksal nicht mehr weit lauert, und folgen Régine in den ersten Stock. „Voilà", sagt sie mit rauchiger Stimme. Kaum ist Régine entschwunden, greifen wir uns Besen, Schaufel und Eimer und nehmen eine Grundreinigung vor. Dann Stiefel aus, wir strecken uns.

### *Anke*

Dann kommt die Krönung des Tages: Régine, unsere Wirtin in Les Quatre-Chemins. Die den Ort kennzeichnende Wegkreuzung könnte personifiziert Régine sein, eine Stilkreuzung aus goldkettenbehangener Theaterfigur in Tüllröcken, zerfranster Berberin, aufgedonnerter Alternden, versiffter Alkoholikerin. Ich möchte rauslaufen. Ich denke an das Theaterstück „Die Irre von Chaillot" von Jean Giraudoux, das ich von alten Schauspielerinnen grandios auf der Bühne gespielt erlebt habe. Wie Régine, so das Publikum in ihrer Kneipe, ihr betrunkener Kompagnon wischt mit speckigem Lappen Tassen und Gläser aus, schwärenverkrustete Hunde lungern unterm Tisch. Hier sollen wir wohnen? Unser Zimmer über der vollgerümpelten Garage ist nach unserem einstündigen Fegen und Wischen halbwegs bewohnbar. Wir haben keine Wahl, strömender Regen weicht mit großen Pfützen die Wege auf, zum nächsten Quartier schaffen wir es nicht mehr. Letzten Endes ist Aurélie, die *grande dame* des Theaterstücks mit mottiger Boa und geflicktem Schlepprock, doch eine positive Figur. Einmal sagt sie: „Was jammert Ihr alle statt zu handeln? Könnt Ihr eine Welt ertragen, in der man nicht glücklich ist vom Aufstehen bis zum Schlafengehen?" An diese Aufmunterung versuche ich mich zu halten; wann erlebe ich je so etwas wieder wie Régine?

***Jens***

Zur Abendmahlzeit haben Régine, deren Bewegungen immer langsamer und starrer werden, und ihr stummer Begleiter im Outfit eines Schäfers, ein Menü zubereitet. Umzingelt vom Hund und einer räudigen Katze löffeln wir und ein Ehepaar aus Paris unsere Suppe. Hinter mir verbrennen in einem Kasten mit glühenden Neonröhren Fliegen, leise knackend. Hunderte toter Insekten kleben an einer Pappe über uns an der Wand. Den Ekel über diesen Anblick nicht mit der Mahlzeit in Verbindung zu bringen, hat den Rang einer olympischen Disziplin. Wer hält es am längsten an der Tafel aus? Mit Plastiktüte erscheint der uns schon bekannte Franko-Brite Peter mit Cousin André und gesellt sich hinzu. Rotwein beflügelt die Unterhaltung. Die Pariserin Christine hat Geburtstag. Régine erfreut sie mit einer eilends komponierten Cremetorte unter brennenden Kerzen und nimmt mit Grandezza Platz an unserem Tisch. Ein Mann schwankt mit einer Cognacflasche herein und will uns lallend animieren; Régine stellt ihn uns als „Künstler“ vor. Die Party droht aus dem Ruder zu laufen. Steif behaupten Anke und ich gegenüber der Cognacattacke unsere „Abstinenz“. Als Régine beginnt, Christine abzuküssen, verabschieden wir uns zum Abendspaziergang.

### *Anke*

Ich sitze beim Abendessen in der Kneipenwohnküche voll Ekel am Tisch. In Gesellschaft der Pilger André aus Nizza, seinem Cousin Peter aus der Dordogne und dem eleganten Paar Christine und Patrick aus Paris beruhige ich mich ein wenig. Wenn ***sie*** hier essen und wohnen, warum nicht auch wir? Christine hat Geburtstag, der Wanderausflug ist Patricks Geschenk, er schenkt ihr – Zeit. Eine räudige Katze versucht, auf unserem Tisch einen Happen zu erjagen. Régine ist inzwischen ziemlich betrunken, schafft es aber, uns mit rotlackierten Fingerkrallen zwischen Herd, Schrank und unserem Tisch schwankend ein Menü zu servieren: Gemüsesuppe ohne Gemüse, Pâte mit Pistazien, Schweinebraten mit Bandnudeln, Brot, Käse, Rotwein. Es schmeckt. Erledigen die Hunde den Abwasch durch Auslecken der Schüsseln? Offenbar aus Reflex auf diesen Dreck reinigt André zwischen den Gängen seine Fingernägel am Tisch. Er teilt mit seinem Cousin das Zimmer neben uns. Vorm Essen besetzte er mehr als eine Stunde lang Gemeinschaftsbad und WC. Für ihn und seine unübersehbar psychischen Probleme scheint die Pilgertour Therapie zu sein. Allmählich rückt uns besoffenes Kneipenvolk zu nahe. Ich versuche mein komplettes Unbehagen mit Rotwein zu betäuben, Jens protestiert energisch. Wir gehen nach draußen, der Streit über zuviel Wein geht weiter. Ein kleiner Friedensspaziergang durch die Nacht sichert einen festen Schlaf bis zum hellen Morgen.

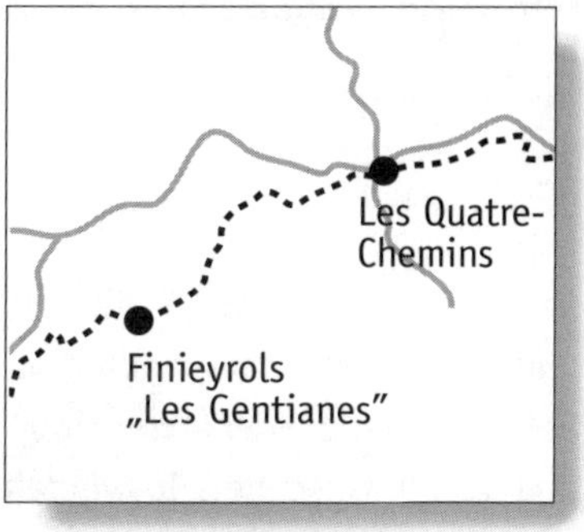


## Montag, 18. Juni

### Jens

Gestern Abend zweifelte Anke noch: „Sollte ich heil zuhause ankommen, dann ...". Heute Morgen sagt sie: „Ein neuer Tag, ich freu' mich aufs Gehen." Los geht's. Am Wegesrand rastet ein älterer Mann aus Graz. Früher, erfahren wir, lehnte er das „Brimborium" der Kirche ab. 1999 pilgerte der Katholik mit seinen beiden Söhnen nach Santiago. „Das war hart, fast nur Regen." Vor und in der Kirche in Santiago erlebte er „die spirituelle Stimmung" der Pilger. Seitdem geht er den Weg von Jahr zu Jahr immer wieder. Seine Pilgertechnik: Alle zwei Stunden pausiert er, betet in jeder Kirche das Vaterunser und besucht sonntags die Messe. „Ich bin Systematiker", erklärt er sein gleichförmiges Verhalten.

Heute ist wieder ein Tag, an dem uns die Natur beglückt, die Wegränder mit Zwergginster, duftendem Oregano und Kerbel, die blühenden Wiesen mit Arnika, Wiesenschaumkraut und Gelbem Enzian *(gentiane)*. Die botanische Seltenheit Gelber Enzian *(gentiana lutea)*, dessen fleischige Stängel bis 140 Zentimeter hoch werden, wächst hier in großen Kohorten. Sein winziger Same wiegt nur 0,001 Gramm, und ehe er zum ersten Mal blüht, braucht er zehn Jahre Entwicklung im Boden. Die alte Heilpflanze enthält besonders in der Wurzel Gerb- und Bitterstoffe, die gern in der Schnaps- und Likörherstellung, aber auch in der pharmazeutischen Industrie verwendet werden. Bevor die Wurzeln dafür geeignet sind, muss die Pflanze dreißig Jahre alt sein.

### *Anke*

Beim Frühstück sind wir die letzten. Régine, heute in Pullover und Jeans, ist wieder aufdringlich geschminkt und mit Gold behängt. Eine tragische Figur, sie hat gurkendünne Beine und will uns schnell loswerden. Die ersten Kneipenbesucher trinken sich schon wieder voll. Zum Auftakt der dritten und letzten Pilgerwoche sind die logistischen Fragen gelöst. Zu Fuß schaffen wir es nicht in einer Woche zu unserem Ziel Conques. Wir teilen uns die Pilgerstrecken und die Übernachtungen ein. Für eine kurze Strecke werden wir den VW-Bus von Factage ordern.

Das Wetter ist frisch und einladend. Tief durchatmen, Sonne, leichter Wind, trocken. Sumpfige Wege und Riesenpfützen zeugen von Wolkenbrüchen. Am Wegesrand ruht in der Morgensonne ein baumlanger Pilger, er grüßt auf Deutsch, Alfons kommt aus Österreich. Uns als Deutsche erkennend, erfahren wir von abenteuerlichen Pilgertouren, die er seit seinem ersten total verregnetem Weg nach Santiago de Compostela in immer neuen Varianten hinter sich bringt, in diesem Jahr streckenweise mit dem Schiff auf dem Rhein. Sein rotädriges Gesicht verrät reichen Alkoholgenuss. Und so ist es auch: Das Frühstück beginnt er, wie er ungefragt preisgibt, mit einer Flasche Osborne Whisky. Aber er ist galant. Ohne viele Worte trägt er meinen Rucksack durch einen Sumpf, während ich mich wackelig am Zaun entlang hangele. Der heutige Morgen ist erholsam, ein Tag zum Genießen. Ich füttere ein übermütig neben uns springendes junges Pferd mit Büscheln von Kerbel, Farn lehnt es wählerisch prustend ab. Wir erleben eine paradiesische Natur, eine Blumenpracht aus Enzian, Arnika, Rittersporn, blühendem Klee und machen oft Rast, um all die Schönheit in uns aufzunehmen.

Jens' Naturkenntnisse bewundere ich. Von fast jeder Pflanze, jedem Baum und Strauch weiß er den Namen und etwas zu berichten, auch in Südfrankreich. Zu Hause foppe ich ihn manchmal mit seinen Naturbüchern „Was blüht denn da?" oder „Was fliegt denn da?" oder „Was kriecht denn da?" Aber ich profitiere oft davon. Dabei bin ich auch nicht unerfahren in der Pflanzenwelt. In der neunten Klasse mussten wir in Biologie ein Herbarium anlegen und für eine gute Zensur mindestens 150 verschiedene Pflanzen pflücken, pressen, trocknen und sammeln. Deren Namen in Deutsch und Latein kannte ich alle. Naturschützer würden heute aufjaulen, denn bestimmt waren geschützte Gewächse darunter. Unsere Biologielehrerin hatte ihre Ambitionen und Unterrichtsmethoden noch aus der Nazizeit mitgebracht, als im Krieg Schulkinder auf Wiesen, in Wald und Feld doppelzentnerweise Heilpflanzen für die Frontsoldaten und die Bevölkerung sammeln mussten. Als kritische Schülerin stand ich dem skeptisch gegenüber, widersetzte mich aber nicht. Es war eben naturnaher Unterricht, vieles ist mir im Gedächtnis geblieben. Was Mariechen nicht lernt, lernt Marie nimmermehr. Jens und ich empfinden voller Freude, wie die filigranen, zart- oder kräftigfarbenen Blumen unsere Wege schmücken und ohne jegliches menschliche Zutun Geschenke Gottes an uns Menschen sind. Wer hätte das schöner sagen können als Paul Gerhardt mit seinem Lied „Geh aus mein Herz und suche Freud in dieser lieben Sommerzeit an deines Gottes Gaben".

### *Jens*

Stiere bewegen sich als Kraftpakete Gras rupfend durch die Herden, Kälber hängen an den Eutern ihrer Mütter. Auch Kühe tragen mit gesenkten Hörnern Rangkämpfe untereinander aus. Wenn ich mit tiefer Stimme ihren Ruf imitiere, antworten Stiere duellierfreudig mit Gebrüll. Stürme und lange Schneewinter haben Bäume niedergestreckt und die Hoch-

*Rinder haben „Vorfahrt“ und schaukeln gemütlich zur Weide.*

ebene zu einer morschen Holzlandschaft zerzaust. Immer wieder kreuzen Bächlein den sumpfigen Weg. Vier gestählte Radler brausen auf Mountainbikes heran, springen ab, überwinden geschickt die Hindernisse, und wie der Wind stiebt die Meute ins Tal.

### Anke

Noch nie habe ich so große Viehherden gesehen wie im Aubrac. Ähnlich erlebte es der Filmemacher Werner Herzog mit – tatsächlich – Mäusen. Er beobachtete im Herbst 1974 unvorstellbar viele Mäuse auf seiner Wanderung von München nach Paris. „Wir haben alle keine Ahnung mehr, wie viele Mäuse es auf der Welt gibt. Nur wer geht, sieht sie“, bemerkte er. Stimmt, nur wer geht, kann die Natur in ihrer Vielfalt genau aufnehmen. Aber diese vielen Kühe hier sind nicht das vitale Ergebnis der Natur, sondern das der Fleischindustrie mit Massentierzucht. Doch es gibt auch menschliche Bezüge. Die Stiere, stampfende Fleischbrocken, erinnern an hormongedopte Bodybuilder. Dagegen könnten die Kühe mit ihren wie kajalgeschminkten Augen und aufreizendem Wimpernschlag in den Modezeitschriften „Vogue" oder „Elle" posieren. Ein Kälbchen ist ausgebrochen, kommt uns jämmerlich brüllend auf dem engen Weg entgegen, will wieder zur Herde, findet kein Schlupfloch zurück. Wie in dem Lied „Hänschen klein, ging allein ...", hat es sich viel zugetraut. Auf der anderen Seite des Zaunes brüllt die Mutterkuh ebenso kläglich nach ihrem verlorenen Kind.

### *Jens*

Unser Ziel ist heute der Gîte „Les Gentianes" kurz vor dem Weiler Finieyrols, ein einsam liegendes Gehöft. Madame Corriger lässt uns ein. Am Abend versammelt sich an ihrer langen Tafel eine international gemischte Wanderer- und Pilgerschar. Wie eine Feldherrin mustert Madame ihre Gäste, bevor sie dem Personal das Zeichen zum Auftragen gibt. Nach einer Pastete mit Salat und Tomaten kosten wir heute als Hauptgang eine Spezialität aus der Auvergne, die Truffade, mit kräftigem Käse verbundene gebratene Kartoffeln, dazu Pilze und zartes Rindfleisch vom Hof. Nach dem Hauptgang erhält Madame Szenenapplaus, den sie selbstbewusst entgegen nimmt mit den Worten: „Wartet das Ende ab". Es folgt als Dessert Himbeertorte, der übliche Käse bleibt aus – er war schon in den Kartoffeln drin. Einige Franzosen stimmen als Dankeslied *„La chasse aux papillons"* (Schmetterlingsjagd) von Georges Brassens an und dann *„Les copains d'abord"* (Die Kumpel zuerst). Nicht die Pilger, sondern die Chansonniers beherrschen die Szene.

Denis, geboren und aufgewachsen in Hildesheim, jetzt Weinhändler in Dresden, versteht sich als Pilger. Der Dreißigjährige ordert containerweise Wein aus aller Welt nach Dresden, dort wird er in Flaschen abgefüllt und weiterverkauft. Von seinen beruflichen Weltreisen ruht sich Denis nun auf dem Jakobsweg aus, am liebsten allein. Gern geht er – evangelisch – in Kirchen. Saint-Alban-sur-Limagnole besichtigte er an einem Sonntagnachmittag in Badelatschen und langer heller Hose und wurde zu seinem Erstaunen von den Einheimischen überaus freundlich gegrüßt. Bis er dahinter kam, dass sie ihn für einen Patienten der Psychiatrie hielten – „ein positives Erlebnis", schmunzelt er. Auch von Régine weiß er zu berichten, wie viele Pilger. Es gibt eine mündliche Pilgerpost mit Highlights und Warnungen. Régine polarisiert: Die einen winken ab, für andere ist ihre Bar der ultimative Kick. Auch Denis kehrte mittags bei ihr ein, trank aber keinen Wein, sondern zwei Kantherbräu gegen den Durst – auch ein Weinhändler hat mal Urlaub vom Wein.

### *Anke*

Der Tag geht gut zu Ende. Wir landen auf dem gepflegten Bauernhof von Madame Marilyn Corriger im Gîte d'étape „Les Gentianes". Monsieur Joseph Corriger ist der reichste Bauer im Dorf Finieyrols, riesige Viehställe verraten, womit er seinen Wohlstand verdient. Viehlaster nach Viehlaster rollen vom Hof, um seine Tiere zum Schlachthof zu bringen. Wir bekommen ein Zimmer für uns, können uns zwei Duschen und drei WC mit sieben anderen gut teilen. Beim täglichen Wäschewaschen kommentiert die stabile Dominique aus Québec in Po-kurzen Shorts kichernd die Handwäscherei ihres langsamen Freundes. Zum Abendessen sitzen 23 Menschen aus vielen Nationen um eine langgestreckte Tafel: Außer Franzosen und ein paar Deutschen kommen sie aus Finnland, Norwegen, Holland, der Schweiz,

Österreich und Irland, Italien, Kanada und USA; aus Osteuropa ist nie jemand dabei.

Madame Marilyn steht rundum zufrieden mit der Kittelschürze in der offenen Tür, reibt sich den Bauch, als sie sieht, wie gut es allen schmeckt: Brot, Wein, Kalbfleisch, dampfendvolle Schüsseln mit Aligot. Nachdem ich den ganzen Tag meine Freude an den weidenden Kälbchen hatte, mag ich heute kein Fleisch. Drei stämmige Wanderer rechts von uns angeln sich als erste die Schüsseln, langen tüchtig zu und erläutern uns die Rezepte. Der Aligot muss beim Rühren mit dem Kochlöffel hoch aus dem Topf gezogen werden. Marcel hebt laut scherzend den Arm anderthalb Meter hoch: höher als Nicolas Sarkozy, ihr kleinwüchsiger neuer Staatspräsident, der kleine Nick. Der ganze Tisch lacht. Unsere Nachbarn verabreden sich jedes Jahr zu einer Wanderung, diesmal um den Aubrac. In Frankreich begegnen uns auffallend viele Männerfreundschaften auf dem Weg. Dominique berichtet krachend vor Lachen über ihren Aufenthalt bei Régine, die hier vielen bekannt ist. Warum sie auch der frühe Tod von Régines Nachbarn Patrick erheitert, bleibt ihr Geheimnis.

Links von mir sitzt ein anfangs schüchterner junger Journalist, Theaterkritiker beim chicen Frauenmagazin „Elle". Yves behauptet, „Elle" sei feministisch, darüber diskutiere ich zu gern. In erster Linie bietet das Magazin doch superreichen Frauen mit viel Zeit teuerste Luxusartikel und keine feministischen Überzeugungsargumente. Ich erzähle von meinen frauenbiografischen Arbeiten, in denen ganz andere Welten aufscheinen. Nächste Woche will Yves nach Berlin fliegen, um über die umstrittene Aufführung des „Sommernachtstraums" zu schreiben, die in der berühmten Schaubühne „frei nach Shakespeare" gezeigt wird. Regie und Choreographie: Thomas Ostermeier, dessen Name sich bis Paris herumgesprochen hat. In der deutschen Ausgabe von „Elle" suche ich später die Kritik vergeblich. Gegenüber berichtet der Entwicklungshelfer Maurice über seine Hilfsaktionen in Afrika und Asien und beäugt misstrauisch Jens'

Notizen. Wozu das? Ein Spitzel am Tisch? Jens schreibt Tagebuch, das beruhigt ihn.

Es wird spät, mit dem vollen Bauch wird noch der Abendgang gemacht. Wir stoßen auf unheilvolle historische Spuren, die nach Deutschland führen, in die NS-Zeit. Gegenüber der Farm am Ortseingang von Finieyrols steht der Gedenkstein für einen Mann aus dem Dorf, der von der deutschen Besatzung 1943 verschleppt wurde. Die Inschrift erinnert an Louis Dalle, er ist auf dem Stein abgebildet. Sein Geburtshaus aus Granit und Lava, in dem er am 24. April 1922 als 13. von 15 Kindern eines Bauern geboren wurde, liegt direkt neben dem Pilgerweg in der Ortsmitte.

### *Jens*

Wegen der knappen Angaben über das Leben von Louis Dalle wollen wir zu Hause seinem Schicksal nachspüren, denn die Begegnung mit ihm bewegt uns. Aus der Gedenkstätte Langenstein-Zwieberge bei Halberstadt erfahren wir, dass Louis Dalle seinen Mithäftlingen unter den grausamen Bedingungen des NS-Terrors eine starke Stütze gewesen ist – ein Wunder, dass er selbst überlebte. Auch sein weiterer Lebensweg zeugt von der beeindruckenden geistlichen und physischen Kraft dieses Mannes.

### *Anke*

Der junge „Louisou" bewachte in der Gegend, die wir durchpilgern, als Hütejunge Ziegen und Schafe. Dann trat er ins Seminar des Herz-Jesu- und Mariaordens ein, um Priester zu werden. Als die kollaborierende Vichy-Regierung von Marschall Philippe Pétain im Frühjahr 1943 in Abstimmung mit der deutschen Besatzungsmacht das Zwangsarbeitergesetz *„Service du Travail Obligatoire"* (STO) für die Männer der Jahrgänge 1921/22 erlässt, folgt auch Dalle wie rund 80 000 junge Franzosen dem Befehl zur Deportation nach Deutschland – insgesamt sind es rund 700 000. Im August 1943 kommt Dalle nach Düsseldorf, um dort unter deutscher Aufsicht französische Zwangsarbeiter seelsorgerlich und sozial zu „betreuen".

Geleitet von den offensiven Impulsen der Katholischen Aktion und der NS-kritischen päpstlichen Enzyklika „Mit brennender Sorge", nutzt Louis Dalle seine Funktion zu missionarischen Aktivitäten. Im Februar 1944 trifft er auf militante christliche Landsleute und wird Mitglied des Netzes einer „christlichen Aktion", die bald den Argwohn der Gestapo weckt. Dalle wird denunziert, am 17. September 1944 mit der Häftlingsnummer 93 181 ins Konzentrationslager Sachsenhausen bei Berlin verschleppt, einen Monat später nach Langenstein-Zwieberge, einem Außenlager des Konzentrationslagers Buchenwald. Die Häftlinge im Alter von 13 bis 70 Jahren müssen unter brutalen Bedingungen in der Rüstungsindustrie schwerste Arbeit leisten, vor allem für die Junkerswerke, dazu für Unterkünfte der SS-Wachmannschaften. Um die Produktion untertage zu verlagern, müssen die Zwangsarbeiter ein 13 Kilometer langes Stollensystem in die nahe gelegenen Thekenberge treiben. Die Todesrate unter den 7 200 Geschundenen mit 38 Nationalitäten aus 23 Ländern beträgt fast 75 Prozent. Massengräber in der Umgebung und in der benachbarten Stadt Quedlinburg zeugen von diesem mörderischen Terror.

Der Häftling Roger Leroyer beschreibt nach der Befreiung die Qualen der Gefangenen in seinem Buch „Clamavi ad te" (sinngemäß: „Ich habe zu Dir, Gott, geschrien"): „Louis Dalle, schon damals warst du unter ihnen, warst Mittelpunkt eines Kreises." Weiter heißt es: „Nur eine Handvoll noch hält sich aufrecht, unter ihnen Louis Dalle, der nicht aufhört zu geben. Das Brot des Lebens." Auch angesichts von Foltern und Morden gibt Dalle seinen Glauben nicht auf.

*„Mein Gott, Louis! ... die Strafen ... und du sagst mir: ‚Sie können nicht mehr anders, es sind nicht mehr sie selbst, die es tun, ihr habt nicht das Recht, sie zu verurteilen.' Deine Güte will alles verstehen, und du leidest vor allem darunter, selbst nicht genug zu haben, um all diese Stücke des Lebens zu ersetzen, die die Wölfe stehlen ... und du betest für die Wölfe."*

Selbst abgemagert bis zum Skelett, sorgt Dalle auch leiblich für seine Schicksalsgenossen: „... wir glauben nur noch an dich, weil du es bist, der uns die Konservendose bringt, heiß vom Absud aus Baumrinde, den du in deiner Baracke zubereitest, für uns, deine Brüder." (Leroyer) Die SS treibt Anfang April 1945 3 000 Gefangene auf einen 320 Kilometer langen Evakuierungs-Todesmarsch in alle Richtungen. Unter ihnen ist der Publizist Arno Lustiger (*1924), der im Februar 1945 in dieses Lager überstellt wurde. Er berichtet: „Das KZ Langenstein bei Halberstadt war die absolute Hölle. ... Die Lebenserwartung betrug vier bis sechs Wochen. Die SS nannte das ‚Verschrottung durch Arbeit'." Louis Dalle gehört am 11. April 1945 bei der Befreiung durch amerikanische Truppen zu den wenigen Überlebenden der im Lager verbliebenen Kranken. Sein Weg führt ihn als Priester aus Frankreich hinaus nach Südamerika.

### *Jens*

Nach seiner Befreiung wird Louis Dalle 1946 in Frankreich zum Priester geweiht, reist 1947 als Missionar nach Peru und wird später Bischof von Ayaviri, auf etwa 4 000 Metern Höhe die höchst gelegene Diözese der Welt. Ihn leitet das Bekenntnis: „Ich habe zuviel gelitten, als dass ich ertragen könnte, andere leiden zu lassen." So wird er „Indio mit den Indios", wie es auf dem Gedenkstein heißt.

Als Priester und seit 1977 als Bischof von Ayaviri setzt Dalle sich für die Indios ein, die in großer Armut leben und von Militärs und Grundbesitzern unterdrückt werden. Zusammen mit anderen Bischöfen der Südanden entwirft er eine Theologie der Befreiung und des Kampfes gegen die Not und gerät deswegen in Konflikt mit konservativ-reaktionären peruanischen Bischöfen und auch mit dem Vatikan. Unter dem Vorwurf, Dalle vertrete marxistisches Gedankengut, versagt der Erzbischof von Cuzco, Alcides Mendoza Castro, dem von Dalle gegründeten Instituto Pastoral de los Andes (IPA) seine Unterstützung. Mendoza, der als Militärpfarrer den peruanischen Generälen und dem autoritären Opus Dei nahe steht, bekämpft als Gegner der Befreiungstheologie auch das Erbe von Dalle. Am 9. Mai 1982 kommt Louis Dalle bei einem Busunfall ums Leben.

Nicht nur in katholischen Kreisen Frankreichs, sondern auch bei französischen Protestanten genießt Louis Dalle den Ruf eines nicht heilig gesprochenen Heiligen. Mithäftling Gilbert aus der Vendée verdankt Dalle sein Überleben, wie er bezeugt. Und der französische Protestant Patrick Cabanel schreibt: „Ich träume davon, ich als Hugenotte, dass es einen Heiligen Louis Dalle gäbe, der ein bisschen auch mein Heiliger wäre!" Für mich, lutherischer Protestant aus Hannover und Skeptiker des Heiligenwesens, gehört Louis Dalle zu den eindrucksvollsten Begegnungen auf dem Jakobsweg. Für Henker und Folterer zu beten, für mich schwer nachvollziehbar, offenbart die Kraft des Heiligen Geistes und des lebendigen Christus.

Die Konfrontation mit NS-Spuren an einem Ort, an dem ich nicht damit gerechnet habe, lässt mich an meine wissenschaftliche Arbeit über den „Kirchenkampf" denken, die ich daheim halbfertig zurückgelassen habe. Früher sagte ich „die" Kirche, heute sage ich „meine" Kirche hat im Kirchenkampf oft mehr mit sich selbst gekämpft als mit dem NS-Regime. Früher ging es mir darum, mit der Elterngeneration wegen deren Verwicklung in die NS-Verbrechen abzurechnen. Meine Rächerpose ist inzwischen dem Bedürfnis gewichen, über das aufzuklären, was geschehen ist und den Anteil der Kirche und ihrer führenden Persönlichkeiten zu benennen. Die Kirche ist nach einer langen apologetischen Leugnungsphase selbst auf Aufklärungskurs, ein Mosaikwerk, das noch Lücken aufweist. Zuhause wartet wichtige Arbeit auf mich. Die NS-Thematik verbindet mich mit meiner kompetenten „Kollegin" Anke.

### *Anke*

In den nächsten Tagen überlege ich, wer im kargen Bergland des Aubrac in dieser bemerkenswerten Form des Dorfbewohners Louis Dalle gedenkt. Die Résistance, die mit Nachdruck auf ihren politischen Widerstand gegen die Deutschen verweist? Die Mithäftlinge, die sich der Dokumentation des Konzentrationslagers verpflichtet haben und sich noch regelmäßig treffen? Die katholische Kirche, die einen ihrer für die Unterdrückten wirkenden Bischöfe ehrt? Ist es die Dorfgemeinschaft selbst, die mit Stolz auf einen der ihren zurückblickt? Oder wird Louis Dalle deswegen hier geehrt, weil er berühmt wurde? Mir fällt kaum ein Dorf in Deutschland ein, das sich seiner kommunistischen, sozialdemokratischen oder jüdischen Mitbewohner, die Opfer des NS-Terrors wurden, in derartiger Weise erinnert. Wieviel Zeit verstrich bei uns bis zur Erforschung der NS-Zeit, bis zur Vermittlung in Schulen und Universitäten, bis zu Gedenkstätten. Wie groß war der Widerstand gegen Holocaust-Mahnmale und ist es manchenorts immer noch.

Im Dorf wechseln wir über die Familie Dalle ein paar Worte mit Gérard, dessen Vater Louis Dalle kannte. Dann erzählt er uns betrübt, der reiche „Gentianes"-Bauer grüße ihn nicht mehr, seitdem der sein Geld durch Massentierzucht anhäufe, obwohl sie doch zusammen zur Schule gegangen seien. Gérard bedankt sich bei uns, dass wenigstens wir mit ihm reden. Unter schattigen Bäumen finden Pilger einhundert Meter weiter einen idealen Rastplatz mit Tisch und Bänken aus Granit und frischem Quellwasser. Am WC hängt ein Schild mit dem Namen des Stifters:

„Dem Landrat dieses Kreises ist dieser Ort zu verdanken." So eng liegen Amüsantes und Nachdenkliches beieinander.

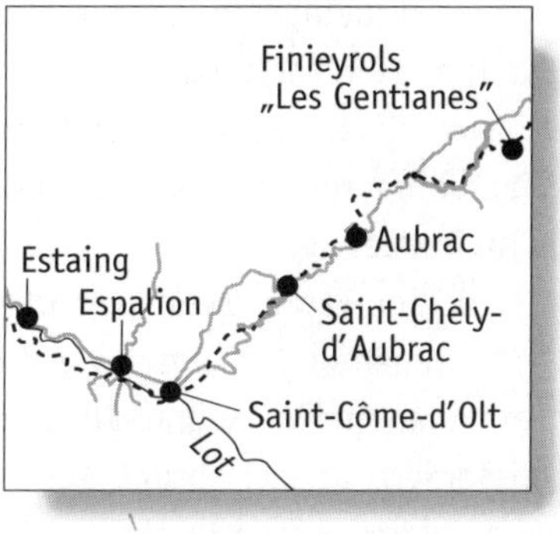


## *Dienstag, 19. Juni*

### *Jens*

Die Fahrt von Finieyrols nach Estaing wirkt auf mich wie ein Schock. Der Fahrer von Factage legt auf engen Straßen und Serpentinen ein halsbrecherisches Tempo vor – ich fühle mich wie in einer Achterbahn. Die pilgerische Ruhe ist mit einem Schlag weg, gestresst klammere ich mich am Haltegriff fest. Der Fahrer hat sein Pensum zu schaffen. Er lädt Gepäck ein und ab, Fahrgäste steigen aus und zu. Als ich merke, dass die gerade hinter uns liegende Kurve noch immer nicht die letzte meines Lebens war, gewöhne ich mich an die Fahrweise und erfreue mich an der zerklüfteten Gebirgslandschaft. In Espalion stoßen wir auf den Fluss Lot. An dessen anderem Ufer wurde die Église de Perse im 11. Jahrhundert genau an der Stelle erbaut, wo der Missionar Hilarian im Jahre 730 von den Sarazenen enthauptet worden war. Schade, dass uns die Zeit fehlt, diese alte Kirche anzusehen.

### *Anke*

Bevor die VW-Busfahrt beginnt, gehen wir für ein paar Einkäufe in das zwei Kilometer entfernte Nachbardorf Malbouzon. In der romanischen Dorfkirche fällt die große elektrische Bahnhofsuhr direkt neben dem schmucklosen Altarkreuz auf. Sollen die Gläubigen unmissverständlich auf den Ablauf ihrer Lebensuhr hingewiesen werden, auf ihre gestundete Zeit auf Erden? Am Fußboden stapeln sich Langspielplatten mit klassischer Musik: Ist hier Flohmarkt oder ist das Gotteshaus auch Konzertsaal? Mozart, Prager Symphonie; Beethoven, die Pastorale; Vivaldi, Vier Jahreszeiten – konservierte Vergänglichkeit unter fortschreitender Zeit.

Factage-Fahrer Léon jagt über die Hügel, nimmt die Hände vom Steuerrad, um uns begeistert seine Heimat und die wimpernklimpernden Aubrac-Kühe zu zeigen, redet unaufhörlich, telefoniert, bremst abrupt, schleppt Koffer. Für uns ist es trotzdem anstrengender als für ihn. Wir merken, wie weit unser innerer Rhythmus und unsere Füße uns seit zwei Wochen von solcher Hektik weggetragen haben. Die Eindrücke bei dieser rasanten Fahrt von rund 60 Kilometern sind flüchtig, und ich bedauere, die verlockende Landschaft nicht durch eigene langsame Bewegung erleben zu können. Schwer vorstellbar, dass diese Gegend von Oktober bis Mai unter einer dicken Schnee- und Eisdecke erstarrt, in der jetzt alle Blumen Frankreichs auf einmal zu prangen scheinen. Alain, der Fahrer der Wechselschicht, hat neben sich vorn im Kindersitz seine kleine Tochter Loine, versorgt sie liebevoll, redet viel mit ihr, *très jolie*. Obwohl die Vereinbarkeit von Beruf und Familie in Frankreich besser geregelt ist als bei uns, behütet er häufig seine Tochter. Alains Frau Margot muss arbeiten wie er, da ist die Kleine bei ihm in guten Händen und lernt (Arbeits-) Welt und Menschen kennen. Sie schläft bald ein. Alain fährt trotz des Babysittings oder wohl gerade deswegen vorsichtiger als sein wilder Kollege, wir bleiben entspannt.

### *Jens*

Bei Madame Lison in Estaing finden wir ein gutes Zimmer. Die tüchtige Geschäftsfrau spricht gut über Valéry Giscard d' Estaing, einen der Mitarchitekten der Einigung Europas. Giscards finster wirkende, in sich verschachtelte Burg beherrscht heute nur noch optisch den verträumten Ort am Lot, den eine gotische Brücke überquert. Mit dem Nachlassen der Massenwallfahrten auf dem Jakobsweg, für den Estaing einst eine wichtige Rolle spielte, hat der Marktflecken mit seinen eintausend Einwohnern stark an Bedeutung verloren. Giscard, so höre ich, mischt sich mit seinen 81 Jahren noch gern unters Volk und lädt die Bevölkerung regelmäßig zur Besichtigung der Burg ein.

### Anke

Estaing weckt bei uns Erinnerungen an die Geschichte der europäischen Einigung, die wir miterlebt haben. Daran war der französische Staatspräsident Valéry Giscard d'Estaing (1974 bis 1981) maßgeblich beteiligt. Die Burg seiner Vorfahren stülpt sich grau und unförmig über das Städtchen, das wegen durchrasenden Autoverkehrs wenig beschaulich anmutet. Dampframmen treiben Stahlwände in den Lot, es lärmt und staubt und ist heiß wie im Treibhaus. In den abschüssigen holprigen Straßen finden wir viele geschichtsträchtige Bauten, aber – Dienstag Ruhetag – für einen Milchkaffee nur ein laut beschalltes verqualmtes Bistro.

Unsere Wirtin Myriam Lison ist aushäusig, zäh über das Touristenbüro suchend finden wir sie. Der geschäftstüchtigen jungen Frau gehören ein Souvenirgeschäft und ein Blumenladen; ihr Wohnhaus vermietet sie vom Keller bis zum Dachboden an Pilger und Wanderer. Gemächlich rund erscheint sie endlich mit zwei Kindern auf dem Arm und zeigt uns über lichtlose Stufen unsere verwinkelte Unterkunft unterm Dach. Mit einem zweiten Paar teilen wir uns die Einbautoilette auf der Treppe und die Kellerdusche. Während Jens Entdeckungsgänge macht, erhole ich mich von dieser ermüdenden Ankunft in einem Spätnachmittagsschlaf.

Die wuchtige Burg wird als Dauerbaustelle durch Unesco-Gelder finanziert, eines Tages soll hier eine europäische Jugendbegegnungsstätte einladen. Gegen Eintrittsgeld dürfen Touristen auf die Burgterrasse. Der zum Stammsitz der Familie d'Estaing gehörenden Kirche gewinne ich nichts ab, sie strahlt mit ihrem kitschigbunten Glasfenster ebenfalls Protzigkeit aus. Man muss wohl katholisch sein, um sich durch die hier aufbewahrte Reliquie des Stadtheiligen Saint-Fleure im Glauben angesprochen zu fühlen.

***Jens***

Eigentlicher Anlaufpunkt für Pilger ist außer der Kirche aus dem 15. Jahrhundert die Pilgerherberge Hospitalité Saint-Jacques hinter dem Rathaus in der Rue du Collège. Gäste können in Schlafsälen mit Doppelstockbetten übernachten und werden zu Andachten in die Kapelle eingeladen. Gegründet wurde die Hospitalité 1992 von dem Arzt Léonard, dessen Frau Elisabeth schwer erkrankte, bei Ärzten keine Hilfe fand, in eine Kirche ging und durch Gebete genas. Mit Unterstützung des Bischofs von Rodez, Bellino Ghirard, versammelte das Ehepaar um sich die Laien-Kommunität Saint-Jacques, die es Pilgern freistellt, wieviel sie für Kost und Logis zahlen. Die festen Gebetszeiten in der Herberge sind die Laudes um 7$^{15}$ Uhr, das Mittagsgebet um 14 Uhr und die Komplet um 21$^{30}$ Uhr.

Wir gehen in die Komplet. In der Kapelle brennen Kerzen vor dem kleinen Altar. In der hufeisenförmigen Stuhlreihe haben sich Léonard und Elisabeth, von Beruf Musiktherapeutin, diagonal positioniert. Beide tragen mit ihren Stimmen den gregorianischen Gesang, unsicher fällt die Gästeschar mit ein. Den Schluss der Andacht bildet ein Salve Maria. Jemand stellt vor das geöffnete Sakramentshäuschen ein Teelicht. Einige gehen, andere – wie ich – verharren. Zusammen zu schweigen ist für mich Kommunikation. Uns verbindet die Hoffnung zu

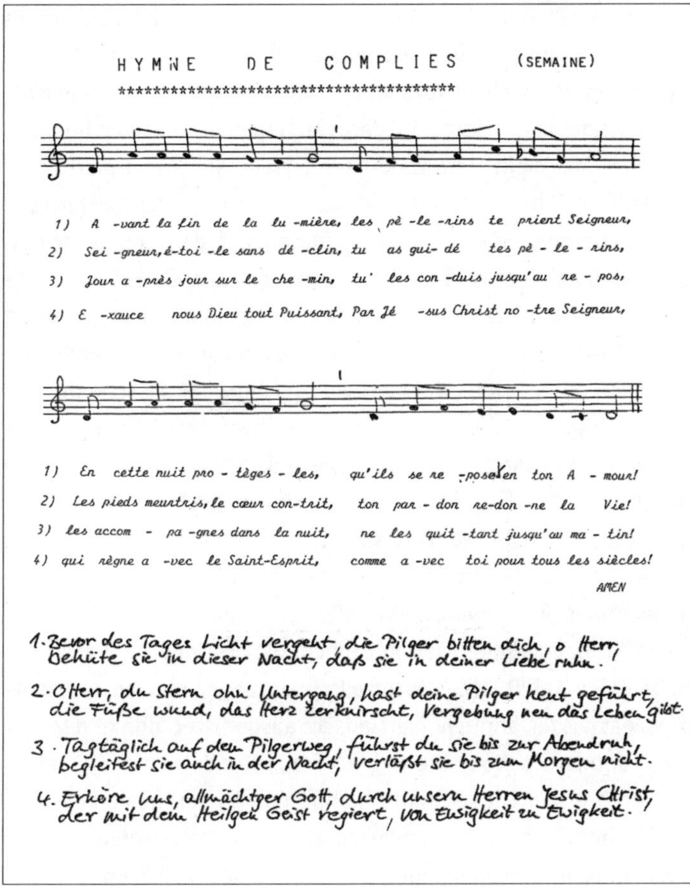


*Pilgerlied der Kommunität Saint-Jacques in Estaing*

Gott, den einzigen festen Bezugspunkt unserer Existenz. Gemeinsam hofft sich's besser.

## *Anke*

In der Abendandacht treffen wir die Rosenkranzknüpferin Hélène, barfüßig und in Shorts; sie freut sich, als sie uns sieht. Inbrünstig verneigt sie sich bei jedem Salve Maria bis zur Erde.

Zur Unterstützung des Wechselgesangs werden Liedertexte in Deutsch, Englisch, Spanisch ausgeteilt; die deutsche Übersetzung in altertümlichem Vokabular: lahme Glieder, gebrochener Mut, „zerknirscht mein Herz". In den vergangenen zwei Wochen war manches Mal mein Herz zerknirscht, jedenfalls wenn man unter „zerknirscht" bedrückt versteht statt reumütig oder bußfertig.

Die fromme Hélène raucht draußen auf den Treppenstufen eine Abendzigarette. Bei ihr sitzen Rosi aus Baden und ihre Freundin Viola, auch der junge Dauerqualmer aus unserem Bistro. Rosi und der Raucher waren uns zuvor beim Abendessen im Freien aufgefallen. Während wir uns mit einer Flasche des nur hier angebauten guten Estaing-Weins „begnügen", trinken Rosi und ihr „Monsieur Gauloise" am Nebentisch mehrere Krüge davon leer. Sie quasselt und wirkt aufdringlich laut. Wir hoffen, dass sie uns nicht als Deutsche anspricht und in ihr Gelärme einbezieht. Eine halbe Stunde später versenkt sie sich still in ihr andächtiges Abendgebet. Das alles passt beim Pilgern zusammen. Wir beenden den Tag mit einem Glas Estaing im Bistro. Am Nebentisch tafelt eine Motorradpilgergruppe, die ich nachmittags easy-rider-ähnlich martialisch ausgerüstet durch den Ort habe donnern sehen. Die wilden Frauen und Männer genießen ihr Essen – und trinken null Alkohol, nur Wasser, bemerkenswerte Disziplin. Über uns schwirren Hunderte Mauersegler (*martinets*) unterm aufkommenden Sternenhimmel. Es ist ein schöner Tagesabschluss.

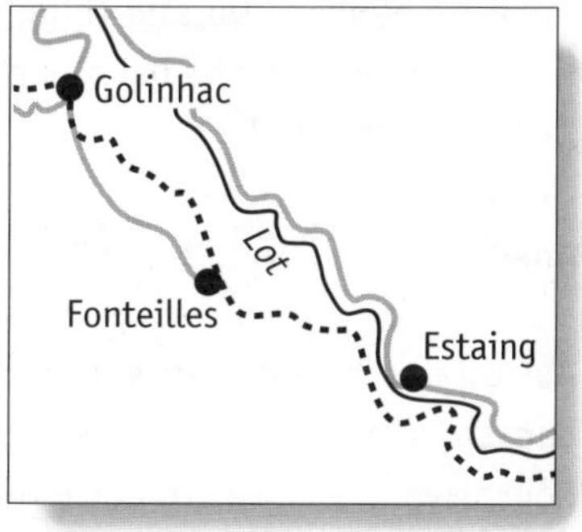


## *Mittwoch, 20. Juni*

### *Jens*

Morgens beim Abschied von Madame Lison erfahren wir, dass ihr kleiner Sohn auf den hebräischen Vornamen Etan („stark") getauft wurde. In der Stadt schüttelt man den Kopf über diesen Namen; niemand kann damit etwas anfangen. Madame Lison aber steht zu ihrer und ihres Mannes Entscheidung: Der Name Etan komme immerhin acht Mal im Alten Testament vor, einer der Sänger und Zimbelspieler am Hofe des Königs David heiße Etan.

Wir überqueren den Lot auf der gotischen Brücke. In der Mitte wacht die Skulptur von François d'Estaing, einst Bischof von Rodez, ein Vorfahre Valéry Giscards. Mit Giscard, so fliegt es mir tagträumerisch durch den Kopf, hätte ich mich gern zum Rotwein getroffen, hätte mit ihm die Weltlage besprochen und die französischen Präsidenten nach ihm – natürlich diskret. Zu spät. Der Fluss begleitet uns eine Weile, bis er zu einem See gestaut wird von der Electricité de France. Angler werfen ihre Ruten aus in der tiefen Schlucht, immer gewärtig, dass der Lot plötzlich anschwellen kann und mitreißt, was eben noch in Sicherheit war. Esskastanienbäume breiten ihre Kronen über uns aus, viele Arten Orchideen blühen am Wegesrand, die Wegwarte gibt ihr helles Blau hinzu. Unser Ziel ist der Weiler Fonteilles. Hitze drückt uns, die Rucksäcke fühlen sich schwerer an als sonst, wir müssen immer wieder bergab und bergauf steigen, um schließlich bei 620 Meter

Höhe zu bleiben. Durstig füllen wir unsere Flaschen an einer frischen Quelle nach. Dabei sind wir von Estaing erst sieben Kilometer entfernt.

### *Anke*

Aus Estaing heraus führt eine weite Asphaltschleife in die Berge, danach geht es auf Schotter in ein wildes Waldgelände mit geheimnisvollem Gewirr von urzeitlich wirkenden Wurzelgeflechten. Dann ist es wieder soweit: ein steiler, glitschiger, enger Klettersteig. Links unten der Abgrund, rechts glatte hohe Bergwand, kein Halt. Nur auf die Schritte achten, nicht links, nicht rechts, nicht nach oben gucken, ein paar Lianen baumeln vor der Nase, Atem anhalten, das Geröll kullert, für den Wanderstock ist kein Platz. Jens will mir auf halber Höhe den Rucksack abnehmen. Oder mit mir wieder nach unten gehen. Nicht auch das noch. Keine Bewegung, die mich aus dem wackeligen Gleichgewicht bringen könnte. Schwindlig komme ich oben an, setze mich derangiert an den Wegesrand. Warum bin ich wieder so zerknirscht? Ich hab's geschafft, was nicht zu schaffen schien. „... denn er wird meinen Fuß aus dem Netze ziehen" heißt es doch im Psalm 25,15. Ich bin eben Flachländerin. Wie ich es liebe, durch unsere ebene norddeutsche Landschaft zu radeln, selbst mit Gegenwind. Mir fällt ein, was in Afrika ein Schwarzer einmal zum „Weltensammler" Ilja Trojanow bemerkte: Er wundere sich über die Europäer, die erst die steilen Berge mit Mühe hochkletterten und dann unter Schwierigkeiten wieder hinunterstiegen; sie könnten doch gleich unten bleiben. Ich möchte ihm Recht geben.

Nach dieser Anstrengung verpilgern wir uns eine kurze Strecke. Wie ein guter Geist kommt uns schnaufend „Tranquilla" entgegen und weist uns atemlos auf unseren Irrtum hin. Sie hat keine Zeit, mit festem Blick und einer zweiten Pilgerin im Schlepptau peilt sie den nächsten Steilhang an.

*Mittelalterliche Brücke in Estaing*

## *Jens*

Vor seinem Gîte sitzt an einem großen Tisch Jean-Claude Violac und sortiert Pfifferlinge, die er heute Morgen im Wald eimerweise geerntet hat. Im Herbst will er, wie jedes Jahr, Steinpilze sammeln und verkaufen. Jean-Claude war Zimmermann und betreibt jetzt mit seiner Frau Françoise die Herberge. Das Haus ist aufs Feinste eingerichtet, und wir waschen unsere Wäsche zum ersten Mal in einer Waschmaschine. Stolz zeigt uns der Patron sein Grundstück mit Kinderspielplatz und Campingplatz, auf dem Gäste auch in fest verankerten Campingwagen mit allem Komfort übernachten können. Von einer Terrasse unter zwei Linden und einem Nussbaum schweift unser Blick übers weite Land. Wir sind heute Zimmergäste mit Halbpension und richten uns gemütlich ein.

Françoise, Vorarbeiterin in einer Glühlampenfabrik in Rodez, bereitet das Abendessen, Jean-Claude serviert, und wir genießen zu viert die Herrlichkeit der französischen Provinz. Vorweg zelebrieren wir zu Oliven einen würzigen Enzianlikör als Aperitif. Es folgt eine Suppe, püriert aus Blumenkohl, Lauch, Karotten und Kartoffeln. Beim Schweinebraten mit Steinpilzen „satt" und Rotwein haben wir Teil an Jean-Claudes Pilzernte und der Weinlese in der Region von Bordeaux. Dem grünen Salat mit Roquefort und Ziegenkäse folgt ein Früchtebecher der Saison. Zum Schluss brüht Françoise einen Thé d'Aubrac, auch *„calament"* genannt. Er wird aus den getrockneten Blüten einer Pflanze zubereitet, die einzig in dieser Region vorkommt, und als Digestif oder zur Beruhigung getrunken. Uns schmeckt er.

Jean-Claude erzählt, dass er vor Jahren bei der Arbeit vom Dach stürzte, schwere Knochenbrüche erlitt, vier Monate in Gips bewegungslos im Krankenhaus lag und nach zweieinhalb Jahren berufsunfähig geschrieben wurde. Seitdem freut er sich wieder seines Lebens und genießt es, mit Gästen aus aller Welt zu plaudern. Er macht keine Weltreisen – die Welt kommt zu ihm.

### *Anke*

In der Ansiedlung Fonteilles (620 Meter) werden wir von Jean-Claude Violac willkommen geheißen. Eine sauberes, fast luxuriöses Quartier erwartet uns. Wir sind die einzigen Gäste, denn an diesem nah bei Estaing gelegenen Dorf machen wenige Pilger schon wieder Halt, zum Kummer der Herbergsleute. Jean-Claude erkundigt sich nach all unseren Unterkünften und kommentiert sie mit Spott. Françoise und er bewirten uns mit Köstlichkeiten, dass sich der Tisch biegt. Es ist schwer, dieser üppigen Gastfreundschaft Stop zu sagen. Das Paar „beglückt" uns außerdem mit Fernsehen, nicht wissend, dass wir TV-Mahlzeiten ablehnen.

Das einstündige Interview mit Nicolas Sarkozy, eine „Sarko-Show", läuft in meinem Rücken, ich widme *„Le Kraftmeier"* nur kurze Blicke und genieße das Essen. Wir haben seit fünfzehn Tagen keine Zeitung gelesen, keine Fernsehsendung gesehen und das auch kaum vermisst – für uns sonst das „tägliche Brot". Aber es geht auch mal ohne. Wir fänden in Orten mit Zeitungskiosken ohnedies nichts über Deutschland in den Schlagzeilen. Vor Tagen fragten wir Michel nach dem Verlauf des G8-Gipfels in Heiligendamm. Er zuckte nur mit den Schultern, Frankreich ist sich selbst genug.

Den Abend beschließen wir mit einem Gang durch das stille Dorf. Die bald kalbenden Kühe legen sich schicksalsergeben schwerfällig zur Ruhe. Taghelle Blitze und krachender Donner zerbersten kurz darauf den Nachthimmel und unseren Schlaf. Hoffentlich bewirkt das Getöse nicht eine schreckhafte Geburt der Kälbchen.

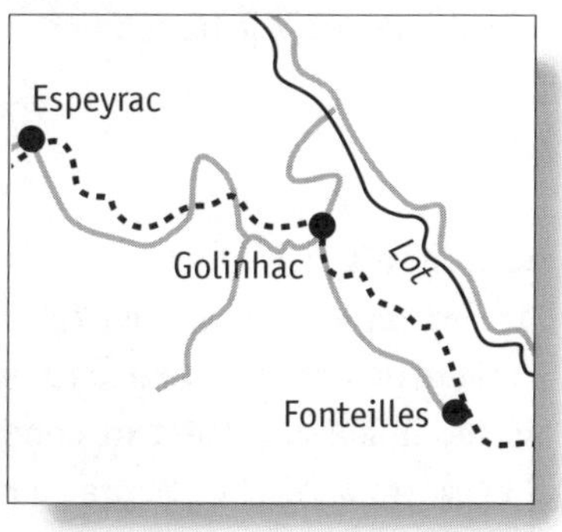


## *Donnerstag, 21. Juni*

### *Anke*

Jean-Claude hat den Frühstückstisch wieder überreichlich mit guten Gaben gedeckt – inklusive Fernsehen. Diesmal zeigt ein Privatsender ein überhöhtes Porträt von Giscard d'Estaing als großen Staatsmann, den weisen alten Herrn, den gütigen Adligen vor und in seiner Burg, die er dem Volk zugänglich macht. Amüsant, wenn man sich gerade gestern dort aufgehalten hat. Herzlicher Abschied von Jean-Claude, er überreicht uns keine kleine Rechnung und ein Päckchen Visitenkarten zum Werben. Aufbruch durch den kühlen schattigen Morgen: ein stiller Waldweg, Vogelgezwitscher, zartgrünes Farngekräusel, lichte Sonnenstreifen durch Bäume und Gezweig tun Augen und Seele wohl. Ein Schäfer führt uns stolz vor, wie sein Hund „Ami" mit leisesten Pfiffen Anweisungen versteht und die Schafherde weitflächig bändigt.

Unser Weg führt rauf und runter, doch wir landen schließlich wieder bei 650 Metern. Ich muss vorsichtig gehen, an meinem Wanderstiefel hat sich die Sohle gelöst. Nochmals Sumpfwiesen oder Stolpersteine würde er nicht überstehen. Mal ist es windstill, mal weht eine steife Brise. Stirnband auf, Stirnband ab, bis ich es verliere, denn ich hatte es nur um den Wanderstock geknotet. Drei muntere Wanderer überholen uns und bemerken, sie fänden uns *„adorable"* (entzückend), schon von weither hätten sie uns beide Hand in Hand gehend gesehen, selten für Pilgernde. Haben sie ein liebes Paar oder ein Liebespaar vor sich vermutet? Wir freuen uns, wir sind uns ja auch gut.

***Jens***

Frisch gestärkt wandern wir am nächsten Morgen nach Golinhac, einem klassischen mittelalterlichen Pilgerort. Die Kirche St. Martin gehörte vom 11. Jahrhundert an als benediktinische Filiale zur Abtei in Conques. Chorgestühl der Mönche, eine vorromanische Mensa mit Reliquienfach, menschliche Säulenskulpturen und skulpturierte Schlusssteine im Chor und in den Seitenschiffen sowie ein alter Taufstein aus rotem Sandstein geben dem Gotteshaus eine Atmosphäre zur inneren Sammlung. Außer Rochus finden wir in einer Nische die zeichnerische Darstellung einer südostasiatischen Madonna mit dem Jesuskind auf dem Arm.

Wir forschen im Dorf nach der Herkunft dieses exotischen Bildes. Ein junger Mann klärt uns auf: Sein Onkel Lucien Galan, geboren in Golinhac, ging als Missionar nach Laos. Er schenkte seiner Heimatgemeinde die Zeichnung, bevor er 1968 – vermutlich im Zusammenhang mit dem Vietnamkrieg – in Laos ums Leben kam. Auf dem Friedhof erinnert eine Tafel an ihn, wir gehen hin. Über Familiengräber aus Marmor, von der Sonne aufgeheizt, huschen Eidechsen. Gauchheil blüht rot zwischen den Gräbern. Auf einer Grabstelle finden wir den Gedenkstein mit einem Foto des Missionars, das ihn mit einem schwarzen Barett zeigt. Die Aufnahme scheint aus der Zeit zu stammen, als Indochina französische Kolonie war. 1975 übernahmen die Kommunisten die Macht in Laos. 1999 erklärte die Regierung die Christen zum „öffentlichen Feind Nr. 1", obgleich sie unter der buddhistischen Mehrheit eine verschwindende Minderheit darstellen. In Laos werden Christen bis heute verfolgt.

***Anke***

In der aus keltischer Zeit stammenden Ansiedlung Golinhac erwarten uns im neu ausgebauten Gasthof „La Bastide d'Olt" ein sauberes Zimmer, ein Salatimbiss, eine patente Wirtin, die hier die gesamte Beherbergung zu managen scheint, auch den Gîte auf dem Campingplatz mit weiträumigen Holzhäusern. Sie lädt uns zur Mittsommernacht zu einem keltischen Tanzfest mit Livemusik ein, lachend auf unsere Wanderstiefel zeigend. Der Nachmittagsspaziergang durch den Ort beschert uns eine reiche Ernte an köstlich-süßen Himbeeren, die am Wegesrand schwer von den Sträuchern hängen und niemandem zu gehören scheinen. Vom höchsten Punkt des Ortes bietet sich ein atemberaubender Blick übers weite Bergland. Die Vögel singen, ein Specht lacht, die Turmuhr schlägt fünf. Die Zeit steht still. Auf dem Friedhof teilen sich unsere Ansichten: Ich glaube die Missionarsgeschichte nicht; eher war Lucien Galan Soldat in Indochina, während der französischen Kolonialherrschaft vielleicht Militärgeistlicher.

Es wird fröhlich abends. Mittelalterlich-folkloristisch gekleidete Musikanten mit Querflöte, Fidel und Maultrommel spielen auf, eine rotlockige Vorsängerin mit glockenklarer Stimme trällert keltische Volksweisen; ein Büfett mit regionalen Spezialitäten steht bereit. Wir treffen Anne und Roger wieder, das Männertrio vom Morgen und ein beschwingtes Frauenwanderquartett. Ausgelassen tanzen alle mit allen auf dem Terrassenplatz vor dem Gasthof.

### *Jens*

Beim Fest sitzen wir mit dem Gipser Paul aus Augsburg zusammen. In 35 Tagen ist er hierher gewandert. Paul hat sich mit 40 Kilometern pro Tag und seinem Riesenrucksack (15 Kilogramm) überanstrengt, ein Fuß ist geschwollen, er behandelt die Schwellung mit Quarkwickeln. Es geht schon wieder. Für seine Tour nach Santiago de Compostela hat der 41-jährige Junggeselle zwei Jahresurlaube mit einem Sonderurlaub zusammengelegt. Er sagt: „Ich will kein Heiliger sein, aber ..." und geht in jede Kirche und betet auf dem Weg den Rosenkranz. „Wer zuhause Probleme hat und pilgert, der läuft ihnen davon", sagt er, „aber sie folgen ihm." Ihm auch? Seine alte Mutter bat ihn beim Abschied, oft anzurufen. Er antwortete: „Wenn du nichts von mir hörst, geht's mir gut." Die „Jungfrau", sagt er und meint Maria, schaue in Frankreich anders aus als in Deutschland – „nicht so milde, nicht so weich". Das ist mir noch nicht aufgefallen.

Wie immer bei Tanzmusik, bringt mich der Rhythmus gleich in Stimmung, ich muss Anke nicht überreden, außer dass sie ein bisschen zu lange mit Paul spricht, der steif am Tisch sitzen bleibt. Trotz meiner schweren Wanderschuhe hebe ich ab, wie Anke in ihren Sandalen. Auch andere kommen in Fahrt, ein wilder Start in den Sommer. Wir singen. Anke und ich gehören zu den Letzten. Die Musikanten bilden um uns einen Kreis und spielen für uns den allerletzten Tanz *„La dernière danse avec toi"* – wie aufregend romantisch.

### *Anke*

Stumm sitzt beim Tanzfest an unserem Tisch jemand, dessen Verkapselung nach dem zweiten Bier aufbricht. Es ist Paul aus Augsburg, er will in 80 Tagen nach Santiago pilgern. Er überquerte im Mai die noch eisigen Alpen, musste manchmal in Schafställen übernachten. Er kann fast kein Wort Französisch und kommt doch durch, eilt durch jede Kirche, betet täglich zwei Rosenkränze, kann (oder will?) mir aber den Wortlaut nicht sagen; sein gutturales Bayerisch ist schwer zu verstehen. Bei meiner Frage nach dem berühmten Dichter Bert Brecht aus seiner Heimatstadt winkt er angewidert ab, mit dem will er nichts zu tun haben. Paul versichert mehrfach, er habe sich auf den Weg gemacht, weil er so zufrieden mit seinem Leben sei. Zufrieden oder getrieben? Warum jagt er jeden Tag 45 Kilometer oder mehr, warum ignoriert er seine Verletzungen? Nach dem fünften Bier verabschiedet er sich zur Guten Nacht.

Vom Terrassentanzplatz haben wir eine Sicht bis ins Paradies, so scheint es, himmelweit über die Landschaft des Aveyron mit Baumwipfeln, Kirchturmspitzen, Viadukten, silbrigen Flussläufen, sanft geschwungenen Hügeln. Der Himmel färbt sich allmählich nächtlich violett, bestrahlt vom zunehmenden Halbmond. Es ist fast unwirklich, und es geht mir wie 1805 Joseph von Eichendorff, der den Harz durchwandernd des Abends vom Brocken in die Weite blickte, er „... genoss das Fürchterlich-Schöne einiger Minuten, die mir ewig unvergesslich bleiben werden".

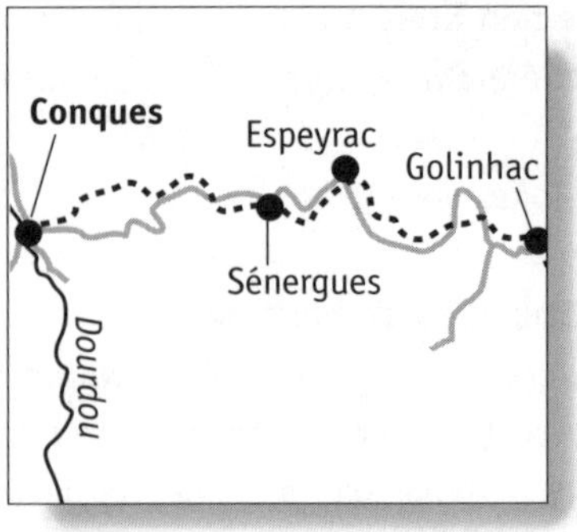


## *Freitag, 22. Juni*

### *Jens*

Wir suchen für diesen Morgen eine Mitfahrgelegenheit nach Conques. Gern wären wir die Strecke zu Fuß gegangen, aber der Zeitplan lässt dies nicht zu. Ein junger Mann hört von unserer Suche und bietet mir seinen alten VW-Golf an. Mit Freunden will Pierre aus Peronne östlich von Amiens in der Picardie wandern, sein Auto müsste er zurücklassen. Wenn ich es überführte, wäre uns beiden geholfen. Ich kann es kaum glauben, dass jemand mir Fremdem sein Auto anvertraut. Nicht einmal meinen Führerschein, den ich zuhause gelassen habe, weil ich ja Fußpilger bin, will er sehen. Auf engen Serpentinen erfreuen wir uns an der Gebirgslandschaft mit Buchen- und Eichenwäldern, an den verträumten Dörfern mit Häusern, die mit Schindeln aus rotem Sandstein gedeckt sind. Ich fahre langsam, vielleicht zu langsam, um viel zu sehen und auch um das Fahrzeug heil nach Conques zu steuern. Durchs offene Fenster höre ich plötzlich links neben mir eine keuchende Männerstimme: Ein Radrennfahrer gibt Laut und überholt uns – die Langsamen und der Schnelle für eine Sekunde auf gleicher Höhe.

### *Anke*

Am Morgen gilt mein erster Blick wieder der unbeschreiblich schönen, noch dunstigen Ferne. Wie Eichendorff „im seligen

Genusse" möchte auch ich ausrufen: „O Gott! wie schön ist deine Welt!" Wie er kann ich nur mit Mühe „meine Blicke von der unermesslichen Weite abwenden". Doch es wird Zeit zum Frühstück auf dem Campingplatz, wo Paul gerade aufbricht, verabschiedet mit unserem „Adieu". Freude N°. 2: Am Frühstücksbüfett liegt überraschend mein Stirnband. Irgendjemand hat es aufgesammelt und hier abgelegt in der Annahme, die Verliererin werde es finden. Wie freundlich. Morgenfreude N°. 3: Fürs Notizenschreiben schenkt mir die Barfrau als Andenken ihren Stylo, meiner ist leer, die Geste ist viel mehr wert als der Kugelschreiber.

Die Strecke nach Conques ist zwar nur 21 Kilometer weit, aber für uns zu Fuß wären das zwei Etappen. Wir wollen genügend Zeit für Conques haben. Freude N° 4: Kaum zu glauben, bei der Suche nach einer Mitfahrgelegenheit drückt Pierre Jens seinen Zündschlüssel in die Hand. Das Frauenquartett nutzt die Gelegenheit und übergibt uns erleichtert eine der ihren: Odile hat eine entzündliche Allergie an den Beinen und kann nicht weitergehen. Odile ziert sich. Sie erweist sich als Hysterikerin und leitet uns in die falsche Richtung. Als wir auf der schlecht ausgeschilderten Straße nach dem richtigen Weg fragen wollen, reißt sie während der Fahrt mehrfach die Autotür auf und will aus dem rollenden Fahrzeug springen – bis Jens sie anschnauzt: Er als Fahrer bestimme, was zu tun sei.

### *Jens*

Ich glaube nicht, dass ich „geschnauzt", sondern mit allenfalls erhobener Stimme zum Ausdruck gebracht habe, dass Odile die Tür geschlossen halten und mir als Fahrer die Regie überlassen möge. Meinen kurzen Skrupel, ob das schon Freiheitsberaubung ist, verwerfe ich schnell, da Odile im Prinzip freiwillig mitfährt.

Wir fahren in ein urwüchsiges Tal des Departements Aveyron und gelangen am Wildbach Ouche dort, wo er in den

*Eng schmiegt sich Conques in das Tal des Dourdou.*

Dourdou mündet, nach Conques. Der 500-Seelen-Ort, der im Sommer mit Hunderttausenden Besuchern zu einer lebhaften Pilger- und Touristenattraktion anschwillt, gilt zu Recht als Perle auf der Via Podiensis. Unser Auto müssen wir auf einem bezahlten Parkplatz abstellen, da es in den engen Gassen keinen Platz gibt. Ich versuche mir vorzustellen, wie sich der Einsiedler Dadon Anfang des 9. Jahrhunderts an der noch heute sprudelnden Quelle des Plô niederließ, um sich wie auch andere Christen der Verfolgung durch heidnische Feinde zu entziehen. Weitere Mönche schlossen sich ihm an und gründeten ein Kloster nach den Regeln des Heiligen Benedikt. Die Mönche unterstellten sich und ihre Christuskirche dem Schutz der Karolinger.

*Die romanische Kathedrale Sainte-Foy – Attraktion für Pilger aus aller Welt*

## *Anke*

Das fremde Auto, die ungewohnte Gangschaltung und die kurvenreiche, zum Teil aufgerissene Höhenstrecke erfordern von Jens gedrosseltes Tempo: Bröckelnde Sandsteinbrücken, Baustellen, Umleitungen, blendende Sonne. Dennoch genießen wir die Fahrt; wir rollen durch eine Landschaft mit blühenden Berghängen, kletternden Ziegen, sprudelnden Waldbächen.

Conques (280 Meter), deutsch „Muschelschale“, sieht vom Berg herab mit seinen mittelalterlichen Gebäuden eng in diesen Talkessel gepresst wie eine Legostadt aus. Der touristisch hochgerüstete Ort wird künstlich am Leben gehalten. Neben Pilgernden sehen wir auch Busse mit Tagesausflüglern. Sie stürmen Souvenirläden, Restaurants, Cafés und Herbergen. Von den 500

Einwohnern wollen alle ihr Schnäppchen machen. In einem gut besetzten Touristenbüro vermitteln junge Leute hilfsbereit Unterkünfte, suchen Fahrverbindungen heraus und geben nützliche Tipps. Wie alle französischen Touristenbüros ist auch dieses vollgestopft mit Hochglanzbroschüren, teuren Büchern, Prospekten, regionalen Naturalien und Andenkentrödel. Conques wäre ohne den Pilgertourismus seit langem verlassen. Selbst von den wenigen Einwohnern schließen viele ab Herbst ihre Geschäfte und leben woanders.

Die buckeligen Straßen gehören den Fußgängern. Wir treffen manche Bekannte: mit Wiedersehensfreude Elaine und Kira, die humpelnde Françine, „Tranquilla", Dominique und Freund Ronald aus Kanada, Anne und Roger, Pierre und seine Freunde. Françine ist unglücklich, weil sie seit drei Tagen mit einer Fußverletzung hier ausharren muss. Sie wollte schon in den Pyrenäen sein, stattdessen musste sie mit dem Taxi zur fachärztlichen Behandlung ins entfernte Rodez gefahren werden. André, den „Cousin" aus Nizza, sehen wir gesenkten Hauptes über das Kopfstein-pflaster schleichen. Sein Gemüt scheint noch nicht aufgehellt zu sein. Auch Rosi und Viola aus Lörrach begegnen uns, denen die Nacht im zugigen Schlafsaal der Kommunität in Estaing eine schwere Erkältung eingebracht hat, eine Alptraumnacht, wie sie berichten. Auch sie haben in Rodez ärztliche Hilfe benötigt. Alle nehmen sich wie wir für Conques mehr Zeit als für andere Orte.

### *Jens*

Attraktion und der Reichtum des Klosters in Conques begannen 866 mit einem Diebstahl. Der im 9. Jahrhundert aufkommenden Reliquienverehrung schloss sich auch Conques an. Ein Mönch entwendete aus dem Kloster Agen an der Garonne in Aquitanien die Gebeine der Sainte-Foy (heilige Fides). Conques verbrämte diese Aktion später als „heimliche Übertragung". Fides, geboren und getauft im Jahre 290 in Agen, wurde

*Steinerne Särge säumen die Kathedrale von Conques.*

während der Christenverfolgungen unter dem römischen Kaiser Maximilian im Alter von zwölf Jahren enthauptet. Sie hatte sich geweigert, heidnische Götter anzubeten. In Conques galten ihre Gebeine bald als wundertätig. Mit Beginn der Wallfahrten nach Santiago behauptete sich Conques als eine der wichtigsten Stationen auf dem Pilgerweg. Aus den Einnahmen baute die Abtei im 11. Jahrhundert die heutige Klosterkirche, die Église Sainte-Foy, für eine romanische Kathedrale ungewöhnlich hoch geraten. Weil der Baugrund am Hang und an der Quelle des Plô eine Architektur in der Breite nicht gestattete, entwarf der Baumeister in genialer Abweichung von der Regel ein in den Himmel strebendes Gotteshaus.

Dessen Tympanon über dem westlichen Portal ist mit der Darstellung des Jüngsten Gerichts ein künstlerisches Juwel. Das Großrelief, ursprünglich mit Freskofarben bunt ausgemalt,

*Das ausladende Tympanon in Conques mit Christus als Weltenrichter im Jüngsten Gericht gilt als Juwel romanischer Baukunst.*

zieht wohl jeden Betrachter durch seine Ausdruckskraft in seinen Bann. Christus nimmt als überdimensionaler Endzeitrichter die ihm nach dem Neuen Testament gebührende zentrale Rolle ein. Mit der rechten Hand weist er die Gerechten, Heiligen und Erlösten ins Paradies ein, während er die Schlechten, Bösen und Todsünder mit der Linken für die Hölle bestimmt. Dort werden sie von sadistischen Teufeln nach den Regeln perversester Phantasie gequält. Maria und hinter ihr Petrus führen den Zug der Geretteten an, womit deutlich wird, dass sie im Erlösungswerk Christi eine wichtige Rolle spielen. So sehr ich die künstlerische Qualität des Reliefs bewundere, so fehlt mir in diesem apokalyptischen Drama die Gnade. Stattdessen wird volkserzieherisch ein Sittenkodex aufgerichtet, der mit brutaler Unbarmherzigkeit, mit Strafen, Angst und Schrecken gutes Verhalten erzwingen will. Mich stößt diese Volkslehrtafel für Analphabeten auch ab.

Bei einem Stadtrundgang erkenne ich von weitem den Engländer Peter und lache: Noch immer schleppt er sein Gepäck in der Plastiktüte, seinem Markenzeichen. Auch Elaine und Kira sind unterwegs. Sie suchen ein gemütliches Lokal, weil sie abends Kiras Geburtstag feiern wollen. Hätten sie uns eingeladen, hätte ich auch einen ausgegeben. Auf den Stufen der Kathedrale komme ich mit dem 22-jährigen David aus Unterfranken ins Gespräch. Mich beeindruckt, wie er frisch, aber auch nachdenklich aus seinem eigenwilligen jungen Leben berichtet. Seinen Zivildienst im konservativ-christlichen Krelingen schließt er mit dieser Pilgertour ab. Vierzig Kilometer am Tag sind für ihn nichts. Wieder zu Hause, will er sich in Frankfurt am Main zum Diakon ausbilden lassen. Er ist knapp bei Kasse. Als eine Verkäuferin in einem Supermarkt seine Finanznot bemerkt, steckt sie ihm heimlich eine Wurst zu. Davids Ziel ist Kap Finisterre, weil er sich vorstellt, sich dort wie am ersten Schöpfungstag zu fühlen: Das Meer als das Chaos, er aber sicher an Land.

### *Anke*

Unsere erste Übernachtung in Conques ist im „guten“ (so der Pilgerführer) kommunalen Gîte geplant. Eine steile Treppe führt zu den Schlafsälen mit 30 Betten unterm Dach; die Waschgelegenheiten und Steh-WCs liegen auf dem Hofgelände. Ein Wechselblick – und unser Entschluss steht fest: So soll unsere Pilgertour nicht enden. Doch Conques ist ausgebucht. Wir haben aber Glück: Eine hilfsbereite Einheimische zaubert uns ein gutes Quartier in der Auberge Saint-Jacques mit ihren verwinkelten vier Etagen. Vor dem Haupteingang bewacht ein überlebensgroßer holzgeschnitzter Saint Jacques die Gäste. Wir wohnen hoch über den silbrig schillernden Schieferdächern von Conques mit Blick auf die Turmspitzen der Abteikirche Sainte-Foy und sind froh. In der weiteren Sicht haben wir vor uns die Berggipfel, ein Steinkreuz, kastanienbaumblühende terrassierte Hänge und vorspringende Felsnasen rundum.

Am Abend entdecke ich eine Zecke an mir, die erste meines Lebens. Das noch zuletzt. Trotz des Schreckens kann ich sie mit der Pinzette entfernen. Ich lege sie naiv in ein Kleenex für die Untersuchung daheim, als ob das Labor mit dem toten Insekt nach Tagen noch etwas anfangen könnte. Mit meinem Allheilmittel Teebaumöl desinfiziere ich die Bissstelle; es geht gut aus.

### *Jens*

Seit 1873 befinden sich die Kirche Sainte-Foy und das Kloster in der Obhut der Prämonstratenser aus dem Mutterkloster Mondaye in der Normandie. Die Prämonstratenser wurden von Norbert von Xanten 1120 als Priesterorden mit Laienbrüdern gegründet, folgen der Klosterregel von Augustin und widmen sich unter anderem der pfarramtlichen Seelsorge. Ich bin neugierig, wie das Klosterleben hier funktioniert und frage an der Pforte Frère François. In Conques, so erzählt er mir, kümmern sich fünf Ordensleute unter der Leitung des Priors um Pilger, Gäste, Touristen und um die Präsentation des reichen Klosterschatzes. Auf Zeit mitlebende Laien helfen ihnen dabei. Ein Blick in die Pilgerstatistik: 80 Prozent der Pilgernden kommen zu Fuß, zwanzig mit dem Fahrrad; 61 Prozent männlich, 39 Prozent weiblich, die Hälfte jünger als 30 Jahre; 63 Prozent geben religiöse Motive für ihre Pilgerreise an, neun Prozent rein kulturelle. Bleibt ein Rest von 28 Prozent. Ist für sie eine Nacht im Kloster nur ein ultimativer Kick?

Wir beeilen uns mit dem Abendessen, lassen das Dessert stehen, damit wir 20.30 Uhr zur Komplet in der Kirche sind. Die für jeden Tag ausgedruckte Sammlung von Gebet- und Liedertexten in Französisch, Latein und seltener in Deutsch liegt am Portal bereit. Weiß gewandete Konventuale nehmen Platz im Chorgestühl; mit uns versammeln sich im Kirchenschiff Besucher aus aller Welt. Nach der gregorianischen Liturgie hält einer der Priester eine Ansprache. Zum Pilgersegen versammeln sich alle Pilger, die morgen früh weiterziehen werden, im Mittelgang. Der Abend klingt aus mit einem Orgelkonzert. Bruder Jean-Daniel spielt ein dramatisch anschwellendes Andante, begleitet von meditativen Lichteffekten, die die Glasfenster des abstrakten Künstlers Pierre Soulages geheimnisvoll changierend leuchten lassen. Das Andante spiegelt die Schritte von Pilgern wider, die sich mal langsam, mal schnell, mal tastend, mal kraftvoll durch abwechslungsreiche Landschaften – oder durchs Leben – bewegen.

Meine Gedanken gehen den Weg zurück, den wir gekommen sind, ich erinnere mich der schweren und der schönen Stunden. In Conques fühle ich mich als Pilger musikalisch verstanden. Die Frömmigkeit der Franzosen hat etwas Unkompliziertes, fast säkular Fröhliches. Ich freue mich fast immer, Varianten des Glaubens kennen zu lernen – das erweitert den eigenen Spielraum. Beim Vaterunser hadere ich auch in Conques mit der gängigen Bibelübersetzung und lehne mich an die aramäische Urfassung an, der Muttersprache Jesu. Seit mir ein evangelischer Pfarrer den Text schenkte, sage ich ihn gern weiter. Die poetischen Reime dieses Gebets lassen sich aus dem Aramäischen nicht ins Deutsche übertragen. Prosaisch übersetzt lautet es:

*„Abba (Vater),*
*deine Gegenwart werde geheiligt,*
*dein Königtum breite sich aus,*
*dein Wille geschehe.*
*Lass geben uns unser Brot*
*und lass vergeben uns unsere Sünden*
*und lass retten uns aus unserer Versuchung."*

Besonders die letzte Zeile sagt mir zu: Ich bitte Gott, dass er mich aus Versuchung rette, nicht, dass er mich nicht in Versuchung führe.

### *Anke*

Die Abendandacht ist musikalisch geprägt. Klosterherren vertiefen die Andacht durch ihren gregorianischen Gesang. Ein Orgelkonzert und die Illumination der Kirche bewirken auch nach Austönen der Klänge ein langes schweigendes Verweilen der vielen Menschen. Das abschließend geklimperte Potpourri am Piano durch den Konventualen Jean-Daniel hebt die andächtige Stimmung auf, mit Geplauder verlassen alle die Kirche.

Es ist heller Sommerabend. Vor der Kirche ertönt schallendes Gelächter. Dort schüttet sich Dominique vor Lachen aus und erzählt einer Gruppe junger Pfadfinder abermals die Geschichte von Régine und Patrick aus Les Quatre-Chemins. Was belustigt sie bloß derart daran? Uns fasziniert das Tympanon mit seiner figürlichen Darstellung des Jüngsten Gerichts. Auf der Basis des Matthäus-Evangeliums sehen wir eindrucksvolle Verkörperungen

*Blick aus dem Hotelfenster auf die Türme von Sainte-Foy*

von Himmel und Hölle, Auserwählten und Verstoßenen, viel Anregung zu Nachdenken und Diskussionen zwischen Jens und mir. Wäre doch im gelebten Leben die Orientierung so einfach: nach rechts die Guten, nach links die Bösen. Wenn es dereinst darum geht, welche Menschen in den Himmel eingelassen werden, möchte ich natürlich zu den Auserwählten gehören und beim Einzug ins Paradies dabei sein, so wie es in dem schönen Spiritual heißt:

*„Oh when the Saints go marching in, oh Lord, I want to be in that number. …*
*And when the sun begins to shine, oh Lord, I want to be in that number. …*
*And when the new world is revealed, oh Lord, I want to be in that number."*

Ein Philosoph soll einmal gesagt haben, Gott würfelt nicht, Gott rechnet. Ich weiß nicht, welcher Philosoph. Aber wenn das stimmt, dann wünsche ich mir doch, dass Gott sich zu meinen Gunsten verrechnet.

Mit „Tranquilla" beschließen wir bei besinnlichem Austausch und Rotwein den Abend. So ein Abend hat schon einen kleinen paradiesischen Vorgeschmack.

## *Sonnabend, 23. Juni*

### *Jens*

Zum Frühstück habe ich mich im Kloster angemeldet. Ich treffe auf das holländische Klosterhelferehepaar Marje und Heinke, die hier jedes Jahr drei Wochen Dienst tun. Mit Übernachtungsgästen decken wir die lange Tafel im Refektorium für fast 80 Pilger. Nach Gesang und Tischgebet stürzen sich alle aufs *petit déjeuner* mit Kaffee und Baguettes. Danach geht's zur Eucharistiefeier in die Kirche, als Wegzehrung erhalten alle eins der vier Evangelien in ihrer Landessprache und ein Brötchen geschenkt. Nach der Messe putzen die Pilgernden ihre Schlafsäle, Zimmer, Duschen und Toiletten. Die Aufbrechenden ziehen in einer Prozession nach dem Lauf der Sonne durch die Kirche, vorbei an Pfeilern mit den bildreichen Kapitellen, vorbei an den Statuen der Fides und des Jakobus, nehmen ein letztes Mal den Raum in sich auf. Unter dem Tympanon hindurch geht es hinaus in die Rue Charlemagne zum Fluss Dourdou. Wer ihn über die romanische, asymmetrisch konstruierte Brücke überquert, fühlt sich im Pilgerstrom von Jahrhunderten. Mit dem Aufstieg nach Livinhac entschwindet den Blicken der Scheidenden einer der schönsten Orte Frankreichs, dessen sich die Unesco als Weltkulturerbe angenommen hat.

Im „Trésor" von Conques bewundern wir besterhaltene Goldschmiedearbeiten des Mittelalters, darunter die üppig mit Edelsteinen geschmückte Reliquienstatue der Heiligen Fides aus dem 9. Jahrhundert. Smaragde, Saphire, Rubine, Topase, Karneole, Amethyste, Opale, Granate und Achate zieren dieses Prachtexemplar keltisch-römischer Kunst. Ich halte den Atem an, um mir mit mikroskopisch scharfem Blick Details zu erschließen. Auch ein juwelenbesetztes ***„A"*** ragt unter den Kunstwerken als kostbare Fälschung hervor. Karl der Große hatte jeder der von ihm gegründeten zwanzig Abteien ein Reliquiar in Form eines Buchstabens aus dem Alphabet schenken wollen, kam aber nicht dazu. Das nutzte Abt Begon III. zu einem Trick: Er gab das ***„A"*** erst im 11. Jahrhundert, lange nach Karl in Auftrag und behauptete, es stamme von Karl. Mit diesem im Mittelalter üblichen „frommen Betrug" festigte er den Mythos und die Rechte seiner Abtei.

### *Anke*

Aus einer Kombination von Bewegung, Natur, Kultur und Kontemplation wollen wir unseren letzten Tag in Conques gestalten. Vormittags steigen wir hinab ins Tal der Ouche. Auf der hölzernen Brücke ohne Geländer über den springenden Bach finden wir eine tote Ratte, an deren Eingeweiden sich andere Tiere gelabt haben. Aasfresser fressen Aasfresser. Der zugewachsene Weg zum Fluss hinunter, ein steil-schlüpfriger Pfad den Hang hinauf und schwarze Wolken auf den Bergspitzen lassen uns nach einer halben Stunde kapitulieren. Wir picknicken auf einem Hügel neben der Rochus-Kapelle; sie ist verwahrlost und hat ausgedient. Gegenüber Fides, Jakobus und Maria genießt Rochus in Conques wenig Respekt.

Als Kontrastprogramm gehen wir in den „Trésor de Conques", in die Schatzkammer mit Reliquien und Prozessionskreuzen, die als „einzigartig in Frankreich" charakterisiert werden. Das ist nicht übertrieben. Fasziniert stehe ich vor Alabaster- und Emailarbeiten, Edelsteinkompositionen, in der Region gefundenen Amethysten, meinem lila Lieblingsedelstein. Filigrane Silberarbeiten, zierlichste Figurengruppen, Christus- und Evangelistendarstellungen werden getoppt von einem tragbaren Altar mit der Heiligen Fides: Mit ernstem Antlitz sitzt sie auf einem Thron. Bei aller Pracht dieser Handwerkskunst bleibt mir der Heiligenkult um die junge Fides fremd. Dennoch freue ich mich, dass sie erhalten blieb. Während der Französischen Revolution sollten alle Edelmetallgegenstände eingeschmolzen werden, die Abgeschiedenheit von Conques trug zum Erhalt dieser Reliquien bei. Eine in Deutsch geschriebene Broschüre – eine Seltenheit in Frankreich – erleichtert uns den Zugang zu dieser wertvollen Sammlung. Im Gästebuch des angeschlossenen Museums lese ich lange Beschwerden von unserer Fahrtgenossin Odile über dies und das und jenes. Sie hat mit vielem auf der Welt zu hadern. Odile, vergiss die guten Dinge nicht!

***Jens***

An diesem letzten Abend gehen wir noch einmal in die Komplet. Zum Abschluss versammeln wir uns im nördlichen Querschiff, um nach Aufforderung des Priesters „la Vierge" – die Jungfrau – zu verehren. Ich beobachte Männer und Frauen, die dies mit tiefer Ergriffenheit tun. Wir recken die Hälse zu der acht Meter über uns angebrachten Verkündigungsgruppe. Die mittelalterliche Skulpturenszene zeigt den Engel Gabriel, der Maria mitteilt, sie werde den Sohn Gottes gebären. Maria, die gerade Wolle spinnt, reicht diese ihrer Dienerin, um demütig den Gottesboten zu begrüßen. Das „Salve Regina", den innigen Gesang der Gläubigen zu Ehren Marias, begleitet Frère Jean-Daniel am Flügel. Dieser mariologische Teil der Komplet bildet den emotionalen Höhepunkt der Abendandacht. Das zeigt mir, wie sehr hier die Marienfrömmigkeit mit der Christusfrömmigkeit konkurriert – für mich als evangelischen Christen nicht akzeptabel. Erfordert das männlich geprägte Gottesbild, ihm eine weibliche Komponente hinzuzufügen, um den Glaubenszugang zu erleichtern? Ich möchte mir Gott männlich und weiblich vorstellen.

Im ausliegenden Pilgerbuch lese ich von einem, der vor mir weitergereist ist: „Der Weg nach Compostela ist wie ein Lebensweg: Man leidet (geschwollene Füße, Blasen), es gibt Herausforderungen (Erschöpfung, Mutlosigkeit, die Hitze). Aber welche Freude und Herzlichkeit zeigt sich in den Begegnungen, beim Teilen und Betrachten der Schönheiten einer durchpilgerten Landschaft, beim Schweigen auch, das tiefe Gefühle aufsteigen lässt. Ganz einfach schweigen … und Er ist da." Für mich ein Nachtgebet.

### *Anke*

Bei der abendlichen Andacht hören wir wieder ein Orgelkonzert in der illuminierten Kirche. Mein Verdacht vom Vorabend, dass es sich statt um Livemusik mit Handkraft um Automatentöne, um Synthesizer und Konserve handelt, verdichtet sich, denn minuziös wiederholt sich alles. Wieder hebt Bruder Jean-Daniel am Ende launig zu seinem Playback-Potpourri am Klavier im Seitenschiff an, es sieht sehr nach Routine aus. In dieser geschichtsträchtigen Abteikirche mit ihrer abendlichen Stimmung bin ich trotz meiner Skepsis genau wie andere andächtig beeindruckt. Wieviel Abertausende vor mir haben hier in neun Jahrhunderten schon gebetet, gesungen, gelauscht, gehofft.

Vor der Abtei treffen wir Kira und Elaine. Auch Kira amüsiert sich über das Quodlibet aus Kirchensoul *(„En toi, Seigneur, no vies reposent")*, Folksongs *(„Amazing Grace")*, Choralausschnitten *(„Salve, Regina, Mater misericordiae")*, Gospels *(„Bless the Lord")*, Barock *(„Air")*, Taizé- und Pilgerliedern *(„Ô ma joie et mon espérance, le Seigneur est mon chant"; „Tous*

*Jakobus lässt im Hotel auch die Kasse klingeln.*

*les matins nous prenons le chemin").* Ein Abschiedsrundgang durch Conques im Abendlicht mit dem unerfüllbaren Wunsch, hier noch ein wenig bleiben zu können, beendet unseren letzten richtigen Pilgertag. In der Auberge Saint-Jacques herrscht fröhlicher Hochbetrieb, zu dem sich auch die Klosterbrüder gesellen und der rotbackige Mönch Jean-Daniel, dem man den Rotweingenuss ansieht.

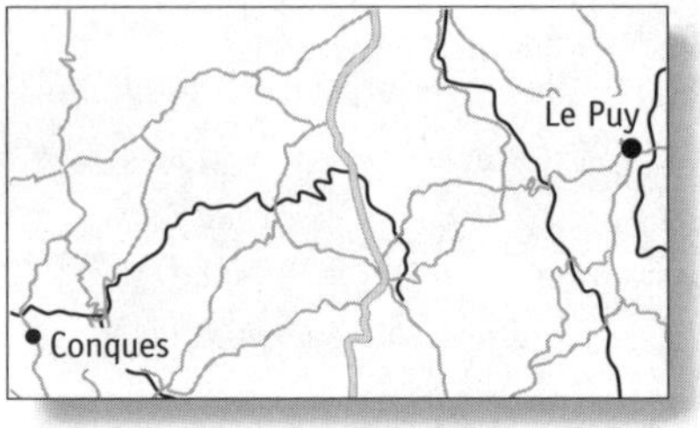


## *Sonntag, 24. Juni*

### *Jens*

Um 9 Uhr warten wir unter einer duftenden Linde auf Factage, umrunden noch einmal die Kathedrale, deren Apsis an der Ostseite von offenen steinernen Sarkophagen umringt ist. Leider entfällt sonntags die 8-Uhr-Messe. Über Dächer jagen Mauersegler. In meine Melancholie drängt sich mit quietschenden Bremsen der VW-Bus, der uns nach Le Puy bringen soll. Wieder gibt der Fahrer Gas wie der Teufel. Über engste Serpentinen jagen wir durch eine sonntägliche Bilderbuchlandschaft. Wir sehen lebendigen Kirchgang in Dörfern, pralle Enzianwiesen, Natternkopf und leuchtende Königskerzen. An der Grenze aufkommender Übelkeit gewöhne ich mich langsam wieder an Tempo, dem wir uns durch unsere Praxis „Schnecke statt Strecke" entfremdet hatten. Der freundliche Fahrer lässt immer wieder das Steuerrad los, denn es gibt noch so viel zu zeigen und zu erklären, ich beginne seine Gesellschaft zu schätzen.

### *Anke*

Nach entspanntem Frühstück treffen wir auf dem Weg zum Abholtreffpunkt Elaine und Kira. Noch ein Abschiedsfoto. Sie wollen ebenfalls Richtung Lyon aufbrechen, doch die kosten-

*Abschied: Anke, Kira, Elaine, Jens*

günstige, viel beschwerlichere Busfahrt auf sich nehmen. Sie winken mit Kusshand ihr Bye bye. Léon, der uns schon bekannte Wildfahrer von Factage, nimmt uns, zwei Wanderer und einen Haufen Koffer gut gelaunt in Empfang. Die beiden Männer, schwere Brocken, sitzen vorn neben Léon und reden noch mehr als er. Sie versperren mir die Sicht, so kann ich nur ahnen, welch gewagte Kurven und Steigungen Léon im 3. Gang hochschrappt, bremst, ein Stück rückwärts rollt, nochmals schrammend anfährt. Ich klammere mich an die Türgriffe. Diese unruhige Schnelligkeit nach drei recht gemächlichen Wochen geht tief. An der schmalsten höchsten Gratstelle stoppt Léon für ein Fotoshooting. Der Chauffeur ist begeistert, mir wird schlecht. Im Bogen kommen wir schließlich auf eine autobahnähnliche Umgehungsstraße, weit ab vom schönen Pilgerweg. Die beiden Plauderer steigen bei einem Festzelt aus, zu uns kommt ein Paar: Mann sitzt vorn, redet; Frau schweigt klaglos in der letzten Bank.

In Nasbinals werden wir bei einer Kaffeepause Zeugen eines VW-Bus-Treffens. Verrückt aus- und umgebaute, schrill bemalte alte Fahrzeuge, liebevoll gehätschelte Wertobjekte ihrer Besitzer, rollen auf den kleinen Marktplatz. Ihre stolzen Halter nehmen prüfend Maß an der Qualität der Konkurrenz, fachsimpeln wort- und gestenreich und brausen dann in den Sonntag. Auch bei uns geht's weiter. Obwohl wir gefahren werden und keine eigene Anstrengung in den Rückweg investieren müssen, ermüdet mich die Fahrt. Das mitfahrende Paar hat seine Zielunterkunft in Chanaleille bei der uns bekannten Madame Mouche, die schon auf dem Hof lauert. Wir wollen sie wie eine alte Bekannte begrüßen, aber sie erkennt uns nicht, beäugt uns nur. In den vergangenen zwölf Tagen muss sie viele Pilgergäste gehabt haben.

Léon ist hungrig und will unbedingt bei der uns auch bekannten Cafébesitzerin einkehren. Wir nicht. Wahrscheinlich wartet ein Gratisimbiss auf ihn. Er umschmeichelt uns hartnäckig: *„Monsieur Gündlac, une petite omelette? Seulement une petite omelette! Non. Non? Vous êtes sûr?“* Ja, Jens ist sich sicher: „Nein!“ Entgeht Léon damit ein Vorteil? Enttäuscht, aber nicht beleidigt geht er auf den letzten Teil der rasanten Fahrt, wegen einer Baustelle kreisen wir nochmals über hohe Serpentinen. In Saugues hält er freundlich, damit wir die Skulptur der Bestie hoch über der Stadt fotografieren können. Léon hatte noch einen anderen Grund zur Rast, denn ganz ungeniert schickt er jetzt direkt neben mir in weitem Bogen seine flüssige Botschaft über die Planke nach Saugues hinunter.

### *Jens*

Wir nähern uns der abgerundeten Berglandschaft des Massif Central, die Silhouette von Le Puy taucht auf. Ein Kreis schließt sich. Was haben wir in diesen Wochen alles erlebt! In Le Puy haben wir Erfolg bei der Suche nach einem preiswerten Zimmer in der Nähe des Bahnhofs, denn die Klosterunterkunft der ersten Nacht verwerfen wir. Oben in der 4. Etage des Hotels bekommen wir unser Wunschzimmer mit Blick über die Dächer von Le Puy und auf die Kathedrale Notre-Dame-de-France. Als ich aus dem Fenster das angestrahlte Gotteshaus fotografieren will, berühre ich leicht die an der Wand befestigte Nachtlampe; der imitierte gläserne Jugendstilschirm zerbirst am Boden in tausend Teile. Er kann nur lose auf der schon lockeren Fassung gesteckt haben. Ich melde dem Patron das Malheur. Der reagiert grimmig, betrachtet den Schaden und schiebt mir die Schuld zu. Ich hätte die Lampe zerdeppert. Missstimmung legt sich zwischen uns und den zuvor freundlichen Wirt. Wir versuchen den Zwischenfall abzuschütteln und schlendern zum Abschied durch Le Puy. Die Lampe ist vorerst vergessen.

### *Anke*

Über Le Puy zeigt sich ein schwarzgrollender Himmel. Wir schaffen es gerade noch, im freundlichen Café „Tam Tam" unter einem Zeltdach einen *croque-monsieur* zu essen. Die Wirtin mit ihrem bezaubernden lila Schleierkleid freut sich über unser Kompliment. Unser Blick kehrt allmählich von den Reizen der Natur zur zivilen Schönheit zurück. Das Abendessen in dem rauchfreien Lokal „Le Marco Polo" in der Rue Raphael erweist sich als Glücksfall mit einem feinen kleinen Menü, seiner aparten Chefin und fröhlichen Studentengruppen – lockere Stimmung, moderate Rechnung und ein heiterer Abschluss der dritten Woche. Das Pilgerleben ist zu Ende; um es mit Charles Aznavour zu sagen: *La fête est finie.*

## Montag, 25. Juni

### Jens

Über unserem mageren Frühstück im engen Foyer des Hotels liegt Frost. Von seinem Hochsitz hinter der Theke beäugt uns lauernd der Wirt. Beim Bezahlen geht's los: Ich soll die kaputte Lampe ersetzen. „Non, Monsieur!" Es beginnt eine Auseinandersetzung, in der ich wegen meines Französischs schlechte Karten habe. Zum Glück fährt unser Zug erst in zweieinhalb Stunden. Schließlich droht der Wirt mit der Polizei, gibt mir aber eine letzte Chance: 80 €, dann wär' der Fall erledigt. Weil ich mich zu Unrecht beschuldigt fühle, schlage ich den Deal aus. In Rage ruft er die Polizei an. Die Gendarmerie weigert sich, in diesen zivilrechtlichen Fall einzusteigen. Ob er denn keine Versicherung hätte? Scheinbar einlenkend, bittet er um meine Kreditkarte. Ich wittere die Falle: Will er sie als Pfand behalten? Ich zahle bar, hinterlasse meine Visitenkarte. „Sie werden von mir hören", ruft er uns nach. Betrübt über dieses schräge Finale gehen wir durch leichten Regen zum Bahnhof.

Zuhause erhalte ich zwei Vorladungen vom Palais de Justice in Le Puy, Abteilung Juridiction de Proximité. Ich soll Stellung nehmen zu einer Klage des Hotelchefs auf Schadensersatz. Muss ich wegen dieser Bagatelle nach Frankreich fahren? Ich ignoriere beide Vorladungen. Kaum ist der zweite Termin verstrichen, erreicht mich ein Urteil „im Namen des französischen Volkes": Ich soll 293,74 € zahlen. Mit anwaltlicher Unterstützung meines Freundes Siegfried versuche ich, aus der Patsche herauszukommen. Meine Chancen stehen nicht gut. Seit 2002 gibt es in Frankreich eine „schlanke" zivile Gerichtsbarkeit bis zum Streitwert von 5 000 € in erster und zugleich letzter Instanz. Für einen Einspruch scheint es zu spät. So wird wohl die letzte Nacht in Le Puy eine der teuersten meines Lebens werden. Schade. Und das wegen eines Lämpchens.

***Anke***

Vor der Fahrt nach Lyon mit Seniorenrabatt reicht die Zeit noch für kleine Einkäufe. Auf dem Weg zum Bahnhof sehen wir als letzten Hinweis auf unsere NS-Geschichte einen Gedenkstein für die von deutschen Soldaten deportierten und im Widerstand ermordeten Franzosen dieser Gegend, der Haute-Loire. Der Blick aus dem Zugfenster kommt mir vor wie ein rückwärts abgespulter Film, ein landschaftliches Déjà-vu. Traumhaft diese moderne Bahn: Die Abteile sind von Handys und Laptops frei. Fahrgäste, die ohne Büro und Mobiltelefonieren nicht leben können, müssen in gesonderten Coupés sitzen. Wenn das doch auch in deutschen Bahnen so wäre.

Der Ankunftsbahnhof Part Dieu liegt im modernsten, aber sterilen Teil von Lyon, umgeben von vielbahnigen breiten Straßen, Kongresscentern, Hochhäusern, Schnellrestaurants. Zum Mittagsimbiss verirren wir uns ins Kasino eines Glaspalastes, offenbar eine Versicherung. Doch wir dürfen Platz nehmen. Am Büfett viele köstliche Kleinigkeiten. Das französische Kantinenessen übertrifft himmelhoch unsere deutsche „Mahlzeit". Die Busfahrt in unser Flughafenhotel erweist sich als zeitaufwändig. Wir sehen blitzende Messehotels, neue Universitätsbauten, darunter die Medizinische Fakultät, und riesige Supermarchés. Unser Hotel „Kyriad" liegt zwar in Sichtweite des Flughafens, ist aber nur in großen Zufahrtsschleifen per Fahrzeug zu erreichen. Die Fahrerin wirkt hektisch und gereizt. Es stellt sich heraus, dass sie bei dünnster Personaldecke für drei Jobs zugleich zuständig ist. Im Hotel erscheinen wir mit unseren Rucksäcken wieder wie ein seltsames Paar.

Auch am letzten Tag gehört ein Gewitter zu unserem Programm, es gießt, der von Blitzen durchzuckte Himmel ist lila-schwarz. Wegen des Unwetters werden mehrere Flüge gecancelt. Ungeplant strömen schlecht gelaunte Fluggäste aus drei Maschinen ins Hotel und wollen auf der Stelle Zimmer haben. Wohl

*Nur drei Wochen fort und doch ganz weit weg*

wegen dieser Überforderung fällt das Abendessen grottenschlecht aus, wir lassen fast alles stehen. Aus unserem Abendspaziergang wird nicht viel, denn das Hotel ist wie ein Tiergehege hoch eingezäunt. Wie Wölfen im Zoo bleibt uns nur ein mehrmaliger Zaunumlauf. Dieser enge Hof ist wohl zum Schutz vor dem Kerosingeruch der Flugzeuge mit Linden bepflanzt; ihre Blüten duften so betörend, dass ich mir eine zur Erinnerung pflücke.

### *Jens*

Der Flug über München nach Hannover verläuft glatt. Wir sind gesund und guter Dinge. Klaus, unser Schutzengel in Reserve, musste keine Rettungsfahrt nach Frankreich starten, aber er bleibt für uns i. R.. Tina holt uns vom Flughafen ab – wir sind zu Hause. Unser Kater Erwin fremdelt nur drei Minuten, dann lässt er sich wieder kraulen.

***Anke***

Das erste üppige Frühstück seit drei Wochen müssen wir wegen des Rückflugs in Eile einnehmen. Wir erwischen eine Klappermaschine nach München, aber da sie nicht voll besetzt ist, haben wir Bewegungsfreiheit. Unterwegs schaukelt und kippt unser Maschinchen von oben nach unten, von links nach rechts; uns wird von Stürmen über ganz Deutschland berichtet. Im Transferbus auf Münchens weitem Fluggelände klappt eine Businesswoman ihren Laptop auf, wickelt uns in ihre Schnüre ein, quasselt streng ihre Chefinnen-Anweisungen ins Handy, greift ihre losen Papiere, Mappen und betriebsfertigen Geräte, um im Flugzeug weiterzumachen. Willkommen in der Kommunikationswelt. Die elektronische Wanderarbeiterin merkt nicht, wie komisch sie wirkt. Hoher Preis für Frauen im modernen Berufsleben.

In Hannover kommen wir pünktlich an. Freundin Tina winkt durch die Glasscheiben, Tränen der Wiedersehensfreude. Wir sind heil und dankbar, zu Hause und willkommen. Wir waren nur drei Wochen fort und doch ganz weit weg.

# Gedanken nach der Reise

## Jens

Die drei Wochen sind teuer geworden. Sobald man sich nicht mit dem Einfachsten begnügt, kosten Verpflegung und Logis auch auf dem Jakobsweg viel Geld. Das war schon im Mittelalter so. Pilger, Kirchen, Klöster, Gastronomie und Hotellerie bilden ein Geflecht. In etlichen Gîtes stimmt das Leistungs-Preis-Verhältnis, in einigen werden Pilger geschröpft. Pilgern in Frankreich ist geistlicher und pekuniärer Luxus. Aber weil ich manchmal leben will wie Gott in Frankreich, weine ich den Euros keine Tränen nach.

Ich habe mit anderen Pilgern des Öfteren über Askese, über Verzicht, gesprochen. Für mich gehört Askese zum Pilgern, aber nicht, um Gottwohlgefälligkeit zu erwerben. Freiwilliger Verzicht auf Komfort trägt seinen Lohn in sich selbst: Ich werde frei für die Wertschätzung der Gaben Gottes, kann so meine Lebensfreude steigern. Auch in meinem Alltag hat diese Lebenskunst ihren Platz. Pilgern heißt, Askese einzuüben – ein Exerzitium.

Als Paar zu pilgern, hat eine katalysatorische Wirkung: Entweder schieben sich trennende Elemente in eine Partnerschaft, oder gemeinsame Erlebnisse und Strapazen verbinden mehr als zuvor. Mein Gefühl zu unserer Tour ist „unlogisch“: Ein „noch Mehr“ kann ich mir im Verhältnis zu Anke kaum vorstellen, weil auch nach der Reise ist, was schon war; aber die gemeinsame Zeit unterwegs empfinde ich als ein deutliches „Mehr“. Noch im Nachklang schwingt die Bereicherung der intensiven Wochen mit. Miteinander zu sprechen mussten wir nicht erst lernen. Wechselseitiges Wissen voneinander hat sich für unser Pilgern als verlässliche Grundlage erwiesen. Probe bestanden.

Als Spezialist des Pilgerwegs Loccum-Volkenroda wollte ich mich von dieser Strecke einmal lösen, um vertrauten Erfahrungen jenseits des deutschen Zaunes ein paar neue hinzuzufügen. Durch Begegnungen mit vielen Nationalitäten auf dem Jakobsweg fühle ich mich mehr als zuvor der europäischen, der westlichen Christenheit verbunden. Auf dem christlich geprägten Jahrtausendweg fühlte ich mich auch Menschen verbunden, deren Mentalität und Lebensstil sich von mir unterscheiden. Die elementaren Umstände des Zusammentreffens, die Kürze der Zeit und das Bewusstsein, Geschöpfe Gottes zu sein, heben kommunikative Grenzen auf, stiften eine ungewöhnliche Intensität. Berufspilger wie manche will ich nicht werden, pilgern soll für mich Kür bleiben. Trotz meiner Aversion gegen den spanischen Jakobsrummel spüre ich einen Impuls, eines Tages doch diesen Weg zu gehen, um seiner Faszination nachzuspüren. In Spanien spiele ich dann den einsamen Pyrenäenwolf, es sei denn, ein Freund kommt mit. Das wird dann eine ganz andere Tour.

### *Danke, Luther!*

Ich habe Elaine mein Pilgerbuch „Zwischen Loccum und Volkenroda“ in die USA geschickt. Dabei tauchte ein Problem auf. Meine Widmung, Psalm 91,11 „Denn er hat seinen Engeln befohlen, dass sie dich behüten auf allen deinen Wegen“, lautet in meiner englischen Bibel anders als in meiner deutschen. Altenglisch heißt es: *„For he shall give his angels charge over thee to keep thee in all thy ways.“* Luther wählte bei seiner Übersetzung aus dem Hebräischen die Vergangenheitsform „hat ... befohlen“, während im Englischen das Futurum *„he shall give“* bevorzugt wird. Das ist ein Unterschied. Wenn Gott seinen Engeln dies befohlen „hat“, ist das eine feststehende Tatsache, auf die ich mich leichter verlassen kann als auf die Verheißung „er wird“. Ein Göttinger Alttestamentler klärt mich auf: In der hebräischen Urfassung wird eine unabgeschlossene Vergangenheitsform verwendet, die die Zukunft mit einschließt. Gott als Schöpfer auch der Zeit ist der Zeit nicht unterworfen. Seine Existenzweise ist die Ewigkeit. Vergangenheit, Gegenwart und Zukunft fallen bei ihm zusammen. Ich schicke Elaine die altenglische Version. Aber Luthers Übersetzung gefällt mir besser. Danke, Luther!

***Hallo Tranquilla!***

Zu Hause lese ich Michael Endes poetischen Text „Tranquilla Trampeltreu" und freue mich über Manfred Schlüters fantastische Zeichnungen zu den Wegabenteuern der Schildkröte. Tranquilla ist zur Hochzeit des Sultans Leo eingeladen. Doch der Weg zum Löwen ist weit. Obwohl die anderen Tiere Trampeltreu verspotten, wandert sie Wochen und Monate unbeirrbar durchs Land. Ein bisschen müde zwar, aber glücklich kommt sie gerade rechtzeitig zur Löwenhochzeit an. Ich kann es kaum abwarten, dass unser Enkel Johann sich gern vorlesen lässt. Sollte er sich für Tranquillas Weggeschichte interessieren, erzähle ich ihm auch von unserer Schneckentour in Frankreich. Sein Pilgerweg des Lebens fängt erst an, mein Horizont senkt sich; aber ein gutes Stück Wegs, das wünsche ich mir, werde ich noch mit ihm gemeinsam gehen.

***Anke***

Was bleibt? Ein glitzerndes Quarzsteinchen vom ersten Pilgertag, eine getrocknete Lindenblüte vom letzten Tag, eine silbermetallene Jakobsmuschel, ein Stapel Prospekte, ein paar Schnappschüsse, übrig gebliebene Lakritzbonbons („*réglisse*" konnte ich erst zu Hause übersetzen), noch nicht selbst erprobte Rezepte für den *Aligot* und die *Truffade*, ein lückenhafter Pilgerpass, Tagebuchnotizen. Kopf und Herz voll von Erinnerungen, bleibt auch die Erfahrung, sich von lieb gewonnenen Gewohnheiten für ein paar Wochen verabschieden zu können. Täglich genieße ich mein breites Bett mit der Baumwollwäsche, die Durchschlafnächte, das Abrubbeln mit dem Frotteetuch, meine Kleidung aus Naturfasern, das Müslifrühstück mit dem Körnerbrot. Grüne Linsen kommen in unserem Bioladen nicht aus Le Puy, sondern aus dem entfernten Kanada.

Was war nun Verzicht während dieser Pilgertour? Nichts. Ich habe nicht in Askese gelebt. Ich hatte alles, was ich brauchte, und noch viel mehr. Die Schauspielerin Maria Schrader sinnierte kürzlich, ihr Leben sei „zu voll". Voll mit Terminen, zu voll mit selbstverständlich gewordenem Luxus. Sie wünsche sich manches Mal, nur mit Kreditkarte und Zahnbürste um die Welt zu reisen. Ich lache darüber, denn sie täuscht sich: Auch das ist Luxus.

Bereichert durch Begegnungen, fröhliche Gemeinschaftsessen, faszinierende Landschaften, beeindruckende Gotteshäuser, durch das Erlebnis, Anstrengungen physisch und psychisch gewachsen zu sein, denke ich oft an den zuversichtlichen Aufbruch in den neuen Tag, an Gespräche mit Jens, ans Schweigen beim Gehen, an Andachten und Gesänge. Ich sehe sympathische Gesichter von Pilgernden vor mir, lache über einige Verrückte, erinnere gern hilfsbereite Gesten und Dienstleistungen, die uns zuteil wurden. Da haben wir in Deutschland einiges zu verbessern. Auch gehört die Erfahrung dazu, nicht einfach ins Blaue, sondern gut organisiert zu pilgern trotz der streckenweise touristischen Infrastruktur.

Nicht vergessen habe ich die Angst bei der ersten Gewitterexplosion – so viele Gewitter in kurzer Zeit habe ich noch nicht erlebt –, den Schrecken des Sturzes, die schwierigen Steilhänge, die Mühen täglich neuer Quartiere, schlaflose Stunden. Aber sie treten in den Hintergrund. Wir haben keines der Spezialpflaster für die Füße gebraucht. Die Wunden an Knien, Händen und Kopf sind verheilt, die klaffenden Sohlen meiner Wanderschuhe hat unser griechischer Schuster Dimi geklebt, sie haben bereits zwei Wandertage hinter sich. Ich vermisse den heiteren Gruß *„Bonne journée“* oder *„Bonne route!“* Bei uns in Feld und Wald begegne ich immer wieder muffigen Gesichtern, skeptischen, manchmal grimmigen Blicken; selten ein Lächeln oder Gruß.

Ein freundlicher Anruf von Michel zeigt, dass auch wir ihm und Thomas in Erinnerung geblieben sind. Uns erreichen E-Mails und Fotos von Kira mit ihrem Freund Nathan. Elaine hat ihre Einladung nach Arizona wiederholt; wir haben schon fast zugesagt. Ich werde sicher nicht den Jakobsweg bis nach Santiago oder auch nur bis Saint-Jean-Pied-de-Port zu den Pyrenäen komplettieren wollen; als Erfahrung war mir dies genug. Aber ich möchte noch oft zu allen Jahreszeiten mit dem Rad oder in Wanderschuhen die uns von Gott geschenkte Natur durchstreifen. Bei meinen Erzählungen werde ich oft auf Hape Kerkeling angesprochen: „Ach, du auch?“ Ich mache dann auf unsere reizvolle französische Variante neugierig, zumal der kaputtkommerzialisierte spanische Jakobsweg wie in der TV-Vulgärserie als „großes Promipilgern“ zur Ware Jakob verkommt.

Haben sich meine Bedenken bewahrheitet? Meine Französischkommunikation ging leichter als erwartet, ich bekam wieder Zutrauen zu meinen Sprachkenntnissen. Als Jens aus Sicherheitsgründen einmal unser ganzes Geld, ein andermal den Zimmerschlüssel mit sich nahm und bei der Verabredung verspätete, da stellte sich bei mir das Abhängigkeitsgefühl ein. Ich konnte mir keinen Kaffee, kein Wasser kaufen, konnte nicht ins Quartier. Aber das waren peanuts gegenüber seiner fürsorglichen Rücksicht, seinem Zuspruch bei Verzagtheit, der verlässlichen Planung, seinem Optimismus bei Hindernissen. Er hat seine Tagesroutenwünsche mir zuliebe verkürzt. Alles, was beim Start so ungewiss war, ist gut ausgegangen. Wir hatten einen Schutzengel.

Hat das Pilgern meinen Glauben verändert? Habe ich eine neue Glaubenserfahrung gemacht? Ja. Obwohl ich bis zur Jugendzeit kindlich vertrauensvoll an den „lieben Gott" glaubte, trat ich im inneren Widerstreit mit der Institution Kirche aus der Kirche aus. Meinen Glauben an Gott aber verlor ich nie. Jahrzehnte später fand ich den Weg in die Kirche zurück. Das Pilgern und die Begegnung mit katholischer Frömmigkeit bestärkt mich: Mein Platz in der Gemeinschaft evangelischer Christenmenschen ist der richtige.

Der dreiwöchige Pilgerweg hat mir verdeutlicht, wie seit Jahrtausenden Menschen aus vielen Ländern die immer gleichen Wege gehen. Sie folgen gleichen Zielen und Werten, freuen sich oder bangen, haben Träume und Illusionen, wollen Irrtümer vermeiden und machen doch Fehler, finden zueinander oder trennen sich, harren aus oder eilen davon, sorgen vor, müssen Verluste hinnehmen, suchen Gott oder verwerfen ihn – oder glauben einfach an ihn ohne zu zweifeln.

Die kranke, schon alternde Lyrikerin Rose Ausländer beschrieb voll Lebenssehnsucht und mahnend diese Empfindung poetischer, als ich es formulieren kann:

***Gemeinsam***

*Vergesset nicht*
*Freunde*
*wir reisen gemeinsam*

*besteigen Berge*
*pflücken Himbeeren*
*lassen uns tragen*
*von den vier Winden*

*Vergesset nicht*
*es ist unsre*
*gemeinsame Welt*
*die ungeteilte*
*ach die geteilte*

*die uns aufblühen lässt*
*die uns vernichtet*
*diese zerrissene*
*ungeteilte Erde*
*auf der wir*
*gemeinsam reisen.*

*Wenig wert für die Passkontrolle ins Paradies, aber ein Souvenir – unser Pilgerpass*

## *Literatur*


Birgit GÖTZMANN: *Outdoor. Frankreich: Jakobsweg GR 65. Via Gebennensis. Via Podiensis.* 3. überarbeitete und erweiterte Auflage. Outdoor-Handbuch Bd. 128. Der Weg ist das Ziel. ISBN 3-89392-528-7. Welver 2005.

Lauriane CLOUTEAU/Jacques CLOUTEAU: *Miam Miam Dodo. Le Chemin de Saint Jacques de Compostelle.* Edition 2007. ISBN 2-916446-04-4.

FÉDERATION FRANÇAISE de la Randonnée Pédestre 2006 (Hg.): *Sentier vers Saint-Jacques-de-Compostelle via Le Puy-Figeac.* Paris 2006[3].

Claire DELMAS/Jean-Claude FAU: *Conques. Tourisme et Culture en Aveyron.* Editions du Beffroi. Millau 2002. ISBN 2-908123-04-5 [deutsche Ausgabe].

Frère Jean-Régis HARMEL: *Die Heilige Fides.* Edité par: Inteditprint 0467534740. ISBN 2-9512604-3-1. 34430 Saint Jean de Vedas 2005[3].

Roger LEROYER: *Clamavi ad te. Sachsenhausen 103061. Buchenwald 93214. Außenlager Langenstein-Zwieberge.* Hg. Förderverein für die Gedenkstätte Langenstein-Zwieberge. Ins Deutsche übertragen von Gesine Daifi. Jena/Quedlinburg 2003.

Gabriel CAMPREDON (1984): *Louis Dalle – un homme libre.* Ed. Association »Louis Dalle un homme libre«. Saint Chely d'Apcher 2002[5].

*Verortet. Erinnern und Gedenken in Sachsen-Anhalt.* Hg. LANDESZENTRALE für politische Bildung Sachsen-Anhalt. Magdeburg 2004.

*Gedenkstätten für die Opfer des NS-Regimes – eine Übersicht.* Gedenkstätten-Rundbrief Sondernummer. Hg. STIFTUNG TOPOGRAPHIE DES TERRORS. Berlin o. J. [1996].

Rose AUSLÄNDER: *Ich höre das Herz des Oleanders.* Gedichte 1977-1979. S. Fischer Verlag. Frankfurt am Main 1984. Gesammelte Werke in sieben Bänden, Bd. 5. Hgg. von Helmut Braun.

*Tranquilla Trampeltreu – die beharrliche Schildkröte.* Eine Fabel von Michael ENDE – gemalt von Marie-Luise PRICKEN. Erstausgabe. Stuttgart 1972. Überarbeitete Neuausgabe ohne Notensatz Stuttgart/Wien 1982.

Michael ENDE (Text) – Manfred SCHLÜTER (Illustrationen): *Tranquilla Trampeltreu.* Neuausgabe. Hamburg 2006.

*Evangelisches Gesangbuch.* Stammausgabe der Evangelischen Kirche Deutschlands. Stuttgart o. J. [1993].

HANS-JÜRGEN SALIER / BASTIAN SALIER

# Es ist Frühling und wir sind so frei!

Den aufrechten Menschen der herbstlichen Kerzenlichtrevolution des Jahres 1989 gewidmet, deren Freiheitssinn Mauern bersten ließ. Den Gegnern der Einheit Deutschlands zur Mahnung.

Angewidert haben sie mich,
die ganze Generation, vierzig lange Jahre!
Schließlich musste ich mir sagen:
„Alles, was sie wollen, ist verkehrt;
nach meinem Willen haben sie nie gefragt."
Darum habe ich in meinem Zorn geschworen:
„Niemals werden sie das Land betreten,
wo ich ihnen Ruhe geben wollte!"

Keine Anbetung ohne Gehorsam
Psalm 95, Verse 10 und 11

„Mir ist nicht bange,
Dass Deutschland nicht eins werde,
Vor allem
Sei es eins in Liebe untereinander -
Und immer sei es eins,
Dass der deutsche Thaler und Groschen
Im ganzen Reiche
Gleichen Wert habe -
Eins, dass mein Reisekoffer
Durch alle deutschen Länder ungeöffnet
Passieren könnte."

JOHANN WOLFGANG VON GOETHE, 1828

Dieser Spruch mit dem Bildnis GOETHES, die Texte von JOHANNES R. BECHER „Wenn eines Tages" und „Nationalhymne der Deutschen Demokratischen Republik" werden von den Autoren dieses Buches zur Montagsdemo am 18.12.1989 als Flugblatt in großer Zahl verteilt. Die Nationalhymne, die auch wegen der Zeile „Deutschland einig Vaterland" nicht mehr gesungen werden darf, erklingt wieder auf dem Hildburghäuser Marktplatz.

Hans-Jürgen Salier / Bastian Salier

# Es ist Frühling und wir sind so frei!

## Die 89er Revolution im Kreis Hildburghausen - eine Dokumentation

Verlag Frankenschwelle KG
Hildburghausen 2000

ISBN 3-86180-080-2

1. Auflage März 2000


Texterfassung:
Hans-Jürgen Salier
Typografie, Layout, Bildauswahl:
Gritt Pfefferkorn, Weimar
Bastian Salier
Hans-Jürgen Salier
Herstellung:
Verlag Frankenschwelle KG, Verlagsleiter: Hans-Jürgen Salier /
Druckhaus Offizin Hildburghausen GmbH
Geschwister-Scholl-Straße 26, 98646 Hildburghausen

# Inhalt

# Geleitwort

## von Bundesminister a. D. HANS-DIETRICH GENSCHER

In diesem Jahr jährt sich die deutsche Einheit zum zehnten Male. Schon im vergangenen Herbst gab der zehnte Jahrestag des Berliner Mauerfalls Anlass für ein solches Jubiläum. Die Feiern lenkten den Blick immer wieder auf die Ereignisse von vor zehn Jahren, die im Herbst 1989 schließlich zu einer friedlichen Freiheitsrevolution führten, die der Teilung Deutschlands und Europas ein Ende setzte.
Der überwiegende Teil der Literatur, der sich mit der deutschen Einheit beschäftigt, tut dies aus dem Blickwinkel der Staats- und Regierungsebene. Zahlreiche Publikationen beschäftigen sich mit den internationalen Aspekten der deutschen Einheit, der Rolle des geeinten Deutschland in dem nun zusammenwachsenden Europa. Nur wenige Publikationen aber gehen auf die Ereignisse im Herbst des Jahres 1989 ein, wie sie sich auf der im wahrsten Sinne des Wortes ursprünglichen Ebene der Freiheitsrevolution zugetragen haben, nämlich der der Menschen, die in der ehemaligen DDR und den Staaten Osteuropas in sozialistischen Regimen lebten. Die vorliegende Chronik schließt diese Lücke und belegt einmal mehr, dass es eine wahrhaft europäische Freiheitsrevolution war, die durch die Menschen in Gang gesetzt und von ihnen getragen wurde. Entscheidend für den Erfolg der Freiheitsrevolution in Deutschland, auch für die deutsche Einheit, war das Verhalten der Menschen in der ehemaligen DDR selbst. In der deutschen Geschichte ist mit dem Begriff „Stolz" schrecklicher Missbrauch getrieben worden, vor allem in der ersten Hälfte des 20. Jahrhunderts. Das sollte uns nicht daran hindern, die friedliche Freiheitsrevolution in der früheren DDR als ein stolzes Kapitel deutscher Freiheitsgeschichte zu betrachten. Es vollendete sich, was 1848/49 gewagt und 1918 erneut versucht wurde. Deutsche, die friedlich für Freiheit und Einheit demon-

strierten, das hat zur Mehrung des Ansehens des ganzen deutschen Volkes in der Welt beigetragen. Es hat uns alle in einem ganz ideellen Sinne reicher gemacht.
Die Freiheitsrevolution des Jahres 1989 - es war in Wahrheit eine europäische Freiheitsrevolution in verschiedenen Ländern des sowjetischen Machtbereichs - sind dem Mut der Menschen in der DDR, in Ungarn, Polen und in der Tschechoslowakei zu verdanken, aber in hervorragendem Maße auch der Verantwortung und der Weitsicht von GORBATSCHOW und SCHEWARDNADSE, die sich mit der Politik der friedlichen Veränderung für immer in das Buch der europäischen Geschichte eingetragen haben. „Perestroika" und „Glasnost" als Freiheitsrevolution von oben widerlegten das Misstrauen, das ihnen anfangs entgegengebracht wurde. Ihr friedlicher Verlauf und ihr Resultat sind jedoch ohne die Entspannungspolitik und die vom KSZE-Prozess geschaffenen Rahmenbedingungen nicht denkbar. Im Sommer 1989 beriefen sich die ungarische Führung und ihr damaliger Außenminister HORN ausdrücklich auf die KSZE-Vereinbarungen zur Ausreisefreiheit, um DDR-Bürgern trotz entgegenstehender bilateraler Vereinbarungen mit der DDR die Ausreise in den Westen zu ermöglichen. Die Welt hatte den Atem angehalten, als die Außenminister Ungarns und Österreichs, GYULA HORN und ALOIS MOCK, den Stacheldraht des Eisernen Vorhangs durchschnitten. Diese Entscheidung bedeutete die Verwirklichung des Rechts auf Freizügigkeit für Zehntausende ehemaliger DDR-Bewohner. Sie erging gegen den Willen der DDR-Führung, die Außenminister HORN vergeblich von der Notwendigkeit der Öffnung zu überzeugen versucht hatte. Sie bedeutete eine Zeitwende. Es dauerte nur zwanzig Tage, nämlich bis zum 30. September 1989, bis die DDR-Führung einsah, dass die Mauer auf Dauer keinen Bestand haben würde. Die Tore der deutschen Botschaft in Prag wurden schon mit Zustimmung der DDR-Führung geöffnet. Ohne den mutigen Schritt Ungarns, aber auch nicht ohne den Mut der Menschen, die damals den Mut fanden, die Grenze zu überschreiten, wäre diese Entscheidung nicht zustande gekommen, ohne diese Entscheidung nicht die Öffnung der Mauer in Berlin am 9. November.
Wie die Ereignisse von den Menschen in der damaligen DDR wahrgenommen, aufgenommen und in ihrem Bekunden eines eigenen Freiheitswillens umgesetzt wurden, das zeichnen HANS-JÜRGEN und BASTIAN SALIER in ihrer Chronik nach. Sie lenken unseren Blick auf den kleinen Landkreis Hildburghausen in Südthüringen, nahe der damaligen Grenze zwischen der Bundesrepublik und der DDR, sie dokumentieren den Aufbruch, der mit dem Ruf nach „Freiheit, Demokratie und Gerechtigkeit" in den größeren Zentren der damaligen DDR begann und sich bis in die kleineren Städte und Gemeinden fortsetzte.
Die Autoren zeichnen den Weg des demokratischen Aufbruchs von den Aufrufen der damaligen Bürgerinitiativen bis zu den ersten demokratischen Volkskammerwahlen am 18. März 1990 nach und betten die lokalen Ereignisse in den größeren Zusammenhang der Überwindung der deutschen Teilung ein. Die Empfindungen, Ängste und Befürchtungen angesichts der Auflehnung gegen das bestehende Regime und den damit einhergehenden zu befürchtenden Repressalien, aber auch die Dynamik des Aufbruchs und das Gefühl der so lange vermissten Selbstständigkeit

und Freiheit angesichts des nahenden Endes der DDR, die noch Anfang Oktober des Jahres 1989 ihren 40. Jahrestag feierte, sind auf jeder Seite des Buches zu spüren und versetzen uns als Leser in die Lage, die damalige Situation der Menschen nachzuempfinden.

Der hier gezeigte Ausschnitt aus der Geschichte der deutschen Einheit mag zwar auf einen kleinen geografischen Bereich der damaligen DDR eingegrenzt sein. Für das Verständnis der Ereignisse von damals ist eine Aufarbeitung der Ereignisse im Kleinen - wie sie mit dem vorliegenden Werk geleistet wird - aber notwendig und wünschenswert. Nur so wird man der Tatsache gerecht, dass es die Menschen in der damaligen DDR und anderen osteuropäischen Staaten selbst waren, die mit ihrem Mut die Freiheitsrevolution ermöglicht haben.

Aufmerksam, detailliert und genau zeichnen die beiden Autoren das Bild des Aufbruchs nach. Sie wenden sich damit nicht nur an die Protagonisten der Kerzenlichtrevolution von vor zehn Jahren. Auch dem Leser aus der alten Bundesrepublik sei die Chronik, die den Weg der Revolution „von unten" beschreibt, ans Herz gelegt. Insgesamt ergibt sich so ein eindrucksvoll dokumentiertes Bild, das Zusammenhänge deutlich macht oder wieder in Erinnerung ruft - in einer Zeit, in der die Einheit längst zum Alltag geworden ist oder von dessen Problemen überlagert wird. Dem Werk von Hans-Jürgen und Bastian Salier wünsche ich daher eine breite Leserschaft.

Hans-Dietrich Genscher
Bonn, 22. Februar 2000

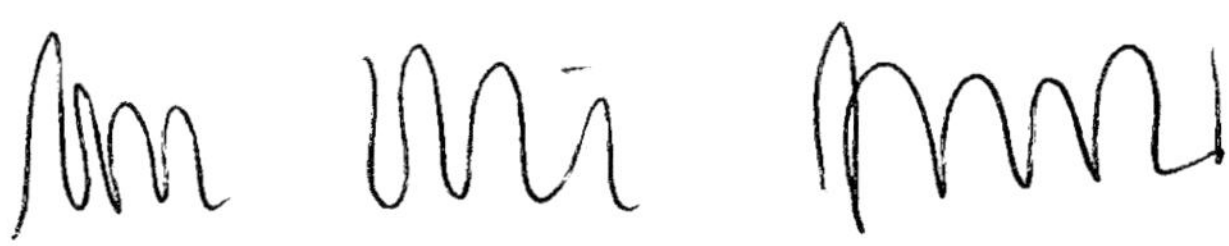

# Wir wollten zeigen, dass wir noch leben!

## Gedanken der Autoren zur friedlichen Revolution

Die Typen der beiden Schreibmaschinen Marke „Erika“ hämmerten monoton auf das Papier. Ein Dauerfeuer der Buchstaben, das in den letzten Septembertagen 1989 aus der kleinen Wohnung im zweiten Stock eines Wohnblocks in der Hildburghäuser Rosa-Luxemburg-Straße drang. Eigentlich nicht ungewöhnlich, denn geschrieben wurde hier immer irgendetwas. Doch vielleicht wäre es diesmal ratsam gewesen, sich zu ducken. Vielleicht konnte dieser Text zur Gefahr für die Schreiber werden. Es waren zwei engbedruckte Seiten mit einem Aufruf des NEUEN FORUMS für mehr Gerechtigkeit und Demokratie in der DDR, die immer und immer wieder kopiert wurden. Eine gefährliche Munition.
Die Tasten mussten kräftiger als sonst bearbeitet werden, damit auch der letzte Durchschlag noch zu lesen war. Drei Lagen Kohle- zwischen vier Blättern holzhaltigem Schreibmaschinenpapier: Die o und e schlugen kleine Löcher in das obere Blatt. Sonst war alles wie immer - aber die Gedanken der beiden Schreibenden taumelten und schlingerten in diesen Tagen mit einer nicht gekannten Unruhe hin und her. Alles Mögliche wurde durchdacht und wieder verworfen. Neue Ideen rissen einmal errichtete Gedankengebäude wieder ein, spontane Einfälle machten feste Entschlüsse zunichte; und feste Entschlüsse, neue Lebensentwürfe entstanden fast pausenlos. So ist das in Zeiten, in denen vieles, vielleicht alles anders zu werden droht oder zu werden verspricht.

Die Schreibmaschine hatte der 14-Jährige von seinem Vater bekommen, der im Zimmer nebenan schrieb. Der hatte auch den Aufruf von irgendwoher mitgebracht. Vielleicht von ECKEHARD SCHMIDT, dem streitbaren und immer unbequemen Freund, der wohl damals in Hildburghausen der erste war, der sich zum gerade entstandenen NEUEN FORUM bekannte. Oder hatte ihm ein Kollege aus dem renommierten Verlagshaus „transpress“ in Berlin den Text zugesteckt. Er weiß es selbst nicht mehr.
Für den Sohn war es allemal ein Abenteuer, ein Geheimnis. Und ein wirklich guter Anfang für einen, der sich vorgenommen hat, später mal als Journalist die Welt kennenzulernen. Und natürlich eine wirklich kommunistische Welt - aller Voraussicht nach. Nein, daran gab es nichts zu zweifeln, es würde eine schöne Welt sein. Denn das, was jetzt begann, war nicht etwa Konterrevolution, wie er in der Schule hörte: Es war die nächste Stufe der Weltrevolution. Die Geschichte muss doch vorwärts gehen, sie kann sich nicht zurückbewegen. Das ist ein Gesetz.

---

GORBATSCHOW war der Anfang. Seit Monaten hefteten sich die Jugendlichen Anstecker mit dem Bildnis des Generalsekretärs der KPdSU an die Jacken. Einige Leh-

rer sahen darüber hinweg, wollten damit nichts zu tun haben, andere redeten sogar offen im Unterricht darüber. Sie diskutierten, wollten ehrlich überzeugen, dass Perestrojka und Glasnost sicher für die Sowjetunion der richtige Weg sei, aber für die DDR war er es ganz gewiss nicht. Hier herrschten andere Voraussetzungen. Wir sind doch erfolgreich, machen wir einfach weiter so, sagten sie. Und dann gab es da noch ein paar Lehrer, die sich derartige Provokationen verbaten.
Im Frühjahr 1989 war er in die Freie Deutsche Jugend aufgenommen worden. Beim Appell auf dem Schulhof der „Ernst-Thälmann-Oberschule" in der Waldstraße gehörte er nun zu dem dumpfen Chor der Großen. „Freundschaft" brummten die, so tief es ging, die Pioniere piepsten nur „Immer bereit!"
Doch kurz darauf kam der Bruch, die Entwicklung von kindlicher Begeisterungsfähigkeit zu einem eigenen Bewusstsein, noch gar kein Selbstbewusstsein, nur Bewusstsein. Und das hatte viel mit dem zu tun, was die West-Fernsehsender seit Juli in den Nachrichten zeigten: Botschaften mit Tausenden von DDR-Flüchtlingen, Reportagen über das Regime, die Grenze, Umweltverschmutzung, Menschenrechtsverletzungen, kaputte Städte, Perspektivlosigkeit, eine marode Wirtschaft ...

Im „Städteexpress" der Deutschen Reichsbahn von Meiningen nach Berlin-Hauptstadt der DDR konnte man den Gesprächen der Funktionäre, Wirtschaftsbosse und Militärs lauschen, die immer kritischer wurden. Das war nicht das gewöhnliche altbewährte Gemecker, das den sozialistischen Wartegemeinschaften als nützlicher Zeitvertreib diente, das waren delikatere Gespräche, ernsthafte Wortwechsel. Oft war der Vater unterwegs nach Berlin zu seinem Arbeitgeber, dem „transpress VEB Verlag für Verkehrswesen", wo er als Buchlektor für Philatelie, Postgeschichte und Numismatik arbeitete. Den Lehrerberuf hatte er irgendwann an den Nagel gehängt. In der geistigen Leibeigenschaft der Volksbildung gab es auch nach 25 Jahren Schuldienst keine Aussichten auf ein Fünkchen Freiheit oder ein wenig Karriere für einen manchmal meckernden Parteilosen. Das Fach Geschichte, er hatte es nicht studiert, nahm man ihm weg. Was blieb, waren Deutsche Sprache und Literatur und eine Menge Freizeit in der Nischengesellschaft DDR.

Manchmal fuhr die Familie mit nach Berlin. Im August 1989 zum letzten Mal. Die Atmosphäre am Brandenburger Tor war teils gespenstisch, teils hoffnungsvoll, nur, dass zwischen diesen beiden Attributen die Mauer stand. Auf der Seite, auf der wir uns befanden, waren die Horrorutopien ORWELLS Realität geworden: Kameras auf den Dächern, Richtmikrofone irgendwo und überall, Wachsoldaten mit Stahlhelmen und geschulterten Schnellfeuerwaffen, Stasispitzel in Zivil patrouillierten. Auf der anderen Seite, vielleicht 200 Meter weiter, hatten sich die Menschen auf Leitern oder Gerüste gestellt und winkten, riefen. Auf dieser Seite höchstens Flüstern: „Spätestens in fünf Jahren gehen wir Hand in Hand durch dieses Tor." Zornige Blicke erntete der Familienvater ob dieser unvorsichtigen Worte. In der Familie wird danach noch oft über diesen Satz geredet. Seine Erfüllung rückte immer näher mit jeder Botschaftsbesetzung, mit der Grenzöffnung in Ungarn, mit jedem Friedensgebet, mit jedem noch so kleinen bisschen Courage, die jeder einzelne zusammenkratzte, mit jedem abgetippten Aufruf, der an irgendjemanden weitergegeben wurde.

---

Wir hatten Angst, aber wir hatten den Willen, etwas zu tun. Wir wollten zeigen, dass wir noch lebten und nicht die konfektionierten Hirntoten geworden waren, die sich „der Große Bruder" einst wünschte. Und im Übrigen: So groß sollten die Veränderungen ja nicht werden. Ein wenig Reisefreiheit hier, ein Stück von der großen Welt dort, ein bisschen mehr Wohlstand. Umso grotesker liest sich da die Information, die Mitte Oktober an die Organisationseinheiten der SED versandt wurde. Denn auch auf jener Seite herrschte Angst, erbärmliche Angst vor jeder Art von Veränderung. Die verkrustete Staatspartei kriminalisierte die bescheidenen Ansätze einer demokratisch gesinnten Opposition:
„Seit längerem unternehmen äußere und innere sozialismusfeindliche Kräfte intensive Versuche, in der DDR oppositionelle Gruppierungen und Strukturen zu schaffen und zu legalisieren. Unter Bruch der Verfassung und des geltenden Rechts, zum Beispiel der Verordnung über die Gründung und Tätigkeit von Vereinigungen vom 6. November 1975, wurden in jüngster Zeit mehrere oppositionelle personelle Zusammenschlüsse illegal gegründet. Bekannt wurde u. a. das 'Neue Forum', die sogenannte Sammelbewegung 'Demokratischer Aufbruch', die Bürgerbewegung 'Demokratie jetzt' und die 'Sozialdemokratische Partei'. Das geschieht nicht zufällig zur gleichen Zeit, da maßgebliche imperialistische Kräfte mit einer haßerfüllten Kampagne gegen die DDR den Sozialismus diffamieren und Zweifel an seiner Perspektive verbreiten. Eine zentrale Rolle ist dem 'Neuen Forum' zugedacht, das sich illegal in Berlin sowie in den Bezirken Leipzig, Halle, Gera, Karl-Marx-Stadt und Frankfurt/Oder konstituiert hat und in allen anderen Bezirken über sogenannte Kontaktstellen bzw. Kontaktadressen verfügt. Die Autoren dieses 'Neuen Forums' betreiben die Geschäfte der Feinde des Sozialismus. Ihnen ist es gelungen - anknüpfend an reale Probleme und Widersprüche unserer sozialistischen Entwicklung - bei nicht wenigen Bürgern der DDR, darunter auch jungen Menschen, Gehör zu finden und Verwirrung zu stiften."

Verwirrung stifteten wir also und Unruhe. Wir brachen die Verfassung! Illegal machten wir gemeinsame Sache mit dem Weltimperialismus! Die westlichen Medienkonzerne waren unsere Dienstherren! - Meine Güte, wir machten ja schon in die Hose, wenn jemand an der Tür klingelte. Schnell verschwanden dann die angeblich so hasserfüllten und sozialismusfeindlichen Papiere in die Schublade. Welch komplette Überschätzung einer Macht, die das NEUE FORUM niemals wirklich hatte und schon gar nicht zu dieser Zeit. Und es war eine für die Einheitspartei fatale Überschätzung, denn sie führte dazu, dass das NEUE FORUM und die anderen oppositionellen Gruppen, die man einige Wochen zuvor noch so gut im Griff zu haben glaubte, für einen Großteil der Bevölkerung zu einem wirklichen Hoffnungsschimmer wurden, zu einem Anker in einer immer irrealeren Welt, die nur noch aus Phrasen

und Flickwerk zu bestehen schien. Und das ist ihr großes Verdienst - sie haben sich mutig der Macht entgegengestellt, haben ihren Verstand gebraucht und haben den Einflusslosen geholfen, sich aus ihrer Unmündigkeit zu befreien.
Hier beginnt unsere Chronik.
Irgendwann zum Jahreswechsel von '89 auf '90 oder offiziell auch Wochen danach fingen die bürgerlichen Parteien an, zum Wahlkampf zu blasen. Die Deutsche Einheit war beschlossene Sache. Das NEUE FORUM und die anderen Bürgerbewegungen hatten ihren Einfluss längst verloren.
Hier endet unsere Chronik.

---

Inzwischen ist die Einheit Alltag geworden. Die meisten haben sich an die gewonnenen Freiheiten gewöhnt, wie an ein schönes Bild, das man erst begeistert kauft, und nach einer Weile beachtet man es kaum noch, weil es wie selbstverständlich im Zimmer hängt. Einige Menschen verharren in misslauniger Nostalgie und träumen von der muffigen sozialistischen Nestwärme, die das eigentliche Übel ihres Lebens war. Doch ein Jahrzehnt nach den Ereignissen der Kerzenlichtrevolution in den Herbsttagen des Jahres 1989 scheint das alles längst wieder vergessen zu sein. Vergessen ist auch, wer die politische Apathie der DDR seinerzeit beenden will, wer sich mutig mit der Erklärung AUFBRUCH 89 und den friedlichen Worten „Freiheit, Demokratie und Gerechtigkeit" dem System entgegenstellt: das NEUE FORUM. Wer kennt eigentlich noch die Namen der vielen anderen Bürgerinitiativen, wer weiß noch, was wirklich passiert ist in diesem halben Jahr zwischen September '89 und März '90?

---

So feierte noch am 7. Oktober 1989 die Staatsmacht mit großem Pomp den 40. Geburtstag der DDR. Feststimmung will bei vielen Menschen deswegen nicht aufkommen, denn das einst von MARX und ENGELS in der Programmschrift KOMMUNISTISCHES MANIFEST propagierte Gespenst des Kommunismus ist längst bittere und millionenfach verfluchte Realität geworden. Während es in den meisten Ländern Osteuropas schon in den letzten Zügen liegt, tanzen die hinter Stacheldraht und Minenfeldern gehaltenen Vorzeigekommunisten der DDR auf seinem Totenbett. Und die ersten Demonstranten bringen abseits der Jubelfeiern ebenfalls ihr Geburtstagsständchen: „Happy birthday, Polizeistaat!"

Die Menschen werden kurz vor dem selbstverschuldeten Kollaps der DDR mutig. Sie besinnen sich eines oft erprobten Rezepts, wie man die Herrschenden zur Räson bringt: des Protests der Straße. In der „Heldenstadt" Leipzig, in Dresden, in Plauen, Ilmenau und anderswo wird das längst erfolgreich praktiziert. Hinter den Bergen, in der „Autonomen Gebirgsrepublik Suhl", im grenznahen Raum, der Provinz ohne größere städtische Zentren, ohne bedeutsame internationale Kontakte, dauert der Lernprozess länger. Vielleicht auch, weil hier die Unterdrückungsmechanismen perfekter funktionieren, in diesem ländlich strukturierten Raum mit den vielen kleinen und großen Abhängigkeiten, wo „subversive Elemente" kaum eine Chance hatten. Man hat hier in der Vergangenheit leidvolle Erfahrungen mit der Unterdrückung oppositioneller Kräfte, Zwangsaussiedlungen und Verbrechen an der Demarkationslinie gemacht. Und wie stets, egal unter welcher Herrschaft, wurde das Prinzip der Anpassung schnell und erfolgreich angewandt.

Die Revolution der Kerzen und Transparente mit Aufschriften wie „Keine Gewalt" beginnt. Auch innerhalb der SED mehren sich kritische Stimmen, die sich neu orientieren wollen, die tatkräftig mithelfen, das stalinistische System zu überwinden. Sie sind sicherlich nicht die Wendehälse, die die Situation rasch erkennen und sich auf die Seite der vermeintlich neuen Sieger flüchten. Manche erkennen die Chancen der Zeit und stellen sich der Kritik. Die meisten delegieren jedoch ihre Verantwortung nach oben, und die Oberen sagen, die Unteren hätten sie belogen oder desinformiert. Nach der Zerschlagung des Dritten Reiches war es ähnlich, man redete und wendete sich bis zum Persilschein durch.

Auch wenn nach Grenzöffnung und Einheit SED-Mitglieder rechtfertigend erklären, dass man in die SED hätte eintreten müssen: Nein, das war nicht so. Man wurde nicht gezwungen, man musste auch keine Repressalien erleiden, wenn man nicht den Aufnahmeantrag für die Einheitspartei abgab. Darüber ist so viel in den letzten Jahren geschwätzt worden. Für die Menschen ohne Parteibuch gab es allerdings zumeist keine allzugroße Karriereleiter. Viele zogen es vor, bescheidener zu leben und sich in der Nischengesellschaft DDR einzurichten. Selbst für die Stasi musste man nicht arbeiten, auch nicht, wenn man erpresst wurde.

Die Autoren der Dokumentation des Aktivs Staatssicherheit und der ZEITWEILIGEN KOMMISSION AMTSMISSBRAUCH UND KORRUPTION DES BEZIRKSTAGES SUHL charakterisieren in ihrer im Frühjahr 1990 erschienenen aufsehenerregenden Schrift in wenigen Zeilen treffend das komplizierte Kastensystem der DDR:
„Der Mensch als Person und Persönlichkeit wird nach einem Schubkastenprinzip eingestuft. Er wird als Mitglied der Partei der Arbeiterklasse höher bewertet als ein Nichtmitglied. Die Mitglieder der befreundeten Parteien werden zunehmend als differenzierte Personen gesehen, die sich dem Zugriff der SED entziehen wollen oder auch als 'Andersdenkende' gesehen werden, die ihre Gedanken und Ideen einbringen wollen. Parteilose werden höher eingestuft als Mitglieder befreundeter Parteien, da sie Reserven für die SED darstellen bzw. sich nicht eindeutig festgelegt und bekannt haben. Die Gesellschaft zerfällt in 'Klassen' und 'Schichten', Privilegien werden genutzt, um wie Marx schon feststellte, von 'der allgemeinen Gesamtheit abzuschließen, aber zugleich zu einer kleineren exklusiven Gesamtheit zusammenzuschließen'. Hierin liegt zugleich die Wurzel, eine Wurzel nichtrealer sozialistischer Demokratie, und es tritt damit verbunden ein Geheimnis etablierter und entfremdeter Macht offen zutage. Stereotype Wort- und Begriffsbildungen und deren Inhal-

te, Wie: 'Unter Führung der Arbeiterklasse und ihrer marxistisch-leninistischen Partei ...', 'Alles zum Wohle des Volkes ...', 'Die Macht dient dem Wohl des Volkes' (Artikel 4 der Verfassung) unterstützen den systematischen Aufbau eines kollektivistischen Menschenbildes ('Vom Ich zum Wir'), das den Menschen als Person und Persönlichkeit negiert. Mit dem Artikel 47 der Verfassung der DDR wird zugleich der 'demokratische Zentralismus' und nicht die Volkssouveränität als das höchste Prinzip des sozialistischen Staates fixiert."

---

Die Menschen richteten sich ein. Der verwaltete Mangel machte erfinderisch. Es wurde gearbeitet, geschachert und improvisiert, gemeckert, gefeiert und die Partei- und Staatsmacht oftmals ausgetrickst, man kuschelte sich ein in die sozialistische Nestwärme. Die Lebensplanung war von Staat und Partei weitgehend vorgegeben und da und dort privat noch ein wenig korrigiert. Man schrieb in geistiger Prostitution Stellungnahmen für den Sozialismus und gegen die Bonner Ultras und Menschenhändler. Insgesamt herrschten aber Ruhe und kollektive Trägheit im „langweiligsten Land der Erde", wie es von VOLKER BRAUN einmal genannt wurde.

Das Leben in der DDR lässt sich mit einem Wort charakterisieren, das häufig auf Formularen zu lesen war: „wohnhaft". Und tatsächlich, es war eine Wohnhaft, für viele mehr als die Hälfte ihres Lebens, aus der sie mit gelegentlichen Freigängen in die östlichen Bruderländer mit klar fixierten Auflagen kurzzeitig entlassen wurden, oder im vorgerückten Alter genossen sie den Luxus, mit 5.- D-Mark Taschengeld in die Bundesrepublik Deutschland reisen zu dürfen. Die Rückkehrer sprachen allemal zwar von Problemen, schwärmten aber meist von den Lebensverhältnissen.

---

Auch wenn, gemessen an Leipzig und anderen Orten des revolutionären Aufbruchs, südlich des Rennsteigs alles mit einer Zeitverzögerung von bis zu 20 Tagen stattfindet, ist es trotzdem interessant, wie die Entwicklung hier abläuft und mehr und mehr Eigendynamik erhält. Die Autoren sind dankbar, diese Entwicklung selbst miterlebt und ein Weniges davon mitgestaltet zu haben, sie erinnern sich gern an die aufregenden, befreienden, spannenden, fröhlichen und solidarischen Oktober- und Novembertage. Einmaliges geschieht. In der Zeit allergrößter DDR-Alltags-Tristesse finden sich plötzlich Hunderttausende Menschen friedlich zusammen, um sich Luft zu machen über eine mehr als vier Jahrzehnte widerlich rechthabende Partei, eine vergreiste und unfähige Regierung, gegen miese Parteiobere in den hierarchischen und kastenähnlichen Etagen des Kreises und des Bezirkes.
Die „Feierabendrevolutionäre", wie sich die Protestierenden manchmal selbstironisch nennen, schweigen diszipliniert und trotzig bei den Schweigemärschen mit der Kerze in der Hand, sie schreien sich aber auch Frust und Wut aus dem Leib - klar und deutlich, nicht immer bestimmt für zarte Ohren oder ein Sonntagsschulbuch. Die Menschen tragen oft witzige Transparente, und so manches Bettlaken muss da-

ran glauben, sie verspotten die „Sicherheitskräfte" und führen sie in die Irre, während die sich am nächsten Tag im Parteiblatt FREIES WORT über das ungesetzliche Verhalten der Protestierer entrüsten, als gäbe es selbst für Revolutionen sozialistische Rechtsvorschriften. Am Tag grüßen sie sich mit dem Victory-Zeichen, die Autoantennen oder die Aufschläge der Jacken und Mäntel ziert das 40 Zentimeter lange grüne Band, sie schauen nachts im Westfernsehen stundenlang Situationsberichte aus ihrem eigenen Land und gehen am nächsten Morgen wie sonst auch ihrer Arbeit nach. Und wenn Demo- oder Friedensgebetzeit ist, erscheinen sie pünktlich, meist nicht mehr als fünf Minuten vor der angesetzten Zeit. Und mit wenigen, diszipliniert eingesetzten Mitteln bringen sie es fertig: Diese Menschen stürzen ihre Regierung, als sei es das Normalste der Welt. Keine politische Partei, keine Ideologie, kein Volkstribun steht hinter ihnen, ihre Kraft ist das erwachende Selbstbewusstsein. Ja, sie „missachten" sogar die Leninsche Revolutionstheorie - und die Revolution gelingt.

---

Es wurde und wird noch viel spekuliert über den schicksalhaften und doch für das deutsche Volk so glücklichen 9. November 1989, als das Politbüromitglied GÜNTER SCHABOWSKI die Reisefreiheit und damit die Grenzöffnung scheinbar lapidar verkündete. Ein Versehen, ein Irrtum, ein Geschenk gutwilliger und reformfreudiger SED-Politiker oder die inszenierte Selbsthilfe der SED-Betonköpfe, die sich unter den Fittichen des nahenden Rechtsstaates Bundesrepublik Deutschland sicherer wähnten? Der Suhler Komponist und Bürgerrechtler SIEGFRIED GEISSLER bezeichnet den Alleingang Schabowskis gar als eine der größten Schwejkiaden. Eines wird deutlich: Mit dem 9. November wird genügend revolutionärer Dampf durch das Ventil Reisefreiheit abgelassen. Für viele Protestierer erfüllt sich damit bereits ein Lebenstraum ...

Eine Umkehr ist ab da offensichtlich ausgeschlossen, doch die Angst bleibt vor der möglichen Waffengewalt, vor den geplanten Internierungslagern, psychischem und physischem Terror und hält bei vielen Menschen noch Wochen und Monate an. Nicht auszuschließen war der militärische Einsatz gegen die Bevölkerung, KZ-ähnliche Internierungslager für die Aufmüpfigen waren bis ins Detail geplant, auch für unliebsame Menschen aus dem Kreis Hildburghausen.

Ganze Heerscharen von Wissenschaftlern einschließlich altstalinistischer Philosophen sind jetzt bemüht zu definieren, ob die Ereignisse des Herbstes in der DDR eine Revolution waren oder nicht. Die Leser im Osten Deutschlands wissen es - ihnen hatte man oft genug die Leninsche Revolutionstheorie eingehämmert. Heute ist man eher bemüht, diese friedliche Revolution kleinzureden. Es ging aber nicht allein um die Ablösung einer Clique unfähiger Politiker, sondern um die Überwindung des sozialistischen Zwangssystems, das - so zeigt das Scheitern der verschiedenen Sozialismus-Modelle - nicht in der Lage ist, die Probleme der menschlichen

Gesellschaft zu lösen, sondern sie nur noch zu verschärfen. Und so dürfte spätestens im Dezember '89 jedem klar geworden sein, dass hier überholte politische Strukturen vollkommen abgelöst werden müssen und kleinliche Reparaturen und auch die Reform des Sozialismus nicht mehr helfen konnten. Wer nach all dem bis dahin zu Tage geförderten Unrecht, das sich durch das gesamte System zog, noch glaubte, eine andere oder bessere DDR aufbauen zu können, handelte wohl selbstbetrügerisch. Und weil es weder eine Revolution von oben war, wie gerne behauptet wird, und bis zu KOHLS 10-Punkte-Plan auch keine Beeinflussung von außen vorlag, vermeiden die Autoren möglichst von einer „Wende" zu sprechen. Dieser Begriff stammt von dem neuen Mann nach HONECKER, von EGON KRENZ, der in seiner Antrittsrede als SED-Chef eine „Wende" propagierte, mit der er den Sozialismus reformieren wollte. Und auch lange Zeit danach, bis hin zur Regierung MODROW wurde weiter versucht, das System in wesentlichen Teilen zu retten. Nein, eine Wende war das nicht. Viele Menschen im Osten wissen, dass es ihre Revolution war, die sie sich nicht - durch wen auch immer - wegreden lassen. Die Menschen wissen auch sehr genau, dass diejenigen eine neue Revolution provozieren, die uneinsichtig sich immer wieder am Willen der einfachen Bürger vergehen. Diesen Gerechtigkeitssinn werden die Menschen im Osten Deutschlands länger behalten, denn sie tragen das Glück in sich, eine Revolution gewonnen zu haben.

---

Und so wollen die Autoren dieser Chronik fast 40 Jahre nach dem Bau der Berliner Mauer und ein Jahrzehnt nach ihrem Fall einen Blick auf die Ereignisse im Kreis Hildburghausen werfen, wobei der Schwerpunkt bei der Kreisstadt Hildburghausen liegt, beginnend mit den ersten Aufrufen des NEUEN FORUMS bis zu den ersten freien demokratischen Volkskammerwahlen am 18. März 1990. Im Kapitel „1989/90 - Das letzte Jahr der DDR im Überblick" soll im Zeitraffer die Dramatik des Revolutionsjahres bis zur staatlichen Einheit Deutschlands dargestellt werden, um die lokalen Ereignisse in den größeren Zusammenhang setzen zu können.
Das Kapitel „DDR-Glossar" soll vor allem der jüngeren Generation sowie den Lesern in den alten Bundesländern helfen, die dargestellten Sachverhalte besser zu erschließen.

---

Wir wollten alles aufschreiben, um es nicht zu vergessen, um es auch denen mitzuteilen, die es nicht erleben konnten oder die damals ängstlich zu Hause blieben, weil sie vielleicht ihre eigenen Erfahrungen mit Diktatoren hinter sich hatten und der Kraft der Straße nicht trauten. Wir dachten aber auch an die Nachgeborenen. Allein es blieb bei dem Wunsch des Aufschreibens seit diesen Tagen. Manches wurde gesammelt. Über der Alltagsarbeit geriet die selbstgestellte Aufgabe in Vergessenheit.

Acht Jahre danach reift der Gedanke, an die Zeit zu erinnern. Ein Zufall hilft nach. Am 18. November 1997 kam es in der altehrwürdigen Leipziger Nikolaikirche, dem

einstigen Zentrum des Leipziger Widerstands, zu einem zufälligen Gespräch zwischen Pfarrer CHRISTIAN FÜHRER und HANS-JÜRGEN SALIER. Pfarrer Führer, dem Erich Loest in seinem verfilmten Roman „Nikolaikirche“ ein Denkmal setzte, sagte, dass die Verteidigung der Freiheit und damit auch die Lösung sozialer Probleme weitergehen müsse.
Und gerade dieses Gespräch mit dem schon zur Legende gewordenen und dennoch bescheidenen gottesfürchtigen Menschenfreund und geistigen Wegbereiter der herbstlichen Kerzenlichtrevolution von 1989 gab den letzten Anstoß zu diesem Buch.

Die Erinnerung an das Leben in der DDR und ihren Untergang allerdings ist gespalten, wie der Bürgerrechtler und Historiker STEFAN WOLLE richtig bemerkt. Das subjektive Element in der Beurteilung von Geschichte, die erst wenige Jahre zurückliegt, kann kaum ausgeschaltet werden. Und so reichen die Ansichten über die DDR von einer generellen Dämonisierung als Unrechtsstaat bis hin zur Verharmlosung der SED-Diktatur mit ihrem Spitzelapparat. Die Wahrheit liegt nicht etwa irgendwo dazwischen, sondern im Zusammenhang dieser Pole, in der „dämonischen Dimension der Harmlosigkeit“, wie STEFAN WOLLE die Verbindung zwischen Repression und Alltag, von der das Leben in der DDR geprägt war, nennt.
Natürlich ist auch die Zeit der friedlichen Revolution von jedem Menschen anders empfunden worden. Sein Verhalten ist immer im Kontext mit den Erfahrungen, die er aus dem Leben in der DDR mitbrachte zu sehen. Deshalb kann auch von diesem Buch keine allgemeingültige Geschichtsschreibung erwartet werden. Es ist durchaus ein subjektiver Beitrag. Persönliche Erlebnisse der Autoren spielen eine große Rolle. So kann es vorkommen, dass auch scheinbar banales Geschehen aufgegriffen und verarbeitet wird. Aber oft sind gerade die einfachen und unscheinbaren Dinge besonders geeignet, Mechanismen und Systeme zu entlarven oder auch nur zu veranschaulichen. Ein alleiniger Bezug auf die zeitgenössischen Quellen, wie etwa die Ausschnitte aus der damaligen SED-Zeitung FREIES WORT, als Alternative wäre überhaupt nicht möglich gewesen.
Zwar entstehe, wie STEFAN WOLLE weiter bemerkt, in den Disputen zwischen ehemaligen DDR-Bürgern häufig der Eindruck, jeder von ihnen hätte in einer vollkommen anderen Welt gelebt. So lange es Augenzeugen dieser Zeit gibt, wird sich dieses Phänomen auch sicherlich nicht aus der Welt schaffen lassen. Allerdings möchten wir mit diesem Buch einen kleinen Beitrag dazu leisten, dass dieser Disput überhaupt fortgesetzt wird, dass nicht ausschließlich das Vergessen mit seiner zugegeben heilenden Wirkung oder die Schönfärberei an dessen Stelle tritt. Wichtig ist uns, dass es überhaupt eine Auseinandersetzung mit dem Geschehen im Kreis Hildburghausen gibt und die Protagonisten - auf welcher Seite sie auch immer standen - mit ihren Gedanken und Erinnerungen nicht alleine sind.
In vielen Gesprächen mit den Menschen unserer Heimatstadt und unseres Heimatkreises haben wir Anregungen erhalten und sind ermutigt worden, die Arbeit daran fortzusetzen. Aber es hat auch Zeiten des Zweifels gegeben; als Zeitungsaufrufe

die Bürger zur Mithilfe an dem Buch aufforderten, wir um Material und die Schilderung persönlicher Erlebnisse baten. Wir mussten erkennen, dass es bei vielen Menschen teilweise ganz erhebliche Barrieren gibt, sich mit der eigenen Geschichte auseinanderzusetzen. Sicherlich haben wir keine Flut von Briefen und Anrufen erwartet, schließlich steht die Gegenwart, stehen Dinge wie die Sorge um den Arbeitsplatz, um die Familie und die Widrigkeiten des Alltags, die in einem demokratischen System nicht weniger gemeistert werden müssen als in einer Diktatur, weit vor der Beschäftigung mit der Geschichte, mit dem Gewesenen. So verdanken wir leider nur wenigen Freunden eine intensivere Zuarbeit, Fachberatung und Hilfe. Man bekommt das Gefühl, mancher ehemalige Funktionär oder Vertreter der „bewaffneten Organe" sei noch der DDR oder dem Fahneneid verpflichtet, und im Übrigen sei der Zusammenbruch der DDR nur ein lapidarer historischer Unfall, verursacht von unfähigen Funktionsträgern und einer übertriebenen Sicherheitspolitik, im neuen System gehe alles nahtlos weiter. Nur ein Offizier der Staatssicherheit hat sich offenbart. Er hat viele Details bestätigt und uns Mut gemacht, mit der Arbeit an die Öffentlichkeit zu gehen.
Wir haben es gewagt und uns um große Sorgfalt bemüht.
Gerne nehmen wir Ihre Ergänzungen und Ihre Kritiken entgegen. In naher Zukunft ist eine größere Arbeit zu den revolutionären Ereignissen in Südthüringen geplant. Hierzu hat sich bereits ein Expertenteam verständigt und erste konzeptionelle Vorstellungen erarbeitet.

Nichtsdestotrotz glauben wir, dass dieses Buch seinen Beitrag zur Bewältigung von persönlicher Geschichte leisten kann, daher interessiert und sicherlich auch kritisch aufgenommen werden wird. So hatten die zwei Jahre, in denen wir teils intensiv, teils sporadisch daran gearbeitet haben und uns mit unserer eigenen Biografie auseinandersetzen mussten, für uns persönlich eine durchaus therapeutische Wirkung.

Die beiden Autoren wollen keine Ratschläge geben, sie haben nur einen Wunsch, dass es immer genügend kritische Menschen in diesem Land geben wird, die das Leben in Freiheit jeglicher Ideologie vorziehen, auch wenn alles andere bequemer erscheint, dann ist ihnen um die Einheit des deutschen Vaterlandes auch nicht bange.

Hildburghausen und Leipzig zum Jahreswechsel 1999/2000

HANS-JÜRGEN SALIER und BASTIAN SALIER

# Chronik der Ereignisse im Kreis Hildburghausen -
## Vom September 1989 bis zu den ersten freien demokratischen Volkskammerwahlen am 18. März 1990

### September

**04.09.**
**Montag**

DR. WERNER LEICH, Bischof der evangelisch-lutherischen Landeskirche in Thüringen, schreibt an die Kirchgemeinden einen Brief, in dem mehr Demokratie gefordert wird.[1]
Die CDU-Kreisverbände erhalten ein von Kirchenleuten in Weimar verfasstes Schreiben, in dem ebenfalls die fehlende Demokratie in der DDR eingeklagt wird.

**06. - 08.09.**

Die Eisfelder Dreifaltigkeitskirche wird durch Sonneberger Ausreisewillige besetzt.

**07.09.**
**Donnerstag**

Der Chef der Bezirksverwaltung Suhl des MfS, Generalmajor GERHARD LANGE, informiert die Spitzenfunktionäre der SED-Bezirksleitung über die kritische Stimmung der Bevölkerung.[2]

---

[1] Die ev.-luth. Kirche spielt im Demokratisierungsprozess eine führende Rolle. Als eine der Ursachen hierfür ist der durchaus „sozialismusfreundliche“ Sonderweg der ev.-luth. Landeskirche Thüringens zur Amtszeit des aus Hildburghausen gebürtigen und politisch umstrittenen Landesbischofs DR. MORITZ MITZENHEIM und die Zugeständnisse an die SED zu sehen. Diese Entwicklung hat dazu geführt, dass der Dialog mit den kommunistischen Machthabern nicht abgerissen ist, aber auch dazu, dass die Kirche von der SED vor allem bei ihrem internationalen Anerkennungsstreben missbraucht worden ist. - Die katholische Kirche arrangiert sich nicht mit dem DDR-Sozialismus, zeigt aber nach außen auch keinen direkten Widerstand.

[2] „Immer mehr Menschen, die die DDR verlassen wollten, beriefen sich auf die KSZE-Schlussakte, schlossen sich mit anderen zusammen und versuchten, durch 'öffentlichkeitswirksame Aktionen' ihrem Anliegen Nachdruck zu verleihen. Unter dem Schutzdach der evangelischen Kirche begannen sich Friedens-, Umwelt- und Frauengruppen zu organisieren - von SED und Staatssicherheit der 'politisch-ideologischen Diversion' (PiD) oder gar der 'politischen Untergrundtätigkeit' (PUT) verdächtigt. All diese Ausdrucksformen aufkeimenden Widerstands überwachte die Staatssicherheit, berichtete darüber regelmäßig und detailliert an die SED und sollte sie ohne öffentliches Aufsehen unterbinden. Ein Promovend der Juristischen Hochschule des MfS hat diesen politischen Zusammenhang in aller Deutlichkeit herausgearbeitet. Er schrieb 1989:
'Die Anwendung operativer Zersetzungsmaßnahmen bei der Bekämpfung von politischen Untergrundaktivitäten durch feindlich-negative Personenzusammenschlüsse ist aufgrund ver-

**12.09. Dienstag** Das NEUE FORUM tritt am 12.09. mit einem Gründungsaufruf auch in Thüringen an die Öffentlichkeit. Am 13.09. bildet sich im Raum Suhl in der Illegalität eine Gruppe aus dem Arbeitskreis Gesellschaftliche Erneuerung, die sich im Wesentlichen aus dem KIRCHENKREIS HENNEBERGER LAND und Teilnehmern der ÖKUMENISCHEN UMWELTGRUPPE SUHL zusammen setzt. Es werden kirchliche Veranstaltungen zur gegenwärtigen politischen Situation geplant und veranstaltet.

**20.09. Mittwoch** Der Verbandstag der Freidenker des Kreises wird durchgeführt. Vorsitzender des kreislichen Arbeitsausschusses zur Bildung des von der SED gesteuerten Verbandes ist OMR DR. KLAUS HOFFMANN, Ärztlicher Direktor der Bezirksnervenklinik. Nach dem Kreisverbandstag sollen in weiteren Orten des Kreises Mitgliedergruppen gebildet werden. Vor allem Vertreter aus der Intelligenz stehen dem Verband äußerst kritisch gegenüber, weil sie sehen, dass die SED nichts unversucht lässt, das Geistesleben allumfassend zu kontrollieren und zu beeinflussen.[3]

**Um den 25.09.** Die ersten Aufrufe des NEUEN FORUMS (s. Faksimile „AUFBRUCH '89 - NEUES FORUM“) tauchen auf. Sie sind doppelseitig mit Schreibmaschine geschrieben und werden unter der Hand weiter gegeben. Am **27.09.** beschließt der KIRCHENKREIS HENNEBERGER LAND, den Aufruf zu vervielfältigen und in den Kirchgemeinden zu verbreiten.

**27.09. Mittwoch** Für die bewaffneten Kräfte der DDR werden „Maßnahmen zum Übergang zu einer höheren Gefechtsbereitschaft, um die Sicherheit und Ordnung aufrecht zu erhalten“ erlassen.

---

änderter Lagebedingungen zu einem politischen Erfordernis geworden. Das MfS leistet durch diese 'lautlose' Form der Bekämpfung von feindlich-negativen Aktivitäten im Sinne politischer Untergrundtätigkeit einen wichtigen Beitrag zur Unterstützung der Dialogpolitik unserer Partei sowie zur Stärkung des internationalen Ansehens der DDR'.“

SÜSS, WALTER: Das Verhältnis von SED und Staatssicherheit. - Berlin, 1997, Nr. 17, S. 31.

[3] Wie „tapfer und frei“ sich der Freidenkerverband gegen die SED-Bevormundung verhalten hat, dokumentiert sich in einer FW-Meldung vom 05.12.1989. In einem Dementi wird dargestellt, dass FW am 31.08.1989 ein Interview mit DR. KLAUS HOFFMANN auf Veranlassung des Sekretariats der SED-Kreisleitung Hildburghausen erschienen ist, aber von DR. HOFFMANN nicht gegeben worden sei. Der 1. Sekretär der SED-Kreisleitung, DR. PETER DORNHEIM, hat sich hierzu entschuldigt.

**27.09. Mittwoch** In einer streng vertraulichen Information[4] („Um deren Rückgabe wird gebeten!") schreibt der Leiter der Kreisdienststelle des MfS, Oberstleutnant BERND CUDOK, an den 1. Sekretär der SED-Kreisleitung, HERBERT LINDENLAUB:

**„Information**

über Haltungen kreislicher Funktionäre der befreundeten Parteien unseres Kreises und in diesen Parteien vorhandene Stimmungstendenzen zur Politik von Partei und Regierung

Von den kreislichen Funktionären der befreundeten Parteien gibt es offiziell keine ablehnende Haltungen zu grundlegenden Fragen der Gesellschaftsstrategie und -politik der Partei. Gegenüber der SED-Kreisleitung und auch im Rahmen des Kreissekretariats der Nationalen Front wird die Führungsrolle der SED anerkannt. Diesbezüglich gibt es auch in den Gremien der Parteivorstände keine entgegengesetzten Auffassungen und Orientierungen. Lediglich der Kreissekretär der CDU (Name ist getilgt, d. Verf.) läßt die Tendenz nach Forderung einer größeren Eigenständigkeit innerhalb seiner Partei erkennen.

Zu Teilfragen unserer Politik treten jedoch unterschiedliche Auffassungen auf.

Gegenwärtig wird vor allem die Medienpolitik der DDR von Mitgliedern der befreundeten Parteien kritisiert. Aus den vorliegenden Meinungsäußerungen ist erkennbar, daß die Medien nicht die reale politische und wirtschaftliche Lage in der DDR widerspiegeln, die positiven Ergebnisse unserer Entwicklung einseitig gegenüber Mängeln und kritikwürdigen Problemen dargestellt werden. Die in den Medien dargestellten Erfolge sind nach Auffassung dieser Personen für den einzelnen Bürger, ausgenommen die sozialpolitischen Ergebnisse, im täglichen Leben nur wenig spürbar.

---

[4] Der Staatssicherheitsdienst als „Dienstleistungsunternehmen der SED" hatte zur Informationsbeschaffung ein pervers ausgeklügeltes und eingespieltes System geschaffen, das nachfolgend teilweise beleuchtet wird:

„Der Leiter einer Kreisdienststelle hatte regelmäßig, zumindest wöchentlich, manchmal täglich, an den 1. Sekretär der Kreisleitung 'unter Wahrung der Konspiration' über die Lage in seinem Verantwortungsbereich zu berichten. Das Gleiche galt zwischen BVfS und Bezirksleitung. Auf höchster Ebene wurden ausgewählte Politbüromitglieder durch die Zentrale Auswertungs- und Informationsgruppe (ZAIG) beliefert, die sich aus der 1953 eingerichteten 'Informationsgruppe' im Laufe der Jahre zu einer Art Gehirn der Staatssicherheit mit mehreren hundert Mitarbeitern (1989: 423) entwickelt hatte. Neben der Routineberichterstattung gab es Berichte zu Einzelaspekten und die Mitarbeit von MfS-Offizieren in ad hoc eingerichteten Arbeitsgruppen: in den achtziger Jahren zum Beispiel zu 'Ausreiseantragstellern', zur Vorbereitung eines Kirchentages, dessen 'Öffentlichkeitswirksamkeit' eingedämmt werden sollte, oder nach einer Demonstration."

SÜSS, WALTER: Das Verhältnis von SED und Staatssicherheit. - Berlin, 1997, Nr. 17, S. 33.

In unserem Lande ist die Kommunikation zwischen Staat und Gesellschaft offensichtlich gestört. Belege dafür sind die weitverbreitete Verdrossenheit bis hin zum Rückzug in die private Nische oder zur massenhaften Auswanderung. Fluchtbewegungen dieses Ausmaßes sind anderswo durch Not, Hunger und Gewalt verursacht. Davon kann bei uns keine Rede sein. Die gestörte Beziehung zwischen Staat und Gesellschaft lähmt die schöpferischen Potenzen unserer Gesellschaft und behindert die Lösung der anstehenden lokalen und globalen Aufgaben. Wir verzetteln uns in übelgelaunter Passivität und hätten doch Wichtigeres zu tun für unser Leben, unser Land und die Menschheit.
In Staat und Wirtschaft funktioniert der Interessenausgleich zwischen den Gruppen und Schichten nur mangelhaft. Auch die Kommunikation über die Situation und die Interessenlage ist gehemmt. Im privaten Kreis sagt jeder leichthin, wie seine Diagnose lautet und nennt die ihm wichtigen Maßnahmen. Aber die Wünsche und Bestrebungen sind sehr verschieden und werden nicht rational gegeneinander gerichtet und auf Durchführbarkeit hin untersucht. Auf der einen Seite wünschen wir uns eine Erweiterung des Warenangebotes und bessere Versorgung, andererseits sehen wir deren soziale und ökologische Kosten und plädieren für die Abkehr von ungehemmtem Wachstum. Wir wollen Spielraum für wirtschaftliche Initiative, aber keine Entartung in eine "Ellenbogengesellschaft". Wir wollen das Bewährte erhalten und doch Platz zur Erneuerung schaffen, um sparsamer und weniger naturfeindlich zu leben. Wir wollen geordnete Verhältnisse, aber keine Bevormundung. Wir wollen freie, selbstbewußte Menschen, die doch gemeinschaftsbewußt handeln. Wir wollen vor Gewalt geschützt sein und dabei nicht einen Staat von Bütteln und Spitzeln ertragen müssen. Faulpelze und Maulhelden sollen aus ihren Druckposten vertrieben werden, aber wir wollen dabei keine Nachteile für sozial Schwache und Wehrlose. Wir wollen ein wirksames Gesundheitswesen für jeden, aber niemand soll auf Kosten anderer "krank feiern". Wir wollen am Export und Welthandel teilnehmen, aber weder zum Schuldner und Diener der führenden Industriestaaten, noch zum Ausbeuter und Gläubiger der wirtschaftlich schwachen Länder werden.
Um all diese Widersprüche zu erkennen, Meinungen und Argumente

dazu anzuhören und zu bewerten, allgemeine von Sonderinteressen zu unterscheiden, bedarf es eines demokratischen Dialogs über die Aufgaben des Rechtsstaates, der Wirtschaft und der Kultur. Über diese Fragen müssen wir in aller Öffentlichkeit, gemeinsam und im ganzen Land nachdenken und miteinander sprechen. Von der Bereitschaft und dem Wollen dazu wird es abhängen, ob wir in absehbarer Zeit Wege aus der gegenwärtigen krisenhaften Situation finden. Es kommt in der jetzigen gesellschaftlichen Entwicklung darauf an,

- daß eine größere Anzahl von Menschen am gesellschaftlichen Reformprozeß mitwirkt und
- daß die vielfältigen Einzel- und Gruppenaktivitäten zu einem Gesamthandeln finden.

Wir bilden deshalb gemeinsam eine politische Plattform für die ganze DDR, die es Menschen aus allen Berufen, Lebenskreisen, Parteien und Gruppen möglich macht, sich an den Diskussionen und der Bearbeitung lebenswichtiger Gesellschaftsprobleme in diesem Land zu beteiligen.
Für eine solche übergreifende Initiative wählen wir den Namen

N E U E S   F O R U M .

Wir rufen alle Bürgerinnen und Bürger der DDR, die an einer Umgestaltung unserer Gesellschaft mitwirken wollen, dazu auf, Mitglieder des NEUEN FORUMS zu werden.
Die Tätigkeit des NEUEN FORUMS werden wir auf gesetzliche Grundlage stellen. Wir berufen uns hierbei auf das in Art. 29 der Verfassung der DDR geregelte Grundrecht, durch gemeinsames Handeln in einer Vereinigung unser politisches Interesse zu verwirklichen. Wir werden die Gründung der Vereinigung bei den zuständigen Organen der DDR entsprechend der VO vom 6. 11. 1975 über die "Gründung und Tätigkeit von Vereinigungen" (Gesetzblatt I, Nr. 44, S. 723) anmelden.
Allen Bestrebungen, denen das NEUE FORUM Ausdruck und Stimme verleihen will, liegt der Wunsch nach Gerechtigkeit, Demokratie, Frieden sowie Schutz und Bewahrung der Natur zugrunde.

*Aufruf des NEUEN FORUMS, Ende September 1989 von den Autoren vervielfältigt und verteilt. Sammlung SALIER.*

Es wird vielfach die Frage gestellt, warum keine wirklichkeitsnahe Berichterstattung erfolgt.
Durch den Kreisvorsitzenden der LDPD (Name ist getilgt, d. Verf.) wurde beispielsweise bei einem Treffen mit Veteranen festgestellt:
'Die Medienpolitik ist unter aller Sau, sie hat die Vertrauenswürdigkeit bei den Menschen verloren. Die Aktuelle Kamera[5] kann man nicht mehr einstellen!'
(nicht auswertbar)
Besonders unter LDPD-Mitgliedern, die Handwerker und Gewerbetreibende sind, wird die gegenwärtige sozialistische Planwirtschaft und ökonomische Strategie mit Vorbehalten bewertet. Das betrifft sowohl die Bereitstellung von Grundmaterialien als auch die Anwendung von Stimuli für höhere Leistungen. Dieser Personenkreis vertritt verstärkt die Auffassung, daß das vorhandene Steuersystem nicht geeignet ist, einen größeren Leistungszuwachs anzustreben.
Allgemein wird der Bürokratismus bei den Behörden, der hohe Verwaltungsaufwand im Staatsapparat und in den volkseigenen Betrieben als effektivitätshemmend eingeschätzt.
Aus Kreisen der LDPD und CDU ist zunehmend die Forderung feststellbar, daß in Führungspositionen der Volkswirtschaft mehr Fachleute, unabhängig von ihrer Parteimitgliedschaft, zum Einsatz kommen sollten. Analog sollte auch die personelle Besetzung im Staatsapparat erfolgen.
Solche Auffassungen wurden u.a. in der LDPD-Ortsgruppe Eisfeld festgestellt,
- daß man den Eindruck bekommt, daß manche verantwortliche Stellen gar nicht wollen, daß es im Handwerk und Gewerbe, bei Dienstleistungen vorwärts geht
- die SED hat zu viele Theoretiker, die von fachlichen Dingen nichts verstehen
- der Verwaltungsapparat sollte schon lange abgebaut werden - nichts tut sich.
Die sozialistische Demokratie und ihre Entwicklung wird von mehreren Funktionären dieser Parteien so beurteilt, daß es zu wenig Einflußmöglichkeiten auf unterer Ebene zur Gestaltung der gesellschaftlichen Prozesse gibt. Fehlende Alternativen zu Problemlösungen und Inaktivitäten der Volksvertretungen seien charakteristisch geworden. Zentrale Festlegungen seien gegenwärtig das bestimmende Element der sozialistischen Demokratie.
Die befreundeten Parteien hätten zu wenig Einflußmöglichkeiten,
- 'Wenn sich nichts ändert und die Blockparteien nicht in ihrer Meinung voll akzeptiert werden, hat es keinen Sinn in der Partei (LDPD) zu bleiben.' (Name getilgt, d. Verf. - Eisfeld)
- 'Ich habe mich entschlossen, aus der LDPD auszutreten. Es ist doch sinnlos, nur noch eine Versammlung zu besuchen. Die Blockparteien haben doch sowieso nichts zu sagen.' (Name getilgt, d. Verf. - Eisfeld).
Durch die CDU werden seit 1988 verstärkte Aktivitäten entwickelt, mehr Mandate

---

[5] TV-Nachrichtensendung der DDR.

in örtlichen Volksvertretungen zu erhalten, um dadurch ihren Einfluß besser geltend zu machen. Daraus resultieren auch die Anstrengungen zu einer intensiveren Mitgliederwerbung.
Zur Gesellschaftsstrategie der KPdSU ist allgemein eine gewisse Abwartehaltung auf Grund der widersprüchlichen inneren Entwicklung in der Sowjetunion feststellbar. Einheitlich positiv wird die Offenheit der Darstellung der Lageentwicklung in den Medien der SU bzw. Veröffentlichungen in den DDR-Medien bewertet und dabei die Rolle von M. Gorbatschow hervorgehoben. Anderweitige spekulative Diskussionsrichtungen sind nicht bekannt.
Die Lageentwicklung in der VR Polen und VR Ungarn in politischer und wirtschaftlicher Hinsicht findet keine Befürwortung. Es wird auch nicht die Übernahme von Teilelementen dieser sich dort vollziehenden gesellschaftlichen Vorgänge gefordert bzw. angestrebt.
Auch die sich in der DDR abzeichnenden Versuche der Formierung einer inneren Opposition werden nicht gebilligt und von mehreren Funktionären, vor allem der LDPD, NDPD und DBD, mit der polnischen Solidarnoscz verglichen.
Die Information ist zur persönlichen Kenntnisnahme bestimmt.

Leiter der KD
C u d o k"[6]

**28.09. Donnerstag**

Der Kreisausschuss der NATIONALEN FRONT Hildburghausen zieht in der Presse Bilanz und ergeht sich in den üblichen Selbsttäuschungen des Propagandaapparats.[7]

Die Dienststellen des Ministeriums für Staatssicherheit und ihre Auftraggeber, die SED-Führungsgremien[8], verstärken die Obser-

---

[6] Wende '89 im Bezirk Suhl. Gemeinsame Ausstellung des Thüringischen Staatsarchivs Meiningen des Bundesbeauftragten für die Unterlagen des Staatssicherheitsdienstes der ehemaligen DDR und von FREIES WORT. - Suhl, November 1999.

Die im Original vorhandenen Rechtschreib- und Grammatikfehler wurden von den Autoren korrigiert.

[7] s. Faksimile FREIES WORT v. 04.10.1989, „Gemeinsames Wirken zeigte guten Erfolg".

[8] „Die Gratwanderung zwischen Informationspflicht gegenüber dem SED-Apparat und Wahrung der Konspiration war nicht das einzige Problem des Staatssicherheitsdienstes bei der Erfüllung seiner Funktion als Frühwarnsystem. Dieser Aufgabe konnte er auch deshalb nur begrenzt nachkommen, weil die Institution, in der die Funktionsprobleme des Systems permanent neu produziert wurden, der zentrale Parteiapparat, außerhalb seiner Kompetenz lag, und er auf die Weiterverarbeitung eventuell kritischer Informationen keinen Einfluß hatte. Das

## Kreisausschuß der Nationalen Front der DDR tagte

# Gemeinsames Wirken zeigte guten Erfolg

**Hildburghausen** (Vk. End). Am vergangenen Donnerstag zog der Kreisausschuß der Nationalen Front der DDR auf seiner Beratung Bilanz gemeinschaftlichen Wirkens in der sozialistischen Bürgerinitiative „Mach mit!" zum 40. Jahrestag der DDR. So konnten z. B. bis Mitte August Eigenleistungen der Bürger, Betriebe und Einrichtungen zur Erhaltung und Verbesserung des Wohnungsbestandes und von gesellschaftlichen Einrichtungen von annähernd 34,9 Millionen Mark abgerechnet werden. Für ältere Bürger und Veteranen der Arbeit wurden durch die Renovierung von 458 Räumen die Wohn- und Lebensbedingungen verbessert. Die Neugestaltung von 435 Fassaden trug zur Verschönerung des Antlitzes unserer Orte bei. In Einrichtungen der Volksbildung, des Gesundheits- und Sozialwesens, der Kultur, des Handels und der Dienstleistungen gelang es, 652 Räume zu renovieren. Mit dem Abschluß von 650 Pflegeverträgen wurden mehr als 300 000 $m^2$ Anlagen und Grünflächen gepflegt und die Wohnumwelt verschönert. Gute Ergebnisse gibt es bei der Unterstützung der Land- und Forstwirtschaft, der Erfassung von Sekundärrohstoffen, dem Ausbau von Naherholungsgebieten und bei der Gestaltung eines vielfältigen geistig-kulturellen Lebens.

In der Diskussion ergriffen **Marina König (FDJ); Roswitha Amarell (FDGB); Karin Morgenroth (DBD); Helmut Pfötsch (CDU); Horst Gärtner (LDPD); Luise Platz (NDPD) und Rita Sellke (DFD)** das Wort, legten den Standpunkt ihrer Parteien bzw. Organisationen dar, berichteten über Ergebnisse ihrer Arbeit zum 40. Jahrestag der DDR und verwiesen auf ihr weiteres bündnispolitisches Wirken zur Vorbereitung des XII. Parteitages der SED.

**Hans-Georg Krauße, Sekretär der SED-Kreisleitung,** würdigte die positive Bilanz und das erfolgreiche Wirken der in der Nationalen Front zusammenarbeitenden Parteien und Massenorganisationen. Er unterstrich die Notwendigkeit der Weiterführung des politischen Dialogs mit allen Bürgern unseres Kreises und forderte dazu auf, durch die Nutzung aller sich bietenden Reserven im Territorium bei der Umsetzung der Ortsgestaltungskonzeptionen weitere Fortschritte zur Erhöhung der Attraktivität unserer Städte und Gemeinden zu sichern.

Während der Tagung des Kreisausschusses wurden 15 verdienstvolle Bürger mit der Ehrenmedaille zum 40. Jahrestag der DDR geehrt. Die Ehrennadel der Nationalen Front in Silber wurde an 8 Vorsitzende von Ausschüssen überreicht. Der Ortsausschuß der Nationalen Front aus Schönbrunn und die Jagdgesellschaft „Frohe Zukunft" Hildburghausen wurden mit Ehrenurkunden des Solidaritätskomitees der DDR ausgezeichnet.

*Freies Wort vom 04.10.1989 zur Tagung des Kreisausschusses der Nationalen Front am 28.09.1989.*

**28.09.**
**Donnerstag**

vation der Bevölkerung und geben Einsatzpläne sowie Instruktionen für die Internierung missliebiger DDR-Bürger unter KZ-ähnlichen Bedingungen aus. Ausgangsbasis ist die Direktive 1/67 zu den „Spezifisch-operativen Mobilmachungsmaßnahmen". Ferner positionieren sie verstärkt Kräfte in oppositionellen Gruppen.

Der Leiter der Bezirksverwaltung für Staatssicherheit Suhl, Generalmajor LANGE, gibt als „Vertrauliche Verschlußsache" (BVfS 888/89, undatiert) an die Leiter der Dienststellen des Bezirks eine Dienstanweisung heraus. Aus dem demokratiefeindlichen und menschenverachtenden Papier wird nachfolgend zitiert:

„Durch die zügellose Hetz- und Verleumdungskampagne des Gegners und massive Einmischungsversuche hat sich in jüngster Zeit die politisch-operative Lage im Innern der DDR weiter erheblich verschärft.
Es verschärfen sich die Erscheinungen und damit verbunden Gefahren der Zusammenrottung feindlicher, oppositioneller sowie feindlich-negativer und rowdyhafter Kräfte mit dem Ziel, die staatliche Sicherheit zu stören und damit eine Gefährdung der sozialistischen Staats- und Gesellschaftsordnung der DDR herbeizuführen.

---

MfS hatte in dieser Beziehung zwei Funktionen: unabhängige, kritische Stimmen zum Verstummen zu bringen, um das Machtmonopol der SED abzusichern, und eine kritische Öffentlichkeit zu simulieren. Wägt man diese beiden Funktionen gegeneinander ab, so war der Beitrag der Staatssicherheit zur Destabilisierung des Systems durch Zerstörung von Kritik- und Lernpotentialen zweifellos der bedeutsamere Beitrag. Das gilt letztlich für die gesamte geheimpolizeiliche Dimension der Tätigkeit des Staatssicherheitsdienstes. Wenn man dies nachträglich feststellt, wird das Dilemma erst deutlich, denn die Parteibürokratie hätte ihre Diktatur ohne die Geheimpolizei schwerlich aufrechterhalten können.
Das MfS war Geheimdienst und Geheimpolizei, Instrument der Partei und Staatsorgan. Es hatte spezifische Methoden, und es gab eine gewisse Sachlogik geheimdienstlicher Arbeit. Doch die SED bestimmte die Funktion und die Ziele der Tätigkeit des MfS und vor allem sein Selbstverständnis als 'Schild und Schwert der Partei'. Der einzelne MfS-Mitarbeiter verstand sich als 'Parteisoldat'. Das Feindbild des MfS, das dieser Institution ihre 'raison d'être' gab, und die ideologisch legitimierte Parteidiktatur waren untrennbar miteinander verbunden. Als sich die SED in der revolutionären Krise des Herbstes 1989 unter dem Druck der demokratischen Volksbewegung von der Staatssicherheit zu distanzieren begann, waren die 'Tschekisten' nicht in der Lage, eine eigene Perspektive zu entwickeln. Der Beschluß zur Auflösung der am 18. November 1989 in Amt für Nationale Sicherheit umbenannten Institution am 13. Januar 1990 löste deshalb keinen größeren Widerstand mehr aus. Ziemlich sang- und klanglos wurden fast alle Geheimdienstler bis zum 31. März 1990 entlassen, die Immobilien an den Rechtsträger übergeben und die Archive der Obhut von Bürgerkomitees, später eines staatlichen Komitees unterstellt."

SÜSS, WALTER: Das Verhältnis von SED und Staatssicherheit. - Berlin, 1997, Nr. 17, S. 34.

Zur konsequenten und wirksamen Zurückdrängung/Unterbindung aller diesbezüglichen Handlungen und Aktivitäten weise ich an:
1. Für alle Diensteinheiten besteht bis auf Widerruf entsprechend der Anweisung Nr. 1/89, Ziffer 11, volle Dienstbereitschaft'.
Angehörige, die ständige Waffenträger sind, haben ihre Dienstwaffe entsprechend den gegebenen Erfordernissen ständig bei sich zu führen. ( ... ) Es sind ausreichende Reservekräfte bereitzustellen, deren kurzfristiger Einsatz auch zu den offensiven Maßnahmen zur Unterbindung und Auflösung von Zusammenrottungen zu gewährleisten ist.
2. Durch die zuständigen Diensteinheiten sind verstärkte Sicherungsmaßnahmen zur Gewährleistung einer hohen Sicherheit und Ordnung an den Dienstobjekten sowie in konzentrierten Wohngebieten von Angehörigen des MfS einzuleiten, mit den Partnern des politisch-operativen Zusammenwirkens sind unter Beachtung ihrer lagebedingten Möglichkeiten erforderliche sachbezogene Maßnahmen abzustimmen.
3. Alle geeigneten und verfügbaren 'IM'/ 'GMS' sind unverzüglich lagebezogen zum Einsatz zu bringen. Dabei ist so vorzugehen, daß es nicht zu einer Verunsicherung der 'IM'/'GMS' kommt. Es ist ein funktionsfähiges wechselseitiges Verbindungssystem, insbesondere zur Übermittlung von Sofortinformationen der 'IM'/'GMS' an das MfS, aufrechtzuerhalten.
Unter Beachtung der konkreten politisch-operativen Lage sind diese 'IM'/'GMS' zu beauftragen und zu instruieren zur Erarbeitung und sofortigen Informierung über
- alle Pläne, Absichten und Aktivitäten der genannten Kräfte, vor allem hinsichtlich der Organisierung und Durchführung von provokatorisch-demonstrativen Handlungen,
- vorhandene und sich herausbildende Gefahrenmomente sowie begünstigende Bedingungen und Umstände,
- die weitere Entwicklung der Reaktion sowie der politisch-moralischen Haltung der Bevölkerung.
Ausschöpfung aller individuellen Möglichkeiten der 'IM'/'GMS' hinsichtlich der Beruhigung und Stabilisierung der Lage in ihrem Umfeld bzw. Einflußbereich.
4. Unter dem Gesichtspunkt der Verschärfung der Lageentwicklung sind die bereits angewiesenen Maßnahmen zur Einschätzung und Neubewertung von OV, OPK und operativen Ausgangsmaterialien unverzüglich weiterzuführen. Es kommt darauf an, alle Personen herauszuarbeiten, von denen aufgrund der vorliegenden Hinweise und Erkenntnisse in Verbindung mit der möglichen Lageentwicklung antisozialistische und andere feindlich-negative Handlungen und Aktivitäten zu erwarten sind bzw. nicht auszuschließen sind.
Es sind geeignete Maßnahmen festzulegen, um erforderlichenfalls kurzfristig die Zuführung bzw. Festnahme solcher Personen zu realisieren.
Unter Zugrundelegung von Ergebnissen der Klärung der Frage 'Wer ist Wer'? ist der Einsatz der IM und GMS zielgerichtet auf solche Personenkategorien auszurichten, die aufgrund bereits gezeigter Verhaltensweisen (Antragsteller auf ständige Ausreise,

beabsichtigtes ungesetzliches Verlassen der DDR, Sympathisanten von oppositionellen Sammlungsbewegungen wie z.B. 'Neues Forum' usw.), schwankender Haltungen und Einstellungen usw., von Organisatoren und Inspiratoren antisozialistischer Handlungen zur Erreichung ihrer Ziele mißbraucht werden können bzw. eine potentielle Reserve für diese Kräfte darstellen.
5. Die Leiter der zuständigen operativen Diensteinheiten haben mit den Leitern anderer staatlicher und wirtschaftsleitender Organe, Betriebe, Kombinate und Einrichtungen unverzüglich die direkten Verbindungen herzustellen bzw. zu festigen.
( ... )
6. Durch die zuständigen Diensteinheiten ist die politisch-operative Abwehreinheit in den bewaffneten Organen sowie in den Kampfgruppen der Arbeiterklasse zielgerichtet zu verstärken.
Die politisch-operativen Maßnahmen haben sich darauf zu konzentrieren, alle die Kampf- und Einsatzbereitschaft beeinträchtigenden bzw. zu untergrabenden Erscheinungen rechtzeitig zu erkennen und im engen Zusammenwirken mit den Kommandeuren unverzüglich zu beseitigen bzw. entsprechende Kräfte rechtzeitig vorher herauszulösen.
7. Durch den Einsatz aller geeigneten Mittel sind jegliche Terror- und Gewalthandlungen, insbesondere gegen Mitglieder der SED und andere progressiv auftretende Bürger sowie gegen Angehörige der Schutz- und Sicherheitsorgane einschließlich deren Objekte und Einrichtungen, konsequent zu verhindern.
Alle Möglichkeiten des Inbesitzbringens von Waffen und Munition sind auszuschließen, dazu sind alle Waffenlager und Waffenkammern der Schutz- und Sicherheitsorgane, der gesellschaftlichen Organisationen und Einrichtungen sowie die im Privatbesitz befindlichen Waffen verstärkt zu kontrollieren und zu sichern. Bei Erfordernis sind in Privatbesitz befindliche Waffen zeitweilig einzuziehen und zentral sicher zu verwahren.
8. Alle von in der DDR ständig akkreditierten Korrespondenten bzw. Journalisten ausgehenden subversiven und anderen feindlich-negativen öffentlichkeitswirkame provokatorische demonstrative Handlungen, Zusammenrottungen, Demonstrationen usw. sowie auf polizeiliche und andere Maßnahmen der Schutz- und Sicherheitsorgane beziehen, sind konsequent zu verhindern.
Journalisten und Korrespondenten, die in polizeilichen Handlungsräumen wirksam zu werden versuchen, sind mit dem Hinweis, daß derartige Aktivitäten und Handlungen nicht gestattet sind, energisch aufzufordern, diese umgehend zu verlassen.
9. Über politisch-operativ zu beachtende Handlungen, Vorkommnisse und Erscheinungen im Zusammenhang mit Versuchen zur Störung der staatlichen Sicherheit und der öffentlichen Ordnung und Sicherheit und zum Verhalten feindlicher Kräfte sind unverzüglich Meldungen an den ZOS im MfS zu geben.
Es ist eine ständige aktuelle und objektive Einschätzung der Reaktion der Bevölkerung zu gewährleisten und darüber laufend an die ZAIG zu berichten.
Die 1. Sekretäre der Bezirks- und Kreisleitungen der SED sind ständig aktuell und objektiv über die Entwicklung der politisch-operativen Lage, einschließlich der

Reaktion der Bevölkerung zu informieren.
Besonders bedeutsame Handlungen, Vorkommnisse und Erscheinungen sind mir bzw. meinem zuständigen Stellvertreter sofort zu melden.

gez.: Leiter der Bezirksverwaltung

L a n g e
Generalmajor"[9]

---

[9] Die im Original vorhandenen Rechtschreib- und Grammatikfehler wurden von den Autoren korrigiert.

**Oktober**

**04.10.** **Mittwoch** Festveranstaltung in Suhl zum 40. Jahrestag der Gründung der DDR. In FREIES WORT heißt es in der Schlagzeile des Aufmachers: **„Verdienstvolle Werktätige des Landkreises“** werden vom 1. Sekretär der SED-Bezirksleitung, HANS ALBRECHT, geehrt.
HANS ALBRECHT selbst wird am 05.10. von ERICH HONECKER mit dem Titel „Held der Arbeit“ ausgezeichnet.

**06.10.** **Freitag** Der Leiter der Abteilung Parteiorgane bei der SED-Bezirksleitung Suhl (Abt.-Nr. 20), TÖPFER, teilt in einer Aktennotiz (20303010)[1] an den 1. Sekretär der SED-Bezirksleitung, ALBRECHT, mit:

„Werter Genosse Albrecht!
Wir möchten Dich darüber informieren, daß in der Gemeinde Bedheim, Kreis Hildburghausen, in der Nähe der Bushaltestelle von den 2 DDR-Fahnen eines Fahnenpilzes vermutlich in den Nachtstunden die Embleme abgetrennt wurden.
Die Sicherheitsorgane des Kreises haben die entsprechenden Untersuchungsmaßnahmen eingeleitet.
Die Sekretäre der Ortsleitungen und die OPD-Sekretäre sowie die Bürgermeister wurden beauftragt, Maßnahmen zur weiteren Erhöhung der Sicherheit und Wachsamkeit einzuleiten.“[2]

In der Aktennotiz 20 30 30 10 zur „Information über Diskussionen und Stimmungen unter der Bevölkerung des Bezirkes Suhl zu aktuellen Ereignissen“[3] des Leiters der Bezirksverwaltung der Staatssicherheit, Generalmajor GERHARD LANGE, an den 1. Sekretär der SED-Bezirksleitung Suhl, HANS ALBRECHT heißt es u.a.:

„ ... Lehrer und Erzieher der Kreise Suhl und Hildburghausen stellen die Frage, warum gerade so viele Jugendliche und Jungerwachsene die DDR ungesetzlich verlassen bzw. verlassen wollten.
Nachdenklich stimme, daß diese Jugendlichen alle das sozialistische Bildungssystem der DDR durchlaufen und die staatliche Fürsorge für die jüngere Generation genos-

---

[1] Thüringisches Staatsarchiv Meiningen. SED-Bezirksleitung Suhl, Nr. 449.

[2] Die „Provokateure“ konnten trotz intensiver Bemühungen nicht ermittelt werden.

[3] Wende '89 im Bezirk Suhl. Gemeinsame Ausstellung des Thüringischen Staatsarchivs Meiningen, des Bundesbeauftragten für die Unterlagen des Staatssicherheitsdienstes der ehemaligen DDR und von FREIES WORT. - Suhl, November 1999.

sen hätten. Wenn Erziehung und Bildung so wenig nachhaltigen Einfluß hinterließen, könne doch etwas in der staatsbürgerlichen Erziehung nicht stimmen."[4]

**06.10. Freitag** Am Vorabend des 40. Jahrestages der DDR finden in Hildburghausen an der Gedenkstätte für DIE OPFER FASCHISTISCHEN TERRORS UND IMPERIALISTISCHER KRIEGE MAHNEN ZUM KAMPF FÜR FRIEDEN UND SOZIALISMUS am Bachplatz[5] und am SOWJETISCHEN EHRENMAL auf dem Zentralfriedhof[6] Kranzniederlegungen statt. Die Teilnehmer, Delegationen aus den Betrieben, Verwaltungen und Genossenschaften, treffen sich um 7.45 Uhr auf dem J.-S.-Bach-Platz. Nach dem Zeremoniell an der Gedenkstätte formieren sich die Teilnehmer zu einer Demonstration für die Kranzniederlegung am Sowjetischen Ehrenmal auf dem Zentralfriedhof.

Festveranstaltung der Kreisleitung der SED anlässlich des 40. Jahrestages der DDR im Stadttheater Hildburghausen. Die Festansprache hält HERBERT LINDENLAUB, 1. Sekretär der SED-Kreisleitung Hildburghausen.[7]

---

[4] Über Aktivitäten der Staatssicherheit im Vorfeld des 40. Jahrestages gibt es keine konkreten Äußerungen, sie wurden offensichtlich verstärkt. Die Staatsmacht ist vor allem bemüht, den 40. Jahrestag ohne Störungen „über die Runden zu bringen". Die Sicherheitskräfte haben erhöhte Alarmbereitschaft. Welche Sicherheitsstufe ausgelöst worden ist, lässt sich nicht mehr ermitteln. Eine klare Befehlslage hat es nicht gegeben, weil sich die Führungen der SED und des MfS weitestgehend selbst paralysiert haben.

[5] Das am 9. Sept. 1984 mit großer militärischer Präsenz geweihte Denkmal wird 1990 geschleift. Auf dem Zentralfriedhof in Hildburghausen wird hierfür ein Gedenkstein errichtet.

[6] Der Bevölkerung ist über Jahrzehnte vermittelt worden, dass es sich bei den auf dem Friedhof Hildburghausen bestatteten Menschen ausschließlich um sowjetische Soldaten handele. Auf dem Ehrenfriedhof sind die bei der Stollensprengung (vermutlich am 28.03.1945) im Arbeitserziehungslager auf dem Großen Gleichberg bei Römhild ermordeten (vorwiegend) Sowjetbürger bzw. die auf dem Todesmarsch zwischen Gießübel und Kahlert umgekommenen Häftlinge beigesetzt worden.

[7] Das Stadttheater wird von meist in Zivil auftretenden Sicherheitskräften abgeschirmt. Betriebe, Institutionen, Parteien, Massenorganisationen, Schulen usw. müssen im Vorfeld die zu Delegierenden benennen, deren Anwesenheit kontrolliert wird.

# Festveranstaltung

**zum 40. Jahrestag der Gründung der DDR**

**Hildburghausen. Die Festveranstaltung der Kreisleitung Hildburghausen der SED, des Rates des Kreises und des Kreisausschusses der Nationalen Front der DDR aus Anlaß des 40. Jahrestages der Gründung der Deutschen Demokratischen Republik findet am Freitag, dem 6. Oktober 1989, um 18.30 Uhr im Stadttheater Hildburghausen statt.**

**Die Festansprache hält Herbert Lindenlaub, 1. Sekretär der Kreisleitung Hildburghausen der SED.**

**Das festliche Kulturprogramm am Vorabend des Republikjubiläums gestalten die Mitglieder von Volkskunstkollektiven unseres Kreises.**

*FREIES WORT vom 04.10.1989.*

*Ehrenwache am Sowjetischen Ehrenmal auf dem Zentralfriedhof in Hildburghausen. - Seit dem Besatzungswechsel der US-amerikanischen und sowjetischen Truppen (offiziell am 01.07.1945) am 04./05.07.1945 ist Hildburghausen mit zeitlicher Unterbrechung bis 1991 Standort sowjetischer Militäreinheiten, seit 1967 ist eine Radareinheit auf dem Stadtberg stationiert: Große Teile des Hildburghäuser Hausbergs werden zum militärischen Sperrgebiet erklärt.*
*Foto: HANS-HERMANN LANGGUTH.*

**06.10.** FREIES WORT berichtet am 10.10. in einem redaktionellen und von
**Freitag** der SED-Kreisleitung redigierten Beitrag unter der Schlagzeile

**„40 Jahre DDR - 40 erfolgreiche Jahre zum Wohle der Bürger unseres Kreises Herbert Lindenlaub würdigte in seiner Festansprache die erreichten Ergebnisse erfolgreichen Aufbauwerkes / Delegationen aus Kaluga und unseren Partnerkreisen Pelhrimov und Wschowa überbrachten Glückwünsche / 280 Volkskünstler gestalteten Festprogramm.**

**Hildburghausen (FW).** Zu einem eindrucksvollen Bekenntnis zur weiteren allseitigen Stärkung unseres sozialistischen Vaterlandes gestaltete sich die Festveranstaltung zum 40. Jahrestag der Gründung der DDR, zu der am Freitag die Kreisleitung Hildburghausen der SED, der Rat des Kreises und der Kreisausschuß der Nationalen Front in das Stadttheater eingeladen hatten. Den Mitgliedern des Sekretariats der SED-Kreisleitung, des Rates des Kreises, den Repräsentanten der befreundeten Parteien und Massenorganisationen, den Abgeordneten der Volkskammer und des Bezirkstages, den Veteranen, Aktivisten der ersten Stunde, verdienstvollen Bürgern aller Klassen und Schichten galt das herzliche Willkommen des Vorsitzenden des Kreisausschusses der Nationalen Front, Klaus Schwenk. Besonders herzlich begrüßte er Teilnehmer des Freundschaftszuges Kaluga - Suhl, Delegationen aus der VR Polen und der CSSR sowie bei uns lernende Freunde aus Angola, Vietnam und Kambodscha. Nach der Festansprache von Herbert Lindenlaub, 1. Sekretär der SED-Kreisleitung, ergriffen die Leiter der Delegationen das Wort zu ihren Grußansprachen. Volkskünstler unseres Kreises gestalteten das abschließende festliche Programm.

Herbert Lindenlaub würdigte in seiner Ansprache, immer wieder vom Beifall unterbrochen, die 40jährige erfolgreiche Entwicklung unseres Arbeiter-und-Bauern-Staats, in dem die Bürger auch unseres Grenzkreises von Ummerstadt bis Masserberg Hervorragendes leisteten. Dafür sprach er allen Bürgern den herzlichsten Dank aus. Er erinnerte daran, daß seit jeher dem einzelnen und der ganzen Gesellschaft zugute kommt, was ehrliche und fleißige Arbeit erbringt. Das wird wie heute auch morgen so sein.

In einer der einst ärmsten Gegenden Deutschlands leben wir heute in einem modernen Industrie-Agrarkreis, in dem täglich Erzeugnisse im Werte von 5 Millionen Mark gefertigt werden. In diesem Jahr produzierten wir in viereinhalb Monaten soviel wie 1970 während des ganzen Jahres. Hohe Leistungen wurden zu Ehren des 40. Jahrestages der DDR vollbracht; so der Vorsprung in der Nettoproduktion auf 3,7 Arbeitstage weiter ausgebaut, für 6,2 Millionen Mark zusätzlich gefragte Konsumgüter produziert.

Die Resultate fleißiger Arbeit, so hob der Redner vor, zeigen sich in modernen Wohnungen, einer gesunden und freundlichen Umwelt, in guten Einkaufs- und Freizeitmöglichkeiten. Heute lebt über die Hälfte der Bürger in Wohnungen, die nach dem 7. Oktober 1949 neu gebaut bzw. modernisiert wurden.

Herbert Lindenlaub unterstrich mit Nachdruck: ‘Mit den in vier Jahrzehnten gemachten Erfahrungen, voller Stolz auf das Erreichte, werden wir weiter auf bewährtem Kurs den Sozialismus in den Farben der DDR gestalten. Dabei wissen wir, daß der Klassenkampf noch größere politische, wirtschaftliche und auch persönliche Anstrengungen erforderlich macht. Bereiten wir mit neuen kraftvollen Initiativen den XII. Parteitag der SED vor.' ..."

**06.10.**
**Freitag**

Der 1. Kreissekretär der SED, HERBERT LINDENLAUB, übergibt den Werktätigen des VEB Geräte- und Pumpenbaus Merbelsrod für hervorragende Leistungen zu Ehren des DDR-Jubiläums das Ehrenbanner der SED-Bezirksleitung.

**07.10.**
**Sonnabend**

Übergabe des Prestigeobjekts der SED-Kreisleitung „Altes Malzhaus" in der Unteren Allee in Hildburghausen als Jugendklub. Trotz großer bautechnischer Mängel (z. B. Fehlen einer Be- und Entlüftungsanlage) wird das Haus vom Träger, dem Rat der Stadt, abgenommen. Im Dezember muss die Einrichtung wieder geschlossen werden.

In Reurieth kommt es zu Festnahmen und Zuführungen zur Volkspolizei.[8]

**11.10.**
**Mittwoch**

Der weltberühmte Leipziger Thomanerchor tritt in der Eisfelder Dreifaltigkeitskirche auf. Das Konzert wird von vielen Sicherheitskräften und Spitzeln observiert.

**13.10.**
**Freitag**

23 Ärzte des Kreises Hildburghausen unterzeichnen zwei Tage nach der Erklärung des Politbüros der SED einen Brief an das ZK der SED und teilen ihre Überlegungen mit, was sich am und für den Sozialismus ändern muss. Initiator ist der spätere Thüringer Sozialminister DR. HANS-HENNING AXTHELM aus Eisfeld. Einige Vorschläge sind:
- schrittweise Einführung des Sozialdienstes statt des Wehrdienstes für Bewerber medizinischer Berufe;
- stärkere Einbeziehung des einzelnen Arztes in die Organisation der medizinischen Arbeit;
- Abkehr von einer quantitativen Betreuungsideologie;
- Veränderungen der Reisebestimmungen, um den Ärzten vermehrt Weiterbildungsmaßnahmen zu erschließen.

Mit zeitlicher Verzögerung veröffentlicht FREIES WORT am 28.10.

---

[8] s. u.a. auch 12.12. und 21.12.1989.

**13.10.**
**Freitag**

einen Beitrag unter der Überschrift „**Vertrauen fordern? - Nein! Beweisen, daß man es verdient.** Eindeutige Meinungen unter Hildburghäuser Ärzten: Konstruktiv wird es dann, wenn jeder sich zuerst um das Gebiet kümmert, von dem er am meisten versteht" von einer kritischen und kontroversen Versammlung der Ärzteschaft mit dem Sekretär der SED-Bezirksleitung, DR. KARLHEINZ WALTHER, dem Bezirksarzt OMR DR. ALFRED KRAUSS, dem Ratsvorsitzenden JOHANNES MÜLLER und Kreisarzt OMR DR. HANS-ULRICH BAURIEDL.

**18.10.**
**Mittwoch**

Mit dem Stichtag werden für den Bezirk Suhl vom Rat des Bezirkes die Personen erfasst, die die DDR ungesetzlich verlassen haben. Sie sind zu behandeln nach der Anordnung Nr. 2 vom 20.08.1958. Im Kreis Hildburghausen sind es 60, im Bezirk Suhl 890.

**20.10.**
**Freitag**

Das Kreisparteiaktiv der SED erklärt im Namen aller Mitglieder und Kandidaten der SED die Entschlossenheit, auch weiterhin die ganze Kraft für die Erfüllung der Beschlüsse des XI. Parteitages einzusetzen und die Beschlüsse der 9. Tagung des ZK zu unterstützen. In Verkennung der tatsächlichen politischen Lage und der Stimmung eines Großteils der Bevölkerung, heißt es in FREIES WORT vom 24.10.1989 unter der Überschrift „**Breiter Dialog und aktives Mittun**" zu dieser Tagung:

„Zu den Aufgaben der Kreisparteiorganisation sprach Herbert Lindenlaub, 1. Sekretär der Kreisleitung. Er unterstrich, in jeder Grundorganisation gelte es jetzt, daß jeder Genosse den freimütigen Dialog mit allen Werktätigen und Bürgern über die Probleme der 9. ZK-Tagung führt. Bei allem berechtigtem Stolz auf die Ergebnisse, über die wir zum 40. Jahrestag der DDR Rechenschaft ablegen, übersehen wir nicht, daß es auch in unserem Kreis Probleme und Rückstände gibt, über die offen gesprochen und die vor allem schneller verändert werden müssen. Dazu sind alle Bürger aufgerufen, ihre Vorschläge und Hinweise, aber auch ihre entschlossene Tat einzubringen. Mehr denn je seien das aktive Mittun aller, das gemeinsame Handeln zur Gestaltung des Sozialismus in den Farben der DDR nötig. Nur durch die eigene Leistung jedes einzelnen ist es möglich, Mängel und Hemmnisse schneller zu überwinden.

Im Standpunkt der Parteiaktivisten heißt es: Wir bekräftigen unsere Entschlossenheit, noch konsequenter unsere Verantwortung bei der abstrichlosen Erfüllung der Beschlüsse des XI. Parteitages wahrzunehmen. Die Kommunisten versichern, sich dabei einheitlich und geschlossen an die Spitze zu stellen. Auf der Grundlage der Erklärung des Politbüros und der Rede des Generalsekretärs des ZK, Egon Krenz, werden wir mit allen Werktätigen, mit Bürgern aller Klassen und Schichten einen breiten Dialog führen, ihnen Ziel und Inhalt unserer Politik noch überzeugender erläutern, ihre Fragen beantworten, gemeinsam Lösungswege für anstehende Probleme suchen und alles für die weitere Stärkung des Sozialismus in den Farben der DDR mobilisieren. In diesem Sinne gehen wir an die umfassende Vorbereitung des XII. Parteitages der SED."

**20.10.**
**Freitag**

Die Abteilung Agitation und Propaganda des Zentralkomitees der SED dagegen „rechnet" in den „Informationen 1989/7, Nr. 261"[9] unter der Überschrift „Zum 'Neuen Forum' und zu anderen illegalen oppositionellen Gruppierungen in der DDR" in üblicher Diktion ab.[10] Am Schluss der 4-seitigen Propagandaschrift heißt es:

„Vor jeder Parteiorganisation und jedem Genossen steht jetzt die Aufgabe, auf der Grundlage der Erklärung des Politbüros vom 11. Oktober 1989 in Vorbereitung des XII. Parteitages die Aussprache mit Vertretern aller Klassen und Schichten - Arbeitern, Genossenschaftsbauern, Angehörigen der Intelligenz, Künstlern und Kulturschaffenden, Wissenschaftlern und Studenten, Bürgern aller Glaubensrichtungen - über alle sie bewegenden Fragen der weiteren Gestaltung unserer sozialistischen Gesellschaft zu führen. Als Partei der Arbeiterklasse stellen wir uns der Diskussion. Wir sprechen mit allen in der festen Überzeugung, daß der Sozialismus in unserem Lande heute und zu keiner Zeit zur Disposition steht. Dafür bedarf es überzeugender Argumente - mit unserem Wort und mit der beispielhaften Tat. Jeden Tag wollen wir gewinnen, denn der Sozialismus braucht jeden, er hat Platz und Perspektive für alle. Das erfordert das geduldige Gespräch auch mit Andersdenkenden und mit all jenen, die Zweifel, Skepsis und Vorbehalte zur Politik der SED und ihrer Gesellschaftskonzeption äußern.
Für die politische Arbeit ist es sehr wichtig, zwischen den Gegnern des Sozialismus, die den Aufruf zum 'Neuen Forum' erarbeitet haben, und Irregeführten zu unterscheiden. Diesen muß geholfen werden, wieder auf den richtigen Weg zu kommen und sich von den Feinden des Sozialismus zu trennen. Wir grenzen uns eindeutig von allen ab, (die) - unter welcher Fahne auch immer - in Worten für eine Verbesserung des Sozialismus plädieren, tatsächlich aber auf seine Abschaffung hinwirken und loyale, ehrliche Bürger dafür zu mißbrauchen trachten.
Mehr denn je gilt der Grundsatz: 'Wo ein Genosse ist, kämpft die Partei', im bewährten vertrauensvollen Zusammenwirken der Genossen unserer Partei mit allen Bürgern gehen wir zuversichtlich an die Lösung aller vor uns stehenden Aufgaben. Es bleibt dabei: der Arbeitsplatz ist unser Kampfplatz für Sozialismus und Frieden."

---

[9] Diese „Informationen" weisen kein Impressum auf, die auf Herkunft, Ausgabedatum, Druckort usw. schließen lassen können.

[10] s. auch Kapitel „Wir wollten zeigen, dass wir noch leben! An Stelle eines Vorworts: Gedanken der Autoren zur friedlichen Revolution".

**20.10.**
**Freitag**

Der vorläufige Sprecherrat des NEUEN FORUMS trifft sich im Suhler Gemeindehaus (Kirchberg 7), darunter auch Teilnehmer aus dem Kreis Hildburghausen.

**22.10.**
**Sonntag**

In Brünn kommt bei Pfarrer KRANICH der Vorbereitungskreis für die Friedensgebete im Bereich der Superintendentur Eisfeld zusammen.

**24.10.**
**Dienstag**

Der Kreisvorstand der GESELLSCHAFT FÜR DEUTSCH-SOWJETISCHE FREUNDSCHAFT zieht in FREIES WORT Bilanz ihrer seit dem 13. Kongress geleisteten Arbeit und bespricht die weiteren Aufgaben der Kreisorganisation:

„Dabei konnte Kreissekretär Sonja Tendel unter anderem die 6721 organisierten Veranstaltungen, 107 durchgeführte Wissenswettbewerbe 'Von Freund zu Freund', 4860 gestaltete Wandzeitungen sowie 34 Freundschaftstreffen mit sowjetischen Touristengruppen, an denen mehr als 1200 Freunde aus den Grundeinheiten teilnahmen, für die der Freundschaftsgedanke wirklich erlebbar wurde, besonders hervorheben.
In Vorbereitung auf den XII. Parteitag der SED sieht die DSF-Kreisorganisation ihre Aufgabe darin, einen konkreten eigenständigen Beitrag zu leisten und dabei das politische, kulturelle sowie das organisationspolitische Wirken unter allen Mitgliedern zu erhöhen. Mit allen bewährten Formen ihres spezifischen Wirkens und durch die Nutzung noch vorhandener Reserven werden die DSF-Mitglieder zur weiteren Festigung und Vertiefung des Bruderbundes mit der Sowjetunion und zur allseitigen Stärkung unserer sozialistischen DDR noch engagierter beitragen.“

**26.10.**
**Donnerstag**

In der Eisfelder Dreifaltigkeitskirche findet das erste Friedensgebet statt. Ab dem 3. Friedensgebet am 06.11. wird es montags durchgeführt, am 02.04. das 22. und letzte.

Der junge Christ MICHAEL PFRENGER schildert 1999 seine Eindrücke von den Friedensgebeten in Eisfeld:

„‘Ich möchte mich dafür einsetzen, dass dieses Land, das wir als unsere Heimat bezeichnen, aufblüht, dass sich die Menschen hier wohl fühlen, hier glücklich sind, hier lieben, leben, lesen, lachen!
Ich möchte mit dafür sorgen, dass den Menschen gezeigt wird, dass man auch hier gut leben kann und nicht nur im >goldenen Westen<!
Es ist richtig: Wir müssen Rechenschaft fordern von denen, die uns regieren, die Macht über uns haben. Wir müssen Verantwortung übernehmen und unsere Zukunft selbst in die Hand nehmen - mündig werden!
Es stimmt genau so: Wir alle sind mit Schuld daran, dass es so weit mit diesem Land

gekommen ist! Wir alle haben öffentlich genickt und >Ja< gesagt und nur unter Freunden vorsichtig den Kopf geschüttelt. Das muss jetzt endlich anders werden, und wenn wir wirklich etwas bewegen wollen, müssen alle mittun! ... Nicht mehr >Wollen wir das Beste hoffen< - nein: >Wollen wir das Beste tun!<‘

Als ich diese Sätze im Oktober ‘89 in mein Tagebuch geschrieben habe, war ich 18 Jahre alt und gerade aus Suhl zurückgekommen, dort hatte ich in einer völlig überfüllten Kirche ein Friedensgebet und einen der ersten Gesprächs- und Diskussionsabende des Neuen Forum in unserer Gegend miterlebt. Ich weiß noch, ich war begeistert und fasziniert von dieser Veranstaltung und vor allem davon, wie die Leute dort miteinander diskutiert hatten. Da ging es heiß her, da wurde am ‘offenen Mikrofon’ gestritten und gerechtfertigt, angeklagt und aufgedeckt, da fielen deutliche Worte, da waren Wut und Protest, immer wieder mahnende Worte zu Besonnenheit und Ruhe, wurden auch Verzweiflung und Ohnmacht deutlich, da waren Vertreter des Staates - von denen man zwar meist nur ‘Das kann ich nicht beantworten, dafür bin ich nicht kompetent’ (Sätze, die wir alle in dieser Zeit noch viel zu oft hören sollten!) vernahm, die sich den Fragen der Leute aber wenigstens aussetzten. Die Stimmung in dieser Kirche war wie elektrisiert vom gemeinsamen Willen der meisten Anwesenden, etwas zu bewegen in diesem Land. Die Atmosphäre sprühte an diesem Abend vor Tatendrang und Mut zum Aufbruch - und stand damit so herrlich im Kontrast zu dem furchtbar tristen, eintönigen und weitgehend vorbestimmten Alltag, der ansonsten in diesem unserem kleinen Land herrschte. Ich erinnere mich, in den letzten beiden Jahren der DDR oft das Gefühl gehabt zu haben, vor allem von resignierenden Menschen umgeben zu sein - erinnere mich an Lehrer, die ihren Schülern Staatswesen, Klassentheorie und DDR-Politik gleichgültig herunterleierten und selbst nicht mehr daran glauben konnten, an Appelle und Staatsakte im Fernsehen, für die sich sowieso niemand mehr interessierte, die auch nur noch Routine und ständige Wiederholung der immer gleichen Parolen waren. Ich erinnere mich an heftige Diskussionen im Freundeskreis und in der Familie über die Situation im Land - immer hinter verschlossenen Türen, immer mit der (begründeten und verständlichen) Angst vor staatlichen Repressalien und Unbequemlichkeiten und dem immer wiederkehrenden Schlusssatz, man könne ja doch nichts ändern.
Jeder von uns kannte in dieser Zeit jemanden - und täglich wurden es mehr! -, die einen Ausreiseantrag gestellt oder schon über die CSSR bzw. Ungarn den Weg in den Westen gegangen waren - dieses Land blutete aus, und wir sahen nichts, was getan wurde, um diesem Prozess zu begegnen. Um so hoffnungsvoller und befreiender waren für mich die zunehmend lauter werdenden Stimmen des Protestes der Oppositionsgruppen, die sich in dieser Zeit vor allem unter dem Schutz der Kirche entwickelten.

Im Mai ‘88 nahm ich mit Freunden aus der Eisfelder Jungen Gemeinde an einer Jugendversammlung der evangelischen Kirche in Gotha teil und hörte dort zum ersten Mal von Friedens- und Umweltgruppen in der DDR und von Bausoldaten (Wehr-

pflichtige, die den Dienst an der Waffe verweigerten und in Armee-Bautrupps ihre anderthalb Jahre Grundwehrdienst ableisteten - in einem Staat, der die Friedenssicherung per NVA proklamierte, eine Garantie für Überprüfung und Beobachtung durch die Staatssicherheit sowie weitgehende Konsequenzen im Hinblick auf Studienpläne und berufliche Karriere!).
Kurz darauf organisierte die Junge Gemeinde in der Eisfelder Kirche eine Ausstellung mit Fotowänden aus dem Friedensmuseum Berlin - wir hatten die Bildtafeln in Berlin im Kellergeschoss einer Kirche abgeholt und zusammengerollt im Zug nach Eisfeld gebracht. Obwohl das Ganze für uns natürlich auch ein Abenteuer war, hatten wir während der Fahrt doch ständig Angst, kontrolliert, ertappt und verhört zu werden. Diese Ausstellung im Innenraum der Kirche (mit Fotos von Opfern der Weltkriege und aus jüdischen Ghettos - eine Mahnung zu Frieden und Versöhnung, mit deutlich pazifistischem Hintergrund), von großer Schrift an der Außenfassade der Kirche angekündigt, war - zumindest habe ich es so erlebt - für uns Eisfelder eines der ersten klaren Signale: Auch hier tut sich etwas - wir können miteinander etwas bewegen, Zeichen setzen.

Im Sommer '89 war ich mit Freunden auf dem evangelischen Kirchentag in Leipzig - hörte dort in einer Diskussionsgruppe zum ersten Mal von Ausschreitungen gegen Ausländer in der DDR - und erlebte die geballte Macht von 10.000 Menschen, die Friedenslieder singend, aus einer Konzerthalle strömten, sich in den Straßen der Stadt verteilten; und niemand konnte es verhindern - friedlicher Protest gegen die Regierung zu Vorwendezeiten, würde man heute sagen. Tags darauf musste ich vom Balkon unserer Leipziger Unterkunft beobachten, wie ein kleines Häuflein Demonstranten mit zwei hochgehaltenen Plakaten von einer Zivilstreife brutal angegriffen und weggezerrt wurde. ( ...)
Ich erinnere mich an einen Abend im Pfarrhaus von Brünn ..., dort trafen sich Pfarrer und Vikare der Gegend mit engagierten Mitgliedern der Eisfelder Kirchgemeinde, um über die Zustände und Entwicklungen im Lande zu diskutieren, Informationen auszutauschen und gemeinsam zu überlegen, wie öffentliche Kundgebungen und Diskussionen in unserer Stadt zu organisieren seien, in welcher Form brisante Nachrichten öffentlich gemacht werden könnten. Aus dem Kreis der Anwesenden wurde der Vorbereitungskreis der Friedensgebete in Eisfeld, der es sich zur Aufgabe machte - wie viele solcher Kreise im ganzen Land - im Schutz und unter dem Dach der Kirche den DDR-Bürgern ein Diskussionsforum und die Möglichkeit zur Information über die wahre Entwicklung im Land, abseits der offiziellen 'Hoch lebe unsere DDR'-Nachrichten der Regierung, zu schaffen.

Ich denke, um die Anliegen der Friedensgebets-Organisatoren/-innen deutlich zu machen, ist mein Tagebuchzitat vom Beginn dieses Textes ein dienliches Beispiel. In einem gesellschaftlichen Klima, das in diesen Tagen und Wochen immer explosiver, in einem Land, in dem täglich das Versagen seiner Politik- und Wirtschaftsführung offensichtlicher und der Druck auf die Bevölkerung durch immer neue Ausreise-

wellen und steigende Gewaltbereitschaft der Sicherheitsorgane immer größer wurde, war es von entscheidender Bedeutung, den Menschen Raum und Ausdrucksmöglichkeit zu geben, ihnen Mut zum Verbleiben im Land und Hoffnung auf die Möglichkeit einer gemeinsamen Umgestaltung und Erneuerung unserer Heimat zu machen. Vor allem ging es darum, die Situation nicht eskalieren zu lassen und den friedlichen Charakter der Protestbewegung, trotz aller berechtigten Verzweiflung und Wut, zu bewahren. Ich glaube, dass dies in unserem Land weitgehend gelingen konnte, war ein großes Verdienst der überall stattfindenden regelmäßigen Friedensgebete, die letztlich den Charakter der Demonstrationen entscheidend prägten.
Diese Friedensgebete (wie ich in den 'alten Bundesländern' inzwischen oft gehört habe, übrigens eine verwirrende Bezeichnung: waren es doch eigentlich Bürgerversammlungen in kirchlichen Räumen) hatten immer eine etwa 20-minütige Besinnung zum Anfang (mit Begrüßung, Fürbittgebet, Lesung und Liedern - das klassische Friedensgebet), dann wurden von Mitgliedern des Vorbereitungskreises die neuesten Informationen zur aktuellen Entwicklung im Land, Nachrichten über Demonstrationen in anderen Städten, die aktuellen (wahren) Auswanderungszahlen etc. vorgetragen (schriftliche Veröffentlichungen des Neuen Forums und anderer Oppositionsgruppen wurden, soweit zugänglich, verteilt), und dann war Zeit für Diskussionen und Meinungsäußerungen am 'offenen Mikrofon'. Dass der Bedarf dafür auch in Eisfeld immens groß war, erlebten wir ab dem ersten Friedensgebet in der Stadtkirche - meiner Erinnerung nach fand es am 26. Okt. '89, einem Donnerstag, statt (bald wurden, analog den bekannten Friedensgebeten der Leipziger Nikolaikirche, auch unsere Veranstaltungen auf montags verlegt und begannen jeweils um 18.00 Uhr). Die Kirche war übervoll und die Stimmung ebenso faszinierend aufgeladen, wie ich es in Suhl erlebt hatte.

Zu meinen eindrücklichsten Erlebnissen aus dieser Zeit gehören die Schweigemärsche, die sich nach unseren ersten Friedensgebeten bildeten. Jeder nahm seine Kerze aus der Kirche mit, trug sie (ein kleines Lichtermeer!) schweigend durch die Straßen der Stadt und stellte sie am Rathaus, wo der Zug schließlich endete, ab. Dies ist mir heute noch eines der lebendigsten Bilder: der von Hunderten Kerzen vollgestellte Sims des Eisfelder Rathauses - auch an den Tagen zwischen den Montagsgebeten (dann allerdings rußgeschwärzt und wachsbekleckert - in Punkto Denkmalschutz für uns kein Ruhmesblatt!), unübersehbares Zeichen für auch in unserer Stadt demonstrierte Bügerinitiative und Umgestaltungswille.
Ich kenne keine Zahlen, kann die Anzahl der Teilnehmer an den Friedensgebeten auch nicht schätzen - ich fand sie jedoch in diesen Wochen ungeheuer groß und war von der breiten Basis, auf der sich hier wie überall rasant entwickelnde Bürgerbewegung in diesen Tagen stand, absolut begeistert. Noch während der Friedensgebete bildeten die Anwesenden Arbeitskreise, die zu verschiedenen Themen (z. B. Wehrersatzdienst, Umweltschutz, Wahlrecht, Medien, Bildung und Erziehungswesen, Handel und Wirtschaft, Gesundheitswesen und Soziales, Stadtsanierung ...) Informationen und Ideen zusammentrugen, Umgestaltungsvorschläge formulierten,

Aktionen vorbereiteten etc. Das alles war - trotz enorm vieler Beteiligter mit jeweils grundverschiedenen Weltanschauungen und gesellschaftlichen Stellungen - getragen von einem starken Gemeinschaftsgeist, der sich in dieser Zeit entwickelte und war geeint durch das gemeinsame Bestreben, in diesem Land etwas Grundsätzliches zu bewegen. So beeindruckend und kraftvoll diese Entwicklung im Herbst '89 war - sie dauerte in dieser Form nur kurze Zeit ..."[11]

**Ende Oktober** Ein beherzter Bürger, JOHANNES MÜLLER aus Häselrieth, bringt auf dem Parkplatz gegenüber der SED-Kreisleitung in Hildburghausen[12] ein Schild mit der Aufschrift „Harald-Jäger-Platz" an. Weder die SED-Kreisleitung noch Sicherheitskräfte lassen das Schild entfernen, weil sie Angst haben, die Stimmung der Bevölkerung gegen sie weiter aufzuheizen.[13]

**30.10. Montag** In Hildburghausen beginnen die Montagsdemos, von den SED-Funktionären RATHAUSGESPRÄCH genannt. Eingeladen hat der SED-Bürgermeister JÜRGEN LIESS. Ausgangspunkt ist ein sogenanntes öffentliches Forum im Stadttheater mit SED- und Kreisfunktionären, an dem der 1. Sekretär der SED-Kreisleitung, HERBERT LINDENLAUB, der Vorsitzende des Rates des Kreises, JOHANNES MÜLLER, der Bürgermeister und andere SED-Funktionäre, Vertreter der Blockparteien und Kommunalpolitiker teilnehmen.
Nicht alle Interessenten finden Einlass. Vor dem Theater protestieren etwa 500 Menschen. Der Chef des Arbeitertheaters „Wladimir Majakowski", ROLF WEISSLEDER, setzt gegenüber dem 1. Kreissekretär HERBERT LINDENLAUB durch, aus Sicherheitsgründen nicht mehr Leute ins bereits überfüllte Theater einzulassen.[14] - Eilig wer-

---

[11] Nach: MICHAEL PFRENGER: Herbststimmung in Eisfeld. In: eisfelder zeit. 10 Jahre Grenzöffnung. Herausgeber: Verein zur Pflege und Erhaltung von Kirche und Schloss zu Eisfeld e. V., Heft 6. - Eisfeld, 1999, S. 21 ff.

[12] heutige Friedrich-Rückert-Straße, heute Hauptstelle der Kreissparkasse.

[13] Der Arbeiter Harald Jäger erhält trotz mehrerer Anträge keine Erlaubnis für eine Besuchsreise zu seiner in der Bundesrepublik lebenden Schwester. Wegen dieser Schikane kappt er am 01.05.1988, dem „Internationalen Kampftag der Werktätigen", während einer Ansprache des 1. Sekretärs der Kreisleitung der SED, Herbert Lindenlaub, die Stromzuführung für das Mikrofon nahe dem Bahnhofsvorplatz. Jäger wird zu einer Freiheitsstrafe von 4 Monaten verurteilt, die er auch verbüßen muss.

[14] Nach anderen Quellen greift der Häselriether Vikar MICHAEL WENDEL (NEUES FORUM) ein, s. nachfolgenden Bericht von GERD KRAUSS.

**30.10.**
**Montag**

den Lautsprecheranlage und Mikrofon nach draußen verlegt, weil die Bürger an der Diskussion teilnehmen wollen. Sie vermuten im Theater ein handverlesenes Publikum, genau wie dreieinhalb Wochen zuvor bei den Jubelfeierlichkeiten zum 40. Jahrestag. Das Angebot wird nicht angenommen. In Sprechchören wird gefordert, herauszukommen und auf den Marktplatz zu ziehen. Dem Druck wird nachgegeben. Auf dem Marktplatz versammeln sich ca. 1.500 Menschen.
Die empörten Bürger fordern Rechenschaft. Einige ergreifen spontan die Möglichkeit, ans Mikrofon zu treten und kritische Fragen zu stellen. Doch die Veranstaltung wird mit der Inkompetenz der SED-Bonzen um den 1. Kreissekretär LINDENLAUB zu einer Farce. Wie die zensierte SED-Zeitung FREIES WORT die Veranstaltung sieht, ist auf S. 47 f. als Faksimile dargestellt.

Im Rückblick auf die erste Demo in Hildburghausen schildert der damals in der Bürgerrechtsbewegung aktiv tätige GERD KRAUSS seine Eindrücke:

„( ... ) In gewohnter Manier saßen die Damen und Herren auf der Bühne hinter dem Vorhang, und das Fußvolk durfte in begrenzter Zahl auf den Rängen Platz nehmen. Das konnte natürlich nicht gut gehen, wie sich schnell herausstellte; denn das Theater quoll aus allen Nähten. Weiterer Einlass wurde dann auch verweigert, schon wegen der 'Sicherheit'.
Die Situation drohte zu entgleisen, doch Herr Wendel, damals Vikar in Häselrieth, reagierte schnell und beherzt.
Er forderte die Massen über Mikrofon auf, friedlich zum Marktplatz zu gehen, um dort eine Demonstration abzuhalten, die nicht von der Kreisleitung der SED gesteuert werden konnte. So versammelte man sich auf dem Marktplatz, und vor dem Rathaus wurden, erstaunlich unbürokratisch, Lautsprecher und ein Mikrofon installiert. Bürgermeister Ließ rief zur Besonnenheit und Ruhe auf.
Es war schon interessant und spannend zu beobachten, wie zaghaft, unbeholfen und teilweise auch aggressiv Fragen an die Damen und Herren der SED-Kreisleitung und des Rates des Kreises gestellt wurden, die in nur sehr geringer Zahl auf dem Marktplatz erschienen waren. Die sogenannten 'Blockparteien' waren überhaupt nicht vertreten.
Es war alles andere als Routine, woher auch. Wir alle mussten erst lernen, die Emotionen im Zaum zu halten und am Mikrofon vor vielen Zuhörern passende Worte zu Sätzen zu formulieren. Im Staatsbürgerkunde-Unterricht war uns ja nicht beigebracht worden, wie man eine 'Revolution' gegen den 'real-existierenden Sozialismus' zu organisieren hatte. In der Masse der Demonstranten war dann auch eine ständig mitschwingende Angst zu verspüren, denn niemand wusste zu diesem Zeitpunkt, wie sich die politische Lage entwickeln würde.

Auf dem Marktplatz wimmelte es nämlich von hauptamtlichen und nebenberuflichen Stasileuten und - nicht zu vergessen - von zahlreichen Grenzhelfern. Man konnte IM Bernd, IMK Erna, IM Atze, Mitarbeiter der K 1 und viele andere 'Staatsschützer' ausmachen.
Heute wüsste ich gern, was damals in so manchem Kopf vor sich gegangen ist. Was mag sich da im Unterbewusstsein abgespielt haben? Sicher ging fast allen durch den Kopf: Wann kommen die Schlagstöcke? Wann werden Waffen eingesetzt? Eskaliert die Demo? Gibt es Gewalt von der einen oder anderen Seite?
Der Vormann der SED-Kreisleitung, Herr Lindenlaub, wurde mit Fragen konfrontiert, die sich in erster Linie auf sein Einkommen und seine Privilegien bezogen. Fragen, warum es eine derartige Misswirtschaft im Kreis und in der gesamten DDR gab, wurden kaum gestellt. Es wurde auch nicht gefragt, wie sich im sogenannten 'Sozialismus' eine so scharf abgegrenzte Zweiklassengesellschaft entwickeln konnte: auf der einen Seite die SED-Genossen, die Mitglieder der Blockparteien und die sonstwie Privilegierten, auf der anderen Seite die, die sich ducken mussten oder sich in gesellschaftliche Nischen verkrochen hatten.
Die Antworten der Herren Lindenlaub und Müller, letzterer Vorsitzender des Rates des Kreises, fielen dann auch recht spärlich und alles andere als befriedigend aus. Da hat Erich Mielke mit seiner berühmt-berüchtigten Phrase 'Ich liebe euch doch alle' eindeutig Pate gestanden. Doch wie sollte es auch anders sein? Wir 'kleinen Leute' und 'Untertanen' hatten unsere erheblichen Probleme mit der völlig neuen und ungewohnten Situation auf dem Marktplatz. Und genau so ging es auch diesen Leuten, die vier Jahrzehnte lang nicht einmal im Traum daran gedacht hatten, jemals kritische Fragen beantworten zu müssen, schon gar nicht vor Bürgern, die sich, mit Kerzen in der Hand, in Demonstration übten.
Damals hatte ich den Eindruck, dass die Kerzen für die 'Obrigkeit' eine sehr ketzerische Symbolik besaßen. Mithin waren sie auch völlig richtig am Platz, denn die 'allmächtigen' Staatsdiener hatten Angst vor den Kerzenträgern, so mächtige Angst, dass die Kerze im Fenster meiner Wohnung dem MfS sogar einige Sätze in meiner Akte wert war.
So wurde auch kaum öffentlich, geschweige denn laut über die Rolle der Stasi gesprochen, am wenigsten von denen, die so bittere Erfahrung mit der 'Firma' hatten machen müssen.
Die Angst war immer noch allgegenwärtig.
Ich selbst stand wie ein Wachhund neben Lindenlaub, der andauernd nervös in seiner Sakkotasche herumfummelte. Er stand unter mächtigem psychischem Druck, und ich war ständig auf dem Sprung, zuzufassen. Würde er seine Dienstwaffe ziehen? Damit war natürlich zu rechnen, denn verletzte oder in die Enge getriebene Raubtiere greifen an oder beißen zu!
Kurz vor Ende der ersten Hildburghäuser Demo fasste sich eine Frau - ich glaube, sie wohnte sogar in Hildburghausen - ein Herz und trat ans Mikrofon. Ihre ersten Worte kamen noch zögernd und zaghaft. Doch dann brachen die unterdrückten Emotionen und die ungeheure über lange Zeit angestaute Wut auf das DDR-System

aus ihr hervor. Sie berichtete, wie ihre gesamte Familie immer wieder durch die Mühlen der SED-Diktatur und der Stasi gedreht worden waren. Ihr Zeugnis war für die Zuhörer sehr bedrückend.
Ihre tränenerstickte, teilweise schreiende Stimme ließ den Menschen auf dem Marktplatz kalte Schauer über den Rücken laufen.
Die erste Montags-Demo war ein voller Erfolg. Die Hildburghäuser haben damals bewiesen, dass auch in ihrer Stadt die Kraft der Massen in Bewegung gebracht werden konnte. Was nach der Demo noch zu tun blieb, erledigten die Genossen der Volkspolizei. Während der Demo hielten sie sich diskret im Hintergrund. Und als alles vorbei war, löschten sie auf dem Marktplatz die noch brennenden Kerzen ...“[15]

**30.10. Montag** Im Eisfelder „Volkshaus“ finden sich ca. 800 Bürger zum 1. Eisfelder Rathausgespräch ein, um den Dialog mit Funktionären und dem Stadtrat in Gang zu bringen. Den kritischen Fragen und Reden stellen sich Bürgermeister GERD BRAUN, der stellvertretende Bürgermeister HANS HARTWIG, der Ortsparteisekretär JOACHIM SOLTYSEK, der Zeiss-Betriebsdirektor ADOLF STIRZEL u.a. Wie bei anderen ersten Gesprächen werden vielfältige Forderungen gestellt, zu unterschiedlichsten Themen, und es wird teilweise überaus temperamentvoll diskutiert und gestritten. In drei Stunden kommen mehr als 30 Redner zu Wort: MANFRED OGINSKI fordert mehr Mitsprache- und Demonstrationsrecht, Zulassung des NEUEN FORUMS und anderer politischer Gruppierungen, Presse- und Reisefreiheit, Verbesserung der Versorgung. Vikar BODO DUNGS verlangt die Kontrolle der Partei- und Staatsfunktionäre und stellt ihre Arroganz bloß. Für künftige Wahlen werden mehrere Kandidaten zur Auswahl gefordert (DR. HANS-HENNING AXTHELM, GÜNTER RECKNAGEL), Wahlen sollen zur Pflicht erhoben werden (HANS SPROCKHOFF), eine Eingabe an den Bürgermeister zu eventuellen Unregelmäßigkeiten bei den Kommunalwahlen am 07.05.1989 (Vikar BODO DUNGS). Der stellvertretende Bürgermeister distanziert sich von den Funktionären, die „öffentlich Wasser predigen und heimlich Wein trinken“ und spricht von den negativen Auswirkungen auf die SED. Wichtiges Thema ist der sträflich vernachlässigte Umweltschutz: Verbrennen von Spanplatten im Möbelwerk und der qualmende Schornstein der Porzellanfabrik (THOMAS ACHTELSTETTER), Verschmutzung der Werra und die Umweltbelastung durch nicht fachgerecht ausgebrachte Gülle

[15] Nach: GERD KRAUSS: Über die Vergangenheit - die Gegenwart und die Zukunft - Zum 10. Jahrestag der ersten Montags-Demo am 30. Oktober 1989 in Hildburghausen. In: Südthüringer Rundschau, Ausgabe 28.10.1999. - Hildburghausen/Hassfurt, 1999 (Auszug).

**30.10.**
**Montag**

(Udo Oleska), Industrieabwässer (Herbert Nickel). Ratsmitglied Anette Philipp spricht von spürbaren Veränderungen 1990, Manfred Schröder und Dr. Hans-Henning Axthelm appellieren an die Bürger, dass Umweltschutz Sache aller sei. Ute Schuchardt fordert Spielplätze. Großen Raum nehmen in der Diskussion die ungelösten Wohnungsprobleme und der schlechte Bauzustand vieler Häuser ein. Kritisiert werden die für die Werktätigen unzureichenden Ladenöffnungszeiten. Der Bau eines Schwimmbades wird angesprochen. Adolf Stirzel verspricht bis 1995 Abhilfe.
Es wird gefordert, das Rathausgespräch fortzusetzen und auch in fachspezifischen Gruppen zu beraten.

Im Themarer Jugendklubhaus kommt es mit ca. 300 Bürgern zu einem öffentlichen Dialog.

In Schleusingen demonstrieren ca. 2.500 Bürger gegen das SED-Regime und stellen brennende Kerzen vor dem Rathaus ab.
In der Folgezeit gibt es in vielen Orten nach dem Leipziger Vorbild Montagsdemos.

Bei Bürgergesprächen dabei

# Den begonnenen Dialog nun sachlich fortsetzen

**Hildburghausen** (FW/Nickel). Für den Montagabend hatte der Bürgermeister der Kreisstadt zu einem Rathausgespräch in das Stadttheater eingeladen. Schon eine halbe Stunde vor Beginn war das Theater restlos überfüllt und viele weitere Bürger, nicht nur aus Hildburghausen, begehrten Einlaß. So entschloß man sich im Einvernehmen mit den Anwesenden, schließlich das Gespräch auf den Marx-Engels-Platz zu verlegen. Den Fragen der schätzungsweise über 1500 Bürger stellten sich der 1. Sekretär der SED-Kreisleitung, Herbert Lindenlaub, der Vorsitzende des Rates des Kreises, Hans Müller, Bürgermeister Jürgen Ließ, und weitere Persönlichkeiten, unter ihnen die Ortssekretäre der befreundeten Parteien, Abgeordnete des Kreistages und der Stadtverordnetenversammlung.

Leider kam der angebotene Dialog nur sehr unvollkommen zustande, weil die Redner immer wieder von Buh- und Pfui-Rufen aus der Menge unterbrochen wurden. Hier machten sich angestauter Unmut lautstark und emotionsgeladen Luft, obwohl zahlreiche Bürger zur Sachlichkeit mahnten. Die hitzige Debatte machte einmal mehr deutlich, daß es notwendig ist, den — wie mehrfach angesprochen — bei uns sehr spät begonnenen Dialog mit allen Bürgern unbedingt fortzusetzen. Das wird geschehen. Nur sollten sich alle befleißigen, den Dialog bei aller Kritik sachlich und sachbezogen zu führen, um gemeinsam zu beraten, wie wir gemeinsam mit allen Bürgern konstruktiv und schöpferisch den Sozialismus in unserem Lande weiter vorwärts bringen. Noch in dieser Woche wird das Gespräch mit den Bürgern der Kreisstadt in den Wohnbezirken fortgesetzt. Auch hierbei wird es, wie auf dem Marx-Engels-Platz keine Tabus geben, kann jeder Bürger seine Vorschläge zu Veränderungen einbringen.

**Eisfeld** (FW/Langguth). Mehr als 800 Bürger füllten am Montagabend das Eisfelder Kulturhaus „Volkshaus" beim 1. Rathausgespräch. An der heftigen, teilweise sehr emotional geführten Diskussion nahmen Alfred Geldner, Vorsitzender der Kreisplankommission, Horst Zetzmann, Stellvertreter des Vorsitzenden des Rates des Kreises für Inneres, sowie sämtliche Mitglieder des Rates der Stadt teil. Im Jugendklubhaus Themar beteiligten sich 300 Bürger am öffentlichen Dialog.

(„FW" berichtet morgen ausführlich.)

*01./02.11.1990. Es ist scheinbar unglaublich: Die SED-Zeitung Freies Wort berichtet relativ ausführlich über die ersten Kundgebungen gegen den SED-Staat. Allerdings berichtet sie im Stile eines geschickten Rückzugsgefechts der SED, so werden auch schon neue Leute in den Vordergrund geschoben. Man kaschiert landauf und landab das tatsächliche Geschehen. Aus klar fordernden und teils auch wütenden Kundgebungen und Demonstrationen werden Rathausgespräche, die Auseinandersetzungen mit der SED-Diktatur nennt man „Dialog" (der zumeist ein Monolog der Protestierenden bleibt). Wörter wie „Bürgergespräch", „Kompetenz" werden zu oft gebrauchten und missbrauchten Schlagwörtern.*

AM MONTAGABEND AUF DEM MARX-ENGELS-PLATZ NOTIERT:

# Auftakt zum freimütigen Dialog mit den Hildburghäuser Bürgern

**Hildburghausen** (FW/Nickel). Das Rathausgespräch, zu dem der Bürgermeister unserer Kreisstadt für den Montagabend in das Stadttheater eingeladen hatte, fand, wie bereits berichtet, schließlich nicht im, sondern vor dem Rathaus statt. Zugegeben, keine besonders glückliche Lösung für den angebotenen Dialog. Der Vorschlag, für alle jene, die im überfüllten Stadttheater keinen Platz mehr fanden, am nächsten Abend ein weiteres Gespräch zu führen, wurde nicht akzeptiert. Und so harrten denn schätzungsweise mehr als 1500 Bürger aus der Kreisstadt und weiteren Orten des Kreises bis gegen 22.30 Uhr auf dem Marx-Engels-Platz aus, brachten ihre Standpunkte, Meinungen, Fragen vor, über all das, was sie gegenwärtig bewegt. Leider kam es nicht zu jenem sachlichen Dialog, den sich viele Hildburghäuser vom 1. Rathausgespräch versprochen hatten. Vielmehr entlud sich in sehr heftiger Form Unmut, wurden Redner durch Buh- und Pfuirufe und gellende Pfiffe regelrecht niedergeschrieen. Zeitweise war auch durch, ich möchte höflich bleiben, sehr unsachliche Zwischenrufe kaum zu verstehen, was geantwortet wurde und werden sollte.

## Keine Themen wurden ausgespart

Bei allem angestauten Ärger, sehr lautstark vorgebracht, war meiner Meinung nach der Abend auf dem Marx-Engels-Platz ein sehr hoffnungsvoller Beginn zum Dialog über all jene Probleme, die uns Bürger gegenwärtig bewegen und über Dinge, die wir alle gemeinsam bewegen wollen. So konträr die Meinungen und Auffassungen auch sind, die der eine odere andere vertritt, die Fairneß gebietet es, zumindest erst einmal zuzuhören, sachlich zu bleiben. Auch wenn der Dialog in dieser Form für viele ungewohnt und neu ist, streiten und in hitziger Debatte, in Rede und Gegenrede Lösungen zu suchen und zu finden, will gelernt sein. Ich bin mir sicher, wir werden es lernen und auch dabei den richtigen Ton finden.

Es wurde kein Blatt vor den Mund genommen und auch kein Thema ausgelassen. Wie gesagt, sehr hitzig und kontrovers ging es sowohl um den Vertrauensschwund, um die Verantwortung der Partei der Arbeiterklasse und ihre führende Rolle, um „heimlich in Anspruch genommene Privilegien einiger Funktionäre" (Zwischenruf: Unheimlich!), um Reisefreiheit, auch im Lande, den Umweltschutz, um Fragen der Erziehung, um die sozialistische Demokratie, um freie und geheime Wahlen und nicht zuletzt auch um Wohnungsfragen, um die Versorgung und weitere kommunale Probleme.

Zu vielen Problemen wurde geantwortet, über zahlreiche andere Fragen sind inzwischen Überlegungen im Gange, werden Vorschläge und Hinweise der Bürger in den breiten Dialog um die künftige Gestaltung unseres Sozialismus einbezogen, sind Lösungen angekündigt.

## Der Dialog wird heute fortgesetzt

Sie werden es mir als Berichterstatter wohl zugestehen, daß ich hier besonders auf jene Fragen und Probleme eingehe, das ist bei der Fülle auch kaum anders handhabbar, die konkret unsere Kreisstadt betreffen.

Wenn beispielsweise auf die Frage nach der Lösung der Wohnungsfrage als soziales Problem gefragt wurde und auf die Antwort des Bürgermeisters, daß seit 18 Jahren in Hildburghausen 2500 Wohnungen gebaut wurden, das Echo leider lautes Gelächter war, und er nicht darlegen konnte, wie dieses Problem gemeinsam mit den Bürgern gelöst werden kann und soll, so wirft das allein ein Schlaglicht auf die Atmosphäre.

So manches, was vorgebracht wurde, bedarf der Prüfung, der sachlichen Überlegung, wie künftig durch gemeinsame harte Arbeit Veränderungen erzielt werden können. Ja, die Forderung, daß die Arbeiter-und-Bauern-Inspektion kontrollieren sollte, warum in der einen Kaufhalle das Fleisch auf und in der anderen „unter dem Ladentisch" verkauft wird, ist sicher berechtigt. Und berechtigt auch die Kritik am Umgang von Mitarbeitern des Rates der Stadt mit den Bürgern. Sie wird ebenso geprüft, wie die Vorschläge und Hinweise, die im Verlaufe der Diskussion weiter eingebracht wurden.

Und der Vorschlag, daß dieses Rathausgespräch keine Einmaligkeit darstellen darf, ist ebenso angekommen, wie der Hinweis, daß sich kompetente Leute zusammensetzen und sich Gedanken machen, wie alle Bürger dazu einbezogen werden können. Schon in dieser Woche wird in den Wohnbezirken der Kreisstadt das Gespräch mit den Bürgern fortgesetzt. Die Termine dazu sind auf dieser Seite zu lesen.

## Sachlicher Rat und Tat gefragt

Und wieder muß ich leider sagen, mir fehlte bei aller Heftigkeit und allen Angriffen und Kritiken an anderen jenes Quentchen Selbstkritik bei den lautstarken Äußerungen, die andeuten, daß man ehrlich gewillt ist, die eingeschlagene Wende auch bei sich selbst zu vollziehen. Die Frage, was sind meine Fehler, und was will ich selbst tun, um zu den notwendigen Veränderungen beizutragen? Der Dialog ist wichtig, muß und wird fortgesetzt werden. Aber vom Dialog allein, da mögen wir uns drehen und wenden, wie wir wollen, ist noch nichts geändert. Und für diese Veränderungen sachlich und konstruktiv nicht nur seine Vorschläge, sondern auch seine Tat, sein aktives Mitarbeiten einzubringen, tut not.

**01.11.**
**Mittwoch**

Nach dem Friedensgebet in der Apostelkirche Hildburghausen formiert sich ein mächtiger Demonstrationszug, angeführt von den Vertretern der evangelischen und der katholischen Kirchgemeinden, durch die Stadt zum Markt und zum ehemaligen Stasigebäude in der Geschwister-Scholl-Straße. Voran getragen wird ein großes Stofftransparent mit der Aufschrift „OHNE GEWALT / FÜR DEMOKRATIE".

In einem chiffrierten Fernschreiben des 1. Bezirkssekretärs der SED, HANS ALBRECHT, an den Generalsekretär des ZK der SED, EGON KRENZ, wird die Hilflosigkeit der SED-Parteiführung deutlich. Hier heißt es:

„Werter Genosse Krenz!
Wir müssen über folgende Lage im Bezirk informieren.
Die 1. Sekretäre der KL haben uns in der heutigen Sekretariatssitzung über den großen Ernst der Lage in Kenntnis gesetzt.
Wie wir einschätzen müssen, wird die sicherheitspolitische Lage zur Zeit in den Kreisen noch beherrscht. Der Druck gegnerischer Kräfte nimmt ständig zu. Der Riß geht mitten durch die Partei, durch das Parteiaktiv und unsere Funktionäre. Ein einheitliches und geschlossenes Handeln ist zur Zeit nicht mehr gegeben..
Wir kommen zur Zeit mit parteilosen, christlich gebundenen und anderen Bürgern schneller in der Klärung von Problemen voran, als mit eigenen Genossen, vor allem denen der mittleren Leitungsebene.
Der Zeitraum zwischen der 9. und 10. Tagung ist zu lang und wird als Sprachlosigkeit der Parteiführung bezeichnet.
Die Genossen bitten um die sofortige Veröffentlichung des Entwurfs des Aktionsprogramms unserer Partei, da gegenwärtig die Gefahr besteht, daß sich eine Reihe von Genossen, um Antwort auf ihre Fragen zu erhalten, den konkreten Vorschlägen der Blockparteien und auch dem 'Neuen Forum' zuwenden.
Die 1. Sekretäre der KL machen auch darauf aufmerksam, daß in Auswertung der 10. Tagung des ZK eine außerordentliche Parteikonferenz im Interesse der einheitlichen und raschen Formierung der Parteikräfte, unter Teilnahme der 1. Sekretäre der KL, durchgeführt werden sollte.
Wir bitten, daß Genosse Dohlus auf der morgigen BL-Sitzung sich zu diesen aufgeworfenen Fragen äußert und in einer Beratung mit den 1. Sekretären der KL im Auftrage der Parteiführung eine Orientierung für die weitere Arbeit gibt.

Albrecht
1. Sekretär der Bezirksleitung"

**02.11. Donnerstag**

Die Volkskammer der DDR erlässt eine Smogverordnung als Teil des Landeskulturgesetzes.[1]

In Hildburghausen ist der größte Belastungsanstieg an Luftschadstoffen im Bezirk Suhl registriert worden. Die Stadt wird in der Verordnung als Nr. 16 der Smoggefährdungsgebiete der DDR ausgewiesen.

Seit 1988 existiert die Konzeption „Territoriale Versorgungskonzeption Hildburghausen - 1988", die den Bau eines zentralen Heizhauses mit Entstaubung und Entschwefelung vorsieht. 50 alte Heizungsanlagen und Heizhäuser im Stadtkern sollen durch das Heizhaus ersetzt werden.

Der Leiter des AfNS, Generalleutnant SCHWANITZ, sendet ein Telegramm an die Bezirksämter des AfNS[2]:

„aus gegebener veranlassung weise ich sie darauf hin, dasz in veroeffentlichungen in den medien und in dialogveranstaltungen keine informationen weitergegeben werden duerfen, die ueber die zentral vorgegebene orientierung hinausgehen.
diese orientierung entnehmen sie bitte veroeffentlichungen von mir, anderer leitender angehoeriger des amtes sowie den von der zaig herausgegebenen 'aufsaetzen und argumenten'. insbesondere betrifft das absolute oder relative angaben ueber die personalstaerke sowie vorgesehene reduzierungen von kadern.
die oeffentlichkeit kann darueber informiert werden, dasz im prozesz der neubestimmung der aufgaben und struktur des amtes wesentliche reduzierungen des kaderbestandes, zunächst um 8 000 rpt 8000, erfolgen."

Bürgergespräche und Demonstrationen in Römhild und Schleusingen.[3]

---

[1] GBl. I der DDR, Nr. 21.

[2] Die Stasi ist generell bei allen Veranstaltungen und Aktionen präsent und fertigt Berichte über den Verlauf der Veranstaltungen bzw. Dossiers über Oppositionelle. Aus der Fülle der vorliegenden Geheimberichte werden nachfolgend Auszüge veröffentlicht.

Wende '89 im Bezirk Suhl. Gemeinsame Ausstellung des Thüringischen Staatsarchivs Meiningen des Bundesbeauftragten für die Unterlagen des Staatssicherheitsdienstes der ehemaligen DDR und von FREIES WORT. - Suhl, November 1999.

[3] s. auch 03.11.1989.

**03.11. Freitag**

In einer Information des Leiters der Bezirksverwaltung Suhl der Staatssicherheit, Generalmajor LANGE, heißt es zu den Demonstrationen am 02.11. in Römhild und Schleusingen:

„Von 19.00 Uhr bis 23.00 Uhr fand in Römhild/Meiningen unter Leitung des Vorsitzenden des Rates des Kreises[4] ein Bürgergespräch mit etwa 1000 Personen statt. Während dieses Gespräches kam es zu Forderungen nach Beseitigung der führenden Rolle der SED und des Grenzgebietes sowie zur Zulassung des 'Neuen Forums'.
Im Anschluß an diese Veranstaltung führten die Teilnehmer einen Schweigemarsch durch die Stadt durch. Mehrere Teilnehmer führten brennende Kerzen mit. Es kam zu keinen Vorkommnissen."

„Während eines Bürgergespräches am 2.11.1989 von 19.00 Uhr in Schleusingen traten vor allem Mitglieder der CDU-Ortsgruppe mit provokatorischen Äußerungen gegen die SED, BPS Schleusingen und das MfS in Erscheinung. Unter anderem wurden Forderungen erhoben, daß
- jeder Parteifunktionär, der Fehler begangen habe, zur Verantwortung gezogen werden müsse, das beträfe vor allem den ehemaligen 1. Sekretär der Bezirksleitung der SED
- die BPS Schleusingen aufgelöst und alle Genossen in die Produktion geschickt werden sollten
- das 'Bespitzeln' von Bürgern unterbunden werden müßte.
Unter Bezugnahme auf die Verfassung der DDR wurden Forderungen nach mehr Demokratie, nach Versammlungsfreiheit sowie Gewährung des Streikrechtes erhoben.
Derartige Diskussionen führten insbesondere der Zahnarzt (Name ist getilgt, d. Verf.), der Allgemeinmediziner (Name ist getilgt, d. Verf.) und der Dipl.-Med. (Name ist getilgt, d. Verf.)."[5]

Neben dem Friedensgebet vom 02.11. finden (wie dort angekündigt) in Hildburghausen in vier Wohnbezirken Einwohnerforen statt: im Saal des VEB Stadtwirtschaft mit ca. 200 Personen, in der Ernst-Thälmann-Oberschule (Waldstraße) mit 120, im Saal des Staatlichen Forstwirtschaftsbetriebs mit 130 und in der Turnhalle der Werner-Seelenbinder-Oberschule in Hildburghausen-Wallrabs mit 350 Bürgern.

---

[4] Kreis Meiningen.

[5] Wende '89 im Bezirk Suhl. Gemeinsame Ausstellung des Thüringischen Staatsarchivs Meiningen des Bundesbeauftragten für die Unterlagen des Staatssicherheitsdienstes der ehemaligen DDR und von FREIES WORT. - Suhl, November 1999.

DATE 01 11 89

SUBJECT

TECHNICAL DATA

*Bittgottesdienst am 1. November 1989 in der überfüllten Hildburghäuser Apostelkirche, die Teilnehmer - manche mit Tränen in den Augen - singen das US-amerikanische Freiheitslied „We shall overcome“ . Anschließend formieren sich zirka 2.500 Bürger und demonstrieren in einem Schweigemarsch durch Hildburghausen, angeführt von den Vertretern der evangelisch-lutherischen und der katholischen Kirchgemeinden.*
*Fotos (S. 52 - 55): Bernhard Grossmann.*

DATE 02 11 89

SUBJECT

TECHNICAL DATA

*Nach dem Bittgottesdienst am 1. November demonstrieren 2.500 Bürger auf dem Hildburghäuser Marktplatz.*

*Tags darauf treffen sich Vertreter des NEUEN FORUMS in der Hildburghäuser Apostelkirche.*

**04.11.**
**Sonnabend**

Superintendent DR. HANSPETER WULFF-WOESTEN stellt in der überfüllten Themarer Bartholomäus-Kirche die Aktion und sein Gedicht „Grünes Band - Hoffnung für unser Land“ vor, das in den Herbsttagen ein Zeichen der Opposition gegen das SED-Regime wird, vor allem Symbol des gewaltlosen Widerstands.

**„Grünes Band“ -**
**Hoffnung für unser Land**

Vom Magdeburger Domgebet
die Kunde bis nach Franken geht.
Es flattert nun das *grüne* Band,
bringt WENDE für mein Vaterland!

Mit „40“ Zentimetern grad
lehrt es mich sehn auf meinen Staat.
Wo viel geschaffen, viel versaut,
und nun das Volk dem Staat nicht traut.
Erst UMKEHR hilft den „40“ neuen
sich reinigen und zu befreien.

Das „Grün“ ergibt den rechten Sinn,
es weist uns auf die HOFFNUNG hin!
Nicht „braun“ mit „power“,
nicht „schwarz“ der Trauer,
nicht „rot“ allein soll Losung sein!
Auch nicht gen Westen mit dem „weiß“
soll gehen unsre neue Reis'.
Wir bleiben hier, gibt es auch Schmerz,
wir brauchen nur ein festes Herz!

Und tragen wir dies neue Zeichen,
so wird die Angst bald von uns weichen.
*Die* WORTE prägt euch mit mir ein,
sie werden eure Helfer sein.
Erst wenn *die* Worte wieder wiegen,
dann kann dies Band im Staube liegen.
Und unser Land auf e w i g lebt,
wenn J e s u s unser Herz bewegt!

**Die 10 großen Buchstaben und 20 wichtigen Worte für den Dialog**

G = Gerechtigkeit - Gewaltlosigkeit
R = Reformen - Reisefreiheit
Ü = Übergriffe unterlassen
N = Neuanfang nutzen
E = Erziehung erneuern
S = Sozialismus säubern

B = Bleiben - Bekennen
A = Alle arbeiten
N = Neue Foren
D = Demokratische Wahlen

Macht mit! Tragt das grüne Band (aber bitte 40 cm lang)!

Dr. Hanspeter Wulff-Woesten
Hildburghausen 6110[6]

**06.11.** Freies Wort berichtet am 08.11.1989:
**Montag**

**„Weiteres Rathausgespräch auf dem Marx-Engels-Platz Hildburghausen.**
Wie uns der Rat der Stadt informierte, fand am Montag, dem 6. November 1989, ein weiteres Rathausgespräch auf dem Marx-Engels-Platz in Hildburghausen statt. Den Fragen der schätzungsweise 1000 Bürger[7] stellten sich der Vorsitzende des Rates des Kreises, Hans Müller, und der Bürgermeister der Kreisstadt, Jürgen Ließ. Zur Diskussion standen unter anderem Privilegien, Probleme der Umweltbelastung in der Kreisstadt, die Rolle der Sicherheitsorgane, das Grenzgebiet, die Forderung nach Abschaffung von Exquisit- und Delikat-Läden. Bekräftigt wurde die Forderung nach Dialogen mit führenden Funktionären in den Betrieben.

Ablehnende Äußerungen gab es zum Entwurf des Reisegesetzes. Superintendent Wulff-Woesten von der evangelischen Kirche informierte über die Aktion 'Grünes Band für mein Vaterland'. Im Anschluß an den zweistündigen Dialog auf dem Marx-

---

[6] Die Mitarbeiter des VEB Offizin Andersen Nexö Leipzig, Betriebsteil Hildburghausen drucken das Gedicht in einer Auflagenhöhe von 2.000 Exemplaren. Kleidungsstücke und Autos werden mit dem symbolischen Grünen Band geschmückt. Die Farbe symbolisiert Hoffnung. Das Band ist 40 Zentimeter lang, jeder Zentimeter steht für ein Jahr DDR.

[7] Andere Quellen sprechen von 1.500 Menschen.

Engels-Platz zogen viele Gesprächsteilnehmer zum Gebäude der SED-Kreisleitung und stellten dort brennende Kerzen auf."[8]

**08.11. Mittwoch** 400 Bürger der Gemeinde Streufdorf kommen zu einem Einwohnerforum mit JOHANNES MÜLLER, Vorsitzender des Rates des Kreises, mit den Ratsmitgliedern der Gemeinde, dem Ortsparteisekretär und MANFRED SIMON (DBD) zusammen. Zugegen sind auch Einwohner des Ortsteils Seidingstadt. Es werden Forderungen erhoben nach mehr Reisefreiheit, Aufhebung der Sperrzone, Rücktritt des Sekretariats der SED-Kreisleitung, schonungsloser Aufklärung der Vergehen des 1. Sekretärs der SED-Bezirksleitung, HANS ALBRECHT, Änderung des Artikels 1 der Verfassung.[9] Weiter wird gefordert: Parteiversammlungen nach der Arbeitszeit anzusetzen, die Privilegien im Sanatorium des Ministerium des Innern in Bad Colberg abzuschaffen. Diese Einrichtung sollte allen Bürgern offenstehen. Die Durchsetzung des Leistungsprinzips in der LPG wird gefordert, ferner stehen ungelöste Probleme des Handels und der Versorgung vor allem in Streufdorf zur Diskussion.

---

[8] Richtig ist, dass sich überdies eine Vielzahl der Redner gegen die SED-Herrschaft ausspricht, vor allem scharf gegen den in der DDR praktizierten Sozialismus protestiert. Die Wut der Bevölkerung gegen die Einheitspartei wird immer akzentuierter, vor allem wenn die Genossen während der Demos oder in den Medien verbreiten, sie hätten nichts gewusst. Die Privilegien der DDR-Nomenklatura waren selbst für den Normalbürger ein offenes Geheimnis. Zum Zeitpunkt der Konsolidierung der SED wird diese Propagandalüge immer wieder von einzelnen Rednern im Kreis aufgegriffen und angeprangert.

[9] Im Artikel 1 der Verfassung vom 07.10.1974 heißt es: „Die Deutsche Demokratische Republik ist ein sozialistischer Staat der Arbeiter und Bauern. Sie ist die politische Organisation der Werktätigen in Stadt und Land unter Führung der Arbeiterklasse und ihrer marxistisch-leninistischen Partei.
Die Hauptstadt der Deutschen Demokratischen Republik ist Berlin.
Die Staatsflagge der Deutschen Demokratischen Republik besteht aus den Farben Schwarz-Rot-Gold und trägt auf beiden Seiten in der Mitte das Staatswappen der Deutschen Demokratischen Republik.
Das Staatswappen der Deutschen Demokratischen Republik besteht aus Hammer und Zirkel, umgeben von einem Ährenkranz, der im unteren Teil von einem schwarz-rot-goldenen Band umschlungen ist."

„Die Frage der Reformierbarkeit der SED war letztlich an die Frage geknüpft, ob die Partei auf ihren Führungsanspruch verzichten und die neuen politischen Gruppen zulassen würde. Zu diesem Schritt war sie jedoch nicht bereit, und so blieben nur jene peinlich anmutenden Versuche von Egon Krenz, Gerhard Müller und anderen, sich selbst an die Spitze der Wende-Bewegung setzen zu wollen, indem sie erklärten, sie hätten die Wende (in der Partei) einge-

*Die für die meisten Demonstranten ungeliebte SED-Kreisleitung in der damaligen Leninstraße in Hildburghausen ist oft auch Ziel der Schweigemärsche. Dort sowie am Rat des Kreises und an der Stasi-Kreisdienststelle werden brennende Kerzen als Symbol des Widerstands abgestellt. Foto: Hans-Hermann Langguth.*

---

leitet. Im Grunde war es gerade diese Mischung aus Machtanspruch und gleichzeitiger Handlungsunfähigkeit, die die SED gerade auch bei der eigenen Basis angreifbar machte.
Innerhalb der Blockparteien standen die Führungsspitzen in ihrer Mehrheit zur SED, während sich an der Basis durchaus Widerstand regte. Dies wird dadurch belegt, daß Mitglieder der Blockparteien auf Kundgebungen und Demonstrationen sprachen und in den (nach der Besetzung der Bezirksverwaltungen der Staatssicherheit gebildeten) Bürgerkomitees mitarbeiteten."

Dornheim, Andreas: Der Demokratisierungsprozeß in Thüringen 1989. In: Thüringen - Blätter zur Landeskunde (Hg. Landeszentrale für politische Bildung Thüringen). - Erfurt, 1997.

Die strategischen Veränderungen in der SED entsprachen in der sog. Wendezeit - mit Ausnahme der Grenzöffnung - nie den Forderungen der Bürger. Die nahezu gelähmte Partei organisierte den geordneten Rückzug, ohne beispielsweise die wichtigsten Verwaltungsfunktionen und den Befehl über die bewaffneten Kräfte zu verlieren. Die Spannungen zwischen Anspruch und Wirklichkeit eskalierten verbal z. B. in den Montagsdemos. Eine ausgleichende Mittlerfunktion in dieser Zeit übernahmen die Kirchen.

# Noch keine „Revolution“, doch die ersten Schritte

**Von Jürgen Ließ, Bürgermeister der Kreisstadt**

Liebe Einwohner der Kreisstadt! Für alle zugänglich heute ein paar Gedanken zum „Heute“ in unserer Stadt. Auch Hildburghausen gehört zur DDR, und auch wir sind aufgerufen, die Wende zu vollziehen. Daß es dabei nicht um eine einfache Kehrtwende geht, ist mir klar. Auch, daß die Bürger der Kreisstadt und der anderen Orte des Kreises nicht nur zugucken wollen. Betrachte ich die vergangenen Tage, so zeigen sich jedoch noch einige Schwierigkeiten.

Nach wie vor erreichen mich Kritiken über die unzureichende Öffentlichkeitsarbeit zu den Terminen der Bürgergespräche. Müssen wir denn Angst haben, es kommen zu viele? Nein, es sollen ja alle kommen. Was jetzt in unserem Lande geschieht, sollen alle wissen, dazu brauchen wir auch alle.

Nach wie vor gibt es auch Gedanken über die Führung des Dialogs. Alle Formen, die sich jetzt herausgebildet haben, sind Formen der demokratischen Interessenäußerung ders zugehört. Auch wenn es manchmal weh tut, weghören, weggucken darf nicht sein! Ebenso nicht Unfairneß gegenüber einzelnen.

Manches Wort betraf die Arbeit des Rates der Stadt, Schlußfolgerungen daraus sind Gegenstand jeder Dienstberatung und Ratssitzung.

Und was bringt es? Noch keine „Revolution“ im Rathaus, doch:

● Der Wohnraumvergabeplan 1989 wird endlich öffentlich im Rathaus ausgehängt; der Tulpenweg gleicht einer Großbaustelle; ● eine Gruppeneingabe führte zum Baustopp des Fahrschulübungsplatzes (der dringend erforderlich ist) und zur nochmaligen Überprüfung des Standortes; ● die Beseitigung des unsachgemäßen Zustandes am Spielplatz Häfenmarkt wurde in Angriff genommen; ● der Planentwurf 1990 wird nochmals geprüft, wobei vor allem die Sicherung von Baumaßnahmen zur Lösung der Wohnungsfrage im Mittelpunkt steht; ● die Studie zur Nordkernumfahrung des unserer Bürger. Daß man über Zeit und Ort, über die notwendige Anzahl streiten kann, ist etwas ganz anderes.

Unzufriedenheit besteht zur Information über durchgeführte Veranstaltungen. Sicher, das „FW" ist ein Organ der SED-Bezirksleitung, doch ist es nicht auch für die Hildburghäuser das wichtigste territoriale Informationsorgan? Darauf gilt es, sich einzustellen – einschließlich der Sicherung kurzfristigerer Informationen. Und auch die Information vom 4. 11. 89 „Dialog wird fortgesetzt" gehört in meine Unzufriedenheit mit hinein, denn sie liest sich wie ein Vertrösten oder Verzögern. Es geht mir darum, daß wir den Dialog, die Wende, die Umgestaltung richtig anpacken. Das ist für uns alle ein Lernprozeß, doch wir haben nicht viel Zeit zum Lernen.

Die vergangenen Tage verdeutlichten mir: Sie, die Hildburghäuser, begrüßen, daß die politischen, ökonomischen und gesellschaftlichen Bedingungen so gestaltet werden, wie es die Zeit erfordert, daß Hemmendes beseitigt wird. Sie erwarten klare Worte zu offenen Fragen, sind bereit anzupacken und sagen auch wie Gerade das zeigten die Einwohnerforen. Vieles dort Gesagte macht mir Hoffnung. Es wird heute anders gesprochen und an-

Stadtzentrums wird in Kürze zur Diskussion gestellt; ● in Arbeit ist die Präzisierung der Handelsnetzkonzeption und eine Konzeption zur Straßenbeleuchtung.

Damit habe ich nur einige Problemkreise angesprochen, die die Hildburghäuser bewegen. Außerdem sind zum Umweltschutz," zur Abwasserführung oder zu den postalischen Leistungen Schritte einzuleiten.

Über die künftige höhere Wirksamkeit der Abgeordneten wird die Stadtverordnetenversammlung noch im November beraten. Wichtig ist vor allem, die Abgeordnetentätigkeit aus der Anonymität zu heben. Ein weiterer Gegenstand wird sein, wie wichtige Bürgerinitiativen als Partner ihren Platz finden können. Und was den konkreten Dialog betrifft: Er wird geführt, und es wird so informiert, daß die Interessenten teilnehmen können. Vorbereitet werden unter anderem Rathausgespräche zu solchen Komplexen, wie „Sozialistische Demokratie", „Umweltschutz" oder „Handel und Versorgung".

Abschließend noch ein persönlicher Wunsch: Es wäre schön, wenn ich mit allen Hildburghäusern auch künftig rechnen kann, da es um die Lösung der vielen Aufgaben in der Stadt geht, wenn Sie Hildburghausen nicht den Rücken kehren.

*FREIES WORT vom 09.11.1989. Hildburghausens SED-Bürgermeister JÜRGEN LIESS, der als einer der wenigen Funktionäre das Gespräch mit dem Bürger sucht und meist auch Teilnehmer der RATHAUSGESPRÄCHE ist, beginnt einige kleine und die Bürger bedrückende Probleme aufzugreifen. Mit der Verkündung der Grenzöffnung am gleichen Abend ist jedoch die Reformierung des Sozialismus und damit der DDR Illusion. Realistisch betrachtet, gibt es nur zwei Alternativen: die blutige Niederschlagung der Revolution oder die Einheit des deutschen Vaterlandes.*

**09.11. Donnerstag** FREIES WORT berichtet am 11.11. über den Bittgottesdienst in der Apostelkirche Kirche in Hildburghausen (Schleusinger Straße), den Schweigemarsch und die Kundgebung auf dem Marktplatz:

**„Über 2500 Bürger demonstrierten.**
Nach einem Bittgottesdienst in der Apostelkirche formierten sich am vergangenen Donnerstag gegen 21 Uhr die Teilnehmer zu einem Schweigemarsch durch die Kreisstadt. Unter der Hauptlosung 'OHNE GEWALT / FÜR DEMOKRATIE' zogen sie mit brennenden Kerzen vor das Rathaus. Herr Wendel, Vikar der ev. Kirche Häselrieth, übergab dort während einer Kundgebung mit über 2.500 Bürgern einen offenen Brief an den Bürgermeister der Kreisstadt und den Vorsitzenden des Rates des Kreises. In diesem Brief, bekräftigt durch über 1.000 Unterschriften, wurde die Tätigkeit des 'Neuen Forums' und weiterer Basisgruppen und Bürgerinitiativen gefordert. Auf die Frage nach der künftigen Zusammenarbeit antwortete Hans Müller, Vorsitzender des Rates des Kreises, daß bereits am Sonnabendvormittag ein Gespräch mit den Vorsitzenden der Parteien, Vertretern der verschiedenen Bürgerinitiativen, aüch des 'Neuen Forums', stattfinden wird. Hans Müller unterstrich, daß für die künftige Gestaltung unseres Landes alle aufgerufen sind, ihre Vorschläge einzubringen.
Bürgermeister Jürgen Ließ bekräftigte noch einmal, daß es jetzt darauf ankommt, das Reden in die Tat umzusetzen, die Einheit von Denken, Sagen und Handeln zu verwirklichen. Der Dialog wird in allen Formen fortgesetzt, betonte er und nannte dazu noch einmal die heute nachmittag stattfindenden themenbezogenen Rathausgespräche. Er forderte alle Bürger zur aktiven Mitarbeit auf. Superintendent Wulff-Woesten verwies unter anderem auf die Effektivität der Sacharbeit in kleinen Gruppen, die nicht vernachlässigt werden darf. Stadtverordneter G. Lohse (LDPD, d. Verf.) forderte den geschlossenen Rücktritt des Sekretariats der SED-Kreisleitung."

Allein am 09.11. gibt es in Eisfeld fünf Bürgerforen mit insgesamt 320 Teilnehmern zu den Themen Umweltschutz, Wasserwirtschaft, Landwirtschaft; Wohnungspolitik, Bauwesen; Handel und Versorgung, ÖVW (örtliche Versorgungswirtschaft); Volksbildung, Kultur, Gesundheits- und Sozialwesen, Jugendfragen, Sport.

**09./10.11. 00.00 Uhr Donnerstag/ Freitag** Der Eiserne Vorhang fällt.[10] Die GÜST Eisfeld - Rottenbach wird als eine der letzten in der DDR um 04.00 Uhr geöffnet. Die Hildburghäuser Bürger ANGELIKA und HANS-JOACHIM HOLLAND sowie RAINER SCHMIDT überqueren mit ihrem Wartburg 353 als erste ohne Visa die Grenze.
Die visafreie Aus- und Einreise ist für DDR-Bürger jedoch nur für wenige Stunden möglich. Die spontanen Reisen ohne gültiges Visum werden Stunden später untersagt. Die Abteilungen Pass- und Meldewesen der Volkspolizeikreisämter erteilen auf Antrag einen Visastempel mit 1/2-jähriger Gültigkeit. Bei nicht vorhandenem Reisepass erhält der Personalausweis den Visastempel (eine im internationalen Reiseverkehr sicherlich einmalige Verfahrensweise). Der Stempelabdruck kostet 15 Mark. Eine Woche später wird der Betrag vom VPKA wieder zurückerstattet.
Am 10.11. passieren an der GÜST Eisfeld - Rottenbach ca. 800 Bürger die Grenze, 12 von ihnen erklären in Rottenbach, in der Bundesrepublik bleiben zu wollen.

Mit Öffnung der Grenze wird bei den Grenztruppen der DDR eine neue militärische Gliederung vorgenommen: Grenzbezirkskommando (GBK) (5 - entsprechend der Bezirke entlang der Grenze), Grenzkreiskommando (GKK), Grenzkompanie, Grenzwachen. Das GKK 403 (Hildburghausen) steht unter Major PETER LEOPOLD und gehört zum GBK 4 (Suhl).

In Schleusingen vereinigen sich ca. 500 Menschen zu einem Schweigemarsch mit Kerzen und Fackeln.

**10. - 16.11.** Im Zeitraum werden ca. 45.000 Visa im Alt-Kreis Hildburghausen erteilt. Das VPKA teilt mit, dass die im Personalausweis eingestempelten Reisevisa weiterhin gültig sind. Beantragte Reisepässe werden erst im März/April 1990 ausgegeben.
Einzelne DDR-Bürger beantragen zusätzlich, ohne den Wohnort zu wechseln, in einer bundesrepublikanischen Kommune Reisepässe der Bundesrepublik Deutschland mit einer Gültigkeitsdauer bis zu 6 Monaten. Nach DDR-Gesetzen machen sich diese Personen strafbar, die DDR-Behörden dulden jedoch die Handlungsweise stillschweigend.

---

[10] Mauer und Stacheldraht waren das Fundament der DDR. Mit ihrem Fall war der Zusammenbruch des SED-Staats nicht mehr aufzuhalten.

**11.11.**
**Sonnabend**

Die GÜST in Eisfeld - Rottenbach passieren von 00.00 bis 13.00 Uhr 9.356 Fahrzeuge.

In Heldburg kommt es zu einer genehmigten Demonstration mit ca. 500 Teilnehmern. Sie fordern, den Verfassungsartikel 1, mit der die Führungsrolle der SED festgeschrieben wurde, zu streichen, das NEUE FORUM zuzulassen und freie Wahlen anzusetzen.

Die SED-Kreisleitungen und der Rat des Bezirks erhalten ein IN-Telegramm mit der Dringlichkeitsstufe „Blitz", in dem es heißt:

„Werte Genossen, in Durchsetzung des Aktionsprogrammes unserer Partei werden die Vorbereitungen getroffen, die Tiefe des Grenzgebietes zu verändern. Das Ziel dieser Maßnahme besteht darin, ein solches Grenzregime aufrechtzuerhalten, das den Anforderungen des Schutzes der sozialistischen Ordnung genügt. Die notwendigen Veränderungen sollen bis Ende Dezember 1989 erfolgen. Es ist in den Grenzgemeinden und Grenzstädten offensiv mit der Bevölkerung zu arbeiten. Alle Maßnahmen der Grenzsicherung sind mit Ruhe und Besonnenheit durchzuführen!"

In Hildburghausen finden themenbezogene RATHAUSGESPRÄCHE statt, im Staatlichen Forstwirtschaftsbetrieb Hildburghausen mit dessen Direktor JOCHEN RÄDEL, dem Nachfolgekandidaten der DDR-Volkskammer, im Speisesaal der Ernst-Thälmann-Oberschule in der Waldstraße zu Problemen des Handels und der Versorgung mit dem Bürgermeister der Kreisstadt, Mitgliedern des Rates des Kreises, Abgeordneten des Kreistages und der Stadtverordnetenversammlung sowie Leitern der zuständigen Betriebe.

Im Sitzungssaal des Rates des Kreises treffen der Sprecherrat des NEUEN FORUMS und andere Bürgerinitiativen des Kreises mit Vertretern des Staatsapparats zusammen: dem Vorsitzenden des Rates des Kreises - JOHANNES MÜLLER, dem Stellvertreter des Vorsitzenden für Inneres - HORST ZETZMANN, dem Sekretär des Rates - PETER ANDRESCHECK, dem Kreissekretär der Nationalen Front - EDGAR END.
In einer Information in FREIES WORT heißt es u.a.:

„Behandelt wurden in erster Linie Verfahrensfragen. Auf die Forderung nach öffentlichen Räumen für Beratungen und die Konstituierung der Initiativgruppen und Bürgerinitiativen erklärte der Ratsvorsitzende sein Einverständnis. Auf der Grundlage dieser Zusicherung sei es jeder Gruppe möglich, im konkreten Fall Vereinbarungen mit dem jeweiligen Rechtsträger des Gebäudes über die Nutzung zu treffen. Erörtert wurde auch die Frage, wie es den Initiativgruppen und Bürgerinitiati-

*An der GÜST Eisfeld - Rottenbach. Während bis zum 09.11.1989 nur vereinzelte Fahrzeuge meist aus West-Ost-Richtung die Grenze passieren, bewegen sich nach dem Fall der Grenze täglich Tausende Fahrzeuge in Richtung Westen.*
*Fotos: Freies Wort.*

*10.11.1989. Begeisterte Menschen winken hinter der GÜST Eisfeld - Rottenbach im Lautertal den DDR-Besuchern in ihren Trabis zu. Für viele westdeutsche Bürger sind alle „Ost"-Autos „Trabis".*
*Foto: Frank Elsner.*

*11.11.1989. Kundgebung in Heldburg gegen das SED-Regime.*
*Foto: Bruno Schubarth.*

ven künftig möglich sei, am Prozeß der Entscheidungsfindung demokratisch mitzuwirken. Man einigte sich auf Vorschlag von Hans Müller darauf, daß der provisorische Sprecherrat jeweils zwei Bürger benennt, die künftig an den Sitzungen der ständigen Kommissionen des Kreistages als berufene Mitglieder teilnehmen können. Des weiteren sei es auch möglich, daß Mitglieder der Initiativgruppen und Bürgerinitiativen bei Kreistagssitzungen das Wort ergreifen. Die Termine der Tagungen der ständigen Kommissionen sollen künftig auf der ‚FW'-Lokalseite veröffentlicht werden. Außerdem wird der Ratsvorsitzende den ständigen Kommissionen vorschlagen, ihre Beratungen außerhalb der Arbeitszeit durchzuführen. Der Kreistag wird künftig generell außerhalb der Arbeitszeit tagen.

Weitere Verfahrensfragen betrafen die Erteilung von Druckgenehmigungen sowie die Tätigkeit von Bürgerinitiativen, die, wie im Eisfelder Raum, außerhalb des 'Neuen Forums' arbeiten. Horst Zetzmann antwortete, daß Druckgenehmigungen generell von der Abteilung Kultur des Rates des Kreises erteilt werden, wenn sich der Inhalt auf der Grundlage der Verfassung und der Gesetzlichkeit bewege. Über die Zulassung von Bürgerinitiativen, deren Wirksamkeit sich auf das Territorium des Kreises beschränkt, entscheidet der Stellvertreter für Inneres, wenn ein entsprechender Antrag und die klare Formulierung der Ziele vorliegt. Der Ratsvorsitzende hatte keine Einwände gegen außerparlamentarische Untersuchungsausschüsse.

Von beiden Seiten wurde mehrfach auf noch bestehendes Mißtrauen hingewiesen, das es nun in der gemeinsamen Arbeit abzubauen gelte. Dazu sollen die Informationsgespräche fortgeführt werden. Zum nächsten Gespräch wird der Ratsvorsitzende auch Vertreter des Volkspolizeikreisamtes und der Kreisdienststelle des Ministeriums für Staatssicherheit einladen. Abschließend betonte Hans Müller, daß es in den nächsten Tagen gelte, gemeinsam weitere Überlegungen zum Wohle aller Bürger des Kreises anzustellen und die Wende mit Taten wirkungsvoll auszugestalten. Der Ratsvorsitzende schloß mit den Worten: 'Auf uns gemeinsam wartet viel Arbeit'."

**11.11.**
**Sonnabend**

In einem redaktionellen Artikel stellt FREIES WORT dar, dass in vielen telefonischen und schriftlichen Äußerungen die Parteigruppen und einzelne Bürger über die Sprachlosigkeit der Spitzenfunktionäre der SED-Kreisleitung, vor allem HERBERT LINDENLAUB (Erster Kreissekretär) und HANS-GEORG KRAUSSE (Sekretär für Agitation und Propaganda), in dieser schweren Situation unzufrieden seien, das führe zu weiterem Vertrauensverlust. Kritik wird auch an der nichtssagenden und einseitigen Berichterstattung auf der Kreisseite von FREIES WORT geübt. Das Blatt ist die einzige Möglichkeit, wie sich die Bürger über lokale Ereignisse informieren können. Die Redaktion verspricht Veränderung des Arbeitsstils.

**12.11. Sonntag**

In Eisfeld treffen sich vor dem Kulturhaus nach einem Aufruf der Jungen Gemeinde protestierende Bürger. Acht Redner sprechen zu den Demonstranten gegen den in der Verfassung der DDR verankerten Führungsanspruch der SED, für freie und geheime Wahlen und die Erneuerung des Sozialismus. Anschließend demonstrieren 1.300 Menschen durch die Innenstadt.

Eine geplante Kundgebung der FDJ-Kreisleitung fällt wegen zu geringer Beteiligung aus. Im Jugendklub in der Oberen Allee in Hildburghausen wird eine kleine Gesprächsrunde von FDJlern und Vertretern von Parteien und Massenorganisationen organisiert, die aber kaum von Besuchern wahrgenommen wird.

**13.11. Montag**

Das Ministerium für Nationale Verteidigung teilt mit, dass die Sperrzone im Grenzgebiet an der Staatsgrenze der DDR zur BRD aufgehoben wird. Die Verordnung wird am 14.11.1989 wirksam. Alle im Schutzstreifen liegenden Ortschaften, Ortsteile, Betriebe und Einrichtungen sind damit nicht mehr Grenzgebiet, und der freie Zugang zu ihnen ist gewährleistet. Damit entfallen die bisherigen Genehmigungen für die Einreise und den Aufenthalt. Die land-, forst- sowie anderweitige volkswirtschaftliche Nutzung des Schutzstreifens erfolgt in Abstimmung mit dem zuständigen Kommandeur der Grenztruppen der DDR.[11]
Die Zahlung von Sperrzonenzuschlägen wird ab 01.01.1990 eingestellt.

Reisezahlungsmittel für Reisen in die Bundesrepublik werden in der Kreisfiliale Hildburghausen der Staatsbank der DDR ausgezahlt, in der Wechselstelle Eisfeld der Staatsbank, Zweigstelle Eisfeld der Kreissparkasse Hildburghausen und Zweigstelle der Genossenschaftskasse. Die DDR-Bürger können einmalig 15 Mark der DDR gegen DM im Verhältnis 1 : 1 tauschen.

Zur „nicht geplanten“ Demo auf dem Hildburghäuser Marktplatz scharen sich nur noch ca. 300 bis 400 Personen zusammen. Ohne Mikrofon, auf Aschenkübeln stehend, werden von den Rednern die gleichen Themen wie bisher aufgegriffen. Einige warnen jedoch, dass eine gewisse Reisefreiheit noch nicht Freiheit bedeute, viele Menschen sehen sich nämlich schon am Ziel ihrer Wünsche.

[11] Nach einer am 14.11.1989 veröffentlichten ADN-Meldung.

**13.11.**
**Montag**

Der Musikpädagoge und Ensembleleiter Helmut Mitzenheim übt in Hildburghausen mit den Demoteilnehmern unter großer Heiterkeit den von ihm komponierten und getexteten „Lindenlaub-Walzer“ ein.

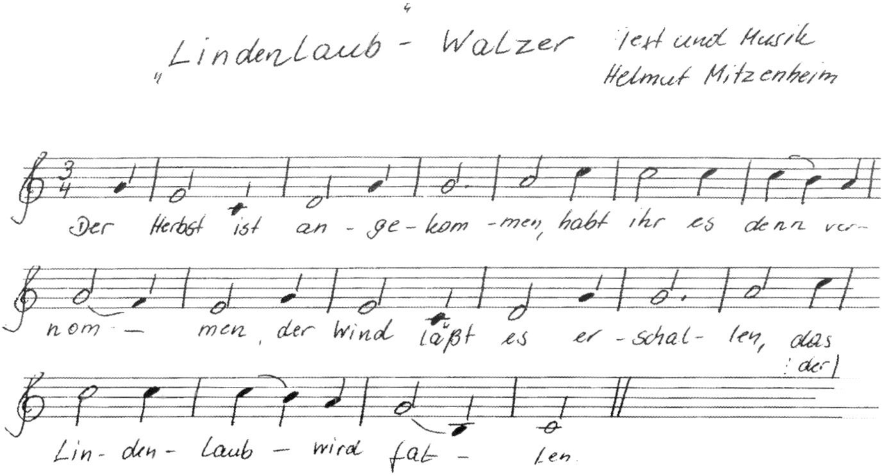


**14.11.**
**Dienstag**

Freies Wort berichtet:

„Von der Tagung der Kreisleitung der SED -
**Peter Dornheim[12] zum neuen 1. Kreissekretär gewählt**
Das Plenum der Kreisleitung wählte Manfred Steinerstauch zum Sekretär der Kreisleitung und entband Genossen als Mitglieder des Sekretariats Hildburghausen.

---

[12] Dr. Peter Dornheim gerät in den folgenden Tagen in der Öffentlichkeit in Kritik, da er seit Februar 1988 persönlicher Mitarbeiter des 1. Bezirkssekretärs der SED, Hans Albrecht, war. Zu dieser Problematik wird D., der diese Funktion als Parteiauftrag erhielt, in Freies Wort vom 24.11. zitiert: „Ich kann voller Verantwortung, auch vor mir selbst, sagen, daß ich über diese Zeit keine negative Einschätzung meiner Arbeit treffen muß und ehrlich gearbeitet habe. Ich habe stets meinen politischen Standpunkt vertreten und meine Meinung gesagt, auch wenn sie kein Gehör gefunden hat. Was die Delikte angeht, die Hans Albrecht persönlich zur Last gelegt werden, davon habe ich erst nach seiner Abberufung gehört und nichts damit zu tun. Sie werden durch den Staatsanwalt untersucht.“

Auf der Demo am 20.11. in Hildburghausen wird nachdrücklich gefragt, wie man in der Nähe des selbstherrlichen 1. Bezirkssekretärs Albrecht, der den Bezirk wie ein Landesfürst beherrschte, überhaupt eine eigene Meinung äußern konnte, ohne dafür kaltgestellt zu werden.

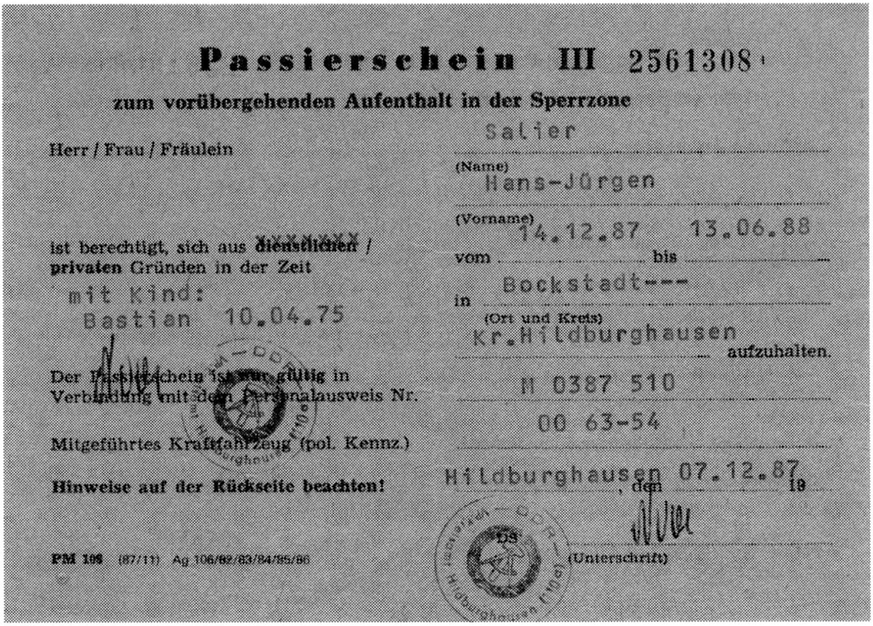

**Passierschein III 2561308**

**zum vorübergehenden Aufenthalt in der Sperrzone**

Herr / Frau / Fräulein Salier (Name)

Hans-Jürgen (Vorname)

ist berechtigt, sich aus ~~dienstlichen~~ / privaten Gründen in der Zeit vom 14.12.87 bis 13.06.88

mit Kind:
Bastian 10.04.75

in Bockstadt--- (Ort und Kreis) Kr.Hildburghausen aufzuhalten.

Der Passierschein ist nur gültig in Verbindung mit dem Personalausweis Nr. M 0387 510

00 63-54

Mitgeführtes Kraftfahrzeug (pol. Kennz.)

Hinweise auf der Rückseite beachten!

Hildburghausen, den 07.12.87

(Unterschrift)

PM 106 (87/11) Ag 106/82/83/84/85/86

*Mit dem Fall von Mauer und Stacheldraht wird die Aufhebung der Sperrzone, zu der große Teile des Kreises Hildburghausen gehören, am 14.11.1989 wirksam.*
*Das „Gefängnis DDR“ ist noch in sich in weitere Abteilungen gegliedert, zu dem perverse Einrichtungen wie die Sperrzone gehören.*
*Auf der Rückseite des hier abgebildeten Passierscheines stehen ermahnende „Hinweise“ an die Besucher der dem Todesstreifen vorgelagerten meist 5 km breiten Sperrzone:*
*„1. Zum Erreichen des Reisezieles ist innerhalb des Grenzgebietes der kürzeste Weg zu benutzen.*
*2. Sie haben diesen Passierschein während des Aufenthaltes in der Sperrzone ständig bei sich zu tragen.*
*3. Sie haben sich innerhalb von 12 Stunden nach der Einreise, soweit der Aufenthalt 12 Stunden übersteigt, bei der Meldestelle der DVP oder beim zuständigen ABV anzumelden und vor der Abreise abzumelden.*
*4. Der Passierschein kann Ihnen entzogen werden, wenn die Gründe, die zur Ausstellung geführt haben, weggefallen sind oder gegen die Anordnung über die Ordnung in den Grenzgebieten und Seegewässern der DDR - Grenzordnung - vom 25. März 1982 verstoßen wird.*
*5. Nach Ablauf der Geltungsdauer bzw. Wegfall der Gründe, die zur Ausstellung führten, ist der*
*- aus beruflichen Gründen ausgestellte Passierschein der ausstellenden Diensstelle der DVP*
*- aus persönlichen Gründen ausgestellte Passierschein der für den Wohnsitz zuständigen Dienststelle der DVP unverzüglich zurückzugeben.“*
*Sammlung Salier.*

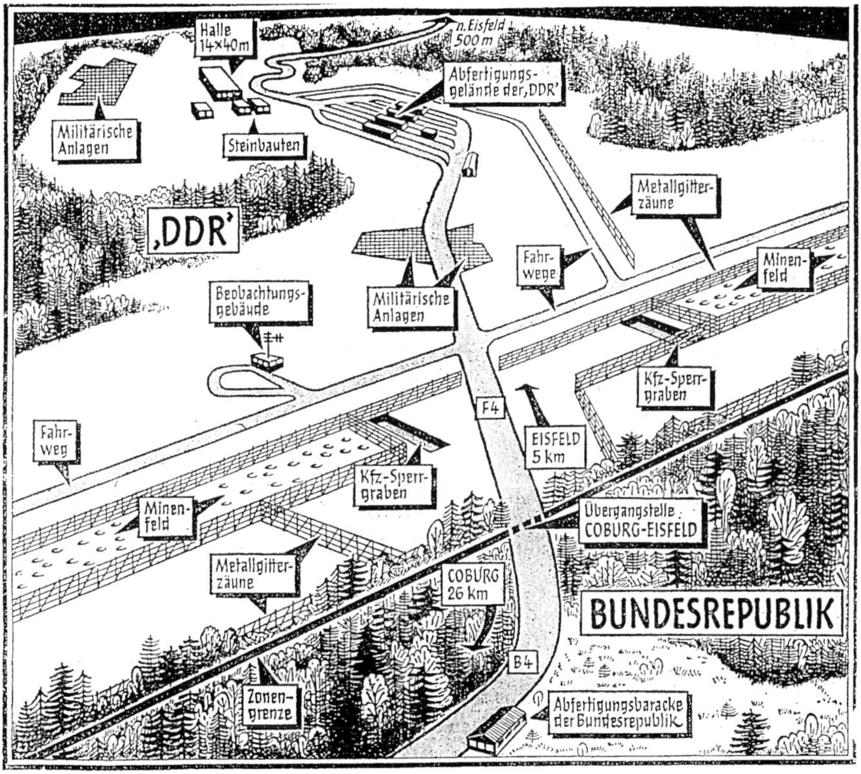


*Die DDR-Sperranlagen an der GÜST Eisfeld - Rottenbach.*

Am 14. November 1989 tagte die Kreisleitung Hildburghausen der Sozialistischen Einheitspartei Deutschlands. An der Tagung nahm das Mitglied des Sekretariats der Bezirksleitung Suhl der SED und Vorsitzende der Bezirksparteikontrollkommission, Genosse Günter Steigleder, teil.
Die Kreisleitung entsprach dem Antrag des Genossen Herbert Lindenlaub, ihn von der Funktion des 1. Sekretärs der Kreisleitung zu entbinden. Die Kreisleitung dankte Genossen Herbert Lindenlaub für seine langjährige Tätigkeit an der Spitze der Kreisparteiorganisation Hildburghausen.
Zum neuen 1. Sekretär der Kreisleitung wurde auf Vorschlag der Bezirksleitung Suhl der SED einstimmig Genosse Peter Dornheim gewählt. Genosse Dornheim arbeitete in verschiedenen Funktionen der Partei in unserem Bezirk, darunter auch im Kreis Hildburghausen. Er bedankte sich für das ihm entgegengebrachte Vertrauen und versicherte dem Plenum der Kreisleitung, gemeinsam mit den Kommunisten der Kreisparteiorganisation seine ganze Kraft für die Verwirklichung des von der 10. Tagung des Zentralkomitees beschlossenen Aktionsprogramms der SED einzusetzen.
Die Kreisleitung entband auf eigenen Wunsch die Genossen Bernhard Ehrentraut und Hans-Georg Krauße als Mitglieder und Sekretäre der Kreisleitung sowie die Genossen Horst Fischer, Vorsitzender des FDGB-Kreisvorstandes, und Stefan Brehm, 1. Sekretär der FDJ-Kreisleitung, als Mitglieder des Sekretariats der Kreisleitung. Die Mitglieder der Kreisleitung kooptierten Genossen Manfred Steinerstauch zum Mitglied der Kreisleitung und wählten ihn zum Sekretär der Kreisleitung Hildburghausen der SED."

**14.11.**
**Dienstag**

FREIES WORT schreibt, dass FALK WIRSING aus Gossmannsrod, Mitglied des Zentralrates der FDJ, ein Telegramm von EBERHARD AURICH[13], dem 1. Sekretär des FDJ-Zentralrats, erhalten habe. Darin heißt es:

„Westliche Rundfunk- und Fernsehstationen verbreiten die Meldung, daß die 'FDJ-Führung' zurücktreten wolle. Ich bitte Dich, diese Lüge der Westmedien über alle zurückzuweisen. Entsprechend den Beschlüssen der 12. Tagung des Zentralrates kämpft das Sekretariat gemeinsam mit Euch um die Erneuerung des Sozialismus und der DDR, um die Unumkehrbarkeit der Wende, für eine neue FDJ. Unseren Standpunkt haben wir mit dem Mandat der 12. Tagung nach gründlicher kollektiver Erörterung in der 'Jungen Welt' veröffentlicht. Das Sekretariat des Zentralrats läßt unsere FDJ und Euch nicht im Stich. Ich denke, Ihr handelt gegenüber den Gruppen und Grundorganisationen, den Mitgliedern der FDJ genauso. Freundschaft."

Kommentar von FREIES WORT in Anlehnung an die Propagandalüge, dass die sozialistischen Medien nur Wahrheiten verbreiten

[13] AURICH tritt am 24.11.1989 von seiner Funktion zurück.

**14.11.**
**Dienstag**

und die bürgerlichen klassengebunden lügen: „Es bleibt zweierlei: Erstens haben westliche Enten nach wie vor kurze Beine. Zweitens schlachten wir sie jetzt endlich schon vor der Bruchlandung."[14]

---

[14] Offiziell gab es in der DDR keine Zensur.
Ein wichtiges Kontrollinstrument war die staatliche Lizenzpflicht. Das Presseamt beim Vorsitzenden des Ministerrats vergab Lizenzen für alle Druckerzeugnisse. Ohne eine solche Lizenz konnte keine Zeitung herausgegeben oder vertrieben werden. Lizenznehmer und Chefredakteur waren für ihr Presseerzeugnis auch politisch verantwortlich. Papier, Farbe sowie Satz- und Druckkapazitäten waren aufs Schärfste kontingentiert. Ca. 90 % der Druckereien gehörten der ZENTRAG, waren also Eigentum der SED. Bei der staatlichen Zuteilung an Material wurden die SED-Zeitungen selbstverständlich bevorzugt.
In der Verfassung der DDR wurde die Pressefreiheit im Artikel 27 innerhalb „aller geltenden Rechte" festgeschrieben. In der Neufassung von 1968 heißt es u.a.: „Jeder Bürger der DDR hat das Recht, den Grundsätzen dieser Verfassung gemäß seine Meinung frei und öffentlich zu äußern. Dieses Recht wird durch kein Dienst- oder Arbeitsverhältnis beschränkt. Niemand darf benachteiligt werden, wenn er von diesem Recht Gebrauch macht."
Die Verfassung bot aber viele Möglichkeiten, die Freiheit von Presse, Rundfunk und Fernsehen einzuschränken, dazu gehörten beispielsweise Angriffe gegen die Führungsrolle der SED und den demokratischen Zentralismus oder die nach DDR-Interpretation weit auslegbaren Begriffe wie Kriegshetze und Kriegspropaganda, faschistische Propaganda, Völker- und Rassenhetze, staatsfeindliche Hetze, öffentliche Herabwürdigung u.a. Einem SED-Bonzen ordentlich die Meinung zu sagen oder ihn nach anderer Auslegung „öffentlich herabzuwürdigen", konnte durchaus schon eine Freiheitsstrafe einbringen.
Bei vielen Demos und Veranstaltungen der sich bildenden demokratischen Vereinigungen auch im Kreis Hildburghausen wurde immer wieder die Pressefreiheit als Bürgerrecht eingeklagt, vor allem wird die Unabhängigkeit der SED-Blätter FREIES WORT (Organ der Bezirksleitung Suhl der SED) und NEUES DEUTSCHLAND (SED-Zentralorgan) gefordert.
Es sollte daher bei den Zitaten aus diesen Quellen bedacht werden, dass es sich um SED-Zeitungen und bis zum Januar 1990 immerhin noch um „Sozialistische Tageszeitungen" handelte. Die Redakteure waren oft bis hin zum Wortlaut weisungsgebunden. So spielt die Selbstzensur, die sogenannte „Schere im Kopf" bei vielen Journalisten bis zum Zusammenbruch der DDR wohl eine erhebliche Rolle.
Die Kontrolle der Partei über die Medien begann bereits im staatlich reglementierten Berufszugang in Form eines Journalistik-Studiums, meist an der Karl-Marx-Universität in Leipzig. Die Mitgliedschaft im Journalistenverband der DDR (VDJ) war obligatorisch, und ein Ausschluss bedeutete gleichsam ein Berufsverbot.
Nach der marxistisch-leninistischen Theorie des Journalismus wurden den Medien drei Rollen zugeschrieben: Propagandist (der kommunistischen Ideologie), Agitator (der SED-Politik) und Organisator (der geplanten politischen, wirtschaftlichen und kulturellen Entwicklung). Und dieser Methodik lagen die allgemeinen Prinzipien des gesamten DDR-Agitations- und Propagandaapparates zugrunde: Parteilichkeit, Wissenschaftlichkeit (im Sinne der marxistisch-leninistischen Paradigmen) und Volksverbundenheit.
Allerdings setzten mit Beginn der Revolution auch in den Redaktionen sehr starke Umdenkprozesse ein, die einerseits zu Unsicherheiten und Verwirrungen bei den Journalisten führten, andererseits eine bisher nie gekannte Freiheit der Berichterstattung und Meinungsäußerung

**14.11.**
**Dienstag**

Eine Buslinie Hildburghausen - Coburg und zurück wird vom VEB Kraftverkehr Hildburghausen eingerichtet.

Angehörige der Grenztruppen der DDR helfen im Kreis Hildburghausen u.a. bei Versorgungsfahrten des VEB Handelstransports Hildburghausen, teilweise mit Armeefahrzeugen. Die Ursachen liegen im desolaten Zustand der Fahrzeuge und damit in mangelnden Transportkapazitäten sowie am Treibstoffmangel.
Nach einigen Tagen der Grenzöffnung und mit den neuen Reise- und Einkaufsmöglichkeiten kommt es zu einem merklich geringeren Warenumsatz in den Verkaufsstellen des Kreises. Die DDR-Bürger kaufen von dem einmaligen Begrüßungsgeld in Höhe von DM 100,- in der Bundesrepublik (einige Kommunen zahlen überdies noch zusätzliche Beträge) vor allem Südfrüchte, Schokoladenerzeugnisse, Genussmittel, elektronische Geräte.
Bei den DDR-Bürgern ist das Vertrauen zur DDR-Binnenwährung restlos gesunken, zu irrationalen Kursen wird die DDR-Mark gegen die DM getauscht, bis zu 25 : 1. Ferner kommt es in Größenordnungen zum sinnlosen Ankauf hochwertiger Industriegüter aus dem DDR-Angebot und Billigimporten aus dem NSW.

**15.11.**
**Mittwoch**

Lt. Mitteilung der 15. Tagung des Bezirkstags vom 21.12. sind aus dem Bezirk Suhl 1.750 Berufstätige in die Bundesrepublik Deutschland und nach Westberlin abgewandert, 1.550 Arbeitskräfte sind zu vermitteln.

**16.11.**
**Donnerstag**

Der Stellvertreter des Vorsitzenden des Rates des Bezirkes Suhl gibt eine „Information zu aktuellen Problemen seit Öffnung der Staatsgrenze zur BRD“ heraus, in der es u.a. heißt:

„Im Bezirk Suhl zeichnen sich hinsichtlich der Erweiterung von Beziehungen zwischen BRD und DDR folgende Schwerpunkte ab:
1. Angebote/Wünsche seitens BRD-Organen zu Städtepartnerschaften (vor allem im Kreis Hildburghausen).
2. Forderungen/Vorschläge zur Einrichtung neuer Grenzübergangsstellen (vor allem in den Kreisen Sonneberg und Meiningen).
3. Angebote/Vorschläge für finanzielle und materielle Unterstützung, oft in

---

zur Folge hatten, da die politischen Abhängigkeiten in der Auflösung begriffen und neue wirtschaftliche Abhängigkeiten noch nicht vorhanden waren. Diese Prozesse lassen sich jedoch zeitlich kaum fassen und einordnen, da sie sehr stark von den einzelnen Persönlichkeiten und Hierarchien in den Redaktionen abhängig waren.

Verbindung mit dem Umweltschutz (vor allem in den Kreisen Bad Salzungen und Sonneberg)."
Zum Kreis Hildburghausen wird u.a. vermerkt:
„Eisfeld: Bürgermeister von Lauterhal (gemeint ist Lautertal, d. Verf.) will Städtepartnerschaft (gibt nicht auf, obwohl auf Grundlagenvertrag und entsprechende Verfahrensweise hingewiesen)
Ab Rottenbach verteilt Pfarrer Steinert (ehemaliger DDR-Bürger) in Bussen Flugblätter mit einem Angebot für DDR-Bürger zum 'Verschnaufen und Gedankenaustausch' im Haus der evangel. Freidenkergemeinde Coburg ( ... )."

**18.11.**
**Sonnabend**

Der Grenzübergang Eishausen/Adelhausen - Rodach wird für DDR-Bürger geöffnet.[15] Der konzentrierte grenzüberschreitende Verkehr, der sich über Eisfeld, der einzigen GÜST im Kreis, bewegt, soll entlastet werden.
Am Nachmittag des 16.11. begehen Verantwortliche der Grenztruppen der DDR das Terrain. Von der einstigen Straße, die Hildburghausen mit Coburg verbindet, ist in Grenznähe kaum noch etwas vorhanden, während von bayerischer Seite keine nennenswerten Vorkehrungen für den Reiseverkehr getroffen werden müssen, denn die Straße von Rodach bis an die Demarkationslinie ist in der Zeit der deutschen Teilung instand gehalten worden.
Innerhalb von 24 Stunden werden die Voraussetzungen geschaffen, den Grenzübergang zu eröffnen. Die Straßenmeisterei Hildburghausen verlegt 150 m Straßenplatten, unterstützt von den Grenztruppen der DDR, dem VEB Kraftverkehr Hildburghausen und dem Baumaterialienkombinat Themar. 600 m Schotterstraße werden ausgebessert und 25 Lichtmasten gesetzt. Wegen der Pass- und Zollkontrollen sowie der geringen Durchlassfähigkeit der Straßen gibt es bis Sophienthal eine Autoschlange, Staus sind bereits in Hildburghausen feststellbar.

Die Busse ab Eisfeld nach Coburg fahren erstmals ohne Umsteigen an der GÜST durch. Die Fahrpreise ab Eisfeld sind in Mark der DDR, ab Coburg nach Eisfeld in DM zu entrichten.

**18./19.11.**

Die Frauen aus Zimmerau und Sternberg (Gemeinde Sulzdorf a. d. Lederhecke) bewirten am Parkplatz des Bayernturms in Zimmerau die Besucher aus der DDR mit Tee, Kaffee und Kuchen. Hunderte

[15] s. 24.12.1989.

# 39 Stunden bei Adelhausen-Rodach im Zeitraffer

Letzten Donnerstag, 17 Uhr: Eine erste Begehung durch Fachleute und Grenzer am sensiblen Streifen zwischen Adelhausen hüben und Rodach drüben. Von der alten Verbindungsstraße Hildburghausen – Coburg und weiter nach Nürnberg war an dieser Stelle nicht mehr viel zu sehen, die Jahre hatten ihre Spuren hinterlassen ...

Freitag, 10 Uhr: Der Boden ist bereitet – wenig später werden Betonplatten gelegt, Lichtmasten gesetzt, eine Kontrollstelle eingerichtet ... Ein 24stündiger Kraftakt von Straßenbauleuten, Kraftfahrern, Grenztruppen (Bild links unten)!

Sonnabend, 8 Uhr: Die Reiselustigen strömen knatternd und qualmend heran, 4 Kilometer lang war die Schlange bereits am frühen Morgen. Mit der Ruhe ist's nun vorbei – in Adelhausen hüben und Rodach drüben. „Aber die Freude überwiegt" – meinten viele der Einheimischen auf beiden Seiten.

Aufn. (3): FW/K.-H. Frank

**18./19.11.** Bürger, vor allem aus dem Heldburger Unterland, besuchen ihr benachbartes und bisher nicht erreichbares „Traumreiseziel“.[16]

**19.11.**
**24 Uhr**
**Sonntag** Bis zum Zeitpunkt passieren die seit dem Vortag bestehende Grenzübergangsstelle Eishausen/Adelhausen - Rodach in Richtung Bayern 2.423 Pkw, ferner 456 Fußgänger.
Im gleichen Zeitraum sind es in Eisfeld 5.381 Pkw mit 21.300 Personen.

Bürger der Bundesrepublik müssen beim Betreten der DDR wieder DM 25,- als Zwangsumtausch zahlen und ein gültiges Visum vorweisen.

**20.11.**
**Montag** Nach dem RATHAUSGESPRÄCH kommt es in Hildburghausen zur spontanen Demonstration, die sich diesmal vor allem gegen den

---

[16] Der am 22.08.1966 eingeweihte 38 m hohe Bayernturm auf dem Büchelberg in Zimmerau (429 m), dicht an der Zonengrenze, der einen herrlichen Rundblick auf den Thüringer Wald, das Coburger und Südthüringer Land, das Obermaingebiet, die Rhön und die Hassberge und den Steigerwald bietet, ist für die Stasi begehrtes Zielobjekt. Unter der Registriernummer XI 584/84 wird am 20.07.1984 vom Leiter der Kreisdienststelle, Oberstleutnant Dömming, die „Feindobjektakte Thüringenblick“ angelegt.
Oberleutnant Blaufuß schreibt hierzu den Eröffnungsbericht. Zu den im westlichen Grenzvorfeld des Kreises Hildburghausen existierenden sog. Informationsstellen Breitensee und Dürrenried sowie der Aussichtsturm Sternberg/Zimmerau:
„Die genannten Einrichtungen der BRD-Landkreise Königshofen und Ebern (den Stasi-Oberen des Kreises Hildburghausen war bis zu diesem Zeitpunkt vermutlich noch nicht aufgefallen, dass es die Landkreise Bad Königshofen und Ebern nicht mehr gab, d. Verf.) fest in das System der Besichtigungspunkte im bayerischen ‘Zonenrandgebiet’ eingegliedert. Sie dienen im Auftrag der bayerischen Staatsregierung der Verbreitung revanchistischen Gedankengutes und sind gegen die Souveränität der DDR, ihre Staatsgrenze und das Grenzgebiet gerichtet. Der informative und politische Charakter dieser Einrichtungen ist darauf ausgerichtet, im Rahmen von Grenzlandfahrten an die Staatsgrenze herangeführte BRD-Bürger mit der Staatsgrenze, den Grenzsicherungsanlagen und Grenzregimefragen der DDR vertraut zu machen und anhand dessen die ‘Unmenschlichkeit’ der Staatsgrenze und der zu ihrer Sicherung eingesetzten Kräfte der DDR zu veranschaulichen. Dabei sollen bei den BRD-Bürgern Gefühle der ‘Solidarität’ mit den DDR-Bürgern und Haß gegen die DDR-Staatsorgane erzeugt werden. Es ist nicht auszuschließen, dass diese Einrichtungen als Ausgangspunkte subversiver Handlungen/Aktivitäten gegen die Staatsgrenze, das Grenzgebiet sowie dessen Bewohner im Bereich dieser Einrichtungen genutzt werden.“

Nach: REINHOLD ALBERT: Die Staatssicherheit hatte auch den Zimmerauer Bayernturm sowie bayerische Grenzinformationsstellen im Visier. In: Echo der Lederhecke. Mitteilungsblatt der Gemeinde Sulzdorf a. d. L. 4/1999 (Oktober - Dezember 1999), S. 31 f.

**20.11.** 2. Sekretär, JÜRGEN HELLER, und gegen den 1. Sekretär der Kreis-
**Montag** leitung der SED, HERBERT LINDENLAUB, richtet.[17]

**21.11.** FREIES WORT berichtet:
**Dienstag**

**„Rangelei an den Minol-Zapfsäulen.**
Zu langen Wartezeiten kam es insbesondere am vergangenen Sonnabend an den Tankstellen unseres Kreises. Teilweise war das Benzin regelrecht ausgegangen. Gesagt werden muß, daß der Abkauf in enormen Größenordnungen vonstatten ging, teilweise überzogene Forderungen von Bürgern nach Abfüllen mehrerer Kanister vorgebracht wurden. Richtig stabilisiert hatte sich die Lage erst am Montagmorgen. Alle Tankstellen sind nunmehr wieder ausreichend mit Benzin bevorratet ..."

**„Kommuniqué der Tagung der Kreisleitung Hildburghausen der SED.**
Am 21. November 1989 fand eine Tagung der Kreisleitung Hildburghausen der SED statt. Zu Beginn beantragte das Sekretariat der Kreisleitung aufgrund anhaltender Kritiken aus vielen Grundorganisationen der Partei geschlossen seinen Rücktritt. Dem stimmten die Mitglieder der Kreisleitung zu.
Das Plenum bestätigte außerdem das Ausscheiden von Christa Haase (Mitglied des Sekretariats und Vorsitzende der Kreisparteikontrollkommission, d. Verf.), Jürgen Heller (2. Sekretär der SED-Kreisleitung), Herbert Lindenlaub (1. Sekretär der

---

[17] s. Faksimile „Rechte und Pflichten gelten für alle".
Anmerkung zum Faksimile: Es ist richtig, dass die Demonstranten gegen die Verkehrsführung liefen. Dabei sicherten sie die Straßen selbst ab. Das geschah mit Disziplin und Umsicht, keiner der Demonstranten war je in Gefahr. Auch die Kraftfahrer zeigten größtes Verständnis. Hier werden die kabarettähnliche Paradoxie in einer Revolution und nicht zuletzt die deutsche Gründlichkeit sowie die unangreifbare Allmacht des DDR-Systems deutlich: Also, wenn es schon Aufruhr gibt, dann benutzen Sie die richtige Straßenseite oder halten Sie die Verkehrsführung ein ...
Im Übrigen sei nachgetragen, dass es sich bei der Demonstration nicht um 100 bis 150 Menschen gehandelt hat, sondern um ca. 400.
In Hildburghausen hält sich lange das Gerücht, dass eine männliche Person während der Demonstration in das Haus der Familie H. eingebrochen sei. Es soll sich um eine von der Stasi für eine Flasche Korn und ein paar Mark gekaufte Person gehandelt haben, die mit ihrer Aktion provozieren und die Demonstranten ins Zwielicht rücken sollte. Möglicherweise hat H. Strafanzeige gestellt, denn angeblich seien auch Balkon und Scheiben beschädigt worden. Die Demonstranten selbst konnten davon nichts bemerken, sondern wiesen den stadtbekannten Bürger zur Räson.
Die Demo wird nicht von Polizeikräften begleitet, die haben sich an anderen Straßen postiert. In Höhe der Nervenklinik ist jedoch ein Mannschaftswagen der VP am Demonstrationszug vorbeigefahren, vermutlich, um die Familie H. bzw. das Haus in der Thomas-Müntzer-Straße zu schützen.

# Rechte und Pflichten gelten für alle

## Im Gespräch mit Oberstleutnant der VP Burkhard Stahl, Leiter des VPKA Hildburghausen

**„FW“**: Obwohl der Bürgermeister der Kreisstadt erneut aufforderte, für den Dialog vor allem die themenbezogenen Rathausgespräche zu nutzen, kam es wiederum auf dem Marx-Engels-Platz zu einer Zusammenkunft von Bürgern. Was geschah am Montagabend in der Kreisstadt?

**B. Stahl:** Aus der Gruppe von Bürgern formierte sich ein Demonstrationszug. Etwa 100 bis 150 Bürger liefen ungesichert entgegen der Verkehrsführung durch die Schollstraße zum Goetheplatz und weiter in Richtung Eisfelder Straße. Vor dem Haus des Genossen Heller kam es zu einer Ansammlung. Neben Rufen „Ohne Heller geht es schneller“ wurden auch beleidigende Äußerungen, wie z. B. „Feige Sau, wir kommen wieder“, gerufen. Einige Bürger versuchten, über den Balkon in das Hausinnere zu gelangen. Danach bewegte sich der Zug durch den Park der Bezirksnervenklinik in Richtung Molkerei. Vor der Wohnung von Genossen Lindenlaub wurden Sprechchöre „Lindenlaub in den Strafvollzug“ skandiert.

**„FW“**: War diese Demonstration angemeldet?

**B. Stahl:** Diese Demonstration war nicht angemeldet und somit auch nicht genehmigt.

**„FW“**: Haben die Demonstranten sich nicht selbst und andere in Gefahr gebracht?

**B. Stahl:** Durchaus, denn sie waren in keiner Weise durch die VP oder andere Ordnungskräfte gesichert. Bei der genehmigten Demonstration am 8. 11. 1989 dagegen bestand eine sehr gute Sicherheitspartnerschaft zwischen Veranstalter und VP.

**„FW“**: Was empfehlen Sie, um solche Störungen der öffentlichen Ordnung und Sicherheit künftig auszuschließen?

**B. Stahl:** Wenn weitere Demonstrationen vorgesehen sind, so sind diese vom Veranstalter ordnungsgemäß anzumelden. Es besteht nach wie vor für jeden Bürger die Pflicht, Recht und Gesetz einzuhalten. Ebenso genießt auch jeder Bürger Rechtsschutz. Hinweise auf rechtswidrige Handlungen sind offiziell den Untersuchungsorganen oder dem Staatsanwalt mitzuteilen.

*Freies Wort vom 23.11.1989.*

Kreisleitung) und Hans Schmidt (Sekretär für Landwirtschaft) als Mitglieder der Kreisleitung.
Herbert Lindenlaub und Hans Schmidt stellten den Antrag, ihr Mandat als Abgeordnete des Kreistages Hildburghausen zurückzuziehen. Diesem Wunsch wurde ebenfalls entsprochen.
Zum 1. Sekretär der Kreisleitung wurde einstimmig wiederum Peter Dornheim gewählt. Hans Gramann, zuvor als Mitglied in die Kreisleitung kooptiert, wählten die Mitglieder der Kreisleitung zum 2. Sekretär. Zum Sekretär für Agitation und Propaganda wurde Manfred Steinerstauch wiedergewählt. Das Plenum kooptierte Dieter Kambach als Mitglied der Kreisleitung und wählte ihn zum Sekretär für Landwirtschaftspolitik. Die Wahl aller Mitglieder des Sekretariats erfolgte einstimmig.
Peter Dornheim schätzte die politische Situation in der Kreisparteiorganisation ein und unterbreitete Vorschläge zur weiteren qualitativen Erneuerung unserer Partei.
Zur Diskussion sprachen 11 Genossinnen und Genossen.
Die Kreisleitung bestätigte das Referat des Sekretariats und beschloß Maßnahmen zur Vorbereitung der Kreisdelegiertenkonferenz am 2. Dezember 1989 und des außerordentlichen Parteitages."

**21.11.**
**Dienstag**

Auf der Tagung nimmt DR. PETER DORNHEIM zu seiner Tätigkeit als persönlicher Mitarbeiter HANS ALBRECHTS seit Februar 1988 Stellung und betont, dass er sich nichts zuschulden kommen ließ. Ferner wird mitgeteilt, dass bis zur Neuwahl die Leitung der Kreisparteikontrollkommission durch JOACHIM SOLTYSEK geleitet wird. Bis zum Zeitpunkt sind im Kreis Hildburghausen 574 Mitglieder aus der SED ausgetreten, 36 Parteisekretäre sind nicht bereit, die Funktion weiter zu übernehmen, 10 Parteisekretäre sind aus der Partei ausgetreten.

In FREIES WORT lässt der Rat der Stadt Hildburghausen erklären, dass es keine Ungesetzlichkeiten bei der Auflösung von Haushalten der Bürger[18] gab, die die DDR verlassen haben. Es wird darauf verwiesen, dass der Minister für Finanzen die bestehende Anordnung Nr. 2 vom 20.08.1958 auf der Grundlage eines Ministerratsbeschlusses vom 11.11.1989 aufgehoben habe.

[18] Die Praktiken der Verwertung von Privatbesitz sogenannter Republikflüchtiger, von der Regierung der Bundesrepublik Deutschland im Zuge des DDR-Menschenhandels freigekaufter oder zwangsausgewiesener Bürger konnten bis heute nicht restlos geklärt werden, bzw. die Vorgänge im Kreis Hildburghausen wurden nicht konsequent untersucht. Nachgewiesen ist, dass Teile des ehemaligen Besitzes dieser Personen nicht offiziell veräußert wurden und trotzdem wieder in Privathand gelangten.

„Bis zu diesem Zeitpunkt wurden durch den Rat der Stadt Hildburghausen Mitarbeiter beauftragt, als staatliche Treuhänder alle im Haushalt befindlichen Gegenstände zu erfassen und über die HO An- und Verkauf bewerten und veräußern zu lassen. Gegenstände, die nicht so veräußert werden konnten, wurden dem VEB SERO zugeführt oder auf der Mülldeponie Leimrieth vernichtet. Über alle Maßnahmen dazu wurde eine Akte angelegt und dem Rat des Kreises übergeben. Der Rat der Stadt verwahrt sich mit Nachdruck gegen jegliche Anschuldigungen nach persönlicher Bereicherung seiner Mitarbeiter, die diese Arbeit ausgeführt haben."

**22.11.**
**Mittwoch**

Sitzung des Demokratischen Blocks unter Vorsitz der NDPD zur Vorbereitung der Kreistagssitzung vom 25.11. Die Vertreter der Parteien und Organisationen sprechen sich für eine weitere Zusammenarbeit im Block in neuer Qualität aus. Der Vorschlag der NDPD, LDPD und CDU, bei künftigen Wahlen nur noch Parteien als Mandatsträger zuzulassen, stößt auf den Widerstand der FDJ, der VdgB, des DFD und des FDGB.

Der Stellvertreter operative Technik/Sicherstellung des AfNS-Bezirksamtes Suhl gibt an die Geheimdienststellen in der Vertraulichen Verschlusssache 968/89 einen „Auszug aus der Einsatzkonzeption für die Anwendung spezieller chemischer Einsatzmittel des Leiters des Bezirksamtes" heraus:

„Zur Ausrüstung mit speziellen chemischen Einsatzmitteln und ihrer Anwendung durch Mitarbeiter des Bezirksamtes sowie der Kreisämter wird festgelegt:
1. Ihre Struktureinheit ist mit speziellen chemischen Einsatzmitteln ausgerüstet.
2. Spezielle chemische Einsatzmittel sind nur auf Weisung des Leiters des Bezirksamtes und bei Gefahr im Verzug durch die Leiter der Struktureinheiten einzusetzen.
3. Die Anwendung spezieller chemischer Einsatzmittel darf nur durch Angehörige erfolgen, die in den Gebrauch dieser Mittel entsprechend der Anwenderinstruktionen (siehe Anlage) unterwiesen sind.
Dazu sind im Bezirksamt zwei Ausbildungsberechtigte des SR BCD und den im Punkt 1 genannten Struktureinheiten je ein Ausbildungsberechtigter zu bestimmen.
4. Spezielle chemische Einsatzmittel (d.h. Reizstoffsprühgeräte R 1 und R 2, Nebelwurfkörper mit Reizstoff sowie Abwehrspraydosen mit Reizstoff) können angewandt werden:
- wenn die Bestimmungen zur Anwendung der Schußwaffe gemäß Schußwaffengebrauchsordnung zu treffen und durch ihren Einsatz als Alternative zur Schußwaffenanwendung eine adäquate Wirkung erzielt wird;
- zur Abwehr von Gewaltakten und Angriffen auf Objekte des Bezirksamtes und der Kreisämter;
- wenn von Personengruppen Angriffe gegen die sozialistische Staats- und Gesellschaftsordnung ausgehen, Gewalttätigkeiten gegen Personen begangen werden oder

unmittelbar zu erwarten sind, Gewalttätigkeiten gegen Sachen begangen werden, durch welche ernste Auswirkungen für die Sicherheit und Ordnung auftreten und den Anforderungen der Sicherheitskräfte nicht Folge geleistet wird, ( ... )."

**23.11. Donnerstag**

In der Hildburghäuser Apostelkirche findet ein Bittgottesdienst statt. Anschließend beteiligen sich ca. 800 Bürger an einem Schweigemarsch. Vor dem Stasigebäude und der SED-Kreisleitung werden Kerzen abgestellt.

Da die Bürger Hildburghausens permanent eine Städtepartnerschaft mit einer Kommune der Bundesrepublik fordern, nehmen Bürgermeister JÜRGEN LIESS und der Kommissionsvorsitzende Ordnung und Sicherheit der Stadtverordnetenversammlung, HELMUT GÖPFERT, trotz Weisung des Ministerpräsidenten MODROW, keine eigenständigen Kontaktaufnahmen zu Westkommunen zu versuchen, Kontakt mit Bürgermeister ENGLMAIER, Rodach, auf. Ein erstes Gespräch führt GÖPFERT am 29.11. Zu einem Treffen kommt es am 11.12. zwischen den Bürgermeistern LIESS und ENGLMAIER im Rodacher Rathaus.

**24.11. Freitag**

In der Geheimen Verschlusssache 292/89 des Bezirksamtes des AfNS zur Reduzierung des Bestandes registrierter Vorgänge und Akten sowie weiteren operativen Materialien und Informationen heißt es:

„Zur Gewährleistung des zuverlässigen Quellenschutzes und der Geheimhaltung spezifischer operativer Mittel und Methoden und Arbeitsergebnisse sind folgende Maßnahmen zur differenzierten Auslagerung bzw. Vernichtung von registrierten Vorgängen und Akten sowie weiteren operativen Materialien und Informationen in den Kreisämtern und Fachabteilungen/Selbständigen Referaten des Bezirksamtes durchzuführen:
1. Alle OV/OPK-, IM- und GMS-Akten sowie IM-Vorlaufakten der Kreisämter sind, soweit nicht bereits erfolgt, in das Bezirksamt zu überführen. Durch die Abteilung XII des Bezirksamtes ist über die Vollständigkeit der überführten Vorgänge und Akten ein exakter Nachweis zu führen. Das Kreisamt Suhl stimmt die differenzierte Überführung mit der Abt. XII ab.
2. Ausgehend von der Lage und daraus resultierenden möglichen Gefährdungen, haben die Leiter der Fachabteilungen/Selbständigen Referate und des Kreisamtes Suhl in eigener Zuständigkeit darüber zu entscheiden, welche
- IM-Vorgänge der Kategorien IMB in IME
- anderen IM-Vorgänge besonders mit Einsatzrichtungen
  - im und nach dem Operationsgebiet bzw.
  - Bearbeitung innerer Feinde

- IM-Vorgänge zu gesellschaftlichen/politischen Schlüsselpositionen (gewählte Volksvertreter, Funktionäre staatlicher Organe, Parteien und Organisationen)
- OV/OPK zu Personen, die als Dialogpartner unserer Partei auftreten
in Abstimmung mit der Abt. XII des Bezirksamtes einzulagern sind."

**24.11.**
**Freitag**

Das Zollregime an der Grenze soll verschärft werden. Einzelne Industriewaren, Untertrikotagen und auch Lebensmittel (z.B. Dauerwurst, einige Geflügelsorten) sollen nur von DDR-Bürgern unter Vorlage des Personalausweises in den Verkaufsstellen erworben werden.
Auch der bundesdeutsche Zoll verstärkt seine Aktivitäten, es wird vor allem nach Tabakwaren und Spirituosen gefahndet.

**25.11.**
**Sonnabend**

In einem Interview mit FREIES WORT stellt der Kreissekretär der LDPD, WERNER HOPF, die Leitlinien liberaldemokratischer Politik vor. Er fordert die Auflösung der Parteiorganisationen der SED in den Betrieben, die generelle Überarbeitung der Verfassung der DDR. Er vertritt die Auffassung, dass im 1. Halbjahr 1990 freie und geheime Wahlen kommen müssen und fordert umgehend die Erarbeitung eines neuen Wahlgesetzes, ferner die Verabschiedung von Sofortmaßnahmen für Handwerk und Gewerbe.

Hildburghausens Bürgermeister JÜRGEN LIESS beklagt in FREIES WORT die mangelnde Teilnahme der Bürger der Kreisstadt an den Veranstaltungen zur praktischen Umgestaltung des gesellschaftlichen Lebens. Er führt aus:

„Eines kann ich für den Rat der Stadt sagen: Wir werden den eingeschlagenen Weg fortsetzen, werden Möglichkeiten, darunter die Presse, nutzen, um allen Bürgern unsere Gedanken mitzuteilen und Angebote für das Mitmachen zu unterbreiten. Alle Interessengruppen der Stadt haben die Rechte für den Dialog, doch auch die Pflicht, die Veranstaltungen eigenständig vorzubereiten und abzusichern."

Am 25.11.1989 trat der Kreistag Hildburghausen zu seiner 4., als außerordentliche Sitzung einberufenen Tagung zusammen. Auf der Tagesordnung stand auch die Abberufung von sechs Abgeordneten bzw. Nachfolgekandidaten, darunter auf Antrag der SED-Fraktion der Abgeordneten HERBERT LINDENLAUB und HANS SCHMIDT. Für HANS SCHMIDT, bislang Vorsitzender der Ständigen Kommission Land-, Forst- und Nahrungsgüterwirtschaft, übernahm MANFRED SIMON (DBD) den Vorsitz dieser Kommission.
In der in FREIES WORT veröffentlichten Pressemitteilung heißt es weiter:

*Blick in den Tagungssaal einer Kreistagssitzung im Kreiskulturhaus „Freundschaft" in Hildburghausen (Standort heutiges Arbeitsamt am Puschkinplatz).*
*Foto: Freies Wort.*

„Der Vorsitzende des Rates des Kreises, Abgeordneter Hans Müller, schätzte in seinem Referat die politische und ökonomische Lage in unserem Kreis ein und plädierte dafür, den eingetretenen Vertrauensverlust in die Tätigkeit des höchsten Kreisparlaments durch die ehrliche, konstruktive Arbeit aller Abgeordneten rasch aufzuholen. Er unterbreitete dem Kreistag erste Maßnahmen, die zur Stabilisierung der Lage im Kreis beitragen können und in Abstimmung mit dem Rat des Bezirkes durchgesetzt werden sollen.
Im Präsidium hatten Vertreter aller Fraktionen des Kreistages als Tagungsleitung Platz genommen. Zur Diskussion sprachen Vertreter aller Fraktionen, mit Ausnahme der Konsumgenossenschaft. Der insbesondere von den Fraktionen NDPD und CDU gestellten Forderung, künftig nur noch Parteien als Mandatsträger bestätigen zu lassen, widersprachen die Diskussionsredner der Massenorganisationen heftig.
In der sich anschließenden zwanglosen Aussprache wurden Anfragen von Abgeordneten und Gästen beantwortet. Namens der Initiativgruppe 'Neues Forum' rief Georg Krauß (gemeint ist Gerd Krauß, d. Verf.) zu einer Unterschriftensammlung für ein neues Heizkraftwerk in Hildburghausen auf, was Zustimmung fand."

**27.11.**
**Montag**

Im Bereich der Volksbildung kommt es zu ersten Veränderungen: Der Russisch-Unterricht wird reduziert, der Staatsbürgerkunde-Unterricht fällt weg, die 5-Tage-Unterrichtswoche wird vorbereitet, denn zeitweise fehlen wegen der neuen Reisemöglichkeiten

**27.11. Montag** auch viele Schüler zum Samstagsunterricht, weil die Schulordnung nicht konsequent durchgesetzt wird.

FREIES WORT berichtet, dass sich auf dem Marx-Engels-Platz 1.500 Hildburghäuser zu einer Kundgebung nach einer Einladung der SED-Parteiorganisation des Kreisbetriebs für Landtechnik für die Erneuerung der Partei und des Sozialismus versammelt haben und zitiert im Wesentlichen nur Aussagen der SED-Funktionäre und -Mitglieder.[19]

**28.11. Dienstag** In einem Interview von FREIES WORT mit Oberrat VOLKER NEUBERT, Stellvertreter des Leiters beim Post- und Fernmeldeamt Meiningen, wird die ungenügende Zahl der Fernsprechanschlüsse angesprochen. Im Kreis gibt es 3.000 unerledigte Anträge, 83 Orte und Ortsteile sind ohne Münzfernsprecher, darunter 14 Orte über 500 Einwohner. Es sind 5.270 Hauptanschlüsse, davon 3.500 in Wohnungen vorhanden. Das entspricht einem Versorgungsgrad von 8,79 pro 100 Einwohner (Bezirk = 9,62; DDR = 10,57). Trotz des neuen Fernmeldeamtes in der Waldstraße in Hildburghausen, für das die notwendige Nachrichtentechnik fehlt, wird sich die Situation mit der Richtzahl von 265 neuen Anschlüssen nur schrittweise bessern können. Für 1991 - 1993 ist eine neue Knotenvermittlungsstelle geplant, 1995 soll eine Endvermittlungsstelle folgen.

**30.11. Donnerstag** Bürger Lindenaus entzünden abends Kerzen am Ortseingang und fordern auf einem Schild die Einrichtung eines Grenzübergangs nach Autenhausen.

---

[19] Zu den sog. RATHAUSGESPRÄCHEN laden vor allem Parteien, Bürgerbewegungen, Massenorganisationen ein. Die Inhalte sind aber nahezu gleich, denn die Redner aus allen Bevölkerungsschichten folgen im Wesentlichen ihren Intuitionen und halten sich kaum an die thematischen Kundgebungsvorgaben und schon gar nicht an die der Parteien und Massenorganisationen.
So kommen auch immer wieder persönliche Lebensumstände, Mangelerscheinungen der sozialistischen Gesellschaft in die öffentliche Diskussion. Am 27.11. beispielsweise beklagt OTTO FRIEDEL aus Hildburghausen die miserable finanzielle Situation der Rentner. Am 01.12.1989 antwortet daraufhin der Kreisdirektor der Staatlichen Versicherung der DDR, KARL-WILHELM ISRAEL: „Die Rente der Bürger, die mehr als 45 Jahre im Arbeitsprozeß standen und Beiträge zur SV entrichtet haben, wird um 100 Mark erhöht, wenn sie bisher den Mindestzahlbetrag für 45 Arbeitsjahre (370 Mark) erhalten haben. Rentner, deren Rente bereits über diesem Betrag liegt, erhalten als Rentenerhöhung die Differenz zwischen dem den Mindestzahlbetrag übersteigenden Betrag und 100 Mark, mindestens jedoch 70 Mark, wie offenbar im Falle des Fragestellers."

**02.12.**
**Sonnabend**

Kreisdelegiertenkonferenz der SED im Kulturhaus Pfersdorf.[1] Der 1. Kreissekretär der SED, DR. PETER DORNHEIM, stellt fest, dass im Kreis 1.013 Mitglieder ihren Austritt erklärt haben, 13 Parteileitungen seien nicht mehr arbeitsfähig, 11 kleinere Grundorganisationen haben aufgehört zu existieren. Die Konferenz verabschiedet einen Brief an das Zentralkomitee, in dem neue Parteistrukturen verlangt werden. In das Sekretariat der SED-Kreisleitung Hildburghausen werden gewählt: 1. Sekretär DR. PETER DORNHEIM; 2. Sekretär HANS GRAMANN, Mitglieder MANFRED STEINERSTAUCH, DIETER KAMBACH.

In Hellingen findet eine 5-stündige Demonstration mit Bürgern aus Hellingen und der Umgebung statt. Die Öffnung eines Grenzübergangs zwischen Hellingen, Allertshausen und Maroldsweisach wird energisch gefordert, dem wird auch kurzfristig für wenige Stunden stattgegeben.[2] Auf bayerischem Boden kommt es zu einem

---

[1] Insider haben den Autoren berichtet, dass die SED-Kreisdelegiertenkonferenz vom 02.12.1989 einer Krisensitzung gleichgekommen sei, um die „gelichteten Reihen" wieder zu formieren und die Pfründe zu ordnen.

[2] GERHARD SCHMIDT aus Ermershausen war damals auf westlicher Seite Augenzeuge. Er berichtet: „Auf östlicher Seite öffnete sich plötzlich das Tor, und eine Handvoll Grenzsoldaten betrat das sogen. Niemandsland. Auf Nachfrage wurde erklärt, eine Abordnung von sieben Leuten aus Hellingen dürfe bis zur BRD-Grenze, um sich zu informieren. Mittlerweile hatten sich einige tausend Menschen aus dem Heldburger Unterland versammelt und begehrten massiv Zugang zum Grenzgebiet. Ein Betreten des Schutzstreifens wurde seitens der Soldaten abgelehnt. Heftiger Protest und starkes Drängen veranlassten die Sicherungstruppen schließlich nachzugeben, so dass die Menschen in Richtung Bundesrepublik ziehen konnten. Es war kurz nach zwei Uhr, und die Glocken der umliegenden Ortschaften hatten den Sonntag eingeläutet, als man von thüringischer Seite Klänge von 'So ein Tag, so wunderschön wie heute ...' hörte. Die östlichen Demonstranten tauchten am Waldrand auf. 'Sie kommen!' schrien ganz Mutige, die auf bayerischer Seite Bäume erklommen hatten. Durch die Reihen in Ost und West, wo ebenfalls zahlreiche Menschen warteten, ging ein Aufschrei nach Öffnung des Zauns. Plakate mit der Aufschrift 'Weg mit dem Zaun!' wurden geschwungen. Die Sicherungsorgane blieben hart und verweigerten die Öffnung des Tores im Zaun. Sie hatten allerdings nicht mit dem Willen des Volkes gerechnet. Im Nu drückte die Masse mit den Händen auf beiden Seiten gegen den Metallgitterzaun, so dass dieser ins Schwanken geriet und einzustürzen drohte. Nun musste der Befehl zum Öffnen des Tores gegeben werden. Dieser Befehl war wohl der schönste Befehl, der je an dieser unmenschlichen Grenze gegeben wurde."
Nach: REINHOLD ALBERT: 1049 - 1999. 950 Jahre Rieth. Chronik von Rieth und Albingshausen. - Hellingen, 1999, S. 183.

# Aus der Debatte auf der Kreisdelegiertenkonferenz

Zur Aussprache über den Situationsbericht unserer Kreisparteiorganisation meldeten sich 18 Genossinnen und Genossen zu Wort. Einhellig die Forderung, teilweise mit sehr starker innerer Bewegung vorgetragen, daß alle Fälle von Amtsmißbrauch und Korruption schonungslos aufgedeckt werden müssen, um die Verantwortlichen dafür zur Rechenschaft zu ziehen. Die rigorose Säuberungsaktion, so wurde mehrfach betont, ist die Grundvoraussetzung für die Erneuerung der Partei.

Dieser Prozeß, so schmerzlich und qualvoll er auch ist, dauere zu lange, wurde kritisiert, und koste Tag für Tag Vertrauen auch bei den ehrlichen Genossen, schüre das Mißtrauen unter den Bürgern.

Auf Ablehnung stieß auch der Aufruf zum Generalstreik. „Das ist das letzte, was es geben kann. Wir brauchen vielmehr fleißige Arbeit!" erklärte Genosse Hesse von der WPO 10 der Kreisstadt unter dem Beifall der Delegierten.

Genosse Dr. Bernd Lörtzing forderte, „mit klaren Aktionsprogrammen in jeder Stadt und jeder Gemeinde, auf allen Leitungsebenen an die Öffentlichkeit zu treten und durch angestrengte Arbeit sicht- und erlebbar zu beweisen, daß wir es mit der Wende verdammt ernst meinen".

Beeindruckend die Worte von Hilde Ehrlich aus Eisfeld: „Für mich ist der Sozialismus ein menschliches und humanistisches Ziel, dem man sein ganzes Leben widmen kann. Und so haben wir auch unsere Söhne erzogen, viele Entbehrungen auf uns genommen, um beide Philosophie studieren zu lassen. Jetzt verlieren sie ihren Arbeitsplatz, stehen auf der Stufe ungelernter. Wie viele andere ehrliche Genossen sind wir um Jahre unseres Lebens betrogen. Wir brauchen ein neues Sozialismusverständnis ohne Entstellungen. Tun wir alles, um das Vertrauen der Menschen zurückzugewinnen!"

Genosse Blechschmidt vom Kraftverkehr bemerkte: Über 4 Jahre als ehrenamtlich in der BGL tätig, fühle ich mich heute wie ein Soldat, der ohne Munition in den Sturmangriff geschickt wurde. Wir müssen uns neu formieren. Überlegen wir, ob wir uns unter neuem Namen neu sammeln sollten?

Steffen Harzer von der Bezirksnervenklinik gab zu bedenken, daß dies nicht der richtige Weg ist und unterbreitete Vorschläge, die auch im verabschiedeten Brief an das Zentralkomitee enthalten sind. Er forderte außerdem, daß schnellstens Schadstoff-Meßstellen in der Kreisstadt eingerichtet und öffentlich gemacht wird, wie sich bei Smog verhalten werden muß.

Kritik gab es auch durch Genossen Börner vom Porzellanwerk an der Vorbereitung der Kreisdelegiertenkonferenz. Über seinen Antrag, eine neue Kreisleitung zu wählen, wurde abgestimmt. Die Mehrheit bestätigte der Kreisleitung bis zur nächsten Kreisdelegiertenkonferenz das Mandat.

*FREIES WORT berichtet von der Kreisdelegiertenkonferenz der SED am 2.12.1989.*

**02.12.**
**Sonnabend**

überwältigenden Empfang der Demonstranten. Im Meinungsaustausch wird auch der Bau einer Zufahrtsstraße angesprochen. Es wird mitgeteilt, dass der Vorsitzende des Rates des Kreises Hildburghausen, JOHANNES MÜLLER, und der 1. Bürgermeister von Maroldsweisach, OTTOMAR WELZ, die Verhandlungen zur Grenzöffnung aufnehmen wollen.

Freies Wort veröffentlicht den Aufruf der Bürgerinitiative Umweltschutz - Heizhaus Hildburghausen. Die Initiatoren sind GERD KRAUSS - NEUES FORUM, STEFFEN HARZER - SED, WOLFRAM GLEICHMANN - parteilos. Folgende Forderungen werden gestellt:

„1. Sofortige Einsetzung einer Vorbereitungsgruppe zur Durchführung der notwendigen organisatorischen Maßnahmen zur Bauvorbereitung.
2. Zentrale Bereitstellung bzw. Absicherung der notwendigen materiellen und finanziellen Fonds.
3. Zügige Realisierung des Heizhauses unter Einsatz aller zur Verfügung stehenden materiellen und rechtlichen Mittel.
4. Bereitstellung von hochwertigen, schadstoffarmen Brennstoffen bis zur Realisierung des zentralen Heizhauses.“[3]

Bis 01.02. werden ca. 6.500 Unterschriften gesammelt.

**03.12.**
**Sonntag**

Die AKTION SÜHNEZEICHEN des NEUEN FORUMS und anderer Organisationen ruft für die Zeit zwischen 12.00 und 12.15 Uhr zu einer Menschenkette durch die DDR zur demokratischen Erneuerung des Landes auf. Während sich besonders die Reuriether Bürger engagiert zeigen, bewegt die „bequemen Hildburghäuser“, wie es in Leserbriefen in FREIES WORT dargestellt wird, nichts.[4]

In Eisfeld kommt es ab 15 Uhr zu einer Demo ab dem Volkshaus. An der ehemaligen Grenze bilden ca. 2.000 Menschen mit der Aktion GRÜNES BAND - WIR BLEIBEN HIER! eine Menschenkette. Teilnehmer sind der Oberbürgermeister Coburgs, KARL-HEINZ HÖHN, und Eisfelds Bürgermeister, GERD BRAUN.

---

[3] s. 02.11.1989.

[4] Es sei angemerkt, dass sich auch engagierte Mitglieder der Bürgerbewegung nicht an der Aktion beteiligten, da sie sich vor allem durch die von den Kommunisten inszenierte Kampagne „Für unser Land!“ nicht missbrauchen lassen wollten. Für viele Menschen war die DDR nicht mehr erneuerbar und der Sozialismus schon gar nicht reformierbar.

**03.12. Sonntag**

In Römhild bildet sich eine Menschenkette in Richtung Grenze.

Von 13 bis 17 Uhr wird das Tor zum 500-m-Sperrgebiet am Straufhain zwischen Streufdorf und Seidingstadt geöffnet. Ca. 500 Bürger aus Streufdorf und Umgebung können nach Jahrzehnten des Verbots erstmals wieder den 449 m hohen Straufhain mit seiner geschichtsträchtigen Ruine, dem einstigen Sitz der Henneberger, besteigen. Erste Gedanken für die Errichtung eines Naturschutz- und Naherholungszentrums und eines Straufhain-Aktivs werden entwickelt.

**04.12. Montag**

Treffen der Landräte WALTER KELLER (Lkrs. Hassberge) und JOHANNES MÜLLER (Kreis Hildburghausen). Sie beraten mit Straßenbauexperten die Straßenausbaumöglichkeiten zwischen den benachbarten Kreisen. Am 13.12.1989 wird eine entsprechende Vereinbarung unterzeichnet, nachdem der Lkrs. Hassberge bereits am **07.12.** mit dem Bau begonnen hat.
Trotz von der DDR-Regierung vorgegebener Richtlinien wird die zeitlich befristete Grenzöffnung für Fußgänger festgelegt. Damit setzt man sich auch über den bestehenden Zwangsumtausch hinweg.[5]

Vor der Montagsdemo in Hildburghausen fordert eine Gruppe Oppositioneller eine Zusammenkunft mit dem 1. Kreissekretär der SED, DR. PETER DORNHEIM, in der SED-Kreisleitung und verlangt den Rückzug der SED aus den Schulen, Verwaltungen und Betrieben, ferner Rechenschaft über kriminelle Machenschaften, Korruption und Amtsmissbrauch, die Entwaffnung der Spitzenfunktionäre und besteht auf der Aufklärung einer Vielzahl entwicklungshemmender Erscheinungen der SED-Diktatur.[6]

---

[5] s. auch 26.01.1990.

[6] Das nachfolgend Dargestellte ist beinahe typisch für viele Aktionen der Oppositionellen, die ihren großen Mut meist bei ihren Aktivitäten finden, auch wenn sie wissen, dass die SED und damit die Stasi meist dabei gewesen sind, denn es gibt genügend willfährige Spitzel, die von der „Firma“ noch ein zweites Gehalt erhalten haben. Manche helfen uns aber auch sehr bewusst, weil sie mit der SED-Stasi-Erpresserbande inzwischen gebrochen haben, weil sie sich für ihr vergangenes Handeln selbst rehabilitieren wollen.
Vor der Werrabrücke am Burghof versammeln sich am späten Nachmittag vor der Montagsdemo Mitglieder verschiedener Oppositionsbewegungen bzw. Parteien. Die bunt gemischte und großenteils planlos organisierte Gruppe bespricht ihr Vorgehen, denn sie hat bis dato kein

**04.12.**
**Montag**

FREIES WORT meldet am 07.12. u.a., dass am Montagabend auf dem Hildburghäuser Marx-Engels-Platz erneut eine genehmigte Kundgebung stattfand, ...

... „in deren Anschluß sich ein Demonstrationszug durch die Kreisstadt bewegte. Zu den 600 Teilnehmern der Kundgebung sprachen Hans-Jürgen Salier und Gerd Krauß vom 'Neuen Forum' sowie weitere Bürger. Gefordert wurde ein unabhängiger Arbeitsausschuß zur Untersuchung von Vergehen, Korruption und Amtsmißbrauch in unserem Kreis, wie er auch von der Volkskammer allen Kreisen vorgeschlagen wurde. Das 'Neue Forum' will sich nun zur Untersuchung solcher Fälle selbst legitimieren lassen. Als bedauerlich wurde vom 'Neuen Forum' eingeschätzt, daß es an diesem Montagabend beim Monolog blieb, da keine Dialogpartner anwesend waren. Auf der anschließenden Demo, an der etwa 1.500 Bürger teilnahmen, wurde der Unmut über zu langes Warten auf allen Gebieten sowie herbe Kritik an der SED laut. Das 'Neue Forum' teilt mit, daß das heutige Friedensgebet in der Kirche in der Schleusinger Straße das vorerst letzte dieser Art sein wird."[7]

FREIES WORT hält sich bei der Berichterstattung am **07.12.** sehr bedeckt, vor allem wird die Zusammenkunft der Oppositionellen-Gruppe mit dem 1. Kreissekretär der SED verschwiegen, auch wenn ausführlich während der Demo darüber berichtet worden ist.

---

Konzept, aber Wagemut. Kurz wird die Aktion erörtert. Einer fragt: „Wer kann Steno?" Eine junge Frau meldet sich. „Du schreibst oder tust so, als ob du jedes Wort notierst." Ein anderer hat ein 1988 aus der Bundesrepublik mitgebrachtes Mini-Diktiergerät dabei, das damals, weil die Einfuhr verboten gewesen ist, schon allerhöchsten Argwohn der Zollorgane erregt hat. Es wird nicht konfisziert, weil er glaubhaft versichert hat, dass er es für die Stärkung der sozialistischen Wirtschaft der DDR einsetzen kann. Vor Aufregung wird pausenlos geraucht, man spricht sich Mut zu. Die erste Mutprobe wird bestanden, als man sich am ausweisfordernden blau-uniformierten Pförtner in der Parteizentrale in der Leninstraße, im Volksmund „Kreml" genannt, vorbeidrängt. Man ist höflich zueinander, denn der im Look der einstigen kasernierten Volkspolizei Ausstaffierte ist reichlich verdattert, ein solch dreistes Vorgehen steht wohl nicht in seiner Dienstordnung, denn welcher irrwitzige Bürger hat es bislang schon gewagt, sich Einlass zum Ersten zu erheischen. Der Weg zu ihm ist nur noch eine Frage von Sekunden, und es kommt nach einer artigen Begrüßung zu einem eindeutig fordernden und leidenschaftlichen Gespräch der Oppositionellen mit einem überaus höflich-korrekten und anscheinend eingeschüchterten 1. Kreissekretär der SED ... Die „Besuchergruppe" berichtet dann auf dem Marktplatz den reichlich Beifall klatschenden Demonstranten ...

[7] Die Nachricht, es handele sich um das letzte Friedensgebet, ist eine Fehlinformation, gemeint sind Info-Veranstaltungen des NEUEN FORUMS. Die Friedensgebete sind fortgesetzt worden.

**04.12. Montag**

In der Bürgermeister-Dienstberatung des Kreises werden Grundsätze zur weiteren staatlichen Arbeit in einem Papier vorgeschlagen, das am 13.12. in FREIES WORT veröffentlicht wird unter der Überschrift „Rasche Entscheidungen zum Wohle aller", unterzeichnet von JÜRGEN LIESS, Hildburghausen; NORBERT PFÖRTNER, Heldburg; GERD BRAUN, Eisfeld; GÜNTHER KÖHLER, Gleichamberg; INGRID HÖHN, Biberau; HERBERT HESS, Hessberg; KARL-HEINZ SCHIELER, Hellingen; PETER MÜLLER, Roth.

Im Staatlichen Forstwirtschaftsbetrieb Hildburghausen gründen die Forstmeister DR. JOACHIM HOFFMANN und INGWART ULLRICH das GRÜNE FORUM - EINE UNABHÄNGIGE INITIATIVE ZUR DEMOKRATISCHEN UND WIRTSCHAFTLICHEN ERNEUERUNG DER FORSTWIRTSCHAFT, das sich am 09.03.1990 in Weimar zum GRÜNEN FORUM THÜRINGENS konstituiert.[8]

**04./05.12.**

Bürger, vor allem Busfahrer, verhindern in der Bezirksdienststelle des AMTES FÜR NATIONALE SICHERHEIT in der Suhler Maxim-Gorki-Straße den Abtransport und die Vernichtung weiteren Aktenmaterials.[9] Gemeinsam mit der BDVP wird das Gelände

---

[8] Aus dem GRÜNEN FORUM THÜRINGENS geht der am 29.05.1990 in Erfurt gegründete FORSTAUSSCHUSS THÜRINGEN (FAT) hervor. Ihm gehören demokratisch gewählte Vertreter aller forstlichen Institutionen Thüringens an. Er ist ein unabhängiges, beratendes Gremium für eine demokratische Neugestaltung der Forstwirtschaft in Thüringen. Der FAT wird nach Installation der neuen forstlichen Organisationsstrukturen im Sommer 1991 aufgelöst.

[9] Die Zerschlagung der Stasi als Unterdrückungsinstrumentarium der SED beginnt am Morgen des 04.12. in Erfurt. Die Ärztin DR. KERSTIN SCHÖN, sie ist Gründungsmitglied der im September 1989 in Erfurt aus mehreren Fraueninitiativen gegründeten Gruppe FRAUEN FÜR VERÄNDERUNG, fordert im Erfurter Rathaus den Stopp der offensichtlichen Aktenvernichtung der Stasi-Bezirksverwaltung. Nach Informierung der Presse, Staatsanwaltschaft, der Bürgerbewegungen versammeln sich viele Menschen vor der Stasidienststelle und kontrollieren die Zugänge. Nach langem Taktieren des Geheimdienstes stürmen ca. 200 Personen das Gebäude.
Diese mutige Aktion, die sich wie ein Lauffeuer in der DDR herumspricht, ist Signal für Bürgerrechtler in anderen Städten.

„Mit der Entmachtung der Staatssicherheit wurde die letzte Phase des Umbruchs eingeleitet, die durch die Gründung von Bürgerkomitees und die Einrichtung Runder Tische geprägt war. Diese Phase endete mit den Wahlen des Jahres 1990, als der Übergang von den durch die friedliche Revolution des Volkes legitimierten Runden Tischen und Bürgerkomitees zu den förmlich legitimierten und demokratisch gewählten Parlamenten vollzogen wurde. Entscheidend für diesen Zeitraum war, daß die Bürgerbewegungen die Machtfrage nicht stell-

**04./05.12.** gesichert. Zu den ersten der unabhängigen Untersuchungsgruppe, die die Archivräume besichtigen, gehört Pfarrer BERND WINKELMANN aus Bischofrod.

Die Unterlagen und die Räumlichkeiten des AMTES FÜR NATIONALE SICHERHEIT in Suhl werden auf Initiative des NEUEN FORUMS gesichert. Das umfangreiche Protokoll des ereignisreichen Tages endet mit den Forderungen:

„1. sofortige Versiegelung des gesamten Geländes der Staatssicherheit durch den Bezirksstaatsanwalt und die Mitarbeiter der BDVP;
2. sofortige Beurlaubung des Generalmajors Lange und seines Mitarbeiterstabes;[10]
3. Einsatz einer Kontrollkommission aus verschiedenen Gruppierungen mit dem Ziel, die verbliebenen Unterlagen zu sichten;
4. Offenlegung der Finanzen der Staatssicherheit Suhl, Bereitstellung des Fuhrparks zur Einordnung im Vergabeplan der Stadt Suhl."

**05.12.**
**Dienstag** Beschäftigte der Druckerei VEB Offizin Andersen Nexö Leipzig, Betriebsteil Hildburghausen, in der Geschwister-Scholl-Str. 26 beobachten mindestens zweimal, dass Mitarbeiter der Kreisdienststelle des AMTES FÜR NATIONALE SICHERHEIT mehrere Fahrzeuge mit Mülltonnen aus der Toreinfahrt zur Geschwister-Scholl-Straße transportieren. Des Weiteren nehmen sie wahr, dass es in der Umgebung des Gebäudes zu starker Rauchbelästigung kommt, als sei die Heizungsanlage mit größeren Papiermengen beschickt worden. Mitarbeiter informieren den FW-Redakteur HANS-HERMANN

---

ten, sondern nur auf eine Teilhabe der Macht abzielten. So war diese Phase letztlich von einem Nebeneinander von alten und neuen Kräften gekennzeichnet."

DORNHEIM, ANDREAS: Der Demokratisierungsprozeß in Thüringen 1989. In: Thüringen - Blätter zur Landeskunde (Hg. Landeszentrale für politische Bildung Thüringen). - Erfurt, 1997.

[10] Am Morgen des 05.12. wird in einer Blutlache die Leiche eines 54-jährigen Geheimdienstoffiziers gefunden, der mit seiner Dienstwaffe Selbstmord begangen hat.
Der Chef der Suhler Stasizentrale, Generalmajor GERHARD LANGE, der als Günstling MIELKES gilt und für sein hartes Durchgreifen und seine Gewaltbereitschaft bekannt ist, stirbt einige Tage später ebenfalls durch Suizid.
In einem Interview mit einer österreichischen Zeitung hat LANGE geäußert, dass er die „Republik Suhl" hätte ausrufen sollen, denn mit dem Suhler Polizeichef zusammen sei er eine Macht gewesen. Andere Quellen behaupten, er habe das im Zusammenspiel mit ALBRECHT gesagt. Die Wende wäre nach seiner Meinung dann im Bezirk Suhl anders verlaufen.

**05.12. Dienstag**

LANGGUTH.[11] Es wird der Verdacht geäußert, dass Angehörige der Staatssicherheit Akten vernichten. LANGGUTH benachrichtigt die Staatsanwaltschaft, und kurzfristig werden Vertreter des NEUEN FORUMS in die Staatsanwaltschaft bestellt.[12] Es wird festgelegt, die Situation vor Ort zu prüfen, um eine weitere Aktenvernichtung zu verhindern.
In diesem Moment denkt noch keiner der Beteiligten daran, dass nach dem Gespräch mit dem Chef der kreislichen Geheimpolizei auch sein letzter Arbeitstag in der Kreisdienststelle angebrochen ist.

Die Dienststelle des KREISAMTS FÜR NATIONALE SICHERHEIT wird kontrolliert von HARTMUT LORENZ (Kreisstaatsanwalt)[13], RALF BUMANN, HANS-JÜRGEN SALIER, CHRISTIAN LEUTHOLD (Bürgerkomitee), HANS-HERMANN LANGGUTH (FREIES WORT).[14/15]

---

[11] Die Redaktion hat zum Zeitpunkt ihren Sitz im Gebäude der Druckerei.

[12] Zeitgleich wird in der Staatsanwaltschaft eine große Aktenmenge aus dem Staatlichen Forstwirtschaftsbetrieb Hildburghausen deponiert, weil der Betrieb in den Verdacht gekommen ist, Devisengeschäfte mit dem Staatssekretär und Stasi-Oberst DR. ALEXANDER SCHALCK-GOLODKOWSKI für KoKo getätigt zu haben.

[13] Im Gegensatz zu anderen Kreisen und Bezirken, in denen Militärstaatsanwälte zu den Aktionen herangezogen werden, weil die Staatsanwälte erklären, sie seien nicht für militärische Einheiten zuständig, besitzt der Amtierende Kreisstaatsanwalt in Hildburghausen, HARTMUT LORENZ, den notwendigen Mut.

[14] „Als konspirativ arbeitendes Kontrollorgan hatte das MfS im DDR-System allerdings eine Sonderrolle, die seiner Informationsgewinnung und -verarbeitung einen größeren Spielraum verschaffte, als andere Institutionen und Organisationen ihn hatten. In der SED, den Blockparteien und Massenorganisationen sowie in Teilen des Staatsapparates prägten die allgegenwärtigen propagandistischen Bedürfnisse des Regimes den Arbeitsalltag naturgemäß sehr viel stärker als in der verdeckt arbeitenden Staatssicherheit. Dort, wo Institutionen und Organisationen über ihre eigene Tätigkeit oder ihren eigenen Verantwortungsbereich berichteten, diente die Berichterstattung zwangsläufig in erheblichem Maße der Legitimierung der eigenen Rolle. Der extreme Hang zum Schön- und Wegreden von Mißständen und Problemen, der die DDR-Propaganda bestimmte, charakterisiert daher häufig auch die interne Berichterstattung ihrer Apparate nach oben.
Soweit man dies zum gegenwärtigen Zeitpunkt beurteilen kann, bildete die Berichterstattung des MfS ein Gegengewicht zur allgemeinen schönfärberischen Tendenz der nicht-konspirativen Berichtssysteme der DDR. Schließlich hatte die Staatssicherheit die Aufgabe, politisch gefährliche Stimmungen in der Bevölkerung und sicherheitsrelevante Disfunktionen aller Art 'aufzuklären'. Der Einsatz geheimdienstlicher Mittel ermöglichte ihr ein Eindringen in Bereiche, die anderen berichterstattenden Institutionen und Organisationen nicht zugänglich

waren und in denen sich Meinungen und Sachverhalte in einer authentischeren Form präsentierten als auf den offiziellen Ebenen und in der öffentlichen oder halböffentlichen Sphäre - soweit von Öffentlichkeit unter den Bedingungen der SED-Diktatur überhaupt die Rede sein kann. Es spricht daher einiges dafür, daß Wahrheitsgehalt und Quellenwert der Staatssicherheits-Unterlagen gerade in Relation zu anderen Überlieferungen der ehemaligen DDR als relativ hoch einzuschätzen sind."

ENGELMANN, ROGER: Zu Struktur, Charakter und Bedeutung der Unterlagen des Ministeriums für Staatssicherheit. In: Schriftenreihe des Bundesbeauftragten für die Unterlagen des Staatssicherheitsdienstes der ehemaligen Deutschen Demokratischen Republik. - Berlin, 1994, Heft 3, S. 17.

Eine große Problematik stellt die Vernichtung von Akten dar.
„Erheblicher für die Vollständigkeit und Qualität der Überlieferung als die ordnungsgemäße Kassation von Material sind die 'wilden' bzw. von der Regierung (Regierung MODROW, d. Verf.) autorisierten Vernichtungsaktionen im Herbst/Winter 1989/90 gewesen. Eine entscheidende Rolle spielte in diesem Zusammenhang der Ministerratsbeschluß vom 7. Dezember 1989 zur Vernichtung 'unberechtigt angelegter Dokumente' und eine 14 Tage zuvor vom Leiter des AfNS SCHWANITZ erlassene Weisung zur 'Reduzierung des Bestandes registrierter Vorgänge und Akten sowie weiterer operativer Materialien und Informationen'. Es ist aber unübersehbar, daß darüber hinaus einzelne hauptamtliche Mitarbeiter nach eigenem Gutdünken belastendes Material, vor allem aktive Vorgänge prominenter oder inzwischen prominent gewordener Inoffizieller Mitarbeiter gezielt beseitigt haben."

ENGELMANN, ROGER: Zu Struktur, Charakter und Bedeutung der Unterlagen des Ministeriums für Staatssicherheit. In: Schriftenreihe des Bundesbeauftragten für die Unterlagen des Staatssicherheitsdienstes der ehemaligen Deutschen Demokratischen Republik. - Berlin, 1994, Heft 3, S. 50.

[15] Zum Zeitpunkt sind im Bereich der Bezirksverwaltung Suhl des AMTES FÜR NATIONALE SICHERHEIT, vormals MINISTERIUM FÜR STAATSSICHERHEIT, tätig:
- 1.714 Mitarbeiter (nach anderen Quellen 1754),
- 4.023 Inoffizielle Mitarbeiter (IM) und
- 800 Gesellschaftliche Mitarbeiter Sicherheit.

Zur Kreisdienststelle Hildburghausen gehören 42 hauptamtliche Mitarbeiter (andere Quellen sprechen von 38). 23 hauptamtliche Mitarbeiter haben mehr als 300 IM (216 Informelle Mitarbeiter, 91 Gesellschaftliche Mitarbeiter Sicherheit). Die Stasi im Alt-Kreis verfügt über 39 konspirative Wohnungen sowie 5 weitere der von der Stasi gesteuerten K 1 der Kriminalpolizei. Leiter der Kreisdienststelle ist Oberstleutnant BERND CUDOK.
Die Kreisdienststelle hat als Hauptaufgabenfeld operative Personenkontrollen und Sicherheitsüberprüfungen durchzuführen (Geheimnisträger, Westreisende, Westreisekader), sie ist für die regelmäßig zu erstellenden politisch-operativen Lageanalysen und Stimmungsberichte zuständig und hält enge Kontakte zum „Hauptauftraggeber" SED-Kreisleitung und zu staatlichen Einrichtungen (vor allem Rat des Kreises Abteilung Inneres, Volkspolizeikreisamt, Wehrkreiskommando usw.). Zum anderen führt die Dienststelle das engmaschige IM-Netz im Grenzkreis.

**Stasi-Gebäude übergeben**

Entsprechend einer zentralen Anweisung wurde das Gebäude des Amtes für Nationale Sicherheit in Hildburghausen, die ehemalige Kreisdienststelle der Stasi, im Laufe des Donnerstags vom Volkspolizeikreisamt übernommen. Die Räume des Gebäudes, in denen sich Material und Unterlagen für künftige Untersuchungen befinden, wurden vom Kreisstaatsanwalt versiegelt. Die Mitarbeiter des Amtes dürfen das Gebäude nicht mehr betreten. Einzige Ausnahme: eine technische Kraft. Das Gebäude wird von der Deutschen Volkspolizei bewacht. Seit Donnerstagabend unterstützt das „Neue Forum“ die Überwachung in Sicherheitspartnerschaft.

*Eine der aufregendsten und befreiendsten Meldungen von* FREIES WORT *(09.12.1989) für die Bevölkerung des Kreises Hildburghausen ...*

---

Den Kreisdienststellen sind folgende Bereiche zugeordnet gewesen:
- Abteilung XX - Überwachung des Bereiches Staat, Kirche, Opposition;
- Abteilung IX - politische Strafverfolgung;
- Abteilung XVIII - Kontrolle der Wirtschaft;
- Abteilung VII - Polizei/Inneres;
- Abteilung VI - Tourismuskontrolle;
- Abteilung XV - Auslandsaufklärung.

Dem MfS stehen im Bezirk 3.400 Handfeuerwaffen und 1 Mio. Schuss Munition zur Verfügung. Das MfS besitzt im Bezirk 66 Gebäude bzw. Objekte: ehemalige Dienststelle der Bezirksverwaltung, die Kreisverwaltungen, Ferienheime in Zella, Masserberg, Oberhof, 18 Erholungseinrichtungen, 8 militärische Dienstobjekte, 15 Gebäude für Lagerhaltung und Technik, die Untersuchungshaftanstalten in Suhl und Goldlauter, an Fahrzeugen 291 Pkw und 123 Lkw. Für 1989 sind im Bereich der Stasi-Dienststellen des Bezirks Suhl bauliche Investitionen von 13 Mio. Mark geplant.

**05.12.**
**Dienstag**

Die Mitarbeiter des Kreisamtes müssen - teils auch unter Zurücklassen ihrer persönlichen Habe - die Dienststelle verlassen. Diensträume, Nachrichtenanlagen und Waffenkammer werden versiegelt. Das Gebäude wird auch nachts vom NEUEN FORUM und der DEUTSCHEN VOLKSPOLIZEI bewacht.[16]

In einem Gespräch mit Vertretern des Bürgerkomitees, das ein Mitglied der Gruppe mit einem Diktiergerät aufgezeichnet hat, versichert Oberstleutnant Cudok auf die beharrlich gestellte Frage, welche Akten zur Vernichtung in den letzten Tagen freigegeben worden seien, es handele sich zu ca. 80 bis 90 % um Unterlagen, die das Grenzregime betreffen. (Im Nachhinein stellt sich jedoch heraus, dass die entsprechenden Fälle auch an anderer Stelle dokumentiert worden sind und demzufolge großenteils wieder zugänglich sind.)[17]

---

[16] Die Brisanz der Aktion wird durch nachfolgend dargestellte obskure Episoden deutlich: Nachdem bereits nahezu alle Räume, Anlagen und Tresore der Kreisdienststelle des AMTES FÜR NATIONALE SICHERHEIT kontrolliert und vom Staatsanwalt versiegelt worden sind, weist H.-J. S. auf einen Tresor und fragt, was es mit dem auf sich habe. Die hauptamtliche Stasimitarbeiterin kommt sichtlich ins Schwitzen und bemerkt zögerlich, es seien Liebesakten darin. Nach einem barschen „Schließen Sie auf!" öffnet sie den Tresor mit den Meisterleistungen der kreislichen Stasi-Aufklärungsarbeit.
In der Tat hat die Krake Stasi, wie es in ihrem Jargon schon in den 50er Jahren hieß, „Personen mit häufig wechselndem Geschlechtsverkehr" oder solche, die sie bei einem Liebesabenteuer observierte, vermutlich bei Bedarf für ihre tschekistischen Ziele erpresst. Der Autor kann bestätigen, dass der Tresor reichlich mit Aktenmaterial gefüllt war.

Im Kulturraum hängt eine Darstellung im üblichen Stil des sozialistischen Edelkitsches sowjetischer Prägung mit der Aufschrift „Schild und Schwert der Partei". Und wenn sich der Autor noch recht erinnert mit dem Bildnis des sowjetischen Staatsterroristen FELIKS EDMUNDOWITSCH DZIERZYNSKI. (Der 1877 als kleiner polnischer Landadeliger geborene ist 1917 von LENIN zum Vorsitzenden der „Allrussischen Außerordentlichen Kommission zur Konterrevolution und Sabotage" eingesetzt worden. In dieser Funktion hat er eine blutige Karriere als einer der größten Massenmörder der Weltgeschichte zurückgelegt.) H.-J. S. fordert den Kreisdienststellenleiter auf, dass das „Kunstwerk" baldmöglichst abgehängt werden soll. Das geschieht zunächst nicht - vielleicht aus Trotz, vielleicht auch weil es keinen höheren Befehl gegeben hat. Die Geheimdienst-Ikone hat man erst nach Tagen entfernt.

Mit Genugtuung empfindet es der Autor zu jener Zeit auch, als er mit Major LITSCHE, dem Stellvertreter der Stasidienststelle, in dessen Arbeitszimmer geht. Der Geheimpolizist fragt nach Öffnen des Schrankes, ob er die Uniform mit nach Hause nehmen dürfe. (L. trat sonst immer in Zivil auf, und dem Autor ist bis dato nicht bekannt, dass er im Rang eines Majors steht.) Selbstbewusst sagt er: „Die Uniform können Sie mitnehmen, die brauchen Sie sowieso nicht mehr!" L. reagiert mit eisigem Blick.

Gerhard Schätzlein, Willmars, einer der besten Kenner des DDR-Grenzregimes, resümiert im Vorfeld seines am 9. Dezember 1999 im Verlag Frankenschwelle erschienenen Werkes „Grenzerfahrungen Bayern - Thüringen 1945 bis 1971", Band I (gemeinsam mit Bärbel Rösch und Reinhold Albert):

„Von ganz besonderer Bedeutung für den Staatssicherheitsdienst im Bezirk Suhl waren die Grenzfragen. Die mehrere hundert Kilometer lange Grenze meist in waldreichem, schwer zu überwachendem Gelände, war das Hauptproblem der Stasi.

Ein weiterer Bereich, in dem das MfS versuchte, Angriffe auf die Grenze zu unterbinden, waren Untersuchungen und Überwachungen im westlichen Grenzvorfeld. Personen und Einrichtungen, von denen angenommen wurde, dass sie der Grenze oder der DDR Schaden zufügen könnten, wurden auch im Grenzbereich der Bundesrepublik einer OPK (operative Personenkontrolle) unterzogen oder als FO (Feindobjekt) überwacht und überprüft. Derartige Objekte waren u.a.

- Grenzinformationsstellen und
- sonstige Grenzeinrichtungen, wie der Bayernturm in Sternberg/Zimmerau.
- Einzelpersonen, die auf irgendeine Weise in das Visier der Stasi gekommen waren.

Dazu bediente sich die Staatssicherheit der Möglichkeit, auf die betreffende Person bzw. das Objekt IM anzusetzen. Die Arbeit dieser IM muss als Spionage bezeichnet werden. Im Bereich des Bezirks Suhl waren 1989 116 IM im westlichen Grenzvorfeld eingesetzt, davon waren 12 IM dort wohnhaft.

Häufige Informanten waren Rentner, die nach ihren Besuchen im Westen entweder abgeschöpft wurden, ohne dass sie dies genau wussten, oder die vorher genau auf irgendein Objekt angesetzt und gezielt instruiert wurden.

Ein wichtiger Bereich geheimdienstlicher Tätigkeit des MfS fand an den Grenzübergängen durch die Abt. VI (Passkontrolle, Tourismus) statt. Wenn eine Person, die unter OPK stand, oder eine andere, für die Staatssicherheit interessante Person einreiste, wurde sofort per Fernschreiben der zuständige Sachbearbeiter informiert. Die betreffende Person wurde durch einen Mitarbeiter der PKE (Passkontrolleinheit) in ein Gespräch verwickelt, das aufgezeichnet und ausgewertet wurde. Genauso wurden die Gespräche und Untersuchungsergebnisse des Grenzzollamts an die Stasi weitergegeben. Auch innerhalb des DDR-Gebiets unterlagen diese Personen einer Überwachung. Jeder Kontakt mit DDR-Personen wurde ausgewertet, unter Umständen mit negativen Konsequenzen."

In: Echo der Lederhecke. Mitteilungsblatt der Gemeinde Sulzdorf a. d. L. 4/1999 Oktober - Dezember 1999)

[17] Das Ministerium für Staatssicherheit mit seinem Dienstsitz in Berlin hat 1989 insgesamt 91.000 hauptamtliche Mitarbeiter. Die Organisationsstruktur ist den Mitarbeitern selbst unbekannt, auch in den Kreisdienststellen nicht. Zusammenfassende Strukturen in Form von Organogrammen sind nicht vorhanden. Nur wenige Offiziere der ZAIG und der Hauptabteilung Kader und Schulung verfügen über einen gewissen Überblick. Erst die Quelle „MfS-Handbuch. Anatomie der Staatssicherheit. Die Organisationsstruktur des Ministeriums für Staatssicherheit 1989. In: Schriftenreihe des Bundesbeauftragten für die Unterlagen des Staatssicherheitsdienstes der ehemaligen Deutschen Demokratischen Republik. - Berlin, 1995" macht es möglich, die Struktur des Geheimdienstes zu erfassen, dessen Angaben sich jedoch nur auf die MfS-Führung in Berlin beziehen. Von Bezirksverwaltungen, Kreis- und

**05.12. Dienstag** Am **07.12.** schließen NEUES FORUM und DEUTSCHE VOLKSPOLIZEI eine Sicherheitspartnerschaft.

FREIES WORT veröffentlicht am 08.12.:

„Mitteilung des Staatsanwaltes des Kreises. Am Dienstag, 5. Dezember 1989, besichtigte eine Gruppe von Bürgern auf Einladung von Herrn Cudok, Leiter des KREISAMTES FÜR NATIONALE SICHERHEIT, diese Dienststelle. Herr Cudok gab zur Kenntnis, daß alles, was sich an Akten und Vorgängen noch in dieser Dienststelle befindet, im Archiv der Dienststelle aufbewahrt wird. Als amtierender Kreisstaatsanwalt lege ich fest:
1. Die beiden Archivräume wurden mit meiner Petschaft, deren Nummer allen Anwesenden bekannt ist, versiegelt.
2. Diese Versiegelung bleibt bestehen, bis eine nachprüfbare, von einem zentralen staatlichen Organ getroffene Festlegung zur Auflösung solcher Dienststellen existiert, die auch den Verbleib der betreffenden Akten regelt.
3. Die Kontrolle der Versiegelung erfolgt zum einen durch die Staatsanwaltschaft auf der Grundlage des Gesetzes über die Staatsanwaltschaft, zum anderen auf Grundlage einer mündlichen Vereinbarung mit Herrn Cudok durch die anwesenden Bürger Ralf Bumann, Hans-Hermann Langguth, Christian Leuthold und Hans-Jürgen Salier im Beisein von Herrn Cudok oder seines Stellvertreters.
4. Die Aufhebung der Versiegelung erfolgt im Beisein der obengenannten Bürger und des Staatsanwaltes.
5. Diese Festlegungen werden in einem Protokoll festgehalten.

Lorenz,
amtierender Kreisstaatsanwalt.“[19]

---

Objektdienststellen liegen 1999 noch keine endgültigen Dokumentationen vor.
Die Hauptabteilung I unter Generalleutnant NEIBER (Bereich der „bewaffneten Organe“) hatte 1989 einen Personalbestand von 2.319 Mitarbeitern).
Zum Verantwortungsbereich des Stellvertreters Kommando Grenztruppen, Oberst NIETER, mit Dienstsitz in Pätz (b. Potsdam) gehören 102 Planstellen für die abwehrmäßige Sicherung der Grenztruppen der DDR, des Handlungsraumes der Grenztruppen sowie Aufklärung der Grenzüberwachungsorgane im grenznahen Raum zur Bundesrepublik Deutschland und Berlin. Allein im Bereich der Offiziershochschule (OHS) „Rosa Luxemburg“ Suhl gibt es 15 Planstellen. Die Abteilung Grenzsicherheit des MfS (Erhöhung der Wirksamkeit des MfS bei der Sicherung der Grenze zur Bundesrepublik Deutschland durch die Einflussnahme auf das einheitlich geführte, tief gestaffelte System der Grenzsicherung auf der Grundlage des Befehls 2/86 - u.a. durch Einsatz von Grenzbeauftragten, Koordinierung der an der Sicherung der Grenze beteiligten Kräfte) hat 102 Planstellen. Die Abteilung war strukturell in 6 territoriale Untereinheiten gegliedert. Die Unterabteilung Grenzsicherheit Suhl hat 20 Planstellen besessen.

[18] Stellvertreter zu diesem Zeitpunkt ist Major WINFRIED LITSCHE.

**05.12.**
**Dienstag**

Das NEUE FORUM lädt zu einem Treffen mit Vertretern aus dem Kreisgebiet nach Reurieth ein. Ein klares Konzept für die weitere Arbeit der Bürgerbewegung wird gefordert. Kritisiert wird, dass die Bürger des Kreises, besonders der Waldgemeinden, kaum reagieren. Ein 20-Punkte-Programm wird vorgestellt.[20]

Nachdem die NDPD, LDPD und CDU fordern, dass nur noch Parteien in den sogenannten Volksvertretungen sitzen dürfen, also keine Vertreter von Massenorganisationen, ergreift die FDJ-Fraktion im Kreistag Hildburghausen die Initiative für eine Unterschriftensammlung für eine parteiunabhängige parlamentarische Jugendvertretung auf allen Ebenen. Dieser Aufruf findet in der Bevölkerung keine Resonanz.

Das RATHAUSGESPRÄCH „Demokratie - mit und durch alle Parteien und Organisationen" findet im Hildburghäuser Feierabend- und Pflegeheim in der Schleusinger Straße statt.

**06.12.**
**Mittwoch**

In einem FW-Interview äußert LUISE PLATZ, Kreissekretärin der NDPD, zu den Forderungen der Partei zur wirtschaftlichen Entwicklung in der DDR:

„Wir unterstützen eine Wirtschaftsreform voll und ganz und sprechen uns vordringlich für alle Maßnahmen zur Stabilisierung der Produktion, des Binnenmarktes und der Staatsfinanzen aus. Wir National-Demokraten sehen die Marktorientierung nicht als Ersatz sozialistischen Wirtschaftens, sondern als Prinzip. In diesem Zusam-

---

[19] Die am 08.12.1989 in FREIES WORT veröffentlichten Formulierungen des Staatsanwalts und des Redakteurs, wir seien auf Einladung des Kreisdienststellenchefs des AfNS gekommen, kann so nicht hingenommen werden. Die Formulierungen werden vermutlich vorsichtig gewählt, weil die Gefahr des Zurückschlagens der Stasi aus damaliger Sicht noch längst nicht gebannt ist. Wie an anderer Stelle erwähnt, sind in diesen Tagen und Wochen eine Reihe von Bürgerrechtlern physisch und psychisch bedroht worden. Und die an der Aktion beteiligten Bürgerrechtler sind sich darüber klar, dass sie bei einem Erfolg der diktatorischen Staatsmacht „unschädlich" gemacht werden.
Dem Einlass in die Stasi-Kreisdienststelle geht wenige Minuten zuvor ein Telefonat aus den Räumen der Kreisstaatsanwaltschaft in der J.-S.-Bach-Str. 2 in Hildburghausen des Staatsanwalts mit Oberstleutnant CUDOK voraus, in dem mitgeteilt wird, dass die Gruppe in wenigen Minuten eintrifft. Um eine Eskalation zu verhindern, kann C. nur zustimmen. Das Heft des Handelns lässt sich die Gruppe seit Betreten der Stasidienststelle nicht mehr aus der Hand nehmen.

[20] s. Faksimile „Neues Forum meint: Jetzt ist vor allen Dingen Handeln gefragt".

# Erst einladen und dann verladen?

So weit ist hier noch niemand gekommen. – Das wollten wir wohl glauben beim Betreten der Räume des Amtes für Nationale Sicherheit in Hildburghausen, der ehemaligen Kreisdienststelle des Ministeriums für Staatssicherheit. Schließlich wäre noch vor ein paar Tagen sowohl für die Vertreter des Neuen Forums als auch für den Kreisstaatsanwalt und den Lokaljournalisten völlig undenkbar gewesen, was sich am Dienstagnachmittag ereignete. Regelrecht eingeladen wurden wir von Herrn Cudok, dem Leiter der Dienststelle, zu einem Rundgang durch diese bis vor kurzem unantastbare Festung. Außergewöhnliche Zeiten – bis vor kurzem scheuten die Geheimdienst-Mitarbeiter das Licht der Öffentlichkeit und kein halbwegs vernünftiger Bürger wäre darauf gekommen, freiwillig um Einlaß zu begehren.

Gründe, die nun am Dienstag zu dieser außergewöhnlichen Besichtigung führten, gab es genug, und geschuldet war das Zustandekommen sicher auch den Vorfällen, die sich tags zuvor in Suhl ereignet hatten Herrn Cudok ging es bei diesem Schritt, der immerhin eine erst am späten Nachmittag eintreffende ministerielle Entscheidung vorwegnahm, um die eigene und die Sicherheit seiner Mitarbeiter. Eine Eskalation wie in Suhl wollen auch die Leute vom Neuen Forum vermeiden, gleichzeitig aber ebenso verhindern, daß Akten und Beweismaterial verschwinden. Einvernehmen darüber auch mit dem Staatsanwalt und dem Redakteur.

Vor der eigentlichen Besichtigung antwortete Herr Cudok auf Fragen. Zu 70 Prozent habe sich seine Dienststelle mit Verstößen gegen Paragraph 213 und folgende befaßt,. also mit den Versuchen von DDR-Bürgern, ihr Menschenrecht auf Freizügigkeit und Reisefreiheit durchzusetzen, ein Recht, das die DDR übrigens spätestens mit dem UNO-Eintritt und allerspätestens seit Helsinki formal anerkannt hatte. Den betroffenen Zuhörern teilte Herr Cudok dann mit, daß mit Inkrafttreten der Reiseregelung am 9. November sämtliche damit in Zusammenhang stehende Akten und Unterlagen vernichtet worden seien. Ein Tatbestand, der übrigens von Mitarbeitern der Offizin Andersen Nexö bestätigt wird, die mindestens zweimal beobachteten, daß die Dienststelle nicht die städtische Müllabfuhr in Anspruch nahm, sondern entgegen früheren Gepflogenheiten ihre Müllkübel selbst abtransportierte, ein Zugriff zu etwa 70 Prozent der Akten ist also schon jetzt nicht mehr möglich, keiner der Vorgänge ist mehr nachvollziehbar, ausgenommen jene, die zu Verurteilungen führten, weil die betreffenden Unterlagen in der Staatsanwaltschaft eingesehen werden können.

Im Gebäude selbst wurden dann vom Staatsanwalt die Archivräume versiegelt, in denen sich angeblich alle verbliebenen Akten und Unterlagen befinden. Abhörsysteme gebe es nicht, Computer mit Speicherkapazitäten auch nicht. Inzwischen allerdings hat sich der Verdacht erhärtet, daß wir nicht alles gesehen haben. Die am Mittwoch gebildete Regierungskommission ist sicher zu einer genaueren Kontrolle in der Lage, als wir es waren. Bezeichnend aber Herrn Cudoks Antwort auf meine letzte Frage: Gibt es auch von mir im Archiv eine Akte? Antwort: Das kann ich mir gut vorstellen. – Ich kann es mir inzwischen auch gut vorstellen, denn das „Schwert und Schild der Partei" diente mehr einem übertriebenen Sicherheitsbedürfnis nach innen als dem Schutz nach außen. Da vernimmt es sich zumindest wohltuend, daß solcherart Dienststellen in den Kreisen bis Ende des Jahres aufgelöst werden sollen. Das verbliebene Beweismaterial aber darf nicht auch noch vernichtet werden. Die von der Öffentlichkeit bestimmten Gremien haben in unser aller Interesse ein Recht auf Einsichtnahme und Untersuchung.

In diesem Sinne wird das ehemalige Stasi-Gebäude seit Donnerstagvormittag von bewaffneten Kräften der Volkspolizei bewacht, um weitere dunkle Machenschaften bis zum Eintreffen der Regierungskommission zu verhindern.

**Hans-H. Langguth**

## Mitteilung des Staatsanwaltes des Kreises

**Am Dienstag, dem 5. November 1989, besichtigte eine Gruppe von Bürgern auf Einladung von Herrn Cudok, Leiter des Kreisamtes für Nationale Sicherheit, diese Dienststelle. Herr Cudok gab zur Kenntnis, daß alles, was sich an Akten und Vorgängen noch in dieser Dienststelle befindet, im Archiv der Dienststelle aufbewahrt wird. Als amtierender Kreisstaatsanwalt lege ich fest:**

**1. Die beiden Archivräume wurden mit meiner Petschaft, deren Nummer allen Anwesenden bekannt ist, versiegelt.**

**2. Diese Versiegelung bleibt bestehen, bis eine nachprüfbare, von einem zentralen staatlichen Organ getroffene Festlegung zur Auflösung solcher Dienststellen existiert, die auch den Verbleib der betreffenden Akten regelt.**

**3. Die Kontrolle der Versiegelung erfolgt zum einen durch die Staatsanwaltschaft auf der Grundlage des Gesetzes über die Staatsanwaltschaft, zum anderen auf Grundlage einer mündlichen Vereinbarung mit Herrn Cudok durch die anwesenden Bürger Ralf Buhmann, Hans-H. Langguth, Christian Leuthold und Hans-Jürgen Salier im Beisein von Herrn Cudok oder seines Stellvertreters.**

**4. Die Aufhebung der Versiegelung erfolgt im Beisein der obengenannten Bürger und des Staatsanwaltes.**

**5. Diese Festlegungen werden in einem Protokoll festgehalten.**

**Lorenz,**
**amtierender Kreisstaatsanwalt**

S. 100:
*Nach der „Besichtigung“ des AfNS in der Hildburghäuser Geschwister-Scholl-Straße. Foto (v.l.n.r.) Kreisstaatsanwalt* HARTMUT LORENZ, *Redakteur* HANS-HERMANN LANGGUTH, HANS-JÜRGEN SALIER, RALF BUMANN, CHRISTIAN LEUTHOLD. FREIES WORT *vom 08.12.1989.*

S. 101:
FREIES WORT *vom 08.12.1989.*

**Im Blickpunkt** HEUTE:

# Tango korrupt?

**● Ein „FW“-Gespräch mit dem amtierenden Kreisstaatsanwalt Hartmut Lorenz ergab: ● Untersuchungen in der Sache Schalck-Golodkowski auch in unserem Kreis ● Erste Akten wurden bereits beschlagnahmt ● Unabhängiger Untersuchungsausschuß notwendig ● Hinweise aus der Bevölkerung sind erwünscht**

**Herr Lorenz, bewegte Zeiten für Ihre Zunft genau wie für die unsere. Oder?**

Das kann ich nur unterstreichen. Es macht jetzt endlich wieder Freude, Staatsanwalt zu sein, und euch Journalisten wird es sicher nicht anders gehen. Auch wenn die Dinge, mit denen wir uns derzeit beschäftigen müssen, alles andere als erfreulich sind, ist es doch ein gutes Gefühl, an der Aufklärung von Verbrechen, Korruption und Amtsmißbrauch teilzuhaben.

**Inwieweit ist die Staatsanwaltschaft unseres Kreises an Ermittlungen dieser Art beteiligt?**

Ich kann Ihren Lesern an dieser Stelle mitteilen, daß wir begonnen haben, zu sichern, was zu sichern ist. Ich selbst bin in der Sache Schalck-Golodkowski unterwegs. Erste Akten und Unterlagen wurden bereits beschlagnahmt, sicher wird noch allerhand Material hinzukommen.

**Darf man erfahren, woher die Akten sind und was drin steht?**

Es handelt sich um Akten aus dem Staatlichen Forstwirtschaftsbetrieb Hildburghausen über die Außenhandelstätigkeit mit in Berlin ansässigen DDR-Firmen, BEMAG zum Beispiel ist ja inzwischen ein Begriff. Gleichgelagerte Untersuchungen laufen derzeit auch in den VEB Vereinigte Holzindustrie Hildburghausen und Tierische Rohstoffe Hildburghausen. Wir haben auch noch andere Sachen im Auge. Sie werden mir nicht übel nehmen, daß ich im Interesse ungestörter Ermittlungen darüber jetzt noch nichts sagen möchte. Ich bin auch beauftragt, ein unter ominösen Bedingungen existierendes Antiquitäten-Lager zu untersuchen. Ein erster Besuch vor Ort ergab am Mittwoch bei Bischofrod im Landkreis Suhl, daß das Lager seit 4 Wochen leer ist, daß aber zuvor vor allem alte Möbel im Beisein von Zollbeamten von westdeutschen Transportfahrzeugen abgeholt wurden. Laut Aussage des Bürgers, dem das Grundstück gehört, übrigens ein alter Kuhstall, sehr abgelegen, kamen des öfteren Leute vom Antiquitätenhandel aus Gera und aus der BRD und numerierten die Antiquitäten. Wenig später wurden die Möbel dann abgeholt. Ich muß aber an dieser Stelle auch betonen: Alle angesprochenen Vorgänge können rechtlich durchaus sauber sein, die Untersuchungen darüber haben ja gerade erst begonnen. Uns geht es jetzt vor allem darum, alles möglicherweise belastende Material zu sichten und gegebenenfalls zu beschlagnahmen, um einer eventuellen Verdunklung unsauberer Machenschaften vorzubeugen.

**Massiv wird derzeit ein Arbeitsausschuß zur Untersuchung von dunklen Machenschaften, Amtsmißbrauch, Korruption usw. gefordert. Wie steht die Staatsanwaltschaft des Kreises dazu?**

Ich halte ihn für unumgänglich. Ich will über die Bildung eines solchen unabhängigen Ausschusses mit dem Ratsvorsitzenden Hans Müller noch in dieser Woche reden. (Das Interview mit dem Staatsanwalt fand am Dienstag statt. d. Red.).

**Deuten sich auch Strafverfahren gegen ehemalige Partei- und Staatsfunktionäre unseres Kreises an?**

Sehen Sie, wenn man was erreichen will, dann sollte man nicht den Ast absägen, auf dem man sitzt. Ich will damit sagen, daß es Ansatzpunkte dafür gibt, inwieweit sich bestimmte Strukturen der Macht von oben nach unten fortgesetzt haben. Konkrete Verdachtsmomente gegen Funktionäre unseres Kreises gibt es derzeit nicht. Wir prüfen aber auch hier jeden Hinweis aus der Bevölkerung. Gestatten Sie mir, zu dieser Problematik generell etwas zu sagen. Die Staatsanwaltschaft sieht sich derzeit vor einer echten Überforderung. Mir ist ein Staatsanwalt beigeordnet, ich verfüge über einen Kraftfahrer und zwei technische Kräfte. Das reicht nicht vorne und nicht hinten. Um so mehr möchte ich in dieser Situation an alle Bürger appellieren: Wir sind an jedem Hinweis interessiert, der dazu dient, dunkle Machenschaften und Straftaten aufzuklären. Ich betone, an jedem! Ohne die Mithilfe der Bevölkerung ist unsere Arbeit derzeit einfach unvorstellbar, wir sind darauf angewiesen. Das betrifft auch solche Fälle, wo das Beiseiteschaffen oder Vernichten belastenden Materials vermutet wird.

(Es fragte **Hans-H. Langguth.**)

NEUES FORUM MEINT:

# Jetzt ist vor allen Dingen Handeln gefragt

**Am 5. Dezember hatte das Neue Forum erneut zu einem Treffen in Reurieth eingeladen. Es herrschte unerwartet großer Zuspruch in der Gaststätte, denn erschienen waren Vertreter aus Hildburghausen, Eisfeld, Themar, Biberau, Waldau, Ebenhards und Streufdorf. Einige kamen mit konkreten Vorstellungen für die weitere Arbeit, andere erhofften sich Hilfe und Unterstützung von dieser Beratung. KURT LAUTENSACK war beim Treffen zugegen und berichtet:**

Einhellig wurde die Meinung vertreten, daß ein klares Konzept für die weitere Arbeit, ein konkretes Arbeitsprogramm erstellt werden muß. Jetzt ist nicht mehr nur der Dialog, sondern schnelles Handeln gefragt. In diesem Zusammenhang wurde bedauert, daß der Kreis Hildburghausen wieder viel zu spät reagierte, obwohl sich auch hier bereits Anzeichen für Amtsmißbrauch und Korruption mehren. Ein Vertreter aus Themar äußerte sich sehr unzufrieden über die Mitarbeit der Bevölkerung, wo doch gerade jetzt der Zeitpunkt und die Gelegenheit zum Mittun ist. Träge sei auch die Bevölkerung in den Waldgemeinden, so wurde betont, es gäbe dort noch gar keine Bürgerinitiative. Herr Schierbaum aus Hildburghausen vertrat die Meinung, daß nach wie vor die meisten der Gruppen nicht die Möglichkeit zu einer raschen Information haben, weil nach wie vor nur die SED über Funk- und Nachrichtentechnik verfügt. Es wurde auch die Forderung nach einem unabhängigen Ausschuß im Kreis erhoben, in dem die Justizorgane mitarbeiten. Zur Debatte stand auch das Problem Wiedervereinigung, wurde aber nicht als einzige Alternative angesehen. Vielmehr gehe es um die Entwicklung eines demokratischen Staates, so wurde betont. Die Vertreter der Arbeitsgruppe „Demokratie und Wahlen" warteten mit einem konkreten, 20 Punkte umfassenden, Programm auf. Dort wird u. a. gefordert: Gewaltverzicht, Recht auf Publikationen für alle Parteien und Gruppen, Streikrecht als letztes Mittel, Verfassungsänderung durch Volksentscheid (nicht nur Artikel 1, nicht nur durch die Volkskammer), generelle Trennung von Partei und Staat sowie Partei und Volksbildung, Parteiarbeit außerhalb des Betriebes ... Konkrete Konturen zeichnen sich also ab. Das nächste Treffen findet übrigens nächsten Donnerstag in Reurieth statt. Interessenten sind willkommen.

*Freies Wort vom 09.12.1989. Auch wenn die Parteien wieder besser Fuß gefasst haben, bemüht sich die kleine Gruppe des Neuen Forums, Motor der Revolution zu bleiben. Vor allem die Reuriether Gruppe ist außerordentlich aktiv.*

menhang erachten wir die Einstellung auf den EG-Markt, die Einbindung unserer Wirtschafts- und wissenschaftlichen Entwicklung in Ost und West und deren Nutzung sowie die ausländische Kapitalbeteiligung und die Schaffung von Gemeinschaftsunternehmen als sehr wichtig. Hierzu gehört ebenso die Herstellung der Eigenverantwortlichkeit der Betriebe und ein völliger Neuaufbau der Konsumgüterpoduktion, die Raum läßt für Privatinitiativen sowie Einkommens- und Steuergerechtigkeit für Handwerk und Gewerbe. Ziel muß eine Leistungsgesellschaft in Arbeit und Verteilung sein, die es ermöglicht, Fragen der Landeskultur und des Umweltschutzes konsequent in die Wirtschaftspolitik einzuordnen."

**06.12.**
**Mittwoch**

In den Abendstunden umstellen etwa 50 Bürger die ehemalige Karolinenburg in der Eisfelder Straße, Richtung Hessberg, in Hildburghausen, weil vermutet wird, dass der Rat des Kreises dort eingelagerte Akten vernichtet. Lt. Staatsanwaltschaft handele es sich jedoch bei der Aktenbewegung in die Karolinenburg um die planmäßige Umlagerung älteren Archivmaterials.
In FREIES WORT vom 09.12. rechtfertigt HORST ZETZMANN, Stellvertreter des Rates des Kreises, diese Aktion und verleumdet die Bürgerbewegung.[21/22]

---

[21] Die Schäden, die durch die dilletantische Behandlung des Kreisarchivs durch die Verantwortlichen des Rates des Kreises verursacht wurden, sind weder ideell noch finanziell schätzbar, gehen aber sicherlich in den Bereich siebenstelliger Zahlen. Die Funktionäre verstießen mit ihrer Handlungsweise in eklatanter Weise gegen Gesetze und Verordnungen der DDR (z.B. „Die Verordnung über das staatliche Archivwesen vom 11. März 1976 und ihre Verwirklichung im sozialistischen Archivwesen").
Diplom-Archivarin HEIDI MOCZARSKI, seit Sept. 1990 Leiterin des Kreisarchivs Hildburghausen, beschreibt 1997 rückblickend den Zustand:
„Das Kreisarchiv war Verwaltungs- und Endarchiv für den Rat des Kreises ... Die räumliche Unterbringung des Kreisarchivs war ein großes Problem. Nach seiner Bildung wurde es zunächst in verschiedenen Bodenräumen des Rates des Kreises untergebracht. Mit der Einrichtung des Archivs in einem Gebäude in der Eisfelder Straße (ein ehemaliges Gebäude des VEB Bau Hildburghausen, d. Verf. ) bedeutete dies zunächst eine ausreichende Unterbringung. Das Gebäude wurde jedoch im Laufe der Jahre immer baufälliger, so dass Ende der 80er Jahre eine sofortige Auslagerung des Archivs erfolgen musste, da akute Einsturzgefahr bestand. Damit begann die Odyssee des Kreisarchivs. Es wurde zunächst im nahegelegenen Ort Leimrieth in einem ehemaligen Kuhstall eingelagert. Eine Benutzung der Bestände war nicht mehr möglich. Ein plötzlicher Wassereinbruch, dessen Ursache damals nicht aufgeklärt wurde, richtete großen Schaden an. Das erheblich nass gewordene Archivgut wurde nicht getrocknet und belüftet, wodurch an zahlreichen Akten ein starker Schimmelbefall verursacht wurde. Diese systembedingten Zustände mussten jedoch geändert werden, als sich die Ortschronisten mit ihrer öffentlichen Kritik durchsetzten. Die damaligen Verantwortlichen beim Rat des Kreises waren gezwungen, das Archiv umzulagern. Dies erfolgte 1989 in die Karolinenburg, in der Eisfelder Straße, in ein wiederum sehr heruntergekommenes Gebäude. Hier waren die

**06.12.**
**Mittwoch**

Im Auftrag der Modrow-Regierung trifft im Bezirk Suhl eine 3-köpfige Regierungsdelegation unter DR. DIETER SCHRÖTER ein, die mit dem Aktiv Staatssicherheit das AMT FÜR NATIONALE SICHERHEIT auflöst.[23]

**07.12.**
**Donnerstag**

Die Gruppe der Sowjetischen Streitkräfte in Deutschland (GSSD) wird alarmiert und in Gefechtsbereitschaft versetzt. Die sowjetischen Garnisonen in der DDR sollen angeblich vor feindlichen Demonstranten geschützt werden.[24]

FREIES WORT veröffentlicht auf der Seite „Innenpolitik" eine Leserzuschrift von ROLF ASSMANN, Gießübel, dessen Inhalt symptomatisch ist für viele Landgemeinden vor allem im Oberen Waldgebiet:

„Zum Einwohnerforum am 13.11.89 in Gießübel waren die eingeladenen Vertreter des Rates des Kreises Hildburghausen nicht erschienen. Dort wurde mehrfach Besorgnis über die rückläufige Einwohnerzahl unserer Gemeinde geäußert, die seit dem Bestehen unserer Republik um mehr als ein Drittel abgenommen hat. Vorwiegend die Jugend ist abgewandert, so daß jetzt eine ungünstige Altersstruktur besteht. Als eine Hauptursache werden die einseitigen Subventionen bei Mieten angesehen. Nach Aussage der neuen Finanzministerin[25] soll diese Politik beibehalten

---

Archivalien einem weiteren Verfall preisgegeben. Anfang 1990 erfolgte dann die Umlagerung in das Gebäude der Friedrich-Rückert-Straße 22."
Das Kreisarchiv hat seit Mai 1998 im Landratsamt in der Wiesenstraße seinen Sitz.

MOCZARSKI, HEIDI u.a.: Kreisarchiv Hildburghausen. Kurze Übersicht über die Bestände. - Hildburghausen, 1997.

[22] s. 14.12. Gegendarstellung von ANDREAS SCHIERBAUM (NEUES FORUM) „Gemeinsame Verantwortung, wofür - Vertrauen, nein danke?"

[23] s. auch 09. und 12.12.1989.

[24] Viele SED-Bonzen und kommunismusgläubige Parteigenossen sehen nach den Besetzungen der Stasidienststellen ihre Stunde gekommen, um die revolutionäre Situation umzukehren und die Macht an sich zu reißen. Man hofft auch, dass die Landstreitkräfte der NVA die Grenze abriegeln und Sondereinsatzkommandos der Stasi im Hinterland aufräumen und DDR-unbequeme Bürger in geplante Internierungslager bringen.
MICHAIL GORBATSCHOW schützt jedoch mit seiner besonnenen Haltung die Veränderungen in der DDR und lässt seine Truppen nicht eingreifen. Der für die Geschichte Deutschlands so verhängnisvolle Schießbefehl vom 17. Juni 1953 wird nicht wiederholt.

[25] PROF. CHRISTA LUFT, SED. Sie ist heute für die PDS Mitglied des Deutschen Bundestages.

werden. Sollte dies zutreffen, würde sich dieser ungünstige Prozeß in unserer Gemeinde und wohl auch in anderen fortsetzen. Dies ist unverantwortlich."

**07.12. Donnerstag** Am Eichberg bei Eisfeld kommt es im Beisein von Staatsanwalt und VP zu einer Vorortbesichtigung der „Wetterstation Eichberg des Amtes für Meteorologie", nachdem von Mitarbeitern der Landambulanz Eisfeld eine auf Aufklärung drängende Bürgerinitiative gegründet worden ist. Eine Nachfrage beim Amt für Meteorologie in Weimar hatte ergeben, dass es keine Wetterstation Eichberg gibt. Am 08.12. wird die getarnte Geheimdienststation geöffnet. Die Spuren sind in dem Stasiobjekt von den Tschekisten vorher verwischt worden. Nachgewiesen worden sind u.a. ein Fotolabor, Autokennzeichen und Alarmanlagen. Die Schränke sind mit einem Petschaft der NVA versiegelt gewesen.[26]

Die ehemalige Kreisdienststelle der Staatssicherheit in der Geschwister-Scholl-Str.[27] wird vom Volkspolizei-Kreisamt übernommen. Die Stasi-Mitarbeiter dürfen das Haus nicht mehr betreten. Räume, in denen sich Material und Unterlagen des Geheimdienstes befinden, sind staatsanwaltlich versiegelt worden. Lediglich eine technische Kraft darf im Beisein der VP und Mitgliedern des NEUEN FORUMS die Heizung in Betrieb halten, zudem werden die Flure mit Videokameras überwacht. Das Gebäude wird in Sicherheitspartnerschaft der DEUTSCHEN VOLKSPOLIZEI und des NEUEN FORUMS geschützt.

Das Friedensgebet mit ca. 1.000 Teilnehmern in der Hildburghäuser Apostelkirche, zu dem das NEUE FORUM aufgerufen hat, wird geprägt von den Berichten von HANS-HERMANN LANGGUTH und HANS-JÜRGEN SALIER zur Aktion in der Kreisdienststelle des AMTES FÜR NATIONALE SICHERHEIT am 05.12.1989.

HANS-HERMANN LANGGUTH verliest u.a. aus seinem am 08.12. 1989 erscheinenden Zeitungsbericht:

„Außergewöhnliche Zeiten - bis vor kurzem scheuten die Geheimdienst-Mitarbeiter das Licht der Öffentlichkeit, und kein halbwegs vernünftiger Bürger wäre darauf gekommen, freiwillig um Einlaß zu begehren.

---

[26] Ende Dezember 1989 wird das Bauwerk an den Eisfelder Bauhof übergeben.

[27] heute: Katasteramt.

Gründe, die nun am Dienstag zu dieser außergewöhnlichen Besichtigung führten, gab es genug, und geschuldet war das Zustandekommen sicher auch den Vorfällen, die sich tags zuvor in Suhl ereignet hatten. Herrn Cudok ging es bei diesem Schritt, der immerhin eine erst am späten Nachmittag eintreffende ministerielle Entscheidung vorwegnahm, um die eigene und die Sicherheit seiner Mitarbeiter. Eine Eskalation wie in Suhl wollen auch die Leute vom Neuen Forum vermeiden, gleichzeitig aber ebenso verhindern, daß Akten und Beweismaterial verschwinden. Einvernehmen darüber auch mit dem Staatsanwalt und dem Redakteur.
Vor der eigentlichen Besichtigung antwortete Herr Cudok auf Fragen. Zu 70 Prozent habe sich seine Dienststelle mit Verstößen gegen Paragraph 213 und folgende befaßt, also mit den Versuchen von DDR-Bürgern, ihr Menschenrecht auf Freizügigkeit und Reisefreiheit durchzusetzen, ein Recht, das die DDR übrigens spätestens mit dem UNO-Eintritt und allerspätestens seit Helsinki formal anerkannt hatte. Den betroffenen Zuhörern teilte Herr Cudok dann mit, daß mit Inkrafttreten der Reiseregelung am 9. November sämtliche damit in Zusammenhang stehende Akten und Unterlagen vernichtet worden seien. Ein Tatbestand, der übrigens von Mitarbeitern der Offizin Andersen Nexö bestätigt wird, die mindestens zweimal beobachteten, daß die Dienststelle nicht die städtische Müllabfuhr in Anspruch nahm, sondern entgegen früheren Gepflogenheiten ihre Müllkübel selbst abtransportierte, ein Zugriff zu etwa 70 Prozent der Akten ist also schon jetzt nicht mehr nachvollziehbar, ausgenommen jene, die zu Verurteilungen führten, weil die betreffenden Unterlagen in der Staatsanwaltschaft eingesehen werden können.
Im Gebäude selbst wurden dann vom Staatsanwalt die Archivräume versiegelt, in denen sich angeblich alle verbliebenen Akten und Unterlagen befinden. Abhörsysteme gebe es nicht, Computer mit Speicherkapazitäten auch nicht. Inzwischen allerdings hat sich der Verdacht erhärtet, daß wir nicht alles gesehen haben. Die am Mittwoch gebildete Regierungskommission ist sicher zu einer genaueren Kontrolle in der Lage, als wir es waren. Bezeichnend aber Herrn Cudoks Antwort auf meine letzte Frage: Gibt es auch von mir im Archiv eine Akte? Antwort: Das kann ich mir gut vorstellen, denn das 'Schild und Schwert der Partei' diente mehr einem übertriebenen Sicherheitsbedürfnis nach innen als dem Schutz nach außen. Da vernimmt es sich zumindest wohltuend, daß solcherart Dienststellen in den Kreisen bis Ende des Jahres aufgelöst werden sollen. Das verbliebene Beweismaterial aber darf nicht auch noch vernichtet werden. Die von der Öffentlichkeit bestimmten Gremien haben in unser aller Interesse ein Recht auf Einsichtnahme und Untersuchung.
In diesem Sinne wird das ehemalige Stasi-Gebäude seit Donnerstagvormittag von bewaffneten Kräften der Volkspolizei bewacht, um weitere dunkle Machenschaften bis zum Eintreffen der Regierungskommission zu verhindern."

Im 2. Teil seiner Rede versucht HANS-JÜRGEN SALIER die komplizierte Situation emotional zu werten:
„Stefan Heym muss widersprochen werden, wenn er sagt: 'Das ganze verkrustete Gefüge dieses Staates ist aufgebrochen, der Putz zerbröckelt - und es stellte sich heraus,

wie wenig Solides darunter lag.' Den letzten Nebensatz kann ich nur bestätigen. Es ist in der Tat wenig Solides im tönernen Koloss SED-Staat gefunden worden. Am Montag und Dienstag dieser Woche hatte ich die Gelegenheit, in den Macht- und Schaltzentralen unseres Kreises einige Stunden zuzubringen, am Montag zwei Stunden mit weiteren Freunden des Neuen Forums beim 1. Kreissekretär der SED, bei Herrn Dr. Peter Dornheim, einst Mitarbeiter des verdienstlosen Kriminellen Hans Albrecht, am Dienstag im meistgemiedensten und existentiell angstheischendsten Gebäude des Kreises, der Stasi, in der Geschwister-Scholl-Straße. Freundlich und korrekt war die Atmosphäre nach außen, aber sie war auch mit Unsicherheiten und Schlitzohrigkeiten behaftet, die Atmosphäre in den zwei nichtgeliebten Häusern, in denen Karrieren entschieden wurden, mit denen aber auch mehrhundertfaches und oft grenzenloses Leid verbunden ist. Ich will nicht noch einen Bericht dazu geben, das geschah durch meine Freunde, aber ich möchte es auf den Punkt bringen: Alles 'Saubermänner', alles 'Weiße Riesen' - wie ihre Herren. Sollte es wie nach 1945 wieder Persilscheine geben? Wenn, dann ist das unser psychischer und physischer Untergang. Ein wenig Freude bleibt für mich in der friedensstiftenden Adventszeit. Unser Wirken will ich nicht glorifizieren, denn zu Märtyrern taugen wir allesamt nicht, aber ich bin mit einem Fünkchen Glück verbunden, einen bescheidenen Beitrag geleistet zu haben, dass die Bürger wieder ruhiger schlafen können. Bei allem guten Willen kann ich die Aussage von Stefan Heym nicht teilen, dass das 'ganze verkrustete Gefüge dieses Staates aufgebrochen ist'. Ist das der leichtgläubige Versuch einer falsch verstandenen Sicherheitspartnerschaft, einen Ist-Zustand zu beschreiben? Mein biologisches Wissen sagt mir, dass bei einem wurzelkranken Nadelbaum nicht nur oben Nadeln fallen.

Wie lange müssen wir uns noch zusammenfinden, bis die unteren kranken Nadeln fallen, bis der schier undurchdringliche Filz kleiner und großer Abhängigkeiten aufgedeckt ist, die kaum zu zählenden kleinen und größeren Stalins in der Kreis- und Stadtverwaltung, besonders in den schwer lernenden Volksbildungsorganen, in der Gewerkschaft, in der SED mit den vielen ordens- und titelreichen einflussreichen Pöstchen ihren Schreibtisch räumen? Ich fordere alle die auf, die den Ernst unserer Lage nicht begreifen wollen und Schuld auf sich geladen haben, schnellstens zur Seite zu treten und die Rettungsarbeiten nicht noch zusätzlich zu behindern.

Die verbrecherische Staatsparteiführung hat sich zwar ihren Kopf selbst abgeschlagen, am Herrschaftsmonopol hat sich nichts, gar nichts geändert. Wir wissen nicht, welchen Weg diese Partei SED mit dem morgen einberufenen Sonderparteitag einschlägt, auf alle Fälle mit viel selbstvernebelnder Selbstkritik und Versprechungen. Fest steht aber auch, dass der gegenwärtig beklagte Rechtsruck mit allen Folgen nicht vom Volk herbeigeführt wurde, Schuld ist die Handlungsunfähigkeit dieses heute noch existierenden Apparats. Daran ist auch nicht mit den demagogischen Worten des Übergangssekretärs[28] zu rütteln, dass er vor antisozialistischen Kräften warnt, die

---

[28] Gemeint ist EGON KRENZ.

das Land in Gefahr bringen. Die Gefahr geht nach wie vor von der SED aus. Und im übrigen muss man der SED nun doch endlich mal beibringen, dass das Volk der Souverän und keine Opposition sein kann.
Mein juristisches Wissen ist gering, aber nach meinem Kenntnisstand handelt es sich bei der SED-Führung um eine kriminelle und terroristische Vereinigung, gegen die mit allen Mitteln des Rechtsstaats vorgegangen werden sollte, so mit einer Verfassungsklage. Dabei geht es nicht um die Abstrafung der kleinen SED-Mitglieder, die aus welchen Gründen auch immer Mitglied wurden. Zirka 2 Millionen Menschen kann und soll man nicht ausgrenzen.
Wir haben die Strukturen erfasst, Mitarbeiter des ehemaligen MfS, die wir aus Sicherheitsgründen nicht nennen wollen, helfen bei der Enttarnung der Ungeheuerlichkeiten. Auch die hier in der Kirche befindlichen Spitzel sollten es endlich begreifen, ‘Schild und Schwert der Partei’ sind zerbrochen. Schließt euch uns zur Enttarnung an. Im übrigen kann ich beruhigenderweise sagen, dass wir inzwischen auch ein wenig von dem Vokabular der konspirativen Tätigkeit verstehen.
Mein historisches Wissen sagt mir, dass noch nie eine deutsche Revolution siegreich war: Revolutionäre Bündnisse zerstritten sich, Halbheiten siegten über Wahrheiten, die Konsequenz bei der Aufdeckung der Unterdrückungsmechanismen fehlte. Diese Fehler sollten wir nicht wieder begehen.
Ich denke, es ist keine Fehleinschätzung, wenn ich sage, dieser Punkt ist gerade erreicht. Der unsichere Bürger gibt sich mit den Ergebnissen unserer in der Welt bewunderten und bejubelten Revolution zufrieden. Niemand unter uns sinnt auf Rache, zu fürchten ist eine blutige Rache derer, gegen die wir antreten. Deshalb müssen auch hier in Hildburghausen bis in den letzten Winkel die Strukturen aufgebrochen werden, denn es gibt kein Beispiel in der Weltgeschichte dafür, dass Gewaltherrscher ihre Waffen freiwillig strecken. - Seit nahezu sechs Jahrzehnten wurde unser Volk von Diktaturen gebeugt und missbraucht. Schicken wir uns an, mit einem geraden Rückgrat nicht in eine dritte Katastrophe zu schlittern.
Den älteren Bürgern in diesem geweihten Haus möchte ich in dieser friedensstiftenden Adventszeit zurufen: Denkt an eure Kinder und Enkel - unser kostbarstes Gut. Ich wünsche uns allen viel Mut, Standhaftigkeit und Disziplin.“[29]

**07.12. Donnerstag** Im Anschluss an das Friedensgebet formieren sich die Bürger zu einem Schweigemarsch durch die Innenstadt. Die Teilnehmer solidarisieren sich dabei auch mit den geknechteten Völkern der ČSSR und Rumäniens. Vor dem Wohnhaus des ehemaligen Kreissekretärs der SED, der ehemaligen Kreisdienststelle der Staatssicherheit und an den Häusern der SED-Kreisleitung stellen die Demonstranten brennende Kerzen ab.

---

[29] nach Tonbandaufzeichnungen.

**08.12. Freitag**

Gespräch zwischen dem Vorsitzenden des Rates des Kreises, JOHANNES MÜLLER, dem Leiter des Volkspolizei-Kreisamtes, BURKHARD STAHL; Kreistagsabgeordneten und Basisgruppen der Bürgerbewegung. Es wird eine ZEITWEILIGE KOMMISSION DES KREISTAGES HILDBURGHAUSEN ZUR UNTERSUCHUNG VON AMTS- UND MACHTMISSBRAUCH SOWIE KORRUPTION gebildet, in die neben den im Kreistag vertretenen Parteien und Organisationen auch Mitglieder des NEUEN FORUMS mit einbezogen werden. Ziel ist die schonungslose Aufdeckung von Amts- und Machtmissbrauch, Korruption - möglichst rasch und ohne Ansehen der Person, Wahrung von Recht und Gesetz und darin eingeschlossen der Verzicht auf Gewalt, völlige Handlungsfreiheit und gleiche Rechte für alle Mitglieder des Gremiums. Die Mitglieder erhalten entsprechende Ausweise.

Im Vorfeld kommt es zu kontroversen Diskussionen, ob das Gesetz über die örtlichen Volksvertretungen (GÖV) zur Bildung einer solchen Kommission überhaupt geeignet sei. FREIES WORT schreibt dazu am 12.12.1989:

„Sowohl Staatsanwalt Hartmut Lorenz als auch Herr Salier als Vertreter des Neuen Forums machten deutlich, daß momentan das Gesetz noch gelte und man sich daran halten müsse, eben im Sinne der Erneuerung. Anarchie können wir uns jetzt auf keinen Fall leisten.“

Zur Kommission gehören:

GOTTHELF POMMER, Westhausen (DBD); WERNER MICHAELIS, Eisfeld (LDPD); LUISE PLATZ, Reurieth (NDPD); HELGA SAUERBIER, Heldburg (FDGB); ANTJE NIEDZWETZKI, Veilsdorf (DFD); GÜNTER ROTTENBACH, Hessberg (VdgB); PAUL THIERSE, Eisfeld (CDU); HENRY WANNAGS, Waldau (Konsum); GÜNTER KÄB, Brattendorf (SED); ANDREAS SCHIERBAUM, Hildburghausen (NEUES FORUM); HANS-JÜRGEN SALIER, Hildburghausen (NEUES FORUM); MATTHIAS SCHMÄUSSER, Reurieth (NEUES FORUM); KLAUS LEIPOLD, Streufdorf (NEUES FORUM); GERD KRAUSS, Hildburghausen (NEUES FORUM), REINHARD GIESE, Hildburghausen (ABI); GERHARD BIELING, Hildburghausen (VPKA); IRINA SCHUBERT (Sekretär der Kommission, Rat des Kreises Hildburghausen).[30]

---

[30] Dass es ein Trugschluss war, das alte System mit seinen teils äußerlich scheinenden demokratischen Gesetzen von innen aufzuweichen, steht in der Nachbetrachtung außer Frage. So lange aber das Gewaltmonopol der SED-Staatspartei nicht gebrochen war und vor allem die

**09.12.**
**Sonnabend**

Die Arbeitsgruppe Staatssicherheit der Zeitweiligen Kommission des Bezirkstages übergibt ADN eine Meldung, dass das Suhler Bezirksamt für Nationale Sicherheit (vormals Bezirksamt der Staatssicherheit) aufgelöst wird. Das seien Forderungen der „Rundtischgespräche" und der Bevölkerung:

„Ebenso werde ab Montag mit der Auflösung der Kreisämter begonnen, wobei dort befindliche Unterlagen unter Aufsicht der BDVP und der Bürgerinitiativen in das Bezirksamt Suhl überführt und dort bis zur Vernichtung sicher eingelagert werden sollen.
Auf Anfragen der Bürger teilte die Kommission weiter mit, daß im Bezirksamt für Nationale Sicherheit gegenwärtig nur die unbedingt notwendigen Bereiche tätig seien, so z.B. der Bereich Aufklärung und Spionageabwehr. Von der Kaderabteilung erfuhr ADN, daß bereits 350 Mitarbeiter der ehemaligen Bezirksverwaltung des Ministeriums für Staatssicherheit zur Paßkontrolle umgesetzt seien und 57 ein Arbeitsrechtsverhältnis in zivilen Bereichen aufgenommen hätten.
Der Chef der BDVP Suhl wurde beauftragt, die persönlichen Waffen aller zivilen Waffenträger einzuziehen. Die direkte Telefonverbindung zwischen Bezirksamt für Nationale Sicherheit und SED-Bezirksleitung werde sofort beseitigt. Bei allen Kreistagen sollen Untersuchungsgremien für Fragen des Machtmißbrauchs und der Korruption gebildet werden."

Den Autoren wird ein (vom Inhalt her ungeheuerliches) Fernschreiben der Bezirksverwaltung Gera des AfNS vom 09.12.1989 zum Fortbestand des Geheimdienstes zugespielt, das der LDPD-Stadtvorstand Hildburghausen umgehend veröffentlicht. Es wird vermutet, dass sich die „Tschekisten" auch in Hildburghausen im Untergrund neu formieren, um bei einer für sie günstigen Gelegenheit zurückzuschlagen.

---

Mitglieder des NEUEN FORUMS und anderer oppositioneller Gruppen und Parteien ständig - vor allem anonym - bedroht wurden, bestand die Gefahr der Eskalation. In dieser revolutionären Phase (vor allem nach der Grenzöffnung) verlieren die oppositionellen Gruppen mehr und mehr Einfluss, und die Phase der Restauration der alten Kräfte, der reaktionären SED (später: SED-PDS, PDS) nimmt zu. Diese Kräfte gewinnen auch in den folgenden 10 Jahren im Windschatten der Demokratie mehr und mehr an Einfluss, besetzen in demagogischer Weise politische und gesellschaftliche Positionen der Volks- und bürgerlichen Parteien, um ein geordnetes Rückzugsgefecht zu führen und die persönliche Unzufriedenheit der Menschen für ihre nicht tragfähigen Sozialismusmodelle zu missbrauchen.

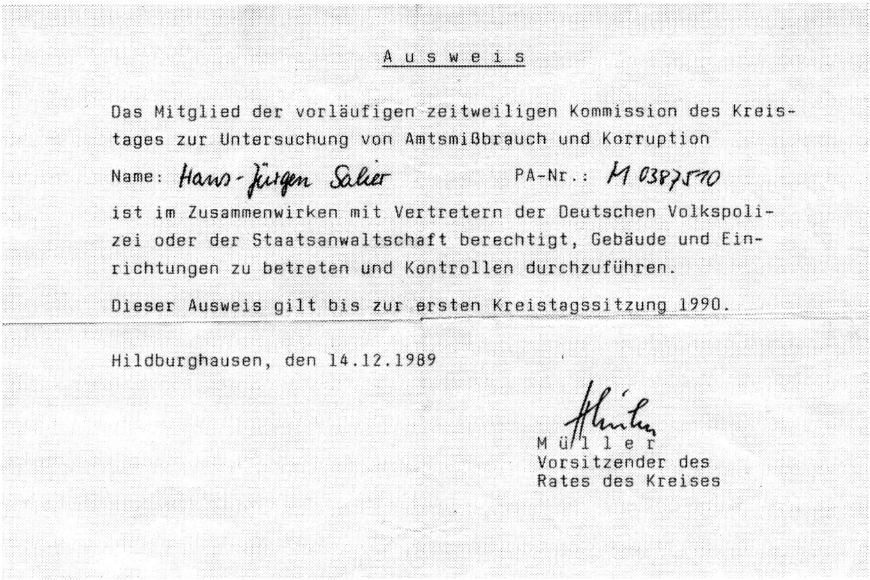

A u s w e i s

Das Mitglied der vorläufigen zeitweiligen Kommission des Kreistages zur Untersuchung von Amtsmißbrauch und Korruption

Name: Hans-Jürgen Salier PA-Nr.: M 0387570

ist im Zusammenwirken mit Vertretern der Deutschen Volkspolizei oder der Staatsanwaltschaft berechtigt, Gebäude und Einrichtungen zu betreten und Kontrollen durchzuführen.

Dieser Ausweis gilt bis zur ersten Kreistagssitzung 1990.

Hildburghausen, den 14.12.1989

M ü l l e r
Vorsitzender des
Rates des Kreises

*Ausweis für Mitglieder der Vorläufigen Zeitweiligen Kommission des Kreistages zur Untersuchung von Amtsmissbrauch und Korruption.*
*Sammlung Salier.*

**„Heute wir - morgen Ihr, Genossen, Kampfgefährten,**
**Patrioten im In- und Ausland,**
**Bürger der DDR!**

Von tiefer Besorgnis getragen über die gegenwärtige und sich weiter abzeichnende innenpolitische Situation in unserer gemeinsamen sozialistischen Heimat, DDR, wenden wir uns an euch und an die, für die auch ihr Verantwortung tragt, mit einem Aufruf zum noch möglichen gemeinsamen Handeln für die Erhaltung der Rechtsstaatlichkeit und damit der Existenzgrundlage für den weiteren Bestand der DDR.
Unser Land befindet sich gegenwärtig in einer Phase der revolutionären Veränderungen, das Ziel soll und muß ein neuer, wahrer Sozialismus sein, mit dem wir uns eindeutig identifizieren. Diesen können wir jedoch nicht erreichen, wenn wir zulassen, daß unserem Staat Stück für Stück alle Machtinstrumente aus der Hand genommen (gegeben?) werden.
Beherzigen wir die Erkenntnis von Lenin über die Fragen der Macht. Genossen, Bürger und Patrioten der unsichtbaren Front im In- und Ausland, wer mit der Macht spielt, sie sich aus der Hand nehmen läßt - besonders während einer Revolution - in der wir uns zur Zeit befinden, der wird scheitern.
Der nutzt nicht uns, der dient der Reaktion.
Genossen, Bürger, heute richtet sich der Haß eines Teiles unseres Volkes, geführt von

einer Minderheit unserer Bevölkerung, gegen das ehemalige MfS und jetzige Amt für Nationale Sicherheit. In unserem Bezirksamt gibt es Erkenntnisse, daß Bestrebungen existieren, diesen Volkszorn, nachdem das Amt für Nationale Sicherheit zerschlagen ist, schnell auf die Strukturen und Kräfte der anderen bewaffneten Organe zu lenken, um diese ebenfalls zu zerschlagen. Sollte es uns allen nicht gemeinsam kurzfristig gelingen, die Anstifter, Anschürer und Organisatoren dieser haßerfüllter Machenschaften gegen die Machtorgane des Staates zu entlarven und zu paralysieren, werden diese Kräfte durch ihre Aktivitäten einen weiteren Teil der Bevölkerung gegen den Staat, die Regierung und alle gesellschaftlichen Kräfte aufbringen. Was kommt dann? Sorgen wir also gemeinsam für die unverzügliche Wiederherstellung der Rechtsstaatlichkeit - und dies ist unsere Forderung gegenüber jedermann.
Genossen, Bürger, damit keine Zweifel aufkommen, auch wir sind für die Aufklärung und notwendige Bestrafung bei Fällen von Amtsmißbrauch, Korruption und ähnlichen Delikten.
Täglich erhalten wir zahlreiche Anrufe aus dem In- und Ausland, die zum Ausdruck bringen, daß wir alles in unseren Kräften stehende tun müssen, um unseren sozialistischen Staat im Interesse aller zu schützen und zu erhalten.
Diese berechtigte Forderung kann jedoch nur erfüllt werden, wenn die bewaffneten Organe unserer gemeinsamen Heimat, DDR, weiter bestehen und aktiv handeln können.
Dies schließt nach unserem Verständnis und den Praktiken und Notwendigkeiten aller entwickelten Staaten dieser Welt die Existenz eines Organes, welches mit spezifischen Mitteln und Methoden arbeitet, ein.

Das Kollektiv des Bezirksamtes
für Nationale Sicherheit Gera
und die Kreisämter"

**09.12.**
**Sonnabend**

Zwischen Gompertshausen und dem bayerischen Alsleben wird von 13 - 17 Uhr die Grenze für Fußgänger von Ost nach West geöffnet:

„Ihre Forderungen für die Zukunft brachten die Gompertshäuser auch gleich mit einer Plakataufschrift zum Ausdruck: 'Wir hoffen, dass sie offen bleibt!' Ein weiteres mitgeführtes Plakat drückte ebenfalls die jahrzehntelange Sehnsucht der Menschen aus. Es lautete: 'Vier Stunden Grenze auf - Wir warten schon lange darauf!' Nicht von ungefähr stimmte die den Zug begleitende örtliche Musikkapelle: 'So ein Tag, so wunderschön wie heute' an. Kurz vor dem Grenzübertritt kam der Zug zum Stehen. Offenbar konnte man noch immer nicht ganz begreifen, was sich da in den letzten vier Wochen ereignete, und ein junger Gompertshäuser meinte mit ungläubigem Kopfschütteln: 'Daß ich das einmal erlebe, hätte ich in meinen kühnsten Träumen nicht erwartet!'"[31]

**09.12.** Das NEUE FORUM ruft in FREIES WORT auf:
**Sonnabend**

„Am Montag große DEMO. Wir, die Mitglieder der Initiativgruppe 'Neues Forum' rufen alle Bürger des Kreises Hildburghausen auf, am Montag, dem 11.12.89, an der Kundgebung um 19.00 Uhr auf dem Hildburghäuser Marx-Engels-Platz teilzunehmen. Außerdem fordern wir die Aufdeckung von Korruption, Amtsmißbrauch und Wirtschaftsverbrechen sowie den Einsatz einer unabhängigen Untersuchungskommission. Im Anschluß daran findet eine genehmigte Demonstration durch Hildburghausen statt."

**11.12.** Die Kundgebung auf dem Marktplatz und die anschließende De-
**Montag** monstration durch die Stadt gegen Amtsmissbrauch und Korruption vereint ca. 1.800 Bürger. Es sprechen:

- KLAUS LEIPOLD, NEUES FORUM. Er vertritt die Meinung, dass man mit allen - nur nicht mit der SED - den Dialog führen dürfe, diese Partei sei auch nicht wählbar.
- ANDREAS SCHIERBAUM, NEUES FORUM. Der Redner verliest die Erwiderung zu den Anschuldigungen HORST ZETZMANNS.[32] Des Weiteren informiert er über die Bildung des Untersuchungsausschusses zu Amts- und Machtmissbrauch sowie Korruption.
- FRANK SCHELLHORN, NEUES FORUM. Er sagt, dass der Vorsitzende des Rates des Kreises die Bildung des Untersuchungsausschusses sehr hemdsärmelig und kumpelhaft vorgenommen habe. Dieser Ausschuss habe mehr Respekt verdient. Solange in den meisten leitenden Positionen noch die alte Garde sitze, könne es keine Zukunft für die DDR geben.
- ANDREAS SCHMÄUSSER, NEUES FORUM. Der Reuriether Bürger spricht über das Misstrauen der Bevölkerung gegenüber der SED-Herrschaft.
- JOHANNES MÜLLER, Vorsitzender des Rates des Kreises, widerspricht FRANK SCHELLHORN und sagt, dass die Bürgerinitiativen gleichberechtigt in den Ausschüssen vertreten seien. Er wolle mit ihnen im Gespräch bleiben, um gemeinsam die Aufgaben zu lösen.
- STEFFEN HARZER, Parteitagsdelegierter der SED. Der Redner erklärt, dass das SED-Positionspapier nicht von GYSI, sondern von Parteitagsdelegierten stamme. Ein Großteil derer, die heute noch in der Partei sind, seien ehrliche Menschen. Die nur wegen eines Postens oder eigener Vorteile in der SED waren, seien als erste ausgetreten.
- GERLINDE LAPP, SED. Die Lehrerin distanziert sich von HARZERS Rede und sagt,

---

[31] Nach: REINHOLD ALBERT, Sternberg.

[32] s. auch 06.12.1989.

dass in der SED noch nicht aufgeräumt worden sei, die Partei habe nur eine Chance, wenn sie die Stalinisten rauswerfe.
- Dr. Hanspeter Wulff-Woesten, Superintendent. Er spricht eindringlich zu den Demonstranten, dass es keine Rache geben dürfe, es dürfe andererseits auch nichts unter den Tisch gekehrt werden. Er tritt für den Dialog mit allen politischen Kräften ein, richtet sich gegen den Führungsanspruch der SED und verlangt, dass die Partei aus den Schulen und den Betrieben entfernt werden müsse.
- Hans-Jürgen Salier, Neues Forum. Er äußert sich zur Kommission des Kreistags zur Untersuchung von Amts- und Machtmissbrauch, der mit mehr Kompetenzen ausgestattet werden sollte und sich nicht in Verfahrensfragen erschöpfen dürfe. Weiter fordert er u.a. eine Demokratisierung der Presse, die Aufhebung der Bezirke sowie die Gründung eines Landes Thüringen.
- Anneliese Stengler spricht über das Schicksal ihrer Familie nach der Flucht ihres Sohnes in die Bundesrepublik und die Repressalien der SED bzw. ihrer Vollzugsorgane.
- Michael Wendel, Neues Forum. Der Vikar ruft zur Lösung aller angestauten Probleme in einer großen Koalition der Vernunft auf und beklagt den schärfer werdenden Parteienhader. Er bekennt sich zu einer reformierten DDR.
- Dr. Karl-Heinz Stengler fordert die Demonstranten zu mehr Selbstbewusstsein gegenüber dem alten Regime auf. Er gibt die baldige Gründung der Sozialdemokratischen Partei (SDP) bekannt.
- Jürgen Liess, SED, Bürgermeister. Er ruft die Vertreter der Parteien und Gruppierungen auf, für den 20.12. je einen Vertreter für den Runden Tisch ins Rathaus Hildburghausen zu entsenden. Die Bürgerinitiativen haben gegenwärtig eine solche Kraft, dass man als Kommunalpolitiker nicht an ihnen vorbeigehen könne.
- Dr. med. Eberhard Taube . Der Arzt fordert auf, nicht den Boden von Recht und Ordnung zu verlassen. Man sollte den alten Stalinisten auf der Spur bleiben, aber all jenen, die sich vom bisherigen System distanzieren und ehrlichen Herzens seien, soll man eine Chance für den Neubeginn geben.
- Helmut Mitzenheim, LDPD. Der Leiter des Ensembles der Kreisstadt berichtet, dass sein Gehalt als Ensemble-Leiter von der „Schraube“ gekündigt worden sei. Er ruft zu einem verantwortungsvollen Umgang mit der Kultur auf und verlangt konkrete Stellungnahmen der Verantwortlichen.
- Dietmar Halka fordert auf, die vielen Behinderten nicht zu vergessen, die Hilfe brauchen und sich nicht artikulieren können.
- Uwe Herrling, VEB Schrauben- und Normteilewerk. Der Redner berichtet, dass Betriebsdirektor Heinz Görlach das Gespräch zu den demokratischen Kräften gesucht habe und weiter suche und den Werktätigen Mitspracherecht einräume.

**11.12.**
**Montag**

Die „Bezirkstagskommission zur Untersuchung von Machtmissbrauch und Korruption“ ist mit dem Mitglied des Rates des Kreises, Peter Menz, im Kreisgebiet unterwegs, um das Gästehaus des

**11.12.**
**Montag**

FDGB-Bundesvorstandes in Schönbrunn[33], die Ferieneinrichtung des FDGB-Bezirksvorstandes in Waldau und das Gästehaus der SED-Bezirksleitung im Ortsteil Neuendambach der Gemeinde Gerhardtsgereuth zu besichtigen. Im Ergebnis wird das Haus in Schönbrunn als außerordentlich exklusiv eingeschätzt.

Die SED-Kreisleitung unter DR. PETER DORNHEIM teilt mit, dass Verhandlungen geführt werden, die SED-Häuser in der Leninstraße[34] für Parteien und Massenorganisationen zu nutzen.

**12.12.**
**8 - 16 Uhr**
**Dienstag**

Beräumung des Schriftguts, der Bewaffnung u.a. des Gebäudes des AMTES FÜR NATIONALE SICHERHEIT unter Aufsicht des NEUEN FORUMS Hildburghausen, der Deutschen Volkspolizei, des Amtierenden Kreisstaatsanwalts, der Arbeitsgruppe des Bezirkstags und des AMTES FÜR NATIONALE SICHERHEIT, Berlin. Der Transport des Schriftguts nach Suhl vollzieht sich unter Sicherung der VP und Vertretern des NEUEN FORUMS. Die Waffen und die Nachrichtentechnik werden im Volkspolizei-Kreisamt zwischengelagert.
Nach abschließender Begehung des Hauses übernimmt die Volkspolizei bis zur Übernahme durch den neuen Rechtsträger Rat der Stadt Hildburghausen die Bewachung des Objekts. Ein Abschlussprotokoll wird am 12.12. ausgefertigt und von den Beteiligten unterzeichnet. U.a. sind 70.000 Karteikarten und 28.000 kleine Handakten verpackt und versiegelt worden.[35]

---

[33] In FREIES WORT vom 15.12.1989 heißt es dazu u.a.:
„Exklusive Einrichtung, 7 Zimmer, 1 Appartement, insgesamt 13 Betten, Fitneßraum (2,40 x 4,30 m), Sauna mit Tauchbecken (2,30 x 7,50 m), Speiseraum mit Kaminecke, Küche, Garagenkomplex mit Wohnung und Arbeitszimmer. Hier verkehrten nur Gäste des FDGB-Bundesvorstandes bzw. Leute mit Genehmigung des ehemaligen FDGB-Bezirkschefs Brandt. 1989 sind ca. 100 Gäste nachweisbar. Voriges Wochenende war Tag der offenen Tür. Etwa 300 bis 400 Bürger nutzten diese Gelegenheit, und nicht nur sie fragen sich: Wer kann sich so ein Objekt mit enorm hohen Unterhaltungskosten künftig überhaupt noch leisten? Deshalb der Vorschlag der Untersuchungskommission: das Objekt für den Tourismus nutzen, eventuell als Außenstelle eines Interhotels auf Valuta-Basis, zum Teil mit Inlandbelegung. Die Kosten wären allerdings hoch. Die Gemeindevertretung sollte bei der Entscheidung natürlich mitreden. Noch ein Appell der Kommission: Es mehren sich die Anzeichen, daß dort zerstörerische Handlungen vorgenommen werden sollten. Das darf nicht zugelassen werden. Wurde hier schon jahrelang Volksvermögen verschleudert, darf es jetzt nicht noch zerstört werden."

[34] heute: Friedrich-Rückert-Str., Hauptstelle Kreissparkasse Hildburghausen.

[35] HANS-JÜRGEN SALIER ist als Vertreter der zeitweiligen Kommission des Kreistags Hildburghausen bei der Räumung der ehemaligen Kreisdienststelle der Staatssicherheit zugegen.

**12.12. Dienstag** Das Fernmeldedienstgebäude der Deutschen Post in der Waldstraße in Hildburghausen (heute: TELEKOM) wird von einer zufällig gebildeten Personengruppe kontrolliert, vom amtierenden Staatsanwalt HARTMUT LORENZ, von PETRA RÜGHEIMER, HANS-JÜRGEN SALIER, BERND LÖHNERT, MANFRED MÜNCH. Da in den

---

Er war nicht Mitglied des Kreistags, sondern er wurde in diese Kommission als Mitglied des Bürgerkomitees berufen. Alle bei der Stasi-Auflösung ausgefertigten Übergabe- bzw. Übernahmeprotokolle, die teilweise und auszugsweise in diesem Band als Faksimile abgebildet sind, tragen seine Unterschrift (Beräumung des AMTES FÜR NATIONALE SICHERHEIT, Beräumung der Waffenkammer und der Nachrichtentechnik). Er kann versichern, dass die Beräumung korrekt vor sich ging. Die Tätigkeit eines jeden im Gebäude anwesenden Bürgers wurde überwacht, zwischen den Personen kam es kaum zu Kontakten. Die Zusammenarbeit mit der Volkspolizei war in diesem unberechenbaren Zeitraum sachlich konstruktiv. Die Stimmung insgesamt war eher eisig, weil Angehörige des Geheimdienstes anwesend waren (KREISAMT FÜR NATIONALE SICHERHEIT Hildburghausen und AMT FÜR NATIONALE SICHERHEIT). Zu ihnen wurde auch kein überflüssiger Kontakt gesucht, zumal die mit der Auflösung der Stasi befassten Vertreter des Bürgerkomitees in diesen Dezembertagen anonyme Drohungen erhielten.
Unter Aufsicht des Bürgerkomitees und eines Offiziers der VP, Major MANFRED SAUERBREY, wurden die noch vorhandenen Akten und sämtliche schriftliche Unterlagen der Dienststelle in Säcke und Kisten verpackt. Um spätere Manipulationen zu verhindern bzw. sie nachweisen zu können, nahm S. vor dem Versiegeln und Registrieren wahllos Akten heraus und notierte sich einzelne Daten (unter Wahrung der Intimsphäre der betreffenden Personen). Der von ihm verfasste Schriftsatz wurde versiegelt und einem Notar übergeben.

Am 20. Dezember 1991 verabschiedet der Deutsche Bundestag auf der Grundlage eines von der Volkskammer der DDR im August erlassenen Gesetzes das Stasi-Unterlagen-Gesetz (StUG). Seit Januar 1992 kann der betroffene Bürger nach einem entsprechenden Antrag Einsicht in die Unterlagen nehmen, die die Geheimpolizei der DDR über ihn gesammelt hat, „damit er die Einflußnahme des Staatssicherheitsdienstes auf sein persönliches Schicksal aufklären kann".
Nach: StUG & 1 Abs. 1 Nr. 1.
Im „Vierten Tätigkeitsbericht des Bundesbeauftragten für die Unterlagen des Staatssicherheitsdienstes der ehemaligen Deutschen Demokratischen Republik - 1999" (Berlin) heißt es in der Vorbemerkung:
„Seitdem steht die Behörde im Dienst des gesellschaftspolitischen Transformationsprozesses, der Interessen der Opfer der Diktatur und der politischen Bildung. Sie setzt mit der Legitimation des Rechtsstaates fort, was Jahrzehnte oft vergeblich von Widerstand und Opposition gegen eine gewaltige Übermacht versucht wurde. Sie wahrt ein doppeltes Erbe: die Ziele des revolutionären Aufbruchs im Herbst 1989 und die in der Bundesrepublik entwickelte Tradition des demokratischen Umgangs mit den persönlichen Daten der Bürger. Das StUG ist dafür ein exemplarisches Gesetz und wird bis heute auch so wahrgenommen, ein 'Schmuckstück bürgernaher Gesetzgebung', wie es ein Bundestagsabgeordneter von Bündnis 90/Die Grünen in der letzten Legislaturperiode nannte."

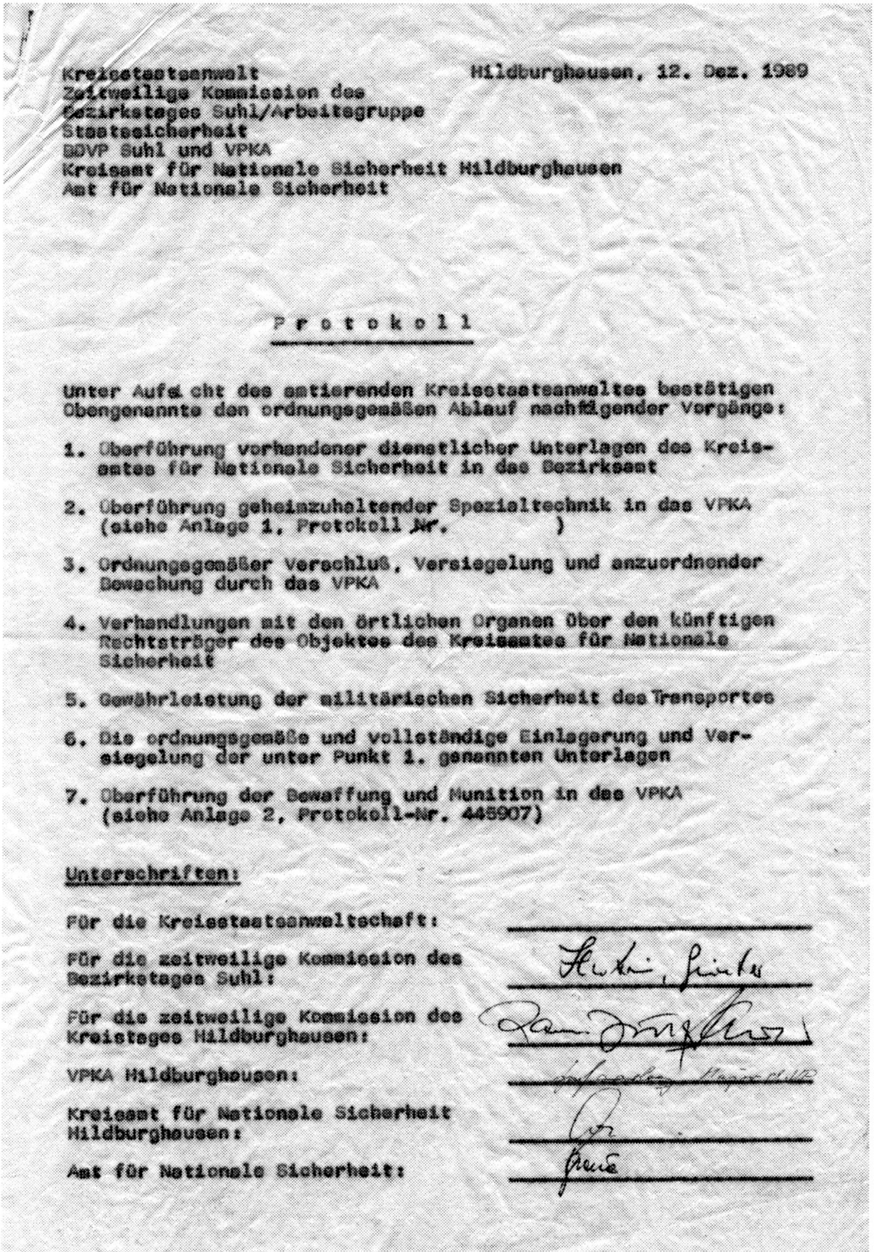

Kreisstaatsanwalt — Hildburghausen, 12. Dez. 1989

Zeitweilige Kommission des
Bezirkstages Suhl/Arbeitsgruppe
Staatssicherheit
BDVP Suhl und VPKA
Kreisamt für Nationale Sicherheit Hildburghausen
Amt für Nationale Sicherheit

**Protokoll**

Unter Aufsicht des amtierenden Kreisstaatsanwaltes bestätigen Obengenannte den ordnungsgemäßen Ablauf nachfolgender Vorgänge:

1. Überführung vorhandener dienstlicher Unterlagen des Kreisamtes für Nationale Sicherheit in das Bezirksamt
2. Überführung geheimzuhaltender Spezialtechnik in das VPKA (siehe Anlage 1, Protokoll Nr. )
3. Ordnungsgemäßer Verschluß, Versiegelung und anzuordnender Bewachung durch das VPKA
4. Verhandlungen mit den örtlichen Organen über den künftigen Rechtsträger des Objektes des Kreisamtes für Nationale Sicherheit
5. Gewährleistung der militärischen Sicherheit des Transportes
6. Die ordnungsgemäße und vollständige Einlagerung und Versiegelung der unter Punkt 1. genannten Unterlagen
7. Überführung der Bewaffnung und Munition in das VPKA (siehe Anlage 2, Protokoll-Nr. 445907)

Unterschriften:

Für die Kreisstaatsanwaltschaft:

Für die zeitweilige Kommission des Bezirkstages Suhl:

Für die zeitweilige Kommission des Kreistages Hildburghausen:

VPKA Hildburghausen:

Kreisamt für Nationale Sicherheit Hildburghausen:

Amt für Nationale Sicherheit:

*Protokoll zur Beräumung des Kreisamtes für Nationale Sicherheit vom 12.12.1989. Sammlung Salier.*

Hildburghausen, 13. Dez. 1989

# P r o t o k o l l

zur Beräumung von Schriftgut aus dem Amt für Nationale Sicherheit Hildburghausen am 12. 12. 1989 von 08.00 Uhr bis 16.30 Uhr

1. Beratung zum Ablauf der Maßnahmen

<u>Teilnehmer:</u>
- Amtierender Kreisstaatsanwalt, Gen. Lorenz
- Leiter KAfNS, Gen. Cudok
- Amt f. Nationale Sicherheit Berlin, Gen. Breuer
- Vertreter der AG des BT Suhl, Herr Hornstein
- Vertreter des NF Hildburghausen
  . Herr Salier
  . Herr Bumann
  . Herr Leuthold
  . Herr Pfütsch
- Stellv. des Leiters VPKA Hildburghausen, Major Sauerbrey

Im Gespräch brachte Herr Hornstein zum Ausdruck, daß es mit den durchzuführenden Maßnahmen darum geht, keine Akten verschwinden zu lassen. Durch ihn wird eine entsprechende Kontrolle realisiert. Die Vernichtung der nach Suhl zu transportierenden Akten erfolgt erst nach der Rehabilitierung aller Bürger, die sich entsprechend an die AG des BT wenden.

Herr Salier gewährleistet die Erfassung von Nummern der Akten, welche sich in Säcken verpackt nach Suhl zu überführen sind. Pro Sack wird eine Nummer erfaßt. Die Aufstellung der Nummern ist am 13. 12. 1989 dem amtierenden Kreisstaatsanwalt zu übersenden und von diesem im Beisein eines Vertreters des NF im Notariat zu deponieren.

Auf die Frage, ob weitere Waffen, außer denen im Protokoll des VPKA ersichtlich, im Haus seien, antwortete der Leiter des Kreisamtes eindeutig mit Nein. Auch der Vertreter der DVP wurde hierzu befragt und gab zur Antwort, daß er keine Kenntnis habe über Waffen in diesem Haus.

Auf Hinweis des Leiters des KA Hildburghausen wurde gewährleistet, daß alle operativen Papiere der Mitarbeiter des KA aus deren Schränken entfernt werden und mit nach Suhl zu überführen sind. Von Herrn Leuthold wurde hierzu das gegenseitige Vertrauen bei der Realisierung dieser Aufgabe ausgesprochen.

Der Panzerschrank im Zimmer des Leiters des KA für Nationale Sicherheit kann bis zur Übergabe des Hauses mit der Petschaft des Leiters - B 14930 - Ministerium für Staatssicherheit - versiegelt werden.

Durch den Leiter des KA wurde vorgeschlagen, alle zu verpackenden Materialien (in Säcken) zu beschriften mit der lfd. Nummer und diese mit der Plombe MfS 282 zu verschließen. Diesem Vorschlag wurde zugestimmt. Er wurde auf die zu verpackenden Kisten erweitert.

Durch den Kreisstaatsanwalt wurde Herr Leuthold berechtigt, die Nachrichtenräume zu entsiegeln, da er nach 11.00 Uhr zu einer Dienstberatung eingeladen war.

Der Vertreter des VPKA wurde beauftragt, den Ablauf der Maßnahmen am 12. 12. 1989 zu protokollieren und das Protokoll den Teilnehmern zuzusenden.

## 2. Ablauf der Maßnahmen

09.45 Uhr Entsiegelung der Waffenkammer

Durch Angehörige der DVP wurde diese geräumt auf der Grundlage der Einnahme-Ausgabe-Anweisung A Nr. 445907 II

10.15 Uhr Die Waffenkammer ist beräumt. Die Vertreter des NF, des Amtes für Nationale Sicherheit, der amtierende Kreisstaatsanwalt und die DVP besichtigen den Raum. Auf Weisung des Kreisstaatsanwaltes wird dieser mit der Petschaft - MdI DDR U 559- petschiert.

10.20 Uhr Entsiegelung der Räume 8 und 9 (Archiv) und Beginn der Verpackung des vorhandenen Materials.

12.15 Uhr Gemeinsame Kurzberatung und Festlegung einer Mittagspause bis 13.00 Uhr.

13.21 Uhr Öffnung des Nachrichtenraumes entsprechend der Festlegung unter 1. und Beräumung dieses Raumes.

13.38 Uhr Petschierung des Panzerschrankes im Raum 27 mit der Petschaft-Nr. MdI DDR U 559.

13.55 Uhr Kontrolle des Abbaus der Fernsprechverbindungen durch den vom NF beauftragten Koll. Martin der Fernmeldedienststelle Hildburghausen

14.40 Uhr Abschluß der Beräumung dienstlicher Unterlagen aus dem gesamten Haus

14.45 Uhr Gemeinsame Beratung aller im Punkt 1. genannten Vertreter, mit Ausnahme des Kreisstaatsanwaltes

Im Verlaufe dieser Beratung wurde ein Konsens zu einem Protokoll mit 7 Punkten erzielt (dieses liegt allen Vertretern schriftlich vor).

Im Anschluß an die gemeinsame Beratung wurde der Wunsch geäußert, alle Zimmer des Hauses abschließend zu begehen und zu prüfen, ob sich noch Panzerschränke im versiegelten Zustand befinden bzw. Materialien, die mit der Arbeit im Kreisamt für Nationale Sicherheit zusammenhängen, aufgefunden werden.

An Räumen wurden kontrolliert: 35, 34, 33, 32, 31, 38, 39, 42
(im Anbau)
24, 22, 25, 26, 27, 18, 16, 17,
29 B und 21 im Erdgeschoß/Hauptgebäude
2 Garagen und 1 Abstellraum im Innenhof

Weitere Räume wurden nicht gewünscht zu besichtigen, so daß diese Maßnahme 15.50 Uhr abgeschlossen war.

3. Festlegungen

a) Es wird gewährleistet, daß die Mitarbeiter des Hauses ab 13. 12. 1989 ihre privaten Gegenstände und Ausrüstungen empfangen können. Der Leiter des Amtes sowie die 4 festgelegten Heizungskräfte haben ab sofort ständig Zugang zum Objekt.

b) Bis zur Übergabe des Hauses an den örtlichen Rat sollte die Bewachung durch die VP gewährleistet werden.

c) Im Objekt befinden sich keine Vertreter des NF. Für Kontrollmaßnahmen sind die Herrn S a l i e r , L e u t h o l d , B u m a n n , P f ü t s c h , K r a u ß und E i c h h o r n berechtigt, das Objekt zu betreten.

4. Ablauf des Transportes und Übergabe der Unterlagen im Bezirksamt Suhl

16.20 Uhr Beginn des Transportes

17.40 Uhr Ankunft in Suhl, Entplombung der Fahrzeuge durch den Militärstaatsanwalt im Beisein der Vertreter des NF Hildburghausen, Herrn Bohlig und Lunkenbein

Einlagerung der Materialien

9 Kisten
35 Papiersäcke
Bündelmaterial archivierter Akten
1 Umschlag mit Kassetten
1 Sack mit Bändern und
5 Säcke mit Vordrucken

im Raum 315 des Bezirksamtes.

4

19.15 Uhr Petschierung des Raumes 315 durch den Militärstaats-anwalt

Mit der Obergabe der Unterlagen und der Vesiegelung des Raumes ist die Maßnahme vom 12. 12. 1989 zur Beräumung des Kreisamtes für Nationale Sicherheit Hildburghausen abgeschlossen.

Protokollführer

Sauerbrey
Major der VP

*Komplettes Protokoll vom 13.12.1989 zur Beräumung von Schriftgut des AMTES FÜR NATIONALE SICHERHEIT am 12.12.1989 in Hildburghausen.*
*Sammlung SALIER.*

**12.12. Dienstag**

vergangenen Tagen das Gerücht aufgekommen ist, dass in diesem Gebäude Telefonate von der Stasi abgehört würden und dass sich dort eine Außenstelle des Geheimdienstes befände. Mitarbeiter des Fernmeldamts und deren Familienmitglieder seien massiv beschuldigt und bedroht worden. Es wird festgestellt, dass die technischen Voraussetzungen nicht installiert sind.[36]

In einem Interview von FREIES WORT mit dem Leiter des VPKA, Oberstleutnant BURKHARD STAHL, wird u.a. Bezug genommen zum Kampfgruppeneinsatz und den polizeilichen Zuführungen um den 7. Oktober 1989 in Reurieth. STAHL führt dazu aus:

„Im ganzen Kreis wurden keine Kampfgruppenhundertschaften eingesetzt. Es gab Vorstellungen von zentralen Organen bis hin zur SED-Kreisleitung, das zu tun, wenn es die Lage erfordert. Ich habe mich bei meinen Entscheidungen in dieser Zeit davon leiten lassen, daß es solch eine Lage in unserem Kreis nicht gab. Es gab lediglich je 4 Doppelstreifen von Kampfgruppenangehörigen in Zivil in Hildburghausen und Themar. Zwei Streifen aus Themar wurden dann nach Reurieth gezogen, um dort die volkspolizeilichen Maßnahmen zu unterstützen, die eingeleitet wurden, nachdem in Reurieth Schriftzüge auf der Fahrbahn und Plakate aufgetaucht waren. Damals wurde das als Schmiererei ausgelegt. Wir sehen das heute anders. Außerdem wurde die VP um Hilfe gebeten, als nicht geladene und angetrunkene Bürger versuchten, die damalige Festveranstaltung zum 40. Jahrestag zu stören. Diese Bürger beleidigten die dort eingesetzten Polizisten und wurden deshalb am 10. Oktober dem VPKA zur Befragung zugeführt. Wenn man so will, gab es also 3 Zuführungen. Befragungen wurden auch im Dienstzimmer in Reurieth durchgeführt. Das sind aber keine Zuführungen gewesen. In allen diesen Fällen hat es keine strafrechtlichen Maßnahmen gegeben, weder auf Grundlage des Strafgesetzbuches noch des Ordnungswidrigkeitsrechts. Alle anderen Aussagen zu diesem Sachverhalt entbehren jeder Grundlage. Weder waren Kampfgruppenhundertschaften in Alarmbereitschaft, noch hatten sie bereits aufmunitioniert, noch gab es im VPKA mehr als die 3 Zuführungen.“[37]

---

[36] Wie sich später bei der Stasiauflösung herausgestellt hat, sind andere Möglichkeiten genutzt bzw. Leitungen geschaltet worden, um die Bevölkerung zu bespitzeln bzw. abzuhören. Dass es insgesamt ein Zusammenspiel zwischen dem Post- und Fernmeldewesen der DDR und dem Geheimdienst gab - wie mit jeder anderen Behörde oder Dienststelle auch - und dass es dort in überreicher Zahl Mitarbeiter gab, die sich an die Stasi verkauft haben oder durch sie erpresst worden sind, steht außer Frage und kann in diesem Zusammenhang nicht erläutert bzw. geklärt werden.

[37] s. u.a. auch 07.10. und 21.12.1989.

**12.12.**
**Dienstag**

FREIES WORT druckt einen Aufruf des NEUEN FORUMS ab, in dem eine unabhängige und freie Bezirkszeitung ohne Zensur gefordert wird.[38]

**13.12.**
**Mittwoch**

Gründung der SOZIALDEMOKRATISCHEN PARTEI (SDP, ab 13.01. 1990 SPD), nach einem Aufruf von DR. KARL-HEINZ STENGLER zum RATHAUSGESPRÄCH am 11.12. in Hildburghausen. 32 Interessenten gründen in der Aula der Joseph-Meyer-Oberschule Hildburghausen den Orts- und provisorischen Kreisverband. Die Partei setzt sich das Ziel, eine ökologisch orientierte soziale Demokratie aufzubauen, die Errichtung eines demokratischen Rechtsstaats mit strikter Gewaltenteilung und parlamentarischer Demokratie und Parteienpluralität. Angestrebt wird eine ökologisch orientierte soziale Marktwirtschaft mit gemischter Wirtschaftsstruktur und unterschiedlichen Eigentumsformen.

Im Bezirksteil von FREIES WORT wird eine „Wortmeldung der Angehörigen der Paßkontrolleinheiten[39] unseres Bezirkes“ unter der Überschrift **„Statt Blumen nun Hanfseile“** veröffentlicht. Es fällt kein Wort des Eingeständnisses der Mitschuld an diesem inhumanen Grenzregime. Viele Bürger diskutieren ungehalten darüber, weil offensichtlich die Grenzwächter im Zusammenspiel mit dem Zoll die teils schikanösen Grenzkontrollen unter der Befehlsgewalt der Staatssicherheit vergessen haben:

„Die Angehörigen der Paßkontrolleinheiten im Bezirk Suhl verfolgen die Entwicklung der letzten Tage in unserem Land mit großer Sorge.
Wir haben bisher mit allen uns zur Verfügung stehenden Kräften die Politik der Wende von Beginn an mitgetragen und täglich unter Aufbietung unserer physischen und psychischen Kräfte den grenzüberschreitenden Personenverkehr auf der Grundlage völkerrechtlicher und innerstaatlicher Rechtsnormen gewährleistet. Wir sind

---

[38] Das Blatt ist bis 04.12.1989 „Organ der Bezirksleitung der SED“, ab 05.12. bis 17.12. „Tageszeitung der SED für den Bezirk Suhl“, ab 18.12.1989 bis 15.01.1990 „Sozialistische Tageszeitung für Südthüringen“ und ab 16.01.1990 „Unabhängige Tageszeitung für Südthüringen“. In der Bezirks- und in den Kreisredaktionen werden kaum Redakteure ausgewechselt. Die Zeitung wird Anfang 1990 in sog. Volkseigentum überführt und im April 1991 an die NEUE PRESSE, Coburg verkauft. Seitdem gehört die Zeitung zur Verlagsgruppe des SÜDDEUTSCHEN VERLAGES München (70 %, die SPD 30 %).

[39] Die Passkontrolleinheiten unterstehen dem Ministerium für Staatssicherheit und nicht den Grenztruppen der DDR, die Bestandteil der Nationalen Volksarmee sind.

froh darüber, daß nun unsere Tätigkeit in der Paßkontrolle auch unserem eigenen Volk in voller Breite dient. Auf Grund der hohen Anforderungen an alle Angehörigen der Paßkontrolle in den letzten Wochen, was die Mehrheit der Bürger unseres Bezirkes aus eigenem Erleben bestätigen kann, melden wir uns erst jetzt zu Wort. Nicht, weil wir jetzt Zeit hätten, sondern weil wir besorgt sind, daß aus Blumen, die man uns aus Freude über die neue Reiseregelung überreichte, Hanfseile werden. Auch unsere Angehörigen und ihre Familienangehörigen sind Verleumdungen, Beschimpfungen und Drohungen ausgesetzt. Trotzdem erfüllen wir täglich unsere Aufgaben in Zusammenarbeit mit dem Zollorgan. Wir rufen deshalb zur Besonnenheit, zur gegenseitigen Achtung und zum gemeinsamen Handeln gegen all jene auf, die die erreichten Errungenschaften bei der gesellschaftlichen Wende gefährden. Entschieden verurteilen wir Korruption und Amtsmißbrauch und fordern Garantien dafür, daß so etwas nie wieder möglich wird. ... Wir fordern: die sofortige Beendigung der derzeitigen chaotischen Zustände in unserem Land; die Einhaltung und Durchsetzung der Rechtsstaatlichkeit und eine objektive Berichterstattung in allen Medien unseres Landes. Wir verurteilen alle Handlungen der Selbstjustiz, die sich gegen die aufrechten Bürger der DDR und die Angehörigen der bewaffneten Organe richten.
Wir rufen auf zu Vernunft und Besonnenheit!"

**13.12.**
**Mittwoch**

Für die Angehörigen der Passkontrolle des Bezirkes Suhl unterzeichnen diesen Brief der Passkontrolleur an der Passkontrolleinheit Eisfeld, Unterleutnant SOMMERFELD, der Leiter der Passkontrolleinheit Eisfeld, Major KRANNICH, und der Leiter des Arbeitsbereiches Passkontrolle des Bezirkes Suhl, Oberstleutnant KNESPEL.

**14.12.**
**Donnerstag**

Unter der Überschrift „**Zielstellung und Arbeitsweise waren politisch pervertiert**" erscheint in FREIES WORT ein 5-seitiger Zwischenbericht der seit 06.12.1989 tätigen Arbeitsgruppe „Staatssicherheit", der in den Kerngedanken gedruckt wird. Die Redaktion haben der Regierungsbeauftragte, DR. DIETER SCHRÖTER, und der Sprecher, BERND RÖHNER (SDP):

„- Das ehemalige MfS wurde von einem Organ des Ministerrates immer mehr zu einem Machtinstrument und Vollzugsorgan des Willens des SED-Politbüros zur Sicherung der stalinistischen Machtstrukturen, der Unterdrückung und Bespitzelung der Bürger dieses Landes und in letzter Konsequenz zum Garant der in verbrecherischer Weise angeeigneten Privilegien.
- Durch 'operative Personenkontrolle' sind im Bezirk pro Jahr ca. 400 Personendossiers angefertigt worden.
- Die politisch pervertierte Zielstellung und Arbeitsweise des Apparates kommt u.a. auch darin zum Ausdruck, dass nach Aussage des Herrn Generalmajor Lange unter

Beachtung strenger Weisung des Herrn Mielke Fälle von Amtsmissbrauch und Korruption ehemaliger Funktionäre (z. B. Albrecht) vom MfS nicht bearbeitet werden durften.
- Zum inneren Mechanismus und der Erhaltung der Funktionsfähigkeit dieser Einrichtung gehörte die Schaffung eines Systems 'inoffizieller Mitarbeiter' - bis vor kurzem waren im Bezirk ca. 4.000 aktiv.
- Die Arbeitsgruppe bekennt sich zu ihrer Verantwortung für den Schutz von Leben und Gesundheit dieser inoffiziellen Mitarbeiter im In- und Ausland und lehnt deshalb die Veröffentlichung von Namen strikt ab.
- Hinsichtlich des Abhörens und der Aufzeichnung von Telefongesprächen wurde die Bildung eines Aktivs beschlossen. Aufgabe ist die Ermittlung in allen Objekten, in denen das Abhören oder das Aufzeichnen möglich war.
- Die endgültige Räumung des Bezirksamtes wurde festgelegt. (Weiterhin notwendige Abteilungen zur Gewährleistung des Staatsschutzes werden in anderen Objekten untergebracht.) Die im Objekt vorhandenen Akten wurden durch Versiegelung gesichert.
- Die medizinische Einrichtung des Bezirksamtes wurde in das Gesundheitswesen der Stadt Suhl übergeben.
- Die persönlichen Waffen aller Angehörigen des Bezirksamtes und der Kreisdienststellen und der zivilen Waffenträger wurden von der Volkspolizei eingezogen.
- Bisher wurde Strafanzeige gestellt wegen des Einsatzes von Reizgas am 4.12.1989, ferner wegen Verletzung des Post- und Fernmeldegeheimnisses.
- Der Apparat des bisherigen MfS soll drastisch abgebaut werden. Wir wollen alle, dass die vielen Menschen, die dort tätig waren, in der Volkswirtschaft eingesetzt werden. Das setzt voraus, diese Menschen als zukünftige Arbeitskollegen zu akzeptieren.
- Mitarbeiter des ehemaligen MfS, die sich strafbar gemacht haben, sind zur Verantwortung zu ziehen. Niemand darf aber pauschal für alles verantwortlich gemacht werden. Auch hier müssen die Prinzipien der Rechtsstaatlichkeit gelten. Selbstjustiz ist Unrecht!"

**14.12. Donnerstag** Zwischen Hellingen und der Marktgemeinde Maroldsweisach fällt der Grenzzaun.

Der Stadtverband der LDPD Hildburghausen lädt zu einer öffentlichen Versammlung mit dem Bezirksvorsitzenden PETER GEIER in das Kreiskulturhaus „Freundschaft" ein. Thema: „Was will die LDPD? Welche Aufgaben wird sie in nächster Zeit in Angriff nehmen?"

ANDREAS SCHIERBAUM, NEUES FORUM, antwortet in FREIES WORT auf die Anschuldigungen HORST ZETZMANNS, Stellvertretender Vorsitzender des Rates des Kreises, die Besetzung der Karolinenburg durch die Bürgerbewegung am 06.12. betreffend:

**„Gemeinsame Verantwortung - wofür? Vertrauen, nein danke!**
Am Sonnabend, dem 9. Dezember, äußerte Horst Zetzmann sich in altgewohnter Weise. In aller Öffentlichkeit werden die Leiter der Aktivgruppen des Neuen Forums bezichtigt, nicht aufrichtig und ehrlich zu sein und sich nicht an gegebene Versprechen zu halten.
GEGENDARSTELLUNG
Wir, die Sprecher der Initiativgruppe des Neuen Forums, die in dem Artikel angesprochen wurden, haben niemanden verleumdet. Diese Behauptung ist falsch. Wie wertvolles Kulturgut vor dem Verfall geschützt wird, kann täglich von der Hildburghäuser Bevölkerung besichtigt werden. Wie das Kreisarchiv zur Zeit untergebracht ist, ist weder trocken noch zumutbar und in keiner Weise sicher. Die Behauptung von Horst Zetzmann ist also falsch.
Daß die Untersuchungen des Neuen Forums in einer Nacht- und Nebelaktion endeten, war nicht unser Verdienst. Ein besorgter Bürger der Kreisstadt äußerte am 6. Dezember den Verdacht, daß Akten vom Rat des Kreises umgelagert werden. Das Objekt 'Karolinenburg' ist daraufhin von 50 Mitwirkenden bis zum Eintreffen des Kreisstaatsanwaltes abgeschirmt worden. Die erzwungene Besichtigung zeigte tatsächlich, daß die Unterlagen vom Kreisarchiv stammten. Ein rechtzeitiges, offenes Gespräch über diese Umlagerung hat es nie gegeben, somit war eine aktive Unterstützung des Neuen Forums auch nicht möglich. Ihr Artikel, Herr Zetzmann, hat nur dazu beigetragen, Vorurteile über das Neue Forum bei den Lesern und der Hildburghäuser Bevölkerung zu schaffen. Unsere Aktivitäten und die Konsequenzen, die damit für Sie entstehen, werden unsere Redlichkeit beweisen!

gezeichnet:
Andreas Schierbaum
Neues Forum“[40]

**14.12.**
**Donnerstag**

Die Staatliche Plankommission des Kreises Hildburghausen und ihr Vorsitzender, ALFRED GELDNER, stehen seit Beginn der Demos, der Bürgerforen und anderen Veranstaltungen immer wieder in der Kritik, die Auflösung der in ihren Augen unfähigen Plankommission und die Ablösung der Mitarbeiter werden gefordert. FREIES WORT gibt G. unter der Überschrift „Gelegenheit für Bilanz und Ausblick“ Möglichkeit zur Bestandsaufnahme. Sie fällt - die weitere Entwicklung betreffend - nichtssagend aus. Schuldzuweisungen werden nach oben weiter gegeben. Es wird der Eindruck erweckt, das Schiff fahre mit den gleichen Steuerleuten weiter, nur auf einer geänderten Route. G. spricht sogar von einem neuen Fünfjahrplan.

---

[40] s. auch 06.12.1989 und die Anmerkungen dazu.

**Mitte Dezember** Im Kreis Hildburghausen kursiert ein Flugblatt der DEMOKRATISCHEN BAUERNPARTEI DEUTSCHLANDS, in dem es heißt:

„Getreu dem Vermächtnis Thomas Müntzers, standhaft in dem angefangenen Werk zu sein, betrachtet es die DBD als ihren Auftrag, die Ideale und Werte einer zutiefst menschlichen sozialistischen Gesellschaft in gemeinsamer Arbeit voll zur Geltung zu bringen. Den Weg der Erneuerung beschreiten, Verantwortung zu übernehmen und zu tragen, dazu sind wir bereit und entschlossen."

**15.12. Freitag** 1. Beratung der KOMMISSION DES KREISTAGS ZUR UNTERSUCHUNG VON AMTSMISSBRAUCH UND KORRUPTION. Es werden zwei Aktivs gebildet. ANDREAS SCHIERBAUM (NEUES FORUM) leitet das AKTIV AMTSMISSBRAUCH UND KORRUPTION, GERD KRAUSS (NEUES FORUM) das AKTIV NATIONALE SICHERHEIT.

Das NEUE FORUM lädt die Bürger des Kreises Hildburghausen zu einem Forum in den Speisesaal der Ernst-Thälmann-Oberschule in Hildburghausen, Waldstraße, ein. Auf der Tagesordnung steht die Vorbereitung der Wahl eines Sprecherrates. Die Kandidaten stellen sich den Fragen der Bürger.
GERD KRAUSS betont, dass sich der provisorische Sprecherrat als Gesprächsplattform stellt, die Bürgern aller Parteien, Klassen und Schichten zum Meinungsaustausch Gelegenheit bieten will. Auf Stadt- und Kreisebene sollten vor allem kommunale Probleme zur Sprache kommen, die in den unterschiedlichen Arbeitsgruppen aufgegriffen und bearbeitet werden. KRAUSS äußerte sein Unverständnis zu den Meldungen über die Bildung einer GRÜNEN PARTEI in Untermaßfeld und einer FORUM-PARTEI in Ilmenau. Von solchen Parteiengründungen distanziere sich das NEUE FORUM. Hildburghausen. Er äußerte auch die Meinung des Großteils der Mitglieder des NEUEN FORUMS, dass es bei der gegenwärtigen politischen Lage nicht darum gehe, die Einheit Deutschlands als Nahziel voranzutreiben. Die Rolle der Sowjetunion und der anderen Siegermächte sei noch sehr unklar. Über die konföderative Ebene könnten die beiden deutschen Staaten allmählich zusammenwachsen. Die Wirtschaft sollte hierzulande ökonomisch-ökologisch bei Dominanz der Ökologie orientiert sein.
Das NEUE FORUM Hildburghausen arbeitet derzeit in acht Arbeitsgruppen: Demokratie/Wahlen - KLAUS LEIPOLD, Wirtschaft - UWE HERRLING, Handel/Versorgung - KERSTIN LENNINGER, Presse/Medien - HANS-JÜRGEN SALIER, Gesundheits- und Sozialwesen - GERD KRAUSS, Bildung/Erziehung - ELKE WITZEL, Umwelt/Ökologie - EDELBERT EICHHORN, Wehr- und ziviler Ersatzdienst - HANS-DIETER KORETZ.

**15.12. Freitag** FREIES WORT veröffentlicht die Erklärung des Vorsitzenden des Kreisausschusses der NATIONALEN FRONT, DR. KLAUS SCHWENK, CDU:

„In dieser für unser Land und unser Volk so bedeutungsvollen Zeit wende ich mich mit folgender Erklärung an Sie: Die Ereignisse der letzten Stunden, Tage und Wochen haben meines Erachtens gezeigt, daß es keine gesellschaftliche Notwendigkeit mehr gibt, die Arbeit der Nationalen Front auf Kreisebene aufrechtzuerhalten. Die Bedeutungslosigkeit resultiert nicht zuletzt aus ihrer bisherigen Sprachlosigkeit, aber auch aus Erfahrungen während meiner Tätigkeit. In die Zukunft weisende Überlegungen wurden nicht akzeptiert und fanden kein Ende im damals existierenden Demokratischen Block. Die Zeit hat diese Leute überholt, und unser Kreis ist auf dem Wege, eine gewichtige Stellung in der deutsch-deutschen Verständigung einzunehmen.
Mit der Aufkündigung der Mitarbeit meiner Partei, der CDU, im Demokratischen Block sehe auch ich meine Tätigkeit als Kreisausschußvorsitzender als beendet an. Auch für unseren Kreis ist der 'Runde Tisch' als weiteres Zusammenwirken aller politischen und gesellschaftlichen Kräfte sinnvoller.
Ich rufe Sie alle zur Besonnenheit und zu weiterem engagierten Wirken auf. Arbeiten Sie in Ihren Kommunen weiter mit, und lassen Sie die Volksvertretungen auch zu diesen werden! Bei den kommenden Wahlen dürfen nur noch Parteien als Mandatsträger auftreten. 'Keiner hat ein Monopol auf die Wahrheit und somit auf Führungsanspruch!' - so steht es in einem Rundschreiben des Kreissekretariats der Nationalen Front vom 30.11.1989. Diese zutreffende Erkenntnis kommt leider fast zu spät.

Dr. Klaus Schwenk"

**16.12. Sonnabend** Dem Parteinamen der SED wird das Kürzel PDS (PARTEI DES DEMOKRATISCHEN SOZIALISMUS) angefügt. Ein Großteil der Bevölkerung empfindet das als Demagogie. Seit Beginn der Demos (vorwiegend montags) und der Friedensgebete in der Hildburghäuser Apostelkirche (donnerstags) wird immer wieder das Verbot der SED bzw. der SED-PDS gefordert.[41]

---

[41] Im Zeitraum der Stasiauflösung und der Umbenennung der SED in SED-PDS erreichen den Autoren H.-J. S. als „Mitglied der vorläufigen zeitweiligen Kommission des Kreistages zur Untersuchung von Amtsmißbrauch und Korruption" einige Zuschriften, in denen immer wieder gefordert wird, die alten hierarchischen Strukturen zu zerschlagen bzw. sich gegen die sich restaurierenden Kräfte zu wenden.
(Aus Datenschutzgründen ist es nicht möglich, diese teilweise sehr detaillierten Schreiben zu veröffentlichen.)
Nachfolgend wird ein allgemein gehaltener Brief, in denen sich der Schreiber mit Erscheinungen des Zusammenbruchs der DDR auseinander setzt, auszugsweise zitiert. Der Schreiber

**16.12. Sonnabend** Von 9 - 17 Uhr öffnen sich die Tore der Grenzsicherungsanlagen in Hetschbach und Rieth.[42]

---

betitelt seinen Brief „90 Wünsche für '90" in Anlehnung an die gleichnamige von FREIES WORT angeregte Leserbriefaktion für den bevorstehenden Jahreswechsel:
„Ich weiß nicht genau, ob das, was ich hier schreiben möchte, zu Ihrem Thema passt, aber es ist mir auch egal, ob Sie es unter einer anderen Überschrift sehen wollen. Jedenfalls muss ich es loswerden und hoffe, dass es irgendwo Gehör findet bzw. Weiterleitung finden wird.
Von den großen Veränderungen in den letzten Wochen brauchen wir nicht mehr zu reden, das wurde alles schon tausendmal durchgeknetet. In den letzten Tagen ist das Hauptthema, die Bestrafung der 'großen' Männer der ehemaligen 'Partei- und Staatsführung'. Das ist alles gut und sehr richtig und wäre schon längst fällig gewesen. Aber soll das nun in dieser Hinsicht alles gewesen sein? Warum beginnt man nicht langsam in den Betrieben und öffentlichen Einrichtungen mit der Ausrottung von Korruption und Amtsmißbrauch? (wie es so schön heißt und auf dieser Ebene genauso zutrifft). Sollen die 'kleinen' staatlichen Leiter bzw. Betriebs- und Abteilungsleiter genau wie vor der Wende ihre miesen kleinen bzw. großen Geschäfte und unerkannten bzw. unauffälligen und geduldeten Unterschlagungen weitermachen können?
Sollen die Beschäftigten solcher Betriebe weiter aus Angst vor Schikanen den Mund halten (genau wie ich - deshalb möchte ich auch ungenannt bleiben) und diese ganze 'Schiebung' hinnehmen?
Können diese, oftmals schon seit 30 Jahren 'leitenden' Persönlichkeiten sich auch weiterhin Privilegien herausnehmen? Haben diese Leute, von denen jetzt viele jetzt auch ihr 'Mäntelchen im Wind gedreht haben' das Recht über 'die da oben, die uns jahrelang beschissen haben' noch herzuziehen! Kann es aber angehen, dass der ganze Beschiss auf dieser kleinen Ebene immer weiter geht, daß diese Leute von oben her unbeaufsichtigt ihr Spielchen spielen können? Viele von ihnen haben wie die Ratten das sinkende Schiff (sprich SED) verlassen und sind jetzt die ersten, die auch keinen Pfennig mehr für DSF, Soli oder FDGB übrig haben. Damals sind solche Leute als 'Genossen' zu ihren 'Pöstchen' gekommen. Aber all das lenkt ein bisschen von meinem eigentlichen Thema ab, nämlich von der miesen Schieberei, die weitergeht wie vorher. Wie z. B. darf es sein, dass schon wieder Schindluder mit der Eingliederung der ehemaligen Stasi-Mitarbeiter/innen betrieben wird. Dass unter Freunden, bzw. 'Geschäfts'-partnern Arbeitsstellen 'verkuppelt' werden, die sicherlich angenehmer sind als die Arbeit in einer LPG oder in einem Produktionsbetrieb. Aber gerade durch so etwas geht ja der ganze Betrug am 'Volk' weiter bzw. fängt von vorn an, und das war nur ein Beispiel aus der sich gerade abspielenden Situation. Also wenn schon aufgeräumt und abgerechnet wird, dann doch bitte richtig! Irgendwer von den 'neuen Leuten' muss doch in der Lage sein, in den Betrieben aufzuräumen und auch da neue Köpfe hineinzubringen und das, bevor an Konföderation, Wirtschaftsreform oder gar Wiedervereinigung gedacht wird."

[42] Die Grenzöffnung am Schlagbaum gestaltet sich zu einem eindrucksvollen Ereignis, die geprägt ist von dem gegenseitigen Versprechen: „Auf allzeit gute Nachbarschaft". Prominentester Teilnehmer auf bayerischer Seite ist der in Unfinden (Lkrs. Rhön-Grabfeld) beheimatete CSU-Landtagsabgeordnete JOHANN BÖHM (ab 1994 ist er Präsident des bayerischen Landtags). Bürgermeister DETLEF PAPPE, Rieth, und LORENZ ALBERT, Sulzdorf a. d. Lederhecke, durchtrennen mit einer Zimmermannssäge den Schlagbaum. Wiedersehen wird im Gasthaus am Bayernturm und in der Zimmerauer Schule gefeiert.

**17.12.**
**Sonntag**

Die AG PHILATELIE HILDBURGHAUSEN DES PHILATELISTENVERBANDES IM KULTURBUND DER DDR und der BRIEFMARKEN- UND MÜNZVEREIN RODACH E.V. beschließen anlässlich der „Fränkischen Weihnacht" in Rodach den Beginn einer Partnerschaft. Der Vertrag wird am 03.03.1990 durch die beiden Vorsitzenden WALTER FISCHER (Rodach) und JURI HÖPPING (Hildburghausen) unterzeichnet.[43]

„PASSIEREN DER STAATSGRENZE HEUTE VON 9.00 - 17 UHR" ist am Grenzzaun zwischen Bad Colberg und Sülzfeld zu lesen. Hunderte Fußgänger und Fahrradfahrer nehmen die Möglichkeit eines Besuchs von beiden (?) Seiten aus wahr.

Zwischen Käßlitz und Dürrenried wird ein Fußweg eröffnet.

**18.12.**
**Montag**

DR. JÖRG-BERNHARD BILKE schildert seine Gedanken zur Grenzöffnung in der Vorweihnachtszeit und seine Wiederbegegnung mit Südthüringen:

„Als ich am Montag morgen von Rodach wegfuhr, meinte ich, den Besuch in Thüringen, der für mich so unerwartet gekommen war, nur geträumt zu haben. War ich wirklich durch den offenen Grenzzaun über den Todesstreifen geschritten? War ich wirklich im verbotenen Land gewesen, das mir so lange verschlossen geblieben war? Hatte ich wirklich auf der Veste Heldburg gestanden und nach Rodach hinüber gesehen? Ich begriff das alles nicht, so unwirklich kam es mir vor. Auf dem Weg nach Coburg fuhr ich noch einmal an der Grenze vorbei. Der Zaun war geschlossen wie ehedem, als wäre nichts geschehen am gestrigen Sonntag. Weit und breit war kein Mensch zu sehen, und die Dörfer auf beiden Seiten lagen da wie ausgestorben. Aber der Erdboden vor dem Zaun war zerwühlt und zertrampelt, und die roten Seile im Gras, die den Weg hinüber hatten markieren sollen, zeugten von dem, was am Tag zuvor passiert war. Da kehrte große Freude in mein Herz ein."[44]

---

[43] Zu ähnlichen partnerschaftlichen Verbindungen kommt es zwischen vielen Vereinen des Kreises und Städten und Gemeinden der benachbarten bayerischen Regierungsbezirke Ober- und Unterfranken. Zwischen den Kommunen bahnen sich Partnerschaften an, oft von Privatpersonen, den Kirchen, Sportvereinen initiiert.

[44] Aus: JÖRG BERNHARD BILKE: Erste Schritte ins verbotene Land / Besuch in Thüringen nach 35 Jahren. In: Grenzenlos - Erfahrungen aus der geteilten Heimat Thüringen und Franken. Hg. CLAUDIA SCHUGG-REHEIS und MICHAEL BAHR. - Coburg, 1990, S.45.

**18.12. Montag**

In einem Interview mit FREIES WORT analysiert PETER MENZ, Verantwortlicher für Umweltschutz, Wasserwirtschaft und Erholungswesen im Rat des Kreises Hildburghausen, die Situation nach der Smogverordnung vom 02.11.1989. Er begrüßt das Engagement der „Initiativgruppe zentrales Heizhaus“ und fordert die Einrichtung eines Arbeitsstabes zur Abarbeitung der Smogverordnung.

FREIES WORT berichtet am 21.12.1989 unter der Überschrift **„Montagskundgebung in Hildburghausen bewies: Wahlkampf hat schon begonnen“** und lässt in der Berichterstattung auch die entsprechenden politischen Vertreter der vom NEUEN FORUM organisierten Demonstration zu Wort kommen:

- Hildburghausens Bürgermeister JÜRGEN LIESS, SED-PDS, fordert die Bürger auf, sich auch im neuen Jahr an der Umgestaltung der Gesellschaft zu beteiligen.
- MATTHIAS SCHMÄUSSER, NEUES FORUM, verliest eine Gegendarstellung.[45]
- KLAUS LEIPOLD, NEUES FORUM: „Ich stehe nach wie vor voll zu meiner Meinung, daß man mit einer Partei, die 40 Jahre das Volk belogen und betrogen hat und jetzt versucht, sich einen demokratischen Anstrich zu geben, keinen Dialog mehr führen kann.“ Der Redner spricht sich aber auch anerkennend über die Dialogbereitschaft von Bürgermeister JÜRGEN LIESS, Schraubendirektor HEINZ GÖRLACH und dem Ratsvorsitzenden JOHANNES MÜLLER aus. FW zitiert weiter:
„Wir brauchen keine Diktatur der Nazis, die in Leipzig schon ‘Heil!’ schreien, wir brauchen aber auch keine Diktatur der Stalinisten, die überall noch auf ihren Posten sitzen. Wir brauchen Demokratie so schnell wie möglich, freie, demokratische Wahlen. Ich glaube, unsere Bürger sind politisch so mündig, daß sie nicht für Nazismus und Stalinismus stimmen. Ich glaube fest daran, daß die SED durch den Willen des Volkes zu einer Minderheit in der Parteienlandschaft wird, denn sollte sie sich wieder festigen, ist unser Staat verloren.“
- GERD KRAUSS, NEUES FORUM, wendet sich gegen den Versuch, das NEUE FORUM zu einer Partei zu etablieren.
- GÜNTER HEINRICH, CDU, berichtet vom Sonderparteitag seiner Partei und präsentiert sie als eine Volkspartei aller christlich, demokratisch, sozial und ökologisch gesinnter Menschen.
- FRANZ LICHTE, LDPD-Kreisvorsitzender, fordert freie demokratische Wahlen am 06.05.1990. Er weist darauf hin, dass seine Partei als erste einen Entwurf für ein Wahlgesetz eingebracht habe.[46]

---

[45] s. „Gegendarstellung. Zum Gespräch mit Herrn Burkhard Stahl im ‘FW’“ vom 12.12.1989.

[46] Das Tonbandprotokoll beweist, dass die Bandbreite der Themen und politischen Meinungen weitaus umfangreicher gewesen und im Detail mit dem alten Parteiapparat der SED

**19.12. Dienstag** Ein umfangreicher Artikel in FREIES WORT ist vor allem gegen das NEUE FORUM und sein Bemühen um das Aufdecken von Amtsmissbrauch und Korruption gerichtet. Der ominöse Beitrag ist unterzeichnet mit „Im Namen einer sich bildenden INITIATIVGRUPPE GEGEN WILLKÜR UND CHAOS".[47]

Der Beitrag beginnt mit den Worten:

„Dem Neuen Forum und seinen Initiativgruppen gehören wir nicht an und möchten auch in Zukunft nie mit diesen im Zusammenhang genannt werden - unsere Stimme erhalten sie niemals" und endet „Im Falle der Veröffentlichung dieses Schreibens geben wir unsere Namen nicht an aus Angst, auch in die demokratische Mühle des Neuen Forum und seiner Initiativgruppen zu kommen. Es scheint langsam Mode zu werden, Verdächtigungen auszusprechen, ohne sie erst zu überprüfen, wenn anschließend eine Entschuldigung genügt. Wir akzeptieren die besonnenen und niveauvollen Demos, die für Menschenwürde, Recht und Gesetz sind. Jede Ausrufung der Demos, denen im Augenblick niemand wehrt, sondern nur gut zuredet, ruft bei uns Älteren Sorgen und Ängste hervor. Wir denken, daß wir endlich wieder zu Ruhe und Ordnung kommen müssen, damit wir alle wieder in Ruhe arbeiten und leben können."

**20.12. Mittwoch** Eine Mitgliederversammlung der SED-PDS nach dem außerordentlichen Parteitag der SED-PDS will beweisen, dass sich die Partei neu formiert. Die Parteitagsdelegierten ANDREAS GEIER und DR. PETER DORNHEIM berichten. Es wird gefordert, dass ab sofort die Position der Partei im Rahmen der demokratischen Initiativen zu vertreten sei.

Bis zum Zeitpunkt haben 240 Bürger den Kreis Hildburghausen verlassen. Die meisten übersiedeln in die Bundesrepublik.

Der Hildburghäuser Bürgermeister JÜRGEN LIESS (SED-PDS) lädt die Parteien und Bürgerinitiativen zu einem RUNDEN TISCH ein. Man kommt jedoch über Formalien nicht hinaus und verschleppt die Themen. Die Forderungen der Bürgerinitiativen, massiver auf Veränderungen im kommunalpolitischen Bereich einwir-

---

scharf abgerechnet worden ist, auch mit den sogenannten Blockparteien sowie dem SED-hörigen Staatsapparat.
Des Weiteren werden das Ausländerwahlrecht sowie die Gründung eines Kreis-Reha-Zentrums angesprochen.

[47] s. auch 05.01., 12.01.1990.

**20.12. Mittwoch** ken zu können, wird mit einer kaum durchschaubaren Hinhaltetaktik der noch im Amt befindlichen SED-Oberen hinausgezögert. In einer Presseveröffentlichung in FREIES WORT heißt es u.a.:

„So werden es künftig je 2 Vertreter von Parteien und vom Neuen Forum sein, die hier zusammentreffen und beraten. Speziell Frauenprobleme sollen sich die Vertreter des DFD annehmen. Jugendliche machten - obwohl das Angebot bestand - keinen Gebrauch von dieser Möglichkeit, sich zu artikulieren. Einmütig wurde daher auch beschlossen, am Runden Tisch Plätze zu 'reservieren', sollten sich noch neue Bürgerinitiativen bilden bzw. jugendliche Vertreter von ihrem Recht Gebrauch machen wollen.
Einmal im Monat wollen nun Vertreter der Parteien, der katholischen und evangelischen Kirchgemeinden sowie des Neuen Forums politisch relevante Themen behandeln, diese spezifisch für die Kreisstadt bewerten und Schlußfolgerungen für ein gemeinsames gedeihliches Wirken im Interesse aller Bürger, auf der Grundlage von geltendem Recht und Gesetz und unter Berücksichtigung verschiedenster Interessenschwerpunkte ziehen. Dabei haben insbesondere das Neue Forum und die SDP im Moment noch sehr existentielle Sorgen bei der Arbeit: Es fehlt an Räumlichkeiten. Zur Lösung des Problems wird sich auch Bürgermeister Ließ stark machen, wie versichert wurde. ... Der Bürgermeister schlug vor, reihum sollte jede Bürgervertretung die Leitung übernehmen. Noch steht aber auch der Vorschlag der CDU und der Kirchgemeinden, daß nur die Vertreter der Kirchen wahrhaft unabhängig ein solches Gremium führen können."

**21.12. Donnerstag** Erweiterte Kreisleitungssitzung SED-PDS berät über die weitere Profilierung der Partei und billigt die neuen Strukturen. Es sollen Voraussetzungen geschaffen werden, politische Verantwortung für einen demokratischen Sozialismus in der DDR mit tragen zu können. DAGMAR ERHARDT wird bis zu den Neuwahlen mit der Leitung der Schiedskommission beauftragt. In einer Protestnote an die rumänische Botschaft „bekunden die Beratungsteilnehmer ihre Solidarität mit dem gerechten Kampf des rumänischen Volkes für die Durchsetzung seiner legitimen Menschenrechte".

Der Marktgemeinderat Maroldsweisach ist verärgert, weil der Bundesgrenzschutz die Grenzpolizei ablösen soll. Bürgermeister WELZ sagt: „Die Grenze braucht nicht geschützt zu werden." Nach einer Intervention kommt vom bayerischen Staatssekretär ALBERT MEYER die Order, dass die Grenzpolizei den künftigen Grenzverkehr regelt.[48]

---

[48] Nach: FRÄNKISCHER TAG, 25.01.1990.

**21.12.**
**Donnerstag**

Im Bezirk Suhl gibt es 11 Grenzübergangsstellen und 33 Grenzpassierpunkte für einen begrenzten Zeitraum. Täglich passieren im Bezirk ca. 70.000 Fahrzeuge die Grenzübergangsstellen mit 145.000 Personen, mit Omnibussen reisen etwa 6.000 Personen pro Tag in die Bundesrepublik.

FREIES WORT veröffentlicht ein Interview mit dem Vorsitzenden des Rates des Kreises, JOHANNES MÜLLER, der sich zu den nachbarschaftlichen Beziehungen zum Freistaat Bayern bzw. zum gegenwärtigen Grenzregime äußert. Auf die Frage „Herr Müller, nun haben ja schon viele Gemeinden etwas andere Beziehungen mit der Nachbargemeinde 'hinterm Zaun' angeknüpft. Sollte man davon wieder abkommen? Wie verhalten wir uns dazu?" antwortet der Ratsvorsitzende:

„Dagegen ist doch gar nichts einzuwenden, wenn Sportgruppen oder Volkskunstkollektive solche Verbindungen geknüpft haben, teilweise ja auch schon die örtlichen Räte untereinander. So weilten beispielsweise Vertreter des Rates der Gemeinde Gleichamberg mit Bürgermeister Günther Köhler an der Spitze in Knetzgau. Andere Gemeinden möchten Grenzübergänge zu bestimmten Anlässen (für den Fußgängerverkehr) offen wissen, wenn z.B. im Nachbarort der BRD Volksfeste angesagt sind. Das ist sicher machbar, aber kann kein Dauerzustand werden. Offene Grenzen also nicht überall und an jedem Tag oder jedes Wochenende. Das geht einfach nicht. Daß die Übergänge bei Hellingen und Eicha ordnungsgemäß - auch für den motorisierten Verkehr - ausgebaut werden, dafür will ich mich gern auch in der Zukunft mit ganzer Kraft einsetzen. Dort stoßen wir auch seitens der BRD, speziell im Freistaat Bayern, auf Zustimmung mit unseren Bemühungen. Wir sollten uns auch jetzt schon auf den Reiseverkehr in Gegenrichtung einstellen, der ja ab Weihnachten auf uns zukommen wird. Ich meine, auch da haben wir noch ein gut Stück Ideenarbeit und ganz praktische Probleme zu bewältigen. Denen müssen wir uns stellen, gerade hier im grenznahen Raum."

Sitzung des Bezirkstages in Suhl. Das Aktiv „Staatssicherheit" des Gremiums erstattet Bericht:

„ ... 1. Entwaffnung aller Mitarbeiter des ehemaligen Bezirksamtes für Staatssicherheit, soweit nicht weiterhin notwendige dienstliche Maßnahmen die Bewaffnung erforderlich machen, sowie aller zivilen Waffenträger im Bezirk
2. Einstellung der Tätigkeit der Briefleseanlage und der Abhöranlage.
3. Verhinderung weiterer Dokumentenvernichtung, Beräumung der Kreisdienststellen und Einlagerung sowie Sicherung aller vorhandenen Akten und Unterlagen unter Aufsicht des Militärstaatsanwaltes.
4. Schließung der Untersuchungshaftanstalt des ehemaligen Bezirksamtes Suhl.

5. Übergabe der medizinischen Einrichtung an das Gesundheitswesen der Stadt Suhl.
Strafanzeigen wurden wegen des Einsatzes von Reizgas am 4.12.1989 sowie gegen den ehemaligen Leiter des Bezirksamtes, Generalmajor Lange, wegen Verletzung des Post- und Fernmeldegeheimnisses und Veruntreuung von sozialistischem Eigentum zum Bau von drei Neckermann-Häusern für ihn und zwei weitere Leitungskader gestellt.
Inzwischen sind 55 Objekte des ehemaligen Ministeriums im Bezirk Suhl erfaßt. Alle bisherigen Hinweise bezüglich vermuteter Gänge und Schächte als Verbindung zum ehemaligen Bezirksamt Suhl erwiesen sich nach umfangreichen Untersuchungen und Einsicht in die Bauunterlagen als falsch.
In Übereinstimmung zwischen dem Aktiv und dem Leiter des Amtes war und wird eine kontinuierliche Arbeit mit minimaler Personalstärke in den Bereichen der Spionageabwehr, Aufklärung, Grenzübergangsstellen, Kader und militärtechnische Sicherstellung gewährleistet. Gleichzeitig wird gesichert, daß der Personenschutz aller offiziellen und inoffiziellen Mitarbeiter des bisherigen Amtes gewährt wird. Das bedeutet, daß keine Namen oder andere Informationen veröffentlicht werden und nur die Justizorgane den erforderlichen Einblick in die Unterlagen nehmen können."

**21.12.**
**Donnerstag**

Nach der Auflösung des AMTES FÜR NATIONALE SICHERHEIT im Bereich des ehemaligen Bezirks Suhl wurden auf dem Gebiet des heutigen Landkreises Hildburghausen folgende Objekte einem neuen Rechtsträger übergeben:

| | |
|---|---|
| - Erholungsheim der ehem. Kreisdienststelle Hildburghausen in Fehrenbach | - Rat der Gemeinde Fehrenbach |
| - Ferienheim „Am Rennsteig" und „Haus Oberland"[49] in Fehrenbach | - Rat der Gemeinde Masserberg |
| - Kreisdienststelle Hildburghausen | - Rat der Stadt Hildburghausen |
| - Unterkunftsobjekte Passkontrolle Hildburghausen | - Rat der Stadt Hildburghausen |
| - Erholungsobjekt Masserberg | - Rat der Gemeinde Masserberg |
| - Objekt „Eichberg" in Eisfeld | - Rat der Stadt Eisfeld |
| - Dienstobjekt „Waldrand" in Römhild | - Rat der Stadt Römhild |
| - Erholungsobjekt der ehem. Kreisdienststelle Meiningen in Römhild | - Rat der Stadt Römhild |
| - Erholungsobjekt der ehem. Kreisdienststelle Suhl in Erlau | - Rat der Gemeinde Erlau |

[49] Das Ferienheim „Am Rennsteig" ist nach Verlassen der Stasi von der „Travel Hotel GmbH", der Nachfolgerin des „Reisebüros der DDR", übernommen worden. Im August 1990 kommt

es zu einem Telefonat des Geschäftsführers mit Masserbergs Bürgermeisterin HELLA SEIFFERTH, dass das Haus am 01.09.1990 geschlossen werden soll. Nach einem Beschluss des Gemeinderats werden die Häuser „Am Rennsteig“ und Haus „Oberland“ übernommen, um auch den Wegfall der 67 Arbeitsplätze zu verhindern. Erste Verhandlungspartner waren das Suhler Bezirkskomitee zur Auflösung der Staatssicherheit. Erst zu einem späteren Zeitpunkt sind die beiden Häuser der Gemeinde Masserberg - entsprechend des Einigungsvertrags - als Verwaltungsvermögen übertragen worden (lt. Treuhandgesetz vom März 1990 werden die „volkseigenen Betriebe“ zum 01.07.1990 in eine GmbH zwangsumgewandelt).

Die Kompliziertheit der „Auflösung des Staates DDR“ in einer immer wieder als „gesetzlos“ geltenden Periode, des Entstehens alter und neuer Seilschaften ist sehr vielgestaltig und soll nachfolgend an einem konkreten Beispiel dargestellt werden, das die damalige Bürgermeisterin Masserbergs und heutige Geschäftsführerin der Masserberger Klinik GmbH, HELLA SEIFFERTH, den Autoren am 15.12.1999 mitteilte. Frau SEIFFERTH hat durch ihr entschlossenes und tatkräftiges Handeln in den Jahren nach 1990 mit dem Aufbau der Kliniken in Masserberg Pionierleistungen für die Region erbracht, die nach dem Rückgang des Tourismus und dem Wegbruch der kleinen Industriewerke ansonsten zur absoluten Bedeutungslosigkeit verkommen wäre.
„Am 15.06.1990 habe ich meine Arbeit als Bürgermeister in der damaligen Gemeinde Masserberg aufgenommen. Zu diesem Zeitpunkt liefen die Objekte des ehemaligen FDGB in Masserberg weiter (jedoch mit wenig Gästen). ( ... ) Wir erhielten in der Gemeinde ein Schreiben von der Treuhandanstalt Berlin, das beeinhaltete, dass sich die Belegenheitsgemeinden, in denen FDGB-Feriendienstobjekte vorhanden sind, durch einen Gemeinderatsbeschluss gegenüber der Treuhand erklären können, dass sie diese Objekte übernehmen möchten. Die Übernahme war im Anschreiben der Treuhand so geregelt, dass es hieß, die Gemeinde hat sich in den Besitz der Objekte zu setzen.
Daraufhin sind einige Vertreter des Gemeinderates in das Objekt des FDGB-Feriendienstes in das Büro von Herrn Heiko Schmidt (Leiter des FDGB-Feriendienstes) - mit dem Schreiben der Treuhand - und haben ihn um die Herausgabe der Schlüssel gebeten.
Herr Heiko Schmidt hat dies verweigert und gesagt, dass dies für seinen Objektbereich nicht zutreffen würde. Daraufhin habe ich mit Frau Breuel telefoniert (damalige Präsidentin der Treuhandanstalt, d. Verf.); sie sagte mir am Telefon und hat mir dies auch noch mal per Fax bestätigt, dass für die Objekte in Masserberg das Gleiche gilt wie für alle anderen Objekte in der ehemaligen DDR.
Darauf hin sind wir wieder zu Herrn Schmidt, der sich wiederum weigerte, uns die Schlüssel zu übergeben. Zu dieser Zeit gab es Hinweise und unklare Äußerungen seinerseits, dass sie als GmbH im Handelsregister eingetragen wären. Um dies zu überprüfen, sind wir nach Zella-Mehlis in das damalige Handelsgericht gefahren, konnten nach langem Kampf mit dem damaligen Richter auch Einsicht nehmen und mussten erkennen, dass sich mehrere Objektleiter von Objekten des ehemaligen FDGB-Feriendienstes im Südthüringer Raum unter anderem auch Herr Heiko Schmidt, in Kenntnis des Treuhandgesetzes vom März 1990 in das Register der ‘volkseigenen Betriebe’ haben illegalerweise eintragen lassen.
Dies haben wir sofort nach Kenntnis der Treuhand mitgeteilt. Darauf hin haben wir dann die Schlüssel durch einen Boten von Herrn Heiko Schmidt erhalten.“

**21.12.** Freies Wort veröffentlicht:
**Donnerstag**

**„Gegendarstellung. Zum Gespräch mit Herrn Burkhard Stahl im 'FW' vom 12.12.89** (s. auch dort, d. Verf.)
Die Aussagen von Herrn Burkhard Stahl (Leiter des VPKA/d. Red.) über die Ereignisse um und nach dem 7. Oktober '89 Bezug nehmend auf die Zuführungen und Befragungen und die Gründe, die dazu führten, sind falsch!
1. Es gab mindestens 4 Zuführungen.
2. Befragungen wurden außer im Dienstzimmer Reurieth u.a. noch im Möbelwerk Themar, in der PGH Elektro Suhl, im Rat des Kreises Hildburghausen und in Wohnungen durchgeführt.
3. Einige der 'Zugeführten' wurden bedroht durch Angehörige der Kriminalpolizei Hildburghausen.
4. Die Gründe der Zuführungen und Befragungen waren verschieden, nur 2 der 'Zugeführten' waren tatsächlich am Kulturhaus Reurieth und wurden auch dazu vernommen. Alle anderen Zuführungen und Befragungen richteten sich auf die Schriftzüge und Plakate sowie auf die Existenz des Neuen Forum.
5. Es handelte sich bei der Veranstaltung im Kulturhaus Reurieth um eine öffentliche Veranstaltung, und einer der später Zugeführten hatte sogar eine Einladung für diese, da er ausgezeichnet werden sollte. Man verwehrte ihm trotzdem den Zutritt, da er ein Plakat mit sich führte.
6. Strafrechtliche Maßnahmen konnte es gar nicht geben, da der damalige Kreisstaatsanwalt gar keine Kenntnis von den Ermittlungen hatte und im nachhinein bestätigte, daß es gar keine gesetzliche Grundlage für solch ein Ermittlungsverfahren gegeben hätte!
Bleiben also viele offene Fragen, wie z.B.: Wer wies überhaupt die Ermittlungen an? Wieso 'befragte' außer der Kripo auch noch ein Mitglied der Abteilung Inneres beim Rat des Kreises Hildburghausen im Gebäude des Rates im Beisein eines Offiziers der damaligen Staatssicherheit ohne Wissen seines Vorgesetzten einen Bürger? Wurde Herr Stahl über die Ermittlungen nicht richtig informiert, oder wurde ihm bewußt etwas verschwiegen? Wer führte überhaupt Ermittlungen? - Die Kripo, die Stasi oder die Abteilung Inneres beim Rat des Kreises? Oder alle gemeinsam?
Zum Thema Sicherheitspartnerschaft sagen wir ja! Wenn Vertrauen wieder hergestellt werden soll, müssen die Wahrheiten auf den Tisch kommen! Das sollte doch unser Ziel sein - Ehrlichkeit - und nicht das Verschweigen von Tatsachen!

Matthias Schmäußer
Neues Forum Reurieth“[50]

---

[50] s. u.a. auch 07.10. und 12.12.1989.

**21.12. Donnerstag** Nach dem Friedensgebet in der Hildburghäuser Apostelkirche kommt es zu einer Protestkundgebung auf dem Marktplatz. Anwesend ist der in Schweden lebende Dokumentarfilmer RAINER HARTLEB[51], der für „Sveriges Televison“ in Ostdeutschland den Film „Nach der Mauer“ über die friedliche Revolution bis zu den ersten freien Wahlen am 18.03.1990 dreht. HARTLEB weilt mehrere Male im Januar, Februar und am 18.03. zu Aufnahmen in Hildburghausen.

**22.12. Freitag** FREIES WORT veröffentlicht unter der Überschrift **„Ventile auf, Dampf ab - und nun?“** von einer Betriebsversammlung im VEB Kraftverkehr Hildburghausen, Bereich Personenverkehr. Die Beschäftigten wollen wissen, wer in der Leitungsebene für die Staatssicherheit gearbeitet habe. KARL-HEINZ STÄDTLER, Hellingen, bringt zum Ausdruck, dass 80 % der KOM-Fahrer nicht mehr unter dieser staatlichen Leitung mit ihrem teilweise stalinistischen Führungsstil arbeiten wollen. Es wird gefordert, in geheimer Abstimmung die Vertrauensfrage zu stellen. In Kritik steht auch das Prinzip, nach denen die Busfahrer ausgewählt werden, die im sog. grenzüberschreitenden Verkehr eingesetzt werden. (Sie dürfen beispielsweise keine Verwandtschaft in der Bundesrepublik haben.)

Der Leiter des VPKA Hildburghausen, Oberstleutnant BURKHARD STAHL, trifft in Eisfeld mit Vertretern der Bayerischen Polizci zusammen. Schwerpunkte sind die Gewährung eines reibungslosen Reiseverkehrs, eine effektive Verkehrsorganisation, Maßnahmen bei Verletzung von Rechtsnormen im Straßenverkehr, Aufklärung bei Straftaten, die Nutzung des Verkehrsservices, Verbesserung der Öffentlichkeitsarbeit.

**23.12. Sonnabend** Eröffnung des Grenzübergangs Eicha - Trappstadt im Beisein von ca. 1.000 Menschen beiderseits der Demarkationslinie, des Landrats DR. FRITZ STEIGERWALD, Lkrs. Rhön-Grabfeld, und des Vor-

---

51 Der 1944 geborene HARTLEB lebt nach der Vertreibung 1945 in Schleusingen und Hildburghausen und kommt als 8-jähriger mit seiner Familie nach Schweden. Bereits seit 1987 ist er mehrere Male bei seinen Verwandten (Familien NEUMANN, KUPFER, LUHN) in Hildburghausen und zeichnet Stationen des Alltagsleben der Familien auf. Anfang der 90er Jahre kommt es zur Zusammenarbeit mit dem aus Hildburghausen stammenden bekannten Fernsehpublizisten WILHELM BITTORF, und es entsteht der eindrucksvolle und mehrfach preisgekrönte Dokumentarfilm „Wiedersehen in Hildburghausen“, der wiederholt in den ARD-Programmen gesendet worden ist.

*Montagskundgebung am 21.12.1989 in Hildburghausen. oben: Hans-Jürgen Salier, Gerd Krauss und Klaus Leipold (v.l.n.r.). Fotos: Frank Elsner.*

**23.12.**
**Sonnabend**

sitzenden des Rates des Kreises Hildburghausen, JOHANNES MÜLLER. Spontan wird das Lied angestimmt: „So ein Tag, so wunderschön wie heute". Zuvor wird die Straßenanbindung unter Regie des Schweinfurter Straßenbauamts von der Bad Kissinger Straßenbaufirma Ullrich instand gesetzt. Ferner sind tätig gewesen: Beschäftigte der Gemeindeverbände Gleichamberg und Römhild (damals Kreis Meiningen), die Brigade Eicha der LPG Streufdorf, die PGH Elektro Hildburghausen, die Wasser- und Energiewirtschaft, das Post- und Fernmeldeamt Hildburghausen.

**24.12.**
**Sonntag**

Wegfall von Visumpflicht und Zwangsumtausch für die Bürger der Bundesrepublik bei der Einreise in die DDR.
An der GÜST Eisfeld feiern ca. 5.000 Menschen. Am Grenzübergang Adelhausen-Eishausen und Rodach wird den Nachbarn von den Bewohnern der umliegenden Orte ein liebevoller Empfang bereitet, nahezu in jeder Stadt und Gemeinde des Kreises werden die Gäste aus der Bundesrepublik willkommen geheißen.

**28.12.**
**Donnerstag**

Das DRK-Kreiskomitee Hildburghausen ruft die Bevölkerung des Kreises zu einer Solidaritätsaktion für die notleidenden Menschen der rumänischen Ceausescu-Diktatur auf (Geld-, Blut- und Sachspenden). Das Engagement ist überwältigend. Am 03.01.1990 dankt das Kreiskomitee des DRK den Bürgern und teilt ihnen mit, dass die Möglichkeiten (vor allem Lagermöglichkeiten) sowie die Kapazitäten der zentralen Transporteinrichtungen restlos erschöpft seien und bittet, von weiteren Spenden Abstand zu nehmen. Am 24.01. werden die Zahlen von Kreissekretär THOMAS STÄBLEIN veröffentlicht: 54 $m^3$ Kleidung, Spielzeug und Lebensmittel und 14.655 M an Geldspenden.

Der Kreisnaturschutzbeauftragte ERICH BOSECKER kann auf eine erfolgreiche Arbeit der GESELLSCHAFT FÜR NATUR UND UMWELT verweisen.
- Er fordert bei der Erstellung von Flurkonzeptionen für die LPG wertvolle Biotope zu erhalten, die 1990 exakt kartiert werden.
- Bildung von Interessengemeinschaften der Landschaftspflege: Freundeskreise Straufhain, Burgberg Heldburg, Stadtökologie Eisfeld und Themar. Ein Fehlen einer solchen Gruppe in der Kreisstadt wird kritisiert.
- Durch die Aufhebung der Sperrzone sollen Flächen an der ehemaligen Demarkationslinie unter Schutz gestellt werden.
- Mit einer verbesserten Öffentlichkeitsarbeit soll die Bevölkerung für Umwelt- und Naturschutzprobleme sensibilisiert werden.

*In Adelhausen werden in der Nacht zum Heiligabend die Besucher aus der Bundesrepublik willkommen geheißen. Sie dürfen erstmals wieder ohne Visum und Zwangsumtausch von Deutschland nach Deutschland reisen.*
*Fotos: Bastian Salier.*

**28.12.**
**Donnerstag**

- Greifvogelschutz, Beseitigung wilder Mülldeponien, Erhaltung von Wildpflanzen, Einsatz von Herbiziden und Düngemitteln, Schaffung eines Umweltbeirats, ein eigenständiges Ministerium für Landeskultur und Naturschutz und entsprechende Verwaltungen werden nachdrücklich gefordert.
- Im Gleichberggebiet finden u.a. 11 Foren statt, in denen auch die Rückführung des Waldhauses zur ursprünglichen Funktion als Gaststätte für die Bevölkerung gefordert wurde.

FLORIAN MEUSEL, Mitarbeiter Landeskultur/Naturschutz im Forstbetrieb Hildburghausen, legt ein Konzept zur Umwandlung der Kampfgruppenräume des Forstwirtschaftsbetriebes Hildburghausen in eine Ökologische Bildungsstätte und Naturschutzzentrum des Kreises vor. Ferner fordert er einen wirkungsvollen Arten- und Biotopschutz.

**Um den 28.12.**

Mit der Auflösung der sog. KAMPFGRUPPEN DER ARBEITERKLASSE wird begonnen. Waffen und Ausrüstung werden an die Volkspolizeikreisämter zurückgeführt.

**30.12.**
**Sonnabend**

Für ca. 1.000 Bundesbürger öffnen sich die Grenzzäune zwischen Zimmerau und Rieth. Die Gäste aus Bayern erleben ein wahres Volksfest, auch ein gemeinsamer Gottesdienst in der Allerheiligenkirche wird gefeiert. Zugegen sind Landrat DR. FRITZ STEIGERWALD (Lkrs. Rhön Grabfeld), der Hildburghäuser Ratsvorsitzende JOHANNES MÜLLER sowie die Bundestagsabgeordnete SUSANNE KASTNER, die gemeinsam am Ortseingang eine Eiche pflanzen.

Hildburghausen, den 28. 12. 1989

Sehr geehrter Herr Salier!

Bezüglich des bereits geführten Telefongespräches möchte ich Ihnen nun folgendes mitteilen:

Im Mai 1980 hat (bzw. mußte letztendlich) der letzte Einwohner den Ortsteil "Friedenthal" verlassen, da die Zivilverteidigung dieses Objekt übernommen hatte.

Und dann begann alles:
Es wurde ein rießiger Zaun errichtet, aber nicht nur um den Ort, nein da gehören auch noch Wiesen + Wasserteich dazu, die die LPG ja nicht zu nutzen braucht. Desweiteren mußte eine Obstplantage verschwinden, aber die Obstbäume, welche sich im Ort befinden, die stehen heute noch, denn die tragen ja auch Früchte und werden von den 1, 2, 3 ... 30 "Zivilschafen" verwaltet. Ob die 30 Schafe uns im Ernstfall beschützen können? Man weiß ja nicht einmal genau wo sich der Schlüssel für dieses geheimnisvolle Objekt befindet, auch das Betreten und Fotografieren ist ja strengstens verboten.
Desweiteren wurde ein uraltes Prachtexemplar von einem Kastanienbaum einfach gefällt, gab es einen berechtigten Grund dafür zur Gewährleistung unserer Sicherheit?

Das Anliegen vieler Leute besteht nun darin:

1. Was wird nun aus Friedenthal?
2. Bleibt es weiterhin ein Privileg für die Schafzucht, oder könnte man evtl. nicht auch ein Altersheim dort aufbauen?
3. Was geschah und geschieht nun mit den Obstbäumen, deren eigentliche Eigentümer aufgrund des Verbotes, dieses Objekt zu betreten, diese nicht abernten konnten. Wer hat in den vergangen Jahren diese Sachen genutzt und unter welchen finanziellen Bedingungen?
4. Was wird mit der Technik, die der Zivilverteidigung zur Verfügung gestellt wurde, so z.B. dem Traktor?

*Das Schicksal des nach 1980 als paramilitärisches Objekt (Zivilverteidigung, Kampfgruppen) genutzte Friedenthal (Ortsteil von Pfersdorf) und die gegen die Bevölkerung verhängten Zwangsmaßnahmen beschäftigt die ehemaligen Bewohner in der Zeit des Zusammenbruchs der DDR. Auszug aus dem Brief einer betroffenen Bürgerin Friedenthals.*
*Sammlung SALIER.*

**1990 Januar** Massenhausen, die kleinste selbstständige Gemeinde der DDR, zählt noch 18 Einwohner. Nach dem Fall der Grenze wird der Verbindungsweg nach Lempertshausen (Ortsteil Rodachs, Bayern) wieder hergestellt.

**01.01. Montag** Die Ministerin für Finanzen und Preise, CHRISTA LUFT (SED-PDS), hat mit Einvernehmen des Präsidenten der Staatsbank der DDR eine Anordnung zum Erwerb von Reisezahlungsmitteln für DDR-Bürger bzw. ausländischer Staatsbürger mit ständigem Wohnsitz in der DDR erlassen. Jeder Bürger hat den Anspruch auf DM 200, davon DM 100 im Verhältnis 1 : 1, weitere DM 100 für 500 M der DDR. Kinder bis zum vollendeten 14. Lebensjahr erhalten 50 % der für die Erwachsenen festgesetzten Umtauschsätze. Ein Umtausch des Geldes ist bei den Geld- und Kreditinstituten der DDR aber auch in der Bundesrepublik und in Westberlin zu den gleichen Bedingungen möglich (hier besteht jedoch die Möglichkeit des Teilerwerbs nicht). Persönliche Valutakonten können bei der STAATSBANK DER DDR eingerichtet werden.[1]

**02.01. Dienstag** Der CDU-Kreisvorstand initiiert den ersten RUNDEN TISCH[2] im Landratsamt Hildburghausen. Mit beschließender Stimme nehmen teil:

- ADOLF TRENTSCHKA, Kreisvorsitzender CDU
- GÜNTER HEINRICH, Kreissekretär CDU
- FRANZ LICHTE, Kreisvorsitzender LDPD
- HORST GÄRTNER, amtierender Stellvertreter des LDPD-Kreissekretärs
- LUISE PLATZ, Kreissekretärin NDPD
- DR. PETER DORNHEIM, Kreisvorsitzender SED-PDS

---

[1] Viele DDR-Bürger haben jedoch kein absolutes Vertrauen zu dieser Maßnahme und richten sich vor allem bei den Sparkassen und Banken im grenznahen Raum in der Bundesrepublik Konten ein.

[2] In anderen Kreisen Südthüringens gibt es bereits um den 08.12.1989 RUNDE TISCHE. Im Kreis Hildburghausen verstehen es SED und Rat des Kreises mit einem geschickten Taktieren und einem nach außen zur Schau getragenen loyalen Verhalten, gesellschaftliche Entwicklungen hinauszuzögern und den geordneten Rückzug anzutreten sowie die eigene Macht unter neuen Verhältnissen wieder herzustellen. Funktionsträger der SED können teils ihre Machtpositionen in den Verwaltungen und staatlichen Einrichtungen behaupten.

Analysiert

# Allenfalls gedämpfter Optimismus

Während der ersten Beratung des Runden Tisches gab der Ratsvorsitzende Hans Müller den Teilnehmern einen ungeschminkten Überblick über die derzeitige Situation der Wirtschaft des Kreises. Für das zu Ende gegangene Jahr konnte er eine Bilanz ziehen, die allenfalls gedämpften Optimismus hinterließ. So wurden die Kennziffern Industrielle Warenproduktion, Fertigerzeugnisse für die Bevölkerung, Export in die Sowjetunion und die sozialistischen Länder sowie Bauproduktion zwar erfüllt bzw. der Plan geringfügig überboten. In den Monaten November und Dezember entwickelte sich allerdings die arbeitstägliche Leistung rückläufig. Der Exportplan ins nichtsozialistische Wirtschaftsgebiet wird voraussichtlich nur mit etwa 94 Prozent erfüllt.

Die Landwirtschaft erwies sich im Kreis 1989 als stabil. Die Planerfüllung im Bereich der Tierproduktion war Grundlage für die ordnungsgemäße Versorgung der Bevölkerung. Der Handel konnte dagegen seinen Umsatzplan nicht erfüllen. Im November und Dezember waren aber besonders bei Industriewaren recht hohe Steigerungsraten zu verzeichnen. So wurden im RFT-Bereich (Radio, Fernsehen, Unterhaltungselektronik) gegenüber dem Vorjahr 9,3 Prozent mehr Umsatz erzielt. Der IFA-Vertrieb kam gar auf 30 Prozent mehr, Folge verstärkter zentraler Bereitstellungen auch von Ersatzteilen, zumeist allerdings für den Wartburg, während Trabant-Ersatzteile nach wie vor schlecht zu bekommen sind. In der Möbelhalle der Kreisstadt wurden Waren im Wert von 1,3 Millionen Mark verkauft, 300 000 Mark mehr als vorgesehen. Die Waren gelangten jedoch kaum in die Auslagen, wurden vielmehr unmittelbar nach der Lieferung verkauft. Der Rat des Kreises will deshalb, so erklärte der Ratsvorsitzende, die Regierung noch einmal zu Schlußfolgerungen für die Produktion hochwertiger Konsumgüter in ausreichender Stückzahl mahnen. Bei der Versorgung mit Frischwaren gab es vor allem Unregelmäßigkeiten und Qualitätsabstriche zu beklagen.

Nicht zufriedenstellen kann auch die derzeitige Nutzung des gesellschaftlichen Arbeitsvermögens, die im Kreis bei 98,4 Prozent liegt. In der Kreide stehen hier zum Beispiel das Porzellanwerk Veilsdorf mit 57 Arbeitskräften Unterhang, Anker-Mechanik Eisfeld mit 21, Südthüringer Möbelwerke Themar mit 31 und die Konsum-Fleischerei Hildburghausen mit 26. Arbeitskräfte aus Verwaltung und bewaffneten Organen müssen immer wieder unterstützen. So kamen erst kurz vor Neujahr wieder 8 Arbeitskräfte aus Rat des Kreises und Volkspolizei beim WtB zum Einsatz, damit Waren noch rechtzeitig die Kunden erreichten. Arbeitseinsätze wurden auch aus der Konsum-Fleischerei und den Getränkebetrieben gemeldet. Kaum noch befolgt werden derzeit Beauflagungen durch das Amt für Arbeit, besonders, wenn sie Mitarbeiter des ehemaligen SED-Apparates und der Stasi betreffen. Etwa 30 Arbeitskräfte sind derzeit noch zu vermitteln. In keinem Jahr zuvor gab es so viele fristlose Entlassungen wie 1989. Die Wiedereingliederung der 56 davon Betroffenen erweist sich als besonders schwierig. 19 Bürger, die unter die jüngste Amnestie fielen, konnten dagegen wiedereingegliedert werden. Sie bekamen kurzfristig Arbeit und Wohnraum, obwohl oft keine rechtzeitige Information über ihre Entlassung erfolgt war. Bis einschließlich 20. Dezember hatten 240 Bürger unseren Kreis hauptsächlich in Richtung Bundesrepublik verlassen.

*Freies Wort vom 05.01.1990. Der Runde Tisch des Kreises zeigt erste kleine Eingeständnisse der sozialistischen Plan-Misswirtschaft. Die tatsächlichen Verhältnisse sind jedoch absolut desolat, der SED-Staat hat abgewirtschaftet.*

**02.01. Dienstag**

- Manfred Steinerstauch, stellvertretender Kreisvorsitzender SED-PDS
- Dr. Karl-Heinz Stengler, Sprecher des provisorischen Kreisverbandes SDP
- Gerd Krauss, SDP
- Manfred Simon, Kreissekretär DBD
- Gerhard Wolfschmidt, stellvertretender Kreisvorsitzender DBD
- Bernd Geissler, gewählter Vertreter Demokratischer Aufbruch
- Dr. Hanspeter Wulff-Woesten, Superintendent in Hildburghausen
- Dieter loew, Superintendent in Eisfeld
- Mit beratender Stimme wird der Vorsitzende des Rates des Kreises Johannes Müller hinzugezogen, ferner auf Antrag von SED-PDS mit beratender Stimme parteilose Mitglieder von Massenorganisationen: Isolde Bräutigam - DFD, Manfred Jentsch - Kreisvorsitzender FDGB, Luise Winkler - stellvertretende Kreisvorsitzende DFD.

Das Neue Forum ist noch nicht zugelassen. Für den 2. Runden Tisch wird festgelegt, den FDGB und den DFD zuzulassen.

Die Leitung des Runden Tisches liegt in den Händen von Günter Heinrich, CDU.

**04.01. Donnerstag**

In der DDR wird, vermutlich um die revolutionären Prozesse ins Zwielicht zu bringen, eine medienwirksame Anti-Neofaschismus-Hysterie geschürt. Die meisten der im Entstehen begriffenen demokratischen Parteien erkennen die Urheberschaft. Die SDP Hildburghausen antwortet am 04.01.1990 in Feies Wort auf die Kampagne:

„Wem nutzt es, wenn zu einem Zeitpunkt, in dem der Wahlkampf gerade angelaufen ist, Angst, Verunsicherung, Feindbilder alten Coleurs und ein Sprachstil der Vereinfachung verbreitet werden? Unsere Angst vor Diktaturen jeglicher Art hat uns zu sehr geprägt und die Erfahrung gebracht: Nie wieder Faschismus! Das darf nicht zum Streitpunkt zwischen demokratisch Gesinnten aus wahltaktischen Gründen werden! Ohne den Ernst des Neofaschismus-Problems zu verkennen, wird die wichtigste Frage, die Rettung der DDR, nicht erstrangig von Rechtsradikalen oder deren Sympathisanten abhängen. Vielmehr gilt die Sorge vieler Bürgerinnen und Bürger unserem Weiterleben und der Durchführung tatsächlicher Reformen. Solange keine grundlegende Wirtschafts-, Verwaltungs-, Medien- und Wahlreform erfolgt ist, besteht die Gefahr der 'Scheinveränderungen' durch Leiter, Direktoren und Chefs in Betrieben,

Amt und Kaserne. Ein fairer Wahlkampf kann nur geführt werden, wenn umgehend allen demokratischen Parteien die gleichen Möglichkeiten in den Medien zugänglich sind.“

**05.01. Freitag**

Die ANTIFASCHISTISCHE INITIATIVGRUPPE (Anschrift: PSF 22, Hildburghausen) hat sich lt. einer Presseinformation angeblich in der Kreisstadt gebildet. Ihr schloss sich die INITIATIVGRUPPE GEGEN WILLKÜR UND CHAOS[3] an. In einer Presseveröffentlichung heißt es:

„Das Neue Forum will z.B. in Karl-Marx-Stadt[4] nicht die Kräfte gegen den Neofaschismus sammeln, sondern spricht sich aus gegen ‘die sich sammelnden Kräfte der alten Ordnung ...’. Damit sind sie der irrigen Meinung, daß die SED-PDS bisher noch nicht konsequent mit dem Alten abgerechnet habe, und übersehen völlig den neuen Weg dieser Partei, leisten damit den Neonazis bei ihrer Sammlung Vorschub. Deshalb ist es erforderlich, alle realen und gesunden Kräfte gegen den Neofaschismus zu mobilisieren und zu organisieren, mit dem Bekenntnis zu den bereits veröffentlichten Prinzipien der Zentralleitung der antifaschistischen Widerstandskämpfer gegen Neofaschismus, gegen Rassen- und Fremdenhaß, gegen Nationalismus und Völkerhaß, für Demokratie, Toleranz und Menschenwürde. - Ebenso dürfen nicht aufkommen: Verleumdung, Willkür und Chaos. Das in Leipzig ausgerufene braune ‘Heil!’ darf sich in Hildburghausen keinesfalls wiederholen! ...“[5]

**06.01. Sonnabend**

Die Grenze zwischen Käßlitz und Maroldsweisach wird geöffnet, am **26.01.** erfolgt die Verkehrsfreigabe und Anbindung an das überörtliche Straßennetz nach Bayern im Beisein des Landrats des Lkrs. Hassberge und des Ratsvorsitzenden aus Hildburghausen.

50 Liberaldemokraten aus dem Kreis Hildburghausen nehmen am Dreikönigstreffen der Coburger F.D.P. zu Fragen der Deutschland- und der Europapolitik teil. Der LDPD-

---

[3] s. 19.12.1989.

[4] Chemnitz.

[5] Namen und konkrete Arbeitsergebnisse dieser obskuren Gruppierung sind trotz Recherchen nicht nachweisbar. Was bereits die Diktion des Textes vermuten lässt, handelt es sich möglicherweise um eine von SED-, SED-PDS bzw. PDS-Aktivisten gesteuerte Propagandakampagne. Die sogenannte Initiativgruppe tritt immer dann an die Öffentlichkeit, wenn das NEUE FORUM oder andere demokratische Kräfte und Parteien konsequent mit den SED-Praktiken abrechnen.

# Stasi raus aus Masserberg!

**Aufgrund des Artikels am 5. 1. 1990 im „Freien Wort" (Runder Tisch) kam es zu einer genehmigten Demonstration in und vor dem Ferienheim „Am Rennsteig" in Masserberg. Vor dem ehemaligen Stasi-Heim gipfelte die Demonstration von etwa 400 bis 500 Teilnehmern in aufgebrachten Rufen: Stasi raus aus Masserberg! Wir sind das Volk! und anderen. Sie waren Ausdruck des Volkszorns über die bekanntgewordenen Machenschaften des ehemaligen Staatsapparates. Bürger haben sich spontan vor dem Heim geäußert und ihr Mißtrauen und ihre Angst vor dem mit diesem Ferienheim im Zusammenhang stehenden Moloch Stasi zum Ausdruck gebracht. Der ehemalige Heimleiter und jetzige Verwalter beantwortete Fragen der Bevölkerung vor der verschlossenen Haupttür des Gebäudes. Auf die massive Forderung der Massen zum Zutritt des Gebäudes sagte er diesen zu, wenn ein Vertreter der Staatsanwaltschaft anwesend sei. Nachdem von den Bürgern zugesagt wurde, einen Vertreter der Staatsanwaltschaft zu holen, öffnete er den Zugang zum Haus.**

Bis zum Eintreffen der Staatsanwältin wurde von einigen Bürgern ein unliebsamer Zwischenfall provoziert, den die Initiatoren der Veranstaltung entschieden ablehnen. Ein Bürger des Ortes öffnete im Objekt gewaltsam eine Zimmertür und entwendete mit anderen aus dem dort befindlichen Kühlschrank Spirituosen. Einige Bürger wurden erkannt. Strafrechtliche Maßnahmen werden geprüft. Eine ausgewählte Gruppe nahm dann an der Kontrollbesichtigung mit der Staatsanwältin teil.

Anlaß zu dieser Demo und der Kontrolle im Haus waren alle mit Bespitzelung zusammenhängenden Maßnahmen in diesem Objekt. — Dabei hat sich bestätigt, daß das Heim noch von ehemaligen Mitarbeitern des Amtes für Nationale Sicherheit geleitet und betrieben wird. Die letzten Urlauber haben am 2. 1. 1990 das Heim verlassen. Sie waren alle Mitarbeiter des kurzlebigen Amtes für Nationale Sicherheit und damit ehemalige MfS-Leute.

## Mit Richtfunk

Eine der wichtigsten vorgefundenen Einrichtungen ist die Funkzentrale gewesen. Dazu gehörte eine Richtfunkanlage, die zum Zeitpunkt der Besichtigung noch in Betrieb war. Diese Anlage wurde unter Aufsicht der Staatsanwältin außer Betrieb gesetzt. Ein Codiergerät dazu wurde nicht mehr gefunden. Weiterhin befanden sich eine einsatzbereite Verkehrsfunkanlage im UKW-Bereich im Raum, mit der alle in der DDR zugelassenen und betriebenen Funkbetreiber (VP, Feuerwehr, DRK, Forst, Kraftverkehr usw.) abgehört werden konnten. Diese Anlage ist auch geeignet, Funkverkehr mit Observierungsaufgaben betrauten mobilen Kleinfunkgeräten zu betreiben. Der Wert beider modernen Funkanlagen mit Zubehör beträgt etwa 500 TM. Es wurde die Forderung ausgesprochen, alle dazugehörigen Antennen abzumontieren.

## Alles nach Suhl?

Bei der weiteren Kontrollbegehung wurde ein Raum mit etwa 60 zum Teil verschlossenen Stahlspinden vorgefunden, in denen sich jeweils ein komplettes Sturmgepäck mit Stahlhelm, Schutzausrüstung usw. und Felddienstuniform (Sommer/Winter) befanden. Im Raum der Wirtschaftsleitung befanden sich in verschlossenen Stahlschränken teilweise mehrere leere Ordner und andere mit nicht übersichtlichem Ordnungsprinzip abgelegte Unterlagen. Hier wurden auch 2 Schlagstöcke festgestellt, über deren Verwendung der zuständige Wirtschaftsleiter wörtlich sagte: „Wo sollte ich denn hin damit?" — Bei der Untersuchung des Archivraumes wurden mehrere Aluminiumspezialkisten für A 4-Ordner mit Akten und Unterlagen sichergestellt. (Nach Aussage des Objektleiters wurden bereits Akten und Unterlagen nach Suhl an die übergeordnete Dienststelle überführt). Auf die Frage der Bevölkerung, ob der Objektleiter und seine Mitarbeiter Waffenträger waren, antwortete er „. . . als Angestellte in diesem Haus nein, und es haben sich in diesem Haus auch nie Waffen befunden, und eine Waffenkammer gibt es in diesem Objekt nicht." Die Durchsuchung des Dienstzimmers des Objektleiters hat ergeben, daß in seinem persönlichen Panzer-

# Wir sind das Volk!

schrank ein Spezialfach für Pistolen vorgefunden wurde. Darin befanden sich 5 leere Pistolentaschen. Auf die Frage nach der Verwendung des Schrankes sagte er aus: „Hier wurden die Waffen von den MfS-Urlaubern aufbewahrt, die persönliche Waffenträger waren.“ Des weiteren gab er nach intensivem Befragen zu, daß sich Waffen im Schrank befanden, die nach seiner Aussage durch seine Mitarbeiter der dafür zuständigen Behörde in Suhl übergeben wurden.

## Wie im Interhotel

Der Standard des Heimes entspricht Interhotelcharakter (ohne Sterne) mit solide eingerichteten Zimmern. Sein Niveau besteht in solchen Einrichtungen und Ausstattungen wie Schwimmhalle (ca. 10 m mal 6 m mit künstlich ausgestalteten Wasserspielen), Sauna und Ruheebenen, doppelte Kegelbahn mit entsprechend moderner Technik (teilweise defekt und demontiert), Kinoraum, Kaminzimmer, diverse gepflegte gastronomische Einrichtungen (MfS-Urlauber brauchten hier nur EVP-Preise zu bezahlen, ohne jeglichen Preisstufenaufschlag bis Dezember 1989), Sport- und Fitneßräume mit guter Ausstattung, gepflegte Außenanlagen mit Liegeflächen, Grillplätzen, vollasphaltierte Wege und Zufahrtsstraßen, eigener abschließbarer und beleuchteter Parkplatz, Arztzimmer, Sparkasse, Verkaufsstelle.

Nach Aussagen des Heimleiters betragen die gesamten Unterhaltungs- und Betreibungskosten (ohne Löhne) etwa 3,5 Mill. Mark jährlich. Zum Objekt gehören 2 Wohnblöcke mit 36 WE. Nach Aussage des Heimleiters waren 60 Planstellen (VbE) für die Betreibung des Objektes vorhanden. Es wurde in letzter Zeit „nur“ mit 45 VbE gearbeitet. Das heißt, daß in der Vergangenheit bei voller Auslastung der Urlauberkapazität etwa auf 4 Urlauber 1 VbE Personal kam! Anderen Bürgern und Urlaubern war der Besuch aller gastronomischen Einrichtungen und jedes Betreten des Geländes überhaupt bis Anfang Dezember verboten.

## Mit 2000 kWh

Der technische Bereich entspricht einem technologisch hochentwickelten Standard und befindet sich in einem einwandfreien Zustand. Die Energieversorgung des Objektes wird mit Elektroenergie und Stadtgas betrieben. Der Gesamtanschlußwert und -verbrauch konnte nicht mitgeteilt werden. Ermittelt werden konnte der Anschlußwert für die Heizung des Objektes. Er beträgt 1,96 MW. Das heißt, es konnten bei maximaler Auslastung fast 2000 kW (Kilowatt) pro Stunde nur für die Heizung verbraucht werden. (Eine solche Auslastung ist bei einer Außentemperatur von minus 8 °C erreicht). Weitere Elektroenergie wird benötigt für Warmwasseraufbereitung, Sauna, Schwimmhalle usw. Zur weiteren technischen Betreibung des Objektes sind 2 moderne Notstromaggregate, Batterieanlagen sowie weitere Überwachungs- und Verteilungsanlagen vorhanden. Die Kontrollbegehung des Küchentraktes konnte nicht durchgeführt werden, weil nach Aussage des Heimleiters eine Schädlingsbekämpfungsmaßnahme vorgenommen wurde. Weitere Wirtschaftslagerräume, Garagen, Bungalowanlagen, Personalwohnblöcke sowie sonstige zum Objekt gehörende Außenanlagen sind nicht kontrolliert worden. Von der anwesenden Staatsanwältin wurden der Funkraum und der Archivraum versiegelt. Die zentrale Untersuchungskommission des Bezirkes Suhl wurde mit der Durchführung weitergehender Maßnahmen beauftragt.

**gez. Bürgerinitiative Masserberg**
i. A. Schleicher, Moritz, Kahl, Krahl

✦

**Anmerkung der Redaktion:** Nach Redaktionsschluß erreichten uns noch weiterführende Informationen zum dargestellten Sachverhalt. Bitte entnehmen Sie diese u. a. dem nebenstehenden Beitrag unter dem Titel „Notwendiger Nachtrag zur Sache“. **P. R.**

*Freies Wort vom 13.01.1990.*

**06.01.**
**Sonnabend**

Kreisvorsitzende FRANZ LICHTE betonte in seiner Rede, dass die freie Entfaltung der Persönlichkeit in einem freien, demokratischen Gemeinwesen, eine freie Marktwirtschaft, die soziale und ökologische Sicherheit gewährleistet sowie die staatliche Einheit Deutschlands und ein geeintes Europa die wichtigsten Ziele der Liberaldemokraten der Noch-DDR seien.

**08.01.**
**Montag**

In Heldburg findet der 1. RUNDE TISCH statt. Schwerpunkte sind u.a. die geforderte Unabhängigkeit der Tageszeitung FREIES WORT, Auflösung von Dienststellen des MfS, AfNS bzw. deren Organisationsstrukturen, der Wegfall ungerechtfertigter Überbrückungsgelder für die Geheimpolizisten, das Aussetzen der Einrichtung eines Amtes für Verfassungsschutz bis nach den Wahlen.

Nachdem die CDU bereits zum letzten RATHAUSGESPRÄCH des Jahres am 18.12.1989 in Hildburghausen den Wahlkampf mehr oder weniger eröffnet hat, stehen die MONTAGSDEMOS ab diesem Zeitpunkt in der Regie der Parteien und Initiativgruppen. Unabhängig davon kommen alle Bürger mit ihren Anliegen zu Wort.

**10.01.**
**Mittwoch**

In Themar kommt es zum 1. RUNDEN TISCH mit Vertretern des Gemeindekirchenrats, der SED-PDS, LDPD, NDPD, DBD, CDU, des DA, der BÜRGERINITIATIVE THEMAR und des UMWELTSCHUTZAKTIVS. Im Mittelpunkt stehen Entwicklungsfragen Themars, Umweltschutz, Wahlkampf, schulische Erziehung, Staatssicherheit sowie die Bildung von Arbeitsgruppen für die Demokratisierung des gesellschaftlichen Lebens. Die Beratungen sollen 14-tägig stattfinden, Vertreter von Massenorganisationen können mit beratender Stimme teilnehmen.

**12.01.**
**Freitag**

Die ANTIFASCHISTISCHE INITIATIVGRUPPE, deren Ziel es ist, gegen Chaos und für Sicherheit sowie Gesetzlichkeit einzutreten, tritt erstmals mit einem Leserbrief gegen GERD KRAUSS (NEUES FORUM) an die Öffentlichkeit, der am RUNDEN TISCH über „Treffs der Stasi und womögliche Abhöraktionen" gesprochen hat. Der Brief ist mit dem Namen Irmgard Schröter unterzeichnet.
In einer Antwort fragt KRAUSS am 17.01.:

„Wo war sie (die Initiativgruppe, d. Verf.) denn zum Zeitpunkt, als das Kreisamt des MfS aufgelöst und mit VP und NEUEM FORUM in Sicherheitspartnerschaft rund um die Uhr bewacht wurde, damit es nicht zur Eskalation kommt? Ich möchte nicht daran glauben, daß diese Gruppe nur verbal arbeiten kann: Aktivitäten zum Nutzen unserer Gesellschaft hat sie jedoch noch nicht entfaltet."[6]

**13.01. Sonnabend**

Die SDP der DDR benennt sich zur 1. Landesdelegiertenkonferenz in der Berliner Kongresshalle um in SPD. Vom Kreisverband Hildburghausen sind anwesend: DR. KARL-HEINZ STENGLER, STEFAN MACHLEB, BURKHARD STENZEL.

Die DDR-Nachrichtenagentur ADN verbreitet die Meldung, dass der Pressesprecher des Grenzbezirkskommandos, Major HERBERT MÜLLER, am 11.01. mitgeteilt hat, dass seit Jahresbeginn 1990 die Arbeiten zum geordneten Abbau von Grenzsperranlagen durch Angehörige der Grenztruppen der DDR fortgesetzt werden. Jetzt erfolge die Demontage des Sperrzaunes in der Nähe von Ortschaften, Einrichtungen sowie Grenzübergangsstellen. Der Verkauf der gewonnenen Metall- und Betonteile an Betriebe und gesellschaftliche Bedarfsträger erfolge nach entsprechender Bekanntgabe durch die Grenztruppen.

**14.01. Sonntag**

Grenzöffnung von Ummerstadt nach Weitramsdorf und zwischen Harras und Grattstadt.

**15.01. Montag**

In Hildburghausen wird die marxistische Partei ROTE NELKEN gegründet. Ansprechpartner ist UDO SCHILLER aus Hildburghausen. Die Partei findet keinerlei Zuspruch bei der Bevölkerung.

Das Präsidium des Bezirksvorstands der SED-PDS fasst u.a. den Beschluss, die ehemalige Bezirksparteischule Schleusingen in der Hildburghäuser Straße in die Rechtsträgerschaft der Stadt Schleusingen zu übergeben.

Zu einem Gedankenaustausch treffen sich in Coburg Hildburghausens Bürgermeister JÜRGEN LIESS und Coburgs Oberbürgermeister KARL-HEINZ HÖHN. Im Mittelpunkt stehen Verwaltungsfragen, vor allem die Umstrukturierung des Verwaltungsapparats.

In einer erweiterten Kreisvorstandssitzung erklären die Liberaldemokraten, dass die Vollbeschäftigung der Frauen sehr wichtig sei. Solidaritätsaktionen für die humanitäre Hilfe sollen weiter laufen. Die Spenden werden aber nicht an das FDGB-Solidaritätskomitee abgeführt, sondern die Gelder verbleiben im Kreis und

---

[6] s. 19.12.1989 und 05.01.1990.

**15.01.**
**Montag**

werden der Kinderrehabilitation[7] übergeben. Eine wichtige Rolle spiele die Aufarbeitung der eigenen Geschichte in der Zeit des SED-Regimes. Es wird gefordert, dass innerhalb der Mitgliedschaft und mit anderen demokratischen Parteien ein Konsens erreicht werden muss, dass es keinerlei Koalitionen mit der SED-PDS geben darf. Allein die Wahlkampfpraktiken der SED-PDS seien zu verurteilen, weil die Bürger, die nicht SED-PDS wählen, diffamiert und nach rechts außen gerückt werden.

**16.01.**
**Dienstag**

Bei der 4. Beratung des RUNDEN TISCHES des Bezirks stellt Pfarrer BERND WINKELMANN (NEUES FORUM) ein zunehmendes Misstrauen großer Teile der Bevölkerung der SED-PDS gegenüber fest. Als Ursachen nennt er Verschleierungs- und Verzögerungstaktik und das Festhalten an alten Machtstrukturen. Vor allem müsse festgestellt werden, dass die SED-PDS kaum Anstrengungen unternehme, um die Vergangenheit zu bewältigen. PETER PECHAUF, der Bezirksvorsitzende der SED-PDS, bestätigt die Feststellungen von Pfarrer WINKELMANN, er beobachtet sogar einen gewissen Volkszorn. Die Machtstrukturen im ehemaligen Apparat brächten es mit sich, dass die Entflechtung um so schwerfälliger, je höher die Hierarchie sei.[8]
Die Beratung fordert die Bildung eines BÜRGERKOMITEES als Gegenpol zum Rat des Bezirkes.

Der 2. RUNDE TISCH des Kreises Hildburghausen tagt unter Leitung von Superintendent DR. H. WULFF-WOESTEN. Ratsvorsitzender JOHANNES MÜLLER berichtet, dass es im Kreistag zum Eklat gekommen sei, als der Bericht der VORLÄUFIGEN ZEITWEILIGEN KOMMISSION ZUR UNTERSUCHUNG VON AMTSMISSBRAUCH UND KORRUPTION gehört werden sollte, weil das Parlament die Kommission nicht berufen habe. Besonders kritisiert wurde, dass ABI und weitere Bürger bereits vor Einsetzung der Kommission durch den Rat des Kreises Untersuchungen vorgenommen hätten, die nach Urteil der Kreisstaatsanwältin gesetzwidrig seien.[9]

---

[7] s. 23.01.1990.

[8] Nach: FREIES WORT vom 18.01.1990.

[9] Aus Sicht einiger der seinerzeitigen Kommissionsmitglieder und der Autoren ergab sich eine absurde Situation. Die Bürger hatten ordnungsgemäße vom Ratsvorsitzenden unterzeichnete Bescheinigungen überreicht bekommen (s. Abb.) und forderten in allen die Kommission

**16.01. Dienstag** Der Chef des Grenzkreiskommandos, Major PETER LEOPOLD, berichtet vor dem RUNDEN TISCH des Kreises, dass seit 01.12.1989 bis 15.01.1990 ca. 1.350.000 Menschen die 3 strukturmäßigen Grenzübergänge im Kreis Hildburghausen Eisfeld - Rottenbach, Adelhausen - Rodach, Eicha - Trappstadt passiert hätten. 16 ehemalige Grenzpassierpunkte wurden 46-mal geöffnet, 73.641 Personen überquerten hier die Grenze.

FREIES WORT berichtet am 19.01.1990:

„Der Runde Tisch kam überein, daß die Tätigkeit der Untersuchungskommission sehr wohl ihre Berechtigung habe, auch wenn sie im Übereifer einige Zeit nicht auf rechtsstaatlicher Grundlage, sprich Berufung durch den Kreistag, basierte. Im Interesse der Aufklärung aller Fälle von Amtsmißbrauch und Korruption sei die Arbeit der Kommission jedoch schon zum damaligen Zeitpunkt erforderlich gewesen und auch weiterhin nötig. Deshalb empfahl der Runde Tisch dem Kreistag, unverzüglich eine Untersuchungskommission, die aus derzeitigen Mitgliedern sowie Vertretern der SPD und des Demokratischen Aufbruchs besteht, die damals im Kreis noch nicht präsent waren, zu berufen und den Zwischenbericht der Kommission zu hören. ...“

---

betreffenden Aktionen (gegenüber dem Ratsvorsitzenden, dem Rat, der Polizei usw.) Rechtsstaatlichkeit ein. Die Führung des SED-Staats im Territorium konnte jedoch den geordneten Rückzug antreten und die Kommissionsmitglieder auflaufen lassen. Der Aberwitz bestand darin, dass die, die für eine demokratische Gesellschaft eintraten und sich auch mutig dafür einsetzten, gegenüber einem undemokratisch gewählten Kreistag mit seiner kaum lernfähigen Administration Rechenschaft ablegen mussten. Das geschah in Pressebeiträgen, mit anonymen Drohungen und Verleumdungen, mit dem Auftreten ominöser linker Gruppen, die jede Panne und jede übereifrige Aktion vor allem des NEUEN FORUMS verunglimpften und es vor dem Volk diskriminieren wollten. Die Einheitsparteisozialisten - egal in welcher Funktion, Dienststellung oder „nur“ Leserbriefschreiber - nutzten in dieser Situation sich jede bietende Gelegenheit nach der alten Masche: „Wo ein Genosse ist, ist die Partei!“ So bleibt beispielsweise dem niedergelassenen Juristen, Rechtsanwalt DR. PAUL THIERSE Eisfeld (Er ist der Vater des heutigen Bundestagspräsidenten WOLFGANG THIERSE.) aus Eisfeld im Zusammenspiel mit dem Rat des Kreises keine andere Möglichkeit, als die Rechtsstaatlichkeit der Kommission anzuzweifeln. Der Autor H.-J. S. beispielsweise zog es bei einer solchen Gelegenheit vor, sich von einem solchen Untersuchungsgremium zu trennen, nachdem es in einem anonymen Schreiben an den Rat des Kreises eine „gelinkte“ Verleumdung einer „sozialistischen Brigade“ aus dem Schraubenwerk gegen ihn gab. Auf die kommunistischen Verleumder war eben zu jeder Zeit Verlass.
Zu diesem Zeitpunkt spielten auch einige juristische Berater aus der Bundesrepublik eine mehr als verzögernde Rolle.

# Sicherheits- und Wohnungsprobleme beraten

**Vom 2. Runden Tisch des Kreises Hildburghausen berichtet unser Redaktionsmitglied Hans-H. Langguth**

**Hildburghausen** (FW). Zu seiner 2. Beratung kam am Dienstag der Runde Tisch des Kreises Hildburghausen im Sitzungssaal des Rates des Kreises zusammen. Die mehr als fünfstündige Sitzung wurde von Superintendent Dr. Hanspeter Wulff-Woesten geleitet. Zu den Parteien und Gruppierungen, die bereits beim erstenmal teilgenommen hatten, gesellten sich diesmal auch Andreas Schierbaum und Frank Schellhorn als Vertreter des Neuen Forums. Zur Debatte stand zunächst ein Antrag der VdgB auf Zulassung am Runden Tisch. Analog der Verfahrensweise bei DFD und FDGB wurde beschlossen, daß die VdgB mit zwei parteilosen Vertretern und beratender Stimme an den Tagungen teilnehmen kann. Der als Vertreter erschienene VdgB-Vorsitzende ist nicht parteilos. Unter Protest und Ankündigung von entsprechenden Maßnahmen verließ er das Ratsgebäude. Der Runde Tisch distanzierte sich von derartigen Erpressungsversuchen und beharrte auf den oben genannten Modalitäten für die Zu- Ministerium für Touristik übergeben.

Die Kreisstaatsanwältin berichtete über Untersuchungen und ging besonders auf die am 1. Runden Tisch geäußerten Vorwürfe über den ZV-Raum beim Rat der Stadt Themar ein. Dort seien keine Abhörmöglichkeiten und auch kein unidentifizierbares Gerät festgestellt worden, wohl aber ein TTF-4-Gerät, das als Zwischenstelle für die Abhörzentrale in Suhl diente, was dem Rat der Stadt Themar nicht bekannt war. Wolfgang Knobelsdorf machte Ausführungen zum derzeitigen Zustand in der NVA, wo mit dem Kasernenhofmilitarismus aufgeräumt werden müsse. Peter Leopold nannte aktuelle Zahlen von den Grenzübergangsstellen unseres Kreises sowie über die Stärke seiner Einheiten. Er berichtete, daß in der Silvesternacht Mitglieder der neofaschistischen Wikingjugend nur im Zusammenwirken mit dem Bundesgrenzschutz bei Simmershausen aufgehalten werden konnten. Die Neonazis führten Hieb- und Stichwaffen sowie Schreckschuß-

Nach einer kurzen Pause nahmen die Teilnehmer des Runden Tisches zum Tagesordnungspunkt 2, der Wohnungspolitik und des Zustandes der Bausubstanz im Kreis, einen ebenfalls sehr aufschlußreichen Bericht des zuständigen Mitglieds des Rates des Kreises, Helmut Hennlein, entgegen. Bisher, so Helmut Hennlein, haben die Wohnungspolitiker im Kreis recht wenige Mitstreiter gefunden, weil Entscheidungen über Wohnungsfragen immer unpopuläre Entscheidungen seien. Derzeit gibt es in unserem Kreis 220 leerstehende Wohnungen, von denen jedoch über die Hälfte schwer vermietbar bzw. wegen erheblicher baulicher Mängel gesperrt ist. 738 Wohnungsanträge liegen im Augenblick vor, wobei den absoluten Schwerpunkt die Kreisstadt, Eisfeld, Themar und Veilsdorf darstellen, während es in den anderen Orten keine oder verhältnismäßig wenige Anträge gibt. 1990 sollen im Kreis 63 Eigenheime sowie zwei Neubaublocks mit je 24 Wohnungen am Hildburghäuser Forstweg gebaut werden. Aufgrund lassung von Massenorganisationen im Gremium, die auch der VdgB das Recht auf Mitarbeit gewähren.

Der Runde Tisch behandelte dann als ersten Tagesordnungspunkt Sicherheitsfragen im Kreis. Dazu wurden als Gäste die Kreisstaatsanwältin Margarete Bauer, der Leiter des VPKA, Burkhard Stahl, der Leiter des Wehrkreiskommandos, Wolfgang Knobelsdorf, und der Chef des Grenzkreiskommandos Hildburghausen, Peter Leopold, gehört. Burkhard Stahl gab zunächst einen Überblick über Demonstrationen, Kriminalität, neue Kriminalitätstendenzen und weitere Wirkungsfelder der Volkspolizei. In 14 Fällen ermittelt die VP zu Fällen von Amtsmißbrauch und Korruption in unserem Kreis. Anschließend beschäftigte sich Burkhard Stahl mit der Auflösung des ehemaligen Amtes für Nationale Sicherheit, die im Kreis ordnungsgemäß erfolgte. Am 23. 12. wurden alle Stasi-Waffen an die BDVP übergeben, die Nachrichtentechnik wurde bereits vorher überführt. 70 Prozent der ehemaligen Stasi-Leute arbeiten inzwischen in Betrieben unseres Kreises, lediglich zwei haben noch keine Arbeit. Das Masserberger Stasi-Objekt (siehe „FW“ vom 13. 1.) wurde zentral von Berlin geführt. Entgegen der Forderung der VP wurde die Auflösung verzögert, inzwischen wurde das Objekt dem pistolen bei sich. Alle vier Gäste beantworteten dem Runden Tisch zahlreiche Fragen zu Sicherheitsproblemen aus der Sicht ihres Arbeitsbereiches und Erkenntnisstandes. des hohen Informationsgehalts und allgemeinen Interesses in der Bevölkerung wird „Freies Wort“ in den kommenden Tagen weitere Details aus den Berichten veröffentlichen.

## Lebhafte Debatte um Untersuchungskommission

Lebhaft wurde die Diskussion am Runden Tisch, als Ratsvorsitzender Hans Müller vom Verlauf der jüngsten Kreistagssitzung berichtete. Beim Kreistag war es zum Eklat gekommen, als der Bericht der vorläufigen, zeitweiligen Kommission zur Untersuchung von Amtsmißbrauch und Korruption gehört werden sollte, weil das Parlament die Kommission nicht berufen hatte. Besonders kritisiert war im Kreistag worden, daß ABI und weitere Bürger bereits vor Einsetzung der Kommission durch den Rat des Kreises Untersuchungen vorgenommen hatten, die nach Urteil der Kreisstaatsanwältin gesetzwidrig waren.

Der Runde Tisch kam überein, daß die Tätigkeit der Untersuchungskommission sehr wohl ihre Berechtigung habe, auch wenn sie im Übereifer einige Zeit nicht auf rechtsstaatlicher Grundlage, sprich Berufung durch den Kreistag, basierte. Im Interesse der Aufklärung aller Fälle von Amtsmißbrauch und Korruption sei die Arbeit der Kommission jedoch schon zum damaligen Zeitpunkt erforderlich gewesen und auch weiterhin nötig. Deshalb empfahl der Runde Tisch dem Kreistag, unverzüglich eine Untersuchungskommission, die aus derzeitigen Mitgliedern sowie Vertretern der SPD und des Demokratischen Aufbruchs besteht, die damals im Kreis noch nicht präsent waren, zu berufen und den Zwischenbericht der Kommission zu hören. Dazu fand gestern nach Redaktionsschluß eine Beratung des Vorsitzenden des Rates des Kreises mit den Fraktionsvorsitzenden und der ständigen Tagungsleitung des Kreistages statt.

Die nächste Beratung des Runden Tisches findet am 3. Januar, 16.00 Uhr, wieder im Sitzungssaal des Rates des Kreises statt. Dort wird der Bericht der Untersuchungskommission gehört. Außerdem stehen Fragen zu Handel, Versorgung und Dienstleistungen auf der Tagesordnung.

*Freies Wort vom 19.01.1990 zur Beratung des 2. Runden Tisches am 16.01.1990.*

**17.01. Mittwoch**

Der hessische Finanzminister DR. MANFRED KANTHER[10], besucht den CDU-Kreisverband Hildburghausen sowie Stätten seiner Kindheit und Jugend. Den Krankenhäusern Hildburghausen, Eisfeld und dem Caritasheim St. Laurentius in der Kreisstadt sichert er zur Verbesserung der Versorgung beträchtliche Hilfe mit medizinischen Geräten und Verbrauchsgütern zu.

90 Mitarbeiter des VEB Ankermechanik Eisfeld, Betriebsteil Heldburg, treten in einen anderthalbstündigen Warnstreik. Sie fordern u.a.: Reduzierung der Verwaltungskräfte, Verbesserung der Arbeitsbedingungen, Angleichen der Löhne an die des Stammbetriebs, Verbesserung der Sanitäranlagen, bessere Produktionsvorbereitung.

**18.01. Donnerstag**

Mit Beschluss 16/90 des Rates des Bezirkes werden Maßnahmen für die RUNDEN TISCHE festgelegt, u.a. Bereitstellung von Büroräumen, Freistellung von der beruflichen Tätigkeit (gemäß Ministerratsbeschluss vom 01.12.1989), Bereitstellung von Druckkapazitäten und Papierkontingenten für die Herstellung von Druckmaterialien, Lizenzen für die Herstellung von Presseerzeugnissen, Ausstattung der neuen Parteien und politischen Gruppen mit Telefon- und Fernschreibtechnik, Bereitstellung finanzieller Fonds auf Antrag der jeweiligen Zentralvorstände. Zur Durchführung des Beschlusses wird ein Bürgerkomitee gebildet, das den Vorsitzenden des Rates des Bezirkes sofort bei auftretenden Problemen informiert, der die Informationen bearbeitet bzw. an den Ministerrat der DDR weiterleitet.

Die Tätigkeit des Bürgerkomitees wird in der Folgezeit weiter präzisiert, so fordert beispielsweise der RUNDE TISCH Vetorecht gegen Entscheidungen und Beschlüsse der Räte. Ein Einspruchsrecht gegenüber Entscheidungen des Rates des Bezirkes ohne aufschiebbare Wirkung wird schließlich eingeräumt.
Alle am RUNDEN TISCH vertretenen Parteien und Bürgerbewegungen stellen je zwei Personen für das Bürgerkomitee, das wiederum dem RUNDEN TISCH rechenschaftspflichtig ist. Es wird festgelegt, dass das Bürgerkomitee mit der zeitweiligen Kommission des Bezirkstages zur Untersuchung von Amtsmissbrauch und Korruption zusammenarbeitet.

---

[10] K. lebte bis 1957 in Hildburghausen und legte hier sein Abitur ab.

**18.01.**
**Donnerstag**

Das Bürgerkomitee soll bis zum 06.05.1990, dem Termin demokratischer Wahlen[11], bestehen bleiben.

Beratung der ständigen Tagungsleitung des Kreistags und der Vorsitzenden der Kreistagsfraktionen, anwesend ist u.a. JOCHEN WEYH, Vorsitzender des Komitees der Volkskontrolle des Bezirkes Suhl, der Nachfolgeeinrichtung der SED-gesteuerten Arbeiter-und-Bauern-Inspektion (ABI). Es geht um die sogenannten unrechtmäßigen Kontrollen von REINHARD GIESE im Bereich des Gesundheitswesens. GIESE bittet wegen seines „Fehlverhaltens" um Abberufung von seiner Funktion.
WEYH schlägt in einer Presseerklärung u.a. vor, „zur Umgestaltung des bestätigten Kreiskomitees zu einem Komitee für Volkskontrolle Mitglieder aller Fraktionen bzw. Parteien und Bürgerinitiativen für das Komitee zu benennen und durch den Kreistag bestätigen zu lassen."

Der Rat des Bezirks beschließt die Auflösung des DIENSTLEISTUNGSKOMBINATS, es werden volkseigene Dienstleistungsbetriebe gebildet.[12]

In den Medien der DDR klingt an, dass die Regierung Modrow die demokratische Entwicklung in der DDR bremst, dass sie den sozialistischen Kurs weiter steuern will und Hilfsangebote aus der Bundesrepublik ausschlägt. Die Regierung Modrow steht auch bei den Demos und bei den RUNDEN TISCHEN in höchster Kritik.

**19.01.**
**Freitag**

Wahl des Kreisvorstands der SPD. HORST KOTZEM - Vorsitzender, Pfarrer JÜRGEN FRITSCH - Stellvertreter, HANS-JOACHIM BROD - Schatzmeister, RALF BUMANN - Geschäftsführer. Die Geschäftsstelle befindet sich im „Burghof" in Hildburghausen.

Auf der Kreiskonferenz der DBD wird ein Aktionsprogramm beschlossen. Die Mitglieder fordern eine klare Abgrenzung von der SED-PDS, die zügige Auflösung des AMTES FÜR NATIONALE SICHERHEIT, Aufklärung von Korruption und Amtsmissbrauch, eine Wirtschaftsreform unter besonderer Einbeziehung der Land-, Forst- und Nahrungsgüterwirtschaft.

---

[11] Die Volkskammerwahlen werden jedoch auf den 18.03.1990 vorgezogen.

[12] s. 01.04.1990.

KLAUS JAKOBI, Neues Forum, Arbeitsgruppe Demokratie und Wahlen:

# Gerichtlich zur Verantwortung ziehen

Die SED, die über 40 Jahre ein Machtimperium aufgebaut hat ohne jegliche parlamentarische, unabhängige oder neutrale Kontrollorgane, und die selbst nach der „Wende" sich weigert, die Bilanzen über Vermögen, Immobilien, Handelsgesellschaften, Banken und Betriebe gegenüber unabhängigen Sachverständigen offen zu legen, ist für keinen demokratisch gesinnten Bürger wählbar. Ganz abgesehen von den sich ergebenden strafrechtlichen Aspekten aus jahrzehntelangem Menschenhandel (oder wollte man besser sagen Sklavenhandel) gegen bare Münze. Ein Staat, seine Parteien und politischen Massenorganisationen, die politische Gefangene gegen Devisen verkauften, ist gerichtlich zur Verantwortung zu ziehen – nicht durch DDR-Gerichtsbarkeit, sondern durch einen internationalen Gerichtshof.

Und das bei einer Regierung und deren Parteien, die nicht müde wurden, immer wieder die besten Traditionen des deutschen Volkes und deren humanistisches Erbe zu vertreten. Darüber hinaus wäre es Pflicht der BRD gewesen, auf solche Geschäfte gar nicht erst einzugehen, sondern diese öffentlich vor den Vereinten Nationen anzuprangern. Ganz abgesehen von den friedensgefährdenden Aktionen: 1953 Konterrevolution – Arbeiteraufstand, 1961 Antifaschistischer Schutzwall – endgültige Teilung Deutschlands, 1968 Beteiligung der DDR an der internationalistischen Waffenbrüderschaft – Niederschlagung des Prager Frühlings, Okkupation der CSSR.

Weiterhin sind die freiwilligen Helfer der Deutschen Volkspolizei von ihren Dienstaufgaben zu entbinden und zu entlassen. Solange nicht die immerhin noch 60 000 Mann starke MfS-Truppe vollkommen aufgelöst ist, sollen republikweite Streikbereitschaft hergestellt und Verbindungen aufgenommen werden mit Einheiten der Nationalen Volksarmee, damit Leuten klargemacht wird, die sich mit konterrevolutionären Gedanken beschäftigen, daß jeder Versuch eines Putsches von vornherein zum Scheitern verurteilt ist. Einer Sicherheitspartnerschaft zwischen den demokratischen Parteien sowie Bürgerbewegungen und der Volkspolizei ist aus zwei Gründen nur bedingt zu vertrauen: 1. Militärisch wäre die VP dem MfS kaum gewachsen. 2. Die VP hat jahrzehntelang eng mit dem MfS zusammengearbeitet.

**Anmerkung der Redaktion:** In Herrn Jakobis am 21. Januar veröffentlichten Beitrag „Gegen Radikalismus jeder Art" unterlief uns ein bedauerlicher Fehler. Richtig muß es im letzten Absatz heißen: „Es zeugt von keinem Demokratieverständnis, wenn Bürger, die sich zur sozialen Marktwirtschaft und für ein einheitliches Deutschland in den heutigen Grenzen aussprechen, als Neonazis oder Republikaner verunglimpft werden."

*Freies Wort vom 18.01.1990. Zu den aktivsten Mitgliedern des Neuen Forums ist Klaus Jakobi zu zählen, der in der 1. Legislaturperiode des Kreistags (1990 - 1994) sein Mandat (DSU) wahrnimmt.*

**19.01.**
**Freitag**

Trotz massiver Kritik der LDPD-Basis auch im Kreis Hildburghausen an der Modrow-Regierung wird die Koalitionsregierung nicht verlassen, da man befürchtet, dass sich der Einfluss der Kommunisten weiter stabilisieren könnte. Die LDPD fordert die Zulassung von Oppositionsgruppen.

**22.01.**
**Montag**

Warnstreik der Belegschaft des VEB (B) Bau Unterland Heldburg. Es werden gefordert: Demokratie, freie Wahlen, Auflösung der SED, Streichung der Überbrückungsgelder für Stasimitarbeiter sowie für Partei- und Staatsfunktionäre, Einführung eines neuen Preisgefüges, Änderung der Miet- und Subventionspolitik, Wiedereinführung der kirchlichen Feiertage, Abschaffung der Planvorgaben durch den Staat, Einführung der Marktwirtschaft, Durchführung einer Rentenreform. Die Beschäftigten verlangen die Rückführung des Betriebes in genossenschaftliches Eigentum als PGH Bau.

Etwa 40 Mitarbeiter (Kraftfahrer, Techniker, Verwaltungsmitarbeiter) des Hildburghäuser Teilbetriebs im Südthüringer Fleischkombinat treten in einen 2-stündigen Warnstreik. Gefordert weden u.a. bessere Arbeits- und Lebensbedingungen, gerechte Verteilung der Prämien, gleicher Urlaub und gleiche Lohngruppen für alle Fahrer, Beseitigung der Privilegien im Betrieb, Einhalten von bestehenden Gesetzen für den Vieh- und Fleischtransport, Mitspracherecht an betrieblichen Entscheidungen, Durchsetzung des Leistungsprinzips. Massive Vorwürfe werden gegen die Betriebsleitung und insbesondere den Technischen Direktor erhoben. Ferner werden die unhaltbaren hygienischen Bedingungen beim Fleischtransport angeprangert.
Am 03.02. äußert sich der Betriebsdirektor in FREIES WORT zum Warnstreik, er schreibt u.a.:

„Mit dieser Handlungsweise wurde auch den arbeitswilligen Werktätigen die Möglichkeit zur Aufnahme ihrer Arbeit genommen, indem die Zuführung von Schlachtvieh blockiert wurde. Es entstand ein ökonomischer Verlust von ca. 11.000 Mark und Verzögerungen in der Auslieferung von Frischfleisch, die sich in der ganzen Woche bemerkbar machten."

Zu den Forderungen der Beschäftigten, vor allem wegen der unzumutbaren hygienischen Verhältnisse dieses in Teilen maroden Betriebes, die längst schon Gespräch in der Bevölkerung sind, äußert er sich mit Halbheiten im üblichen Funktionärsdeutsch.

**22.01. Montag**

Demo auf dem Hildburghäuser Marktplatz. Die Wahlen der Volkskammer kündigen sich an. U.a. sprechen HANS-GEORG ERBEN von der DBD; HORST GÄRTNER, LDPD; GÜNTER HEINRICH, CDU; HANS-JÜRGEN SALIER, LDPD.
Die SPD lädt zur nächsten Demo ein. Es wird aufgefordert, Plakate und Transparente für eine Ausstellung abzugeben, die in der Volksbuchhandlung Hildburghausen in der Unteren Marktstraße gestaltet wird.
Breiten Raum hat die physische und psychische Ausschaltung politischer Gegner durch die SED eingenommen. Erstmals werden auch Daten und Fakten zur Niederschlagung des Volksaufstandes am 17. Juni 1953 und Tötungsverbrechen des SED-Regimes genannt. Das erregt den Widerspruch der PDS, besonders STEFFEN HARZER äußert sich in der Presse und sagt aus, dass das nicht der historischen Wahrheit entspräche. Auch SED-Mitglieder hätten Schweres erleiden müssen, ferner gibt er den Mitgliedern der Blockparteien Mitschuld.

**23.01. Dienstag**

FREIES WORT berichtet:

„Wie Burkhard Stahl, Leiter des VPKA Hildburghausen, informiert, gebe es seit Januar auch im VPKA keine Parteiorganisation und Politorgane mehr. Weiterhin teilte Stahl mit, daß die Kampfgruppen nicht mehr existieren und das VPKA bemüht ist, bis 31. Januar die ehemaligen Kampfgruppenbestände an Bekleidung und Ausrüstung aufzulösen. Der VPKA-Chef gab zu verstehen, daß die Deutsche Volkspolizei auch bei der künftigen Arbeit nicht auf ihre freiwilligen Helfer verzichten könne."

Bei einer zentralen Mitgliederversammlung der LDPD im Hildburghäuser Kreiskulturhaus überreicht Kreissekretär WERNER HOPF 5.000 Mark aus Mitgliederspenden an RENATE KARG, Leiterin der Kinderrehabilitation.
Die Liberalen fordern: Rücktritt des LDPD-Zentralvorstands, stärkere Durchsetzung liberal-demokratischer Politik, stärkere Profilierung der Parteispitze, konsequentes Aufarbeiten der Parteigeschichte, Überwindung alter Machtstrukturen und -mechanismen, Einführung der sozialen Marktwirtschaft, schnellstmögliche Schaffung der deutschen Einheit, Schaffung von Länderstrukturen, uneingeschränkte Handwerks- und Gewerbefreiheit.

In Suhl wird ein BÜRGERKOMITEE für den Bezirk Suhl gegründet.

**24.01.** 2. Runder Tisch der Kreisstadt.
**Mittwoch**

Eine Sondersitzung des Kreistags bestätigt die zeitweilige Kommission zur Untersuchung von Amtsmissbrauch und Korruption und die Abberufung des Vorsitzenden des Komitees für Volkskontrolle (ehemals ABI), neuer Leiter des Volkskontrollausschusses wird Roland Schwarze.
Die Mitglieder der Untersuchungskommission des Kreistags:
Gebhard Warlich (CDU), Gisela Siebert (DBD), Rolf Flemming (LDPD), Luise Platz (NDPD), Antje Niedzwetzki (DFD), Günter Käb (SED-PDS), Helga Sauerbier (FDGB), Henry Wannags (Konsum), Andreas Schierbaum (Neues Forum), Gerhard Bieling (VPKA), Irina Schubert (Rat des Kreises).
Gerd Krauss (SPD) und Bernd Geissler (DA) erhalten nicht die notwendige Stimmenmehrheit bei der offenen Wahl.[13]

**25.01.** Das Gesundheitswesen des Kreises steht auf Grund einer verfehlten Gesundheitspolitik des SED-Staates kurz vor dem Offenbarungseid.
**Donnerstag**
Ca. 120 Mitarbeiter medizinischer Einrichtungen, darunter 40 aus der Bezirksnervenklinik, treten in einen Warnstreik, demonstrieren auf dem Hildburghäuser Marx-Engels-Platz und übergeben dem Ratsvorsitzenden eine Petition.
Die Mediziner des Kreiskrankenhauses äußern u.a.:

„Die rein ärztliche Kunst hat ihre Grenzen erreicht. Wir können ganz einfach nicht mehr nur durch persönliche Hinwendung unsere Patienten heilen. Was wir brauchen, ist Medizintechnik."

Analysen belegen, dass das hochgelobte Gesundheitswesen der DDR nicht mehr als das Niveau der Nachkriegszeit und teils das Niveau eines Entwicklungslandes hat.

Aus Eisfeld wird berichtet, dass der vorläufige Höhepunkt einer seit 10 Jahren währenden Misere der Eisfelder Landambulanz ist, dass die medizinische Einrichtung über kein einsatzfähiges Fahrzeug mehr verfügt. Die Grenzkompanie Steudach hilft vorübergehend mit einem Trabi-Kübel..

---

[13] s. auch 30.01.1990: Tätigkeitsbericht des Ausschusses.

# 2. Runder Tisch in der Kreisstadt

**Noch nicht die „Nägel mit Köpfen", aber sehr konstruktive Gedanken für die nähere und weitere Zukunft der Kreisstadt / Bürgermeister lieferte Diskussionsgrundlage**

Vertreter aller Parteien, die in der Kreisstadt etabliert sind, hatten am vergangenen Mittwoch wieder am Runden Tisch Platz genommen. Ebenso Vertreter des Neuen Forums und der Evangelischen und Katholischen Kirche. Mit beratender Stimme waren auch Vertreter von FDJ und DFD dabei. Am 1. Tisch noch unklar über die Verfahrensweise der Gesprächsleitung, wurde nunmehr beschlossen – wie anderswo auch gang und gäbe – daß ein Vertreter der Kirche den ständigen Vorsitz übernimmt. Diese Rolle fiel am Mittwoch Pfarrer Wolf zu. Entschuldigt hatte sich übrigens die NDPD wegen einer Parteiveranstaltung.

Gleich zu Beginn brachte Bürgermeister Jürgen Ließ den Vorschlag ein, auf der nächsten Stadtverordnetenversammlung der Kreisstadt Vertreter der SPD und des Neuen Forums ins Parlament zu kooptieren, um dem realen demokratischen Verhältnis zwischen den agierenden ge- Schollstraße/Schleusinger Straße begonnen unter Berücksichtigung der weiteren konzeptionellen Veränderung der Verkehrsführung. Nur 5 weitere Eigenheime werden hinzukommen, da es an erschlossenem Baugelände fehlt. (Eine „Tulpenwegmisere" in der Stadt reicht!).

## Rentabel sein

Keine „großen Sprünge" wird der Etat von 65 800 Mark im Bereich Verkehr zulassen. Vorgesehen ist, in der Straße der DSF einen Gehweg zu bauen und einige Reparaturarbeiten andernorts durchzuführen. Im Bereich Volksbildung geht es um die Rekonstruktion der EOS (einschließlich Internat), den Bau des Heizkanals in der Joliot-Curie-Oberschule sowie erste Arbeiten am Pionierhaus. 1,5 Millionen Mark stehen für den Anbau am Krankenhaus zur Verfügung, weitere 700 000 Mark für die noch Bedenken angemeldet wurden, der Jugend nicht vorzugreifen und in jedem Falle jugendliche Interessen und Rentabilität des Hauses in Übereinstimmung zu bringen. Für gewinnbringende Lösungen im kommunalen Interesse sprachen sich die Teilnehmer auch in Sachen „Burghof" und Gästehaus der Grenztruppen (Straße der DSF) aus. Über den Antrag der DBD, einen Rechtsträgerwechsel über das Grenzbezirkskommando zu erwirken, wurde abgestimmt und dieser befürwortet. Der Runde Tisch nahm einen weiteren Informationsbericht von Bürgermeister Jürgen Ließ zur Auflösung des Amtes für Nationale Sicherheit (AfNS) entgegen, wofür beim Rat schon eine Menge Nachnutzungsanträge eingingen.

## Vorschläge

Ausgehend von einer Beratung in

sellschaftlichen Kräften in der Stadt auch so Ausdruck zu verleihen. Beide nahmen diesen Vorschlag an und werden aus ihren Reihen entsprechende Vertreter benennen.

## 1. Wohnungen, 2. . . .

Auf der Tagesordnung stand zunächst ein Informationsbericht des Bürgermeisters zum Stand der Plandokumente für 1990, die zumindest als Eckdaten eine Übersicht zulassen. So werden 48 WE im komplexen Wohnungsbau am Forstweg entstehen, wobei 12 WE (auch mit 1,2 Mio. M finanziert) den Grenztruppen zufallen werden. Die Rekonstruktion in der Oberen Karl-Marx-Straße wird fortgeführt, wobei 1990 nur 8 Wohnungen fertiggestellt werden können. Ebenso wird mit der Eckbebauung Bezirksnervenklinik. Im gastronomischen Bereich will man, so der Bürgermeister, vor allem auf private Gewerbetreibende bauen. Sicherungsmaßnahmen (keine Fortführung der Baumaßnahmen) sind für die Alte Post vorgesehen. Entgegen der Einwände des Handels sollen die Arbeiten zur Eröffnung einer Hildburghausen-Information an geplanter Stelle zügig vorangehen.

Die Diskussion zum Thema machte deutlich, daß die Teilnehmer sehr feinnervig und mit Engagement sowohl Bürgermeinung einzubringen wissen, als auch den Zusammenhang zur Wirtschaftslage in der DDR insgesamt berücksichtigen. So erhitzten sich die Gemüter z. B. beim Thema Jugendklub „Am Häfenmarkt", wo zwar dem Bürgermeister mit seiner Meinung („Das Haus muß arbeiten und leben") zugestimmt, aber den Suhl wurde auch das Objekt gegenüber der Karolinenburg (wie schon das Objekt Schollenstraße) dem Rat der Stadt übergeben. Zum ersten Gebäudekomplex war man sich einig, zumindest über die Weiternutzung der vorbildlichen Kücheneinrichtung (Kategorie I, Kapazität 500 Portionen!) eine schnelle Entscheidung zugunsten der Schülerspeisung herbeizuführen. Dem mit Nachdruck vorgebrachten Anliegen der Musikschule, die obere Etage des Gebäudes Schollstraße zu beziehen, wurde nicht entsprochen (nach langer Diskussion), sondern darüber abgestimmt, der Musikschule schnellstmöglich ein anderes Objekt vorzuschlagen und das gesamte Objekt Schollstraße dem Rat der Stadt zu überlassen, um seine jetzt noch dezentral untergebrachten Amtsbereiche dort zu konzentrieren.
(wird fortgesetzt)

*Freies Wort vom 27.01.1990 (s. 24.01.1990).*

## Gesundheitswesen vor dem KOLLAPS

# Warum Ärzte heute auf die Straße geh'n

„Wir fassen diese Stunde auf als eine Art des Protestes der Ärzteschaft dieses Hauses . . ." mit diesen Worten hatte der ärztliche Direktor des Kreiskrankenhauses Hildburghausen am vergangenen Montag die Zusammenkunft von Ärzten eröffnet. – Und dann leisteten sie einer nach dem anderen sozusagen den „Offenbarungseid" über den derzeitigen Stand der Betreuungsmöglichkeiten in den einzelnen Bereichen des Krankenhauses. Dr. Sellke ließ dabei schon in seinen eingangs gemachten Ausführungen keinen Zweifel daran, daß der notwendige pflegerische Aufwand – insbesondere bei Langzeitpatienten – künftig nur unter aktiver Mithilfe der Patientenangehörigen zu bewältigen sein wird. Dafür freilich müssen die entsprechenden Voraussetzungen geschaffen werden z. B. durch spezielle Pflegeheime. Ein Krankenhaus, darüber waren sich die Anwesenden einig, muß nun einmal die Rund-um-die-Uhr-Versorgung 100prozentig in hoher Qualität gewährleisten können. Das, auch dies wurde mehrfach betont und mit Beispielen belegt, ist unter den momentanen Bedingungen nicht gegeben. Auf Veränderungen haben die Ärzte und auch die Schwestern lange gewartet (zu lange?); nun fühlen sie sich alleingelassen mit ihren brennenden Problemen. Hinzu kommt der Umstand, daß auch im Kreiskrankenhaus wichtige Fachärzte weggegangen sind, die das ohnehin schmale Arbeitskräftepotential des Hauses bis zur Zerreißprobe belasten.

**DER SITUATION angepaßt – gespannte Gesichter schon am Montag während der kurzen Zusammenkunft mit dem ärztlichen Direktor des Kreiskrankenhauses. Dort traf man schließlich die Entscheidung, mit den konkreten Forderungen des Personals heute auf die Straße zu gehen. (Sowohl am Montag als auch heute war die Patientenbetreuung garantiert!).**

Besonders augenfällig wird das Dilemma im Bereich Chirurgie, wo mit einem Drittel des geplanten Personalbestandes „gefahren" wird. Eine Station mit 22 Betten ist zudem wegen Schwesternmangel geschlossen. Operationen können nur langfristig geplant werden, lediglich die Unfallchirurgie ist stets – und wenn es die letzten Kraftreserven aufbraucht – für Soforteinsatz gerüstet. Es stellt sich in diesem Zusammenhang auch die Frage: Wie lange können das die Ärzte und Schwestern selbst noch durchhalten? Über den Daumen könnten monatlich 40 bis 50 Stunden „abgebummelt" werden, wann und wie? – Der Abgang von Leuten in die BRD ist noch nicht gestoppt, auch nicht bei den Ärzten, auch nicht bei den Schwestern, wenn – ja, wenn sich nicht bald etwas Entscheidendes tut.

Zu den Forderungen der Ärzte gehört ebenso, endlich die notwendigen Rahmenbedingungen für eine ordentliche Arbeit zu schaffen. Mit ein paar Betriebshandwerkern und Renovierungen sind allenfalls Not- aber keine Dauerlösungen zu erreichen. – Der Neubau muß endlich her. Die Radiologie muß umziehen, die Frauen- bzw. geburtshilfliche Abteilung will sich verändern, wann endlich?

Zu schaffen macht den Ärzten auch die unkontinuierliche Belieferung mit Medizintechnik bzw. deren ständige Wartung und Pflege, die nicht gewährleistet ist. Ein kleiner Sterilisationsapparat ist ständig in Betrieb, um die davon abhängenden 170 chirurgisch orientierten Betten versorgen zu können. Einen großen „Steri" gibt es seit einem Jahr – er ist „nur" noch nicht angeschlossen. Zur Sprache kamen noch weitere Probleme, so die Beseitigung von Medizinmüll, die Sicherstellung der Wäsche für das Krankenhaus . . . Zu ihrer Beratung bekannten sich die Mediziner zu ihren Pflichten gegenüber den Patienten und betonten, daß sie ihren Betreuungsauftrag weiterhin gewissenhaft erfüllen werden. **P. RÜGHEIMER**

*Freies Wort vom 25.01.1990 (s. 25.01.1990).*

**Montag war der vorläufige Höhepunkt einer nun schon 10 Jahre währenden Misere in der Eisfelder Landambulanz: Weil kein einsatzbereites Dienstfahrzeug mehr zur Verfügung stand, half die Grenzkompanie Steudach mit einem Trabi-Kübel aus, um wenigstens Hausbesuche durchführen zu können. Der Hilferuf von Ambulanz-Einsatzleiter Peter Koza (rechts).**

# Es geht doch um Menschenleben!

Fünf Pkw stehen der Eisfelder Landambulanz eigentlich für den DHD-Dienst zur Verfügung, um alle Aufgaben abzusichern. Der Wartburg ist 4 Jahre alt, die anderen Autos zwischen 10 und 18 Jahren. Alljährlich werden etwa 60 000 Mark Reparaturkosten für die Fahrzeuge ausgegeben. Am Wochenende kam es nun zum endgültigen Eklat: die drei Moskwitsch kaputt und keine Aussicht auf die entsprechenden Ersatzteile, in den Wartburg einer reingefahren, der Lada zum Neuaufbau in Sonneberg. Ergo: Kein Auto mehr, um den DHD-Dienst abzusichern. Man mußte ein Auto nutzen, mit dem sich eigentlich niemand mehr auf die Straßen traut.

Nach mehreren vergeblichen Anläufen dann am Dienstag die erste Hoffnungsnachricht: Die Eisfelder Landambulanz bekommt eines der ehemaligen Stasi-Autos. Ab Montag ist es einsatzbereit. Bis dahin aber muß erst mal weitergewurstelt werden: mit einem von der Grenzkompanie Steudach bereitgestellten Trabi-Kübel für Hausbesuche sowie ebenfalls geborgten Fahrzeugen und Fahrern, z. B. vom Zeiss-Betrieb und dem SED – PDS-Kreisvorstand. Peter Koza und seine Leute aber wollen nicht länger weiterwursteln, denn in ihrem Job geht es um Menschenleben: Es werden so viele Autos im Lotto verschenkt, warum kann man denn unserer Ambulanz nicht zwei Wartburgs zur Verfügung stellen, für die wir dann gleich eine Werkstatt hätten. Für die alten Autos gibt's keine Ersatzteile mehr, und die Reparatur dauert oft ein Vierteljahr. Wir brauchen fünf Autos, nicht bloß zwei! So geht das nicht weiter!"

**Hans-H. Langguth**

# PETITION wurde übergeben

**Zum Abschluß ihrer Demonstration am vergangenen Donnerstag überreichten die Mitarbeiter der Kreisgesundheitseinrichtung eine Petition an den Vorsitzenden des Rates des Kreises, Hans Müller. Dort heißt es u. a.:**

„Mit Sorge und aus Verantwortungsbewußtsein für die uns anvertrauten Patienten wollen wir aufmerksam machen auf die Arbeits- und Betreuungssituation speziell in unserem Kreiskrankenhaus. Vorrangig betrifft dies die Unterbesetzung mit Ärzten, Schwestern und weiteren medizinischen Fach- und Hilfskräften sowie die Arbeitsbedingungen und die medizinisch-technische Ausstattung." Die Ärzte zeigen sich aber auch besorgt über den seit Jahren angemahnten Gebäudezustand mit Umfeld sowie die Betreuungsbedingungen bei einer mangelhaften Absicherung hygienischer Grundbedingungen (Wäsche- und Entsorgungsprobleme). Darum erwarten und fordern sie von den örtlichen und übergeordneten Institutionen konkrete Hilfe und schrittweisen Abbau der Unzulänglichkeiten, damit einmal der ohnehin prekäre Personalbestand nicht weiter reduziert wird und zum anderen die Mitarbeiter des Kreiskrankenhauses in der Lage sind, ihren Betreuungsauftrag den Patienten gegenüber voll wahrzunehmen.

„Wir bitten die Bürger unseres Betreuungsbereiches", so heißt es weiter in der Petition, „um Verständnis für diese Situation und die Tatsache, daß die Ärzte und Mitarbeiter des medizinischen Fachpersonals zur Zeit nicht in der Lage sind, eine optimale Betreuung abzusichern. Zum Verständnis ein Beispiel: Dem normalen Tagesdienst unserer Ärztinnen und Ärzte, der med.-techn. Assistenten und verschiedener Fachschwestern schließt sich ein in der Regel 14stündiger aktiver Bereitschaftsdienst oder Wochenenddienst ohne nachfolgende Freizeit an."

Daher wird in der Petition weiter gefordert, diese hohe physische und psychische Belastung des Personals im Gesundheitswesen entsprechend anzuerkennen und zu vergüten. Außerdem erwartet man die Absicherung und Verbesserung der med.-techn. Ausstattung und den dafür notwendigen Service sowie entsprechende Mittel und Kapazitäten für den Bau, die Gestaltung und die Erhaltung der Gesundheitseinrichtung, den zügigen Fortgang der Arbeiten am Anbau. Gefordert wird ebenso eine Versorgung mit Telefonanschlüssen für Bereitschaftsdienst tuende Ärzte, Zahnärzte, Schwestern und med.-techn. Assistenten.

*Freies Wort vom 31.01.1990 (s. 25.01.1990).*

**25.01. Donnerstag** Öffnung des Grenzübergangs Hellingen - Allertshausen. Die Zeitung FRÄNKISCHER TAG gibt eine Sonderausgabe für den Kreis Hassberge heraus.

In Eisfeld kommt es zur Sitzblockade wegen der Öffnung des Grenzübergangs für den Schwerlastverkehr.

**26.01. Freitag** Als 4. Grenzübergang wird nach Fertigstellung die Straßenanbindung zwischen Hellingen und Maroldsweisach von Landrat WALTER KELLER (Lkrs. Hassberge) und dem Ratsvorsitzenden JOHANNES MÜLLER (Kreis Hildburghausen) freigegeben. Der Freistaat Bayern stellt DM 600.000 für die Straße bereit.
In Erinnerung an die erste Begegnung zwischen Bürgern diesseits und jenseits der Zonengrenze wird ein Gedenkstein aufgestellt:

„1949 teilte man unser Land /
am 2.12.1989 reichten wir uns hier wieder die Hand".

KURT SIEBER, Bürgermeister der Stadt Königsberg/Fr. und Vorsitzender der F.D.P./Freie Bürger-Kreistagsfraktion Hassberge, betont, dass mit dem Anschluss an die B 279 und die B 303 „die Entwicklungschancen des Zonenrandgebietes im Westen schicksalhaft mit den Veränderungen in der DDR zusammenhängen".
EDUARD LINTNER (Münnerstadt), MdB und deutschlandpolitischer Sprecher der CDU/CSU-Fraktion bemerkt:

„Die Information unserer Landsleute in der DDR über die Realitäten in der Bundesrepublik, über soziale Marktwirtschaft, über unsere sozialen Sicherungssysteme, über den Aufbau des Rechtsstaates, unseren Wunsch nach Wiedervereinigung, unsere Friedfertigkeit muss uns ein wichtiges Anliegen sein."

KURT KÖHLER, Obermeister der VP, meldet sich wegen der „bettelnden Kinder" an den Landstraßen und der damit verbundenen Verkehrsgefährdung zu Wort. Diese Thematik findet sich in den zurückliegenden Wochen wiederholt in der Presse. Die Meinungen sind geteilt. Die Eltern müssten ihrer Aufsichtspflicht besser nachkommen, um dieses unwürdige Verhalten zu verhindern. Andererseits gibt es Verständnis, und es wird bemerkt, dass manche Familie kein Geld habe, um sich Schokolade, Süßigkeiten etc. aus den „Delikat"-Läden leisten zu können.

**26.01.**
**Freitag**

Die Belegschaften der Brauereien Eisfeld, Hessberg und Schwarzbach streiken wegen der miserablen Arbeitsbedingungen sowie der unhaltbaren hygienischen Zustände und fordern die Herauslösung der Unternehmen aus dem GETRÄNKEKOMBINAT RENNSTEIG. Auf einem Transparent der Brauer ist zu lesen: „Wir wollen nach dem Reinheitsgebot brauen - und nicht das Bier noch mehr versauen."

Die Belegschaft des Eisfelder Betriebes des Porzellanwerks Veilsdorf streikt.

Die Ortsgruppe der LDPD Gellershausen fordert in einem Pressebeitrag u.a. wegen der Hetzschrift der SED-PDS-Parteizentrale Berlin „Was und Wie?" den sofortigen Rückzug der LDPD aus der Regierung MODROW und Aufkündigung der Koalitionsbereitschaft.

**27.01.**
**Sonnabend**

In Biberschlag wird eine Ortsgruppe der Thüringer CSU gegründet. Ihr Werbeslogan für die Volkskammerwahl am 18.03. ist „Deutschland braucht Freiheit statt Sozialismus!". Geschäftsstellenleiter ist Pfarrer ERWIN WESTPHAL. Die CSU geht in der am 20.01.1990 aus mehreren Oppositionsgruppen gebildeten DSU auf.

**29.01.**
**Montag**

Die Montagsdemo mit 600 bis 800 Teilnehmern in Hildburghausen wird von der SPD organisiert und trägt mehr oder weniger Wahlkampfcharakter. HORST KOTZEM und DR. KARL-HEINZ STENGLER erläutern vor allem programmatische Zielstellungen der jungen Volkspartei. HANS-JOACHIM BROD spricht über die Auffassung der SPD zur deutschen Einheit, die als Teil des europäischen Einigungsprozesses zu sehen ist. RALF BUMANN gibt den Beschluss des Landesverbandes bekannt, dass keine SED-Mitglieder, die nach dem 07.10.1989 aus der Partei ausgetreten sind, in die SPD aufgenommen werden. Die Veranstalter geben, wie bei Montagdemos üblich, Bürgern anderer Parteien, Initiativgruppen oder nichtorganisierten Bürgern das Rederecht.

**30.01.**
**Dienstag**

Die Mitarbeiter der HO-Kaufhalle in der Schleusinger Straße in Hildburghausen treten in einen 2-stündigen Warnstreik. Sie fordern u.a.: Auflösung der SED-PDS, eine ausreichende pünktliche und qualitätsgerechte Warenbereitstellung, Entlohnung nach Leistung, mehr Urlaub, bessere Arbeits- und Lebensbedingungen, die Ausgliederung des Delikatsortiments, ein umfassendes Warenangebot auch für den kleinen Geldbeutel, Reduzierung der Verwal-

*30.01.1990. Mitarbeiter der HO-Kaufhalle in der Schleusinger Straße in Hildburghausen gehen in einen 2-stündigen Warnstreik vor reichlich leeren Warenauslagen.*
*Foto: Dietrich Bechstein, Freies Wort.*

**30.01.**
**Dienstag**

tung um 50 %, leitende Kader sollen ihre Posten verlassen, Altersrentner sollen in den Ruhestand.

Bernd Geissler, Sprecher des Demokratischen Aufbruchs im Kreis, teilt bei der 3. Tagung des Runden Tisches mit, dass der Kreisverband beabsichtige, mit seinen ca. 30 Mitgliedern in die DSU überzutreten.

Die Mitarbeiter des Betriebsteils des Kombinats OGS Suhl treten in einen mehrstündigen Warnstreik. Sie fordern, dass qualifizierte Werktätige besser entlohnt werden und die Einführung eines einheitlichen Lohnsteuersatzes sowie einen Grundurlaub von 21 Tagen. Zum anderen werden die unzumutbaren Arbeits- und Lebensbedingungen, die verfehlte Lagerhaltung mit überdimensionierten Beständen an vor sich hingammelndem Kohl sowie die Haltungen des Ratsmitglieds für Handel und Versorgung, Wilfried Florschütz, und des Betriebsdirektors G. Klette kritisiert.

**31.01.**
**Mittwoch**

Der Autor erhält in diesen Tagen und Wochen einige - meist anonyme und neben Drohungen - auch ehrliche und hoffnungma-

**31.01.**
**Mittwoch**

chende Briefe mit ähnlichen Inhalten. Im vorliegenden Schreiben, verfasst von ehemaligen Mitarbeitern der Kreisleitung der SED, des Ministeriums für Staatssicherheit und des Rates des Kreises, wird die heile Welt der kleinen Parteibonzen in der tiefen Provinz deutlich. Der Brief zeigt aber auch, dass nicht jeder ins SED-System verstrickte Bürger zu den Schmarotzern zu zählen ist. Namen sind mit dem Kürzel N.N. versehen:

„Werter Herr Salier!
Durch Ihr mutiges Auftreten vor der ehemaligen Stasi, wenden wir, ehemalige Mitarbeiter der ehem. KL, MfS und Rat des Kreises, uns vertrauensvoll an Sie, weil wir meinen, daß das Neue Forum eine der wenigen Organisationen ist, die alles sehr real einschätzen.
Beginnend mit der ehem. KL machen wir den Vorschlag, daß alle Geschenke, die laut Listen von den einzelnen Betrieben angefordert wurden, z.B. zu Geburtstagen vom ehem. 1. und 2. der KL sowie die gleichen Oberen vom Rat des Kreises, dort könnte man die Frau N.N. befragen, was auf den Listen stand und für wen diese Geschenke waren, zurückgegeben werden müssen, um sie an die Reha-Abteilung zu übergeben. Sicher wissen auch die Betriebe noch, wem sie was kaufen mußten.
Auch die ganzen Benzinkosten, die die ehem. 1. u. 2., wenn sie in den Urlaub gefahren wurden, natürlich mit dem Dienstwagen, z.B. der 2. bis zur Ostsee, müßten diese alles zurückzahlen.
Ganz zu schweigen davon, daß gerade diese Sorten nur beim ehem. HO-Direktor N.N. anriefen, und sie bekamen von ihm alles, aber auch alles, was das Herz begehrte. Z.B. Gefrierschränke, wo ein gewöhnlich Sterblicher Jahre darauf warten mußte.
Auch die ehem. KPKK-Vorsitzende N.N. war eine derjenigen, die sich einiges, Kraft ihres Namens und der Dienststellung ergaunert hat. Heute als Rentnerin besitzt sie noch immer die Frechheit, mit ihrer hohen Rente zu prahlen und ist noch immer der Meinung, daß um den 9. Okt. 89 herum doch hätten die Panzer anrollen müssen.
Was macht man eigentlich mit solchen Elementen, die einmal für die ehem. Stasi als Spitzel gearbeitet haben? So z.B. provozierte der heutige Koch N.N. von der Schraube gewisse Leute, um sie dann dem Herrn N.N.[14] zu melden.
Auch der Herr N.N. hatte Sonderprivilegien in der ehem. KL. Er fuhr ja auch regelmäßig ins Parteiheim, natürlich kostenlos, für Mindestrentner war da nichts drin.
Und wann endlich bekommt die ehem. KL-Mitarbeiterin N.N., die ja jetzt so schnell aus der SED rausgehen mußte, weil sie es nicht mehr mit ihrem Gewissen vereinbaren kann, eine andere Arbeit? Wo war denn ihr 'Gewissen', als sie nicht wenige Personen bei der KL denunzierte. Sie war nämlich sehr stolz darauf, Leiterin

---

[14] Gemeint ist ein Stasimajor.

der X-stelle nur durch Parteiauftrag geworden zu sein. Durch diese Partei bekam sie ja auch regelmäßig ihre Auslandskuren und eine schöne Inv.-Rente.
Und wann endlich räumen die Herren N.N. u.a.m. ihre Häuser? In das ehem. Rausch-Haus wären sehr gern Familien mit Kindern eingezogen, aber der Herr N.N. war ja von der KL (im Weiteren werden einige Genossen erwähnt, die sehr viel Wohnraum beanspruchten, d. Verf.). Und zuletzt könnte einmal überprüft werden, wie und mit welchen Mitteln, das Haus in Weitersroda von Herrn N.N., arbeitet in der Nervenklinik, gebaut wurde. In der Belegschaft wird erzählt, daß Baumaterial für die Nervenklinik zu seinem Haus gefahren wurde.
Und wer war eigentlich für unsere letzten Wahlen, wo ganzseitig durchgestrichene Wahlzettel als gewählt gezählt wurden, verantwortlich?
Bitte entschuldigen Sie, daß wir nicht unterschreiben, denn noch immer haben wir Angst vor Repressalien.

Ihrem Neuen Forum wünschen wir viel Erfolg."

(leicht bearbeitet)

# BERICHT

## der vorläufigen zeitweiligen Kommission des Kreistages zur Untersuchung von Amtsmißbrauch und Korruption

Die Kommission erhielt 52 Hinweise zur Untersuchung bzw. Bearbeitung. An dieser Stelle finden nur jene Aktivitäten, die noch nicht ausführlich auf der Kreisseite dargestellt wurden, Beachtung.

Das Aktiv Nationale Sicherheit hatte sich bisher mit 20 Hinweisen zu beschäftigen. Vier Schreiben wurden dem Kreisstaatsanwalt übergeben. Es handelt sich in drei Fällen um die Rehabilitierung von ehemaligen Häftlingen wegen geplantem Grenzübertritt. Die Befugnis zur Einleitung solcher Verfahren hat der Bezirksstaatsanwalt. Ebenfalls in die Befugnis der Staatsanwaltschaft gehört die Wiederbeschaffung einer Kaderakte, die zwecks Bestätigung als Reisekader beim Kreisamt für Nationale Sicherheit abgegeben wurde, mit allen anderen Akten bei der Räumung des Kreisamtes nach Suhl ausgelagert und dort von der Staatsanwaltschaft versiegelt wurde. Da sich sämtliche Akten aus dem aufgelösten Kreisamt in Suhl befinden und dort versiegelt sind, werden alle Untersuchungen, zu denen die Akten erforderlich sind, der Bezirkskommission bzw. dem Staatsanwalt übergeben. An der Räumung des ehemaligen Kreisamtes nahm als Vertreter der Kommission Herr Salier teil. Die Akten von inoffiziellen Mitarbeitern (etwa 150 bis 200 im Kreis) wurden entsprechend der Speicherordnung nach Suhl zurückgeführt. Beiakten konnten entsprechend den Dienstanweisungen nach Bearbeitung sofort vernichtet werden. Die wöchentliche Lageeinschätzung wurde jeweils nach zwei Wochen vernichtet. Bei der Kommunalwahl 1989 wurde nach Aussage von Herrn Cudok vom MfS nicht angewiesen, namentlich die Kabinenwähler zu melden. Lediglich eine Schätzung der Anzahl wurde abgefragt. Verschiedene Probleme stehen noch offen, doch vor Abschluß der Untersuchungen werden dazu keine Aussagen gemacht.

Durch das Aktiv zur Untersuchung von Amtsmißbrauch und Korruption in staatlichen Organen, Parteien, Massenorganisationen und Betrieben wurden 32 Hinweise entgegengenommen. Zum Gesundheitswesen gibt es insgesamt 24 Hinweise in einem Schreiben zusammengefaßt. Verärgerung hat die Untersuchung des Hinweises ergeben, daß mit der Z-Stellen-Tätigkeit verschiedener Ärzte etwas nicht stimmt. Auf die Feststellung, daß erbrachte Stunden nicht kontrolliert werden, erfolgte eine Untersuchung der Z-Stellen-Täteil. Alle Technik wurde entweder dem VPKA übergeben oder nach Suhl gebracht. Das Gebäude wurde zur weiteren Nutzung dem Rat der Stadt übergeben. Endgültige Entscheidungen zur Nutzung werden vom Rat der Stadt noch getroffen. Weiterhin wurde eine Besichtigung des NVA-Objekts in der Hildburghäuser DSF-Straße durchgeführt. Hinweise, daß dorthin Akten des AfNS-Kreisamtes ausgelagert worden waren bzw. von hier aus die Staatssicherheit weiterarbeiten solle, bestätigten sich nicht. In Masserberg wurde das „Haus Bredlau" dem Rat der Gemeinde übergeben. Bei der Besichtigung stellte sich heraus, daß dieses Haus sehr komfortabel eingerichtet ist. Es erging an den Rat der Gemeinde die Empfehlung, dieses Haus zur Unterbringung von Urlaubern oder Reisenden aus dem NSW zur Devisenerwirtschaftung zu nutzen und nicht durch die Wohnungskommission zu vergeben.

Durch das Aktiv Nationale Sicherheit wurde Herr Cudok, ehemaliger Leiter des Kreisamtes für Nationale Sicherheit, befragt. Die wichtigsten Aussagen waren, daß durch das Kreisamt keine Telefone abgehört wurden und bei der Deutschen Post Hildburghausen keine Mitarbeiter des Kreisamtes beschäftigt waren, im Kreis selbst also keine Briefe kontrolliert wurden. Personenkontrollakten, Akten von inoffiziellen Mitlänglichkeiten beschloß das Aktiv, diese Ergebnisse und Hinweise an die staatliche Finanzrevision des Bezirkes zur tiefgründigen Untersuchung weiterzuleiten. Es ergeht an den Kreisarzt die Empfehlung zur Verbesserung der Kontrolltätigkeit und der Dienstaufsicht.

In einem Schreiben wurde eine Anschuldigung gegen Heiko Schmidt, Leiter des FDGB-Feriendienstes Masserberg, vorgebracht. Zur Richtigstellung ist zu sagen, daß die Appartements im Austausch durch den FDGB-Feriendienst vermittelt werden und nicht er selbst darüber zu bestimmen hat. Die Rechnungen für die Unterbringung liegen ordnungsgemäß vor. Die 20 000 Mark für Werterhaltung werden für insgesamt 6 Appartements genutzt, nicht nur für das eine, welches sich in dem Haus befindet, in dem Heiko Schmidt wohnt. Vier Fälle von eventueller persönlicher Bereicherung sind noch zu bearbeiten bzw. zu untersuchen. In einem weiteren Fall werden Hinweise und Anschuldigungen durch die Kriminalpolizei in einem Anzeigenprüfungsverfahren bearbeitet. Den Hinweisen im Bereich Gesundheitswesen ist noch nachzugehen und des weiteren einer Angelegenheit zur Arbeit eines staatlichen Organs. Eine Anschuldigung wegen persönlicher Bereicherung hat sich nicht bestätigt.

*„Bericht der vorläufigen zeitweiligen Kommission des Kreistages zur Untersuchung von Amtsmißbrauch und Korruption". FREIES WORT vom 30.01.1990.*

**Februar**

**02.02. Freitag** Ca. 80 Krankentransporteure mit 37 Krankentransportwagen und Fahrzeugen der Schnellen Medizinischen Hilfe (SMH) demonstrieren in Suhl gegen die unzumutbaren Arbeitsbedingungen und die schlechte Entlohnung. Bei einem Meeting vor der Suhler Stadthalle wird eine Petition an den Gesundheitsminister verlesen (vor allem Forderungen nach Tarifautonomie, Lohnerhöhung, bessere Versorgung mit Ersatzteilen für die Kfz). BERND FINSEL vom Krankentransport Hildburghausen bestätigt, dass mit dem Warnstreik durch entsprechende Koordination die Versorgungsleistungen der Bevölkerung nicht beeinträchtigt werden.

**03.02. Sonnabend** Der CDU-Kreisverband Hildburghausen führt seinen Kreisparteitag durch. In ihrem Wahlprogramm äußern die Christdemokraten, dass das Wort Sozialismus aus ihrem Vokabular gestrichen worden sei, sie sprechen sich gegen jedwede sozialistischen und sozialdemokratischen Experimente aus. Sie fordern soziale Marktwirtschaft und freies Unternehmertum. Im Aufruf heißt es:

„Als CDU treten wir ein für Freiheit, Einheit, Wohlstand und Bewahrung der Schöpfung. Dabei knüpfen wir an den Gründungsaufruf der CDU vom 26.6.1945, an das Märtyrertum christlicher Antifaschisten sowie das Erbe sozial fortschrittlicher pazifistischer Bewegungen an.“

Kreisvorsitzender: THOMAS MÜLLER, Schönbrunn;
Stellvertreter: STEPHAN KOCH, Pfarrer in Veilsdorf und PETER MENZ, Mitarbeiter im Rat des Kreises;
Vorsitzende des Untersuchungsausschusses: PETRA WIECZOREK, Leimrieth;
Kreisgeschäftsführer: GÜNTER HEINRICH, Hildburghausen.

Bei der Hauptversammlung des THÜRINGERWALD-VEREINS COBURG, der die Traditionen nach Ausschaltung des Vereins in der DDR (1950) bewahrt hat, wird vorgeschlagen, entsprechende Gruppen in Thüringen zu bilden und selbst aktiv zu werden. Besondere Initiative aus dem Kreisgebiet zeigen LUDWIG WÄCHTER (Saargrund), GERD RUMFELL (Schleusingen) und PETER SCHACHTSCHABEL (Eisfeld). Am 13.02. wird in Saargrund der THÜRINGERWALD-VEREIN SAARGRUND E.V. (Zweigverein) gegründet (1. Vorstand LUDWIG WÄCHTER). In der Satzung heißt es:

„Das Blessbergmassiv als Wander- und Tourismusziel der gesamten Blessbergregion mit den Landkreisen Hildburghausen und Sonneberg sowie dem Land Thüringen zu erschließen und einer baldmöglichsten Lösung zuzuführen.“

**03.02.**
**Sonnabend**

Am 22.09.1990 wird der gesamtdeutsche THÜRINGERWALD-VEREIN auf der Sennigshöhe gegründet.

**05.02.**
**Montag**

Etwa 350 Bürger folgen der Einladung zur Demo der DEMOKRATISCHEN BAUERNPARTEI DEUTSCHLANDS nach ihrem außerordentlichen Parteitag auf den Hildburghäuser Marktplatz. Die DBD bekennt sich zur Einheit Deutschlands. Es werden auch Zusammenhänge zwischen Ökologie und Landwirtschaft verdeutlicht, der weitere Abbau der Unterschiede von Stadt und Land wird gefordert, besonders in den Bereichen Handel und Versorgung, in der sozialen und gesundheitlichen Betreuung. Redner sind ELISABETH und HANS-GEORG ERBEN, Frau SIEBERT und Herr HORN. HELMUT BAUM geht in seinem Redebeitrag auf die deutsche Frage ein und fordert als nächstliegendes Ziel die Schaffung der Währungsunion. Die DDR-Währung sollte schnellstmöglich konvertierbar gemacht werden. Das genossenschaftliche Eigentum in der Landwirtschaft müsse unbedingt bei marktorientierter Produktion erhalten bleiben.

Das Grenzkreiskommando informiert, dass es vielfältige Anträge zum Erwerb von Abrissmaterial des abgebauten Sperrzaunes für private Personen und gesellschaftliche Bedarfsträger gäbe. Der Verkauf erfolge durch die Grenztruppen an die zuständigen BHG des Kreises, Interessenten haben sich dorthin zu wenden.

**07.02.**
**Mittwoch**

Im Stadtgebiet Themar werden nationalsozialistische Schmierereien an Hausfassaden, Gartenzäunen und Lichtmasten entdeckt.

In einem redaktionellen Artikel berichtet FREIES WORT über eine ANTIFASCHISTISCHE INITIATIVGRUPPE, die vorsieht, einen BUND DER ANTIFASCHISTEN zu gründen. Die Gruppe ist über das Postschließfach 22 in Hildburghausen zu erreichen. Arbeiter, Handwerker, Intellektuelle, Pfarrer und viele Rentner bekunden angeblich ihre Bereitschaft, in dieser Gruppe mitzuarbeiten.[1]

**09.02.**
**Freitag**

Der Vorstand der PDS teilt als Ergebnis seiner Kreisdelegiertenkonferenz mit, dass sich die PDS als Partei radikal erneuert habe

[1] Nachfragen, ob es diese Gruppe überhaupt gibt, laufen ins Leere. Namen von Mitgliedern sind nicht bekannt. Vermutlich handelt es sich um eine von linken Gruppen oder Akteuren gesteuerte Aktion, die ohnehin in den Wochen zuvor eine Hysterie wegen eines angeblichen Rechtsrucks entfachten.

**09.02.**
**Freitag**

und ohne Einschränkung für die Vollendung des im Herbst 1989 begonnenen Umbruchs stehe. Vorsitzender des Kreisvorstands ist Dr. Peter Dornheim, Stellvertreter sind Jan Schlicht und Hans Gramann.

Freies Wort veröffentlicht eine Meldung unter der Überschrift **„Bundis kaufen Fleisch und Wurst"**:

„Gleichbleibend hoch ist der Abkauf subventionierter Fleisch- und Wurstwaren durch Bundesbürger in den Verkaufsstellen unseres Kreises. Deshalb wurde vom Rat des Kreises beim Bezirk eine Aufstockung des Fleischkontingents um 150 Tonnen beantragt, damit das derzeitige Versorgungsniveau trotz der zusätzlichen Leistungen gehalten werden kann. Täglich gehen im Kreis etwa 14 Tonnen Fleisch und Wurst über den Ladentisch."[2]

Zu einer Wahlkampfkundgebung der Heldburger CDU-Ortsgruppe spricht der Bundesminister für wirtschaftliche Zusammenarbeit, Dr. Jürgen Warnke (CSU), und der CSU-Bundestagsabgeordnete, Otto Regenspurger, vor 300 Zuhörern. Beide Redner treten für ein freiheitliches und friedliches Land ein. Nach einem Besuch der durch eine Brandkatastrophe am 07.04.1982 zerstörten Veste Heldburg (Französischer Bau) drücken die Politiker aus, dass es bereits Initiativen gäbe, das Bauwerk zu restaurieren, denn der Wiederaufbau Deutschlands werde sich auch in diesen Denkmälern der Vergangenheit dokumentieren.

**12.02.**
**Montag**

Die LDPD lädt zu einer Demo auf den Marktplatz nach Hildburghausen ein. Knapp 200 Bürger kommen trotz schlechten Wetters. Joachim Lorenz, Vertreter der Coburger F.D.P., appelliert an die Einwohner, ihren Platz in der DDR zu suchen und nicht das Land zu verlassen. Weiter stehen im Mittelpunkt Fragen des Handwerks, Gewerbes, Handels. Eindeutig bekennt sich die LDPD zur sozialen Marktwirtschaft und zur schnellen Schaffung der Einheit Deutschlands. Wesentliche Eckpfeiler liberaler Politik seien liberal im Denken, sozial im Handeln, deutsch im Fühlen.

---

[2] Manche Bundesbürger nutzen auch die Umtauschkurse unseriöser Wechselstuben oder privater Geldwechsler zum günstigen Erwerb der Ostmark, die in den letzten Wochen bis zur Wirtschafts-, Währungs- und Sozialunion auf ein Verhältnis von 20 : 1 zur D-Mark fällt. Das Warenangebot vor dem 01.07.1990 wird immer katastrophaler, so dass manche DDR-Bürger, die über genügend DM verfügen, Waren des täglichen Bedarfs in den benachbarten bayerischen Kommunen kaufen.

**13.02. Dienstag**

4. Runder Tisch mit Vertretern der CDU, DBD, LDPD, NDPD, des Neuen Forums, der PDS, SPD und nach entsprechenden Anträgen und Abstimmung mit jeweils zwei Vertretern der DSU (beschließende Stimme) und Grüne Liga (beratende Stimme) unter Leitung von Superintendent Dr. H. Wulff-Woesten. Des Weiteren nehmen mit beschließender Stimme Vertreter der evangelischen und der katholischen Kirche teil, mit beratender Stimme des FDGB.

Klaus Jakobi, Neues Forum, plädiert hinsichtlich des entstehenden demokratischen Rechtsstaats, die freiwilligen Helfer der Volkspolizei abzuschaffen, da sie direkt oder indirekt in das Unrechtssystem verstrickt waren, Bürger denunzierten, die sich kritisch gegenüber Staat und Partei äußerten, bei Zwangsaussiedlungen aus dem Grenzgebiet mit dabei waren, bei der Durchsetzung der Zwangskollektivierung der Landwirtschaft mithalfen, Handwerker und Geschäftsleute zur Aufgabe ihrer Selbstständigkeit nötigten usw.

Unter dem Motto „Für ein geeintes, friedliches, demokratisches, wirtschaftlich gesundes Europa“ eröffnet die CDU im Kreiskulturhaus Hildburghausen mit 120 Teilnehmern und prominenten Rednern aus Ost und West den offiziellen Wahlkampf. Die CDU stehe für eine soziale Marktwirtschaft ein, betonen die Redner, da sie Freiheit und Wohlstand dem einzelnen wie dem Gemeinwesen garantiere.

**14.02. Mittwoch**

40 Ärzte des Kreises gründen in der Bezirksnervenklinik einen unabhängigen Ärztlichen Kreisverband Hildburghausen. Zum Vorsitzenden wird MR Dr. Winfried Bertram gewählt, Stellvertreter ist Dr. Hans-Henning Axthelm.

**20.02. Dienstag**

In diesen Tagen mehren sich die Nachrichten und Beobachtungen, dass die Stasi noch im Untergrund arbeitet. In Hildburghausen werden beispielsweise Funksprüche abgehört, deren Herkunft nicht nachgewiesen werden können. Selbst Dossiers über Persönlichkeiten der Bürgerbewegung sowie der demokratischen Gruppierungen und Parteien werden angefertigt. Es ist bewiesen, dass einige Geheimdienstleute aus dem ehemaligen Bezirk Suhl inzwischen für den sowjetischen KGB arbeiten. Es gibt auch Doppelagenten, die ihr Insiderwissen gleichzeitig an den amerikanischen Geheimdienst verkaufen.

UMWELTBERICHT DES KREISES HILDBURGHAUSEN:

# Energieträgerwechsel ist dringend erforderlich

**Hildburghausen** (FW/Langguth). Wohl noch nie war das Interesse der Öffentlichkeit an der Problematik des Umweltschutzes hierzulande so groß wie dieser Tage. Längst hat sich im Bewußtsein der meisten Bürger eingeprägt, daß Umweltschutz nicht nur eine Gegenwartsfrage, sondern auch eine Frage ist, die über die Zukunft der Menschheit mitentscheidet. Verstärkt wendet sich in jüngster Vergangenheit auch der Rat des Kreises dieser Problematik zu, nachdem jahrelang Ratsmitglied Peter Menz alleine für Fragen des Umweltschutzes in seinem Bereich verantwortlich war, zu dem noch Wasserwirtschaft und Erholungswesen gehören. In Bälde will man das Umwelt-Ressort im Rat stärken, vor allem durch die Einstellung kompetenter Fachleute. Schluß sein soll auch mit dem Anachronismus, daß der Naturschutz bislang dem Fachorgan Landwirtschaft untergeordnet war. Bereits in Vorwendezeiten engagierten sich zahlreiche Umwelt- und Naturschützer selbstlos, legten sich da-

belsrod zumindest die Bereitschaft, eine solche Anlage zu errichten.

Völlig unzureichend ist das Meßwesen im gesamten Bezirk. Das einzige halbautomatische Meßgerät des Kreises befindet sich im Kreishygieneinstitut Hildburghausen, das von den Umweltbelastungen aber nicht so betroffen ist wie z. B. die Verkehrsknotenpunkte oder der Markt. Auch das Rastermeßprogramm des Bezirkshygieneinstituts gibt letztlich nicht die wirkliche lokale Situation wider.

Mit Schwefeldioxid ist die Kreisstadt seit Jahren stark bzw. überbelastet. Zwischen 1971 und 1988 war in Hildburghausen der größte Schwefeldioxid-Anstieg im Bezirk Suhl überhaupt zu registrieren. Stark bis überbelastet ist Hildburghausen mit Stickoxiden, stark belastet mit Staub und die hauptsächlich aus dem Straßenverkehr stammenden Bleiverbindungen sind nach Untersuchungen des Bezirkshygieneinstituts für kindliche Or-

von Erdgas aus der Bundesrepublik. Unter diesem Gesichtspunkt gilt es nun, völlig neu die Problematik noch einmal zu diskutieren, denn ein Heizhaus wäre unsinnig, wenn eine Erdgasleitung mit gleichem Aufwand und höherem Wirkungsgrad machbar wäre. Entsprechende Angebote aus dem Westen liegen bereits vor, allerdings auch die bezirkliche Konzeption, Gasleitungen in Meiningen, Suhl und Bad Salzungen zu verlegen. Gegen die Nichtberücksichtigung von Hildburghausen in dieser Konzeption verwahrten sich sowohl der Rat des Kreises als auch der Runde Tisch von Kreis und Stadt auf das schärfste. Peter Menz will vor einer endgültigen Entscheidung über Heizhaus oder Erdgaswärme zunächst alle Möglichkeiten ausloten, um dann mit Experten und Bürgerinitiativen gemeinsam eine endgültige Entscheidung zu treffen.

Trotz alledem wird sich ein Energieträgerwechsel auf Dauer nicht vermeiden lassen, wenn die Situation in der Kreisstadt kurzfristig verbessert werden soll. Gleiches gilt für die Städte Eisfeld und Themar, die ebenfalls starker bzw. Überbelastung an Schwefeldioxid, Stickoxiden und Staub ausgesetzt sind. Im gesamten Kreis werden jährlich 80 000 Tonnen Braunkohle von der Bevölkerung und weitere 52 000 von Betrieben verheizt. In Eisfeld belastet zusätzlich die Preßölnebelemmission des Porzellanwerkes

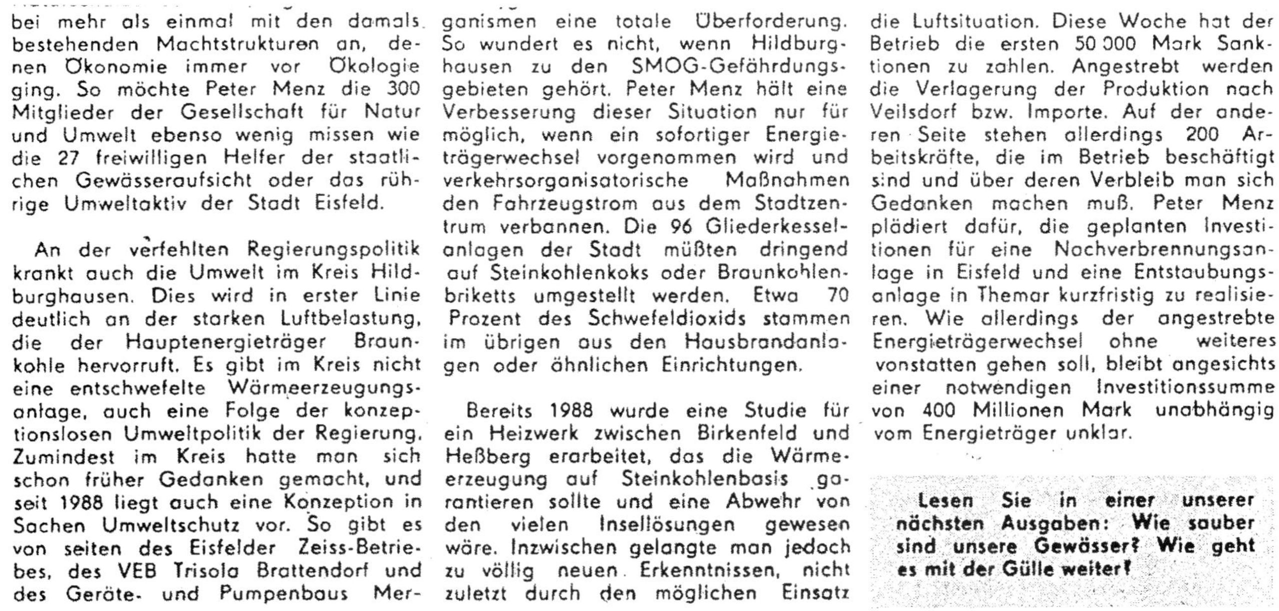

bei mehr als einmal mit den damals bestehenden Machtstrukturen an, denen Ökonomie immer vor Ökologie ging. So möchte Peter Menz die 300 Mitglieder der Gesellschaft für Natur und Umwelt ebenso wenig missen wie die 27 freiwilligen Helfer der staatlichen Gewässeraufsicht oder das rührige Umweltaktiv der Stadt Eisfeld.

An der verfehlten Regierungspolitik krankt auch die Umwelt im Kreis Hildburghausen. Dies wird in erster Linie deutlich an der starken Luftbelastung, die der Hauptenergieträger Braunkohle hervorruft. Es gibt im Kreis nicht eine entschwefelte Wärmeerzeugungsanlage, auch eine Folge der konzeptionslosen Umweltpolitik der Regierung. Zumindest im Kreis hatte man sich schon früher Gedanken gemacht, und seit 1988 liegt auch eine Konzeption in Sachen Umweltschutz vor. So gibt es von seiten des Eisfelder Zeiss-Betriebes, des VEB Trisola Brattendorf und des Geräte- und Pumpenbaus Merganismen eine totale Überforderung. So wundert es nicht, wenn Hildburghausen zu den SMOG-Gefährdungsgebieten gehört. Peter Menz hält eine Verbesserung dieser Situation nur für möglich, wenn ein sofortiger Energieträgerwechsel vorgenommen wird und verkehrsorganisatorische Maßnahmen den Fahrzeugstrom aus dem Stadtzentrum verbannen. Die 96 Gliederkesselanlagen der Stadt müßten dringend auf Steinkohlenkoks oder Braunkohlenbriketts umgestellt werden. Etwa 70 Prozent des Schwefeldioxids stammen im übrigen aus den Hausbrandanlagen oder ähnlichen Einrichtungen.

Bereits 1988 wurde eine Studie für ein Heizwerk zwischen Birkenfeld und Heßberg erarbeitet, das die Wärmeerzeugung auf Steinkohlenbasis garantieren sollte und eine Abwehr von den vielen Insellösungen gewesen wäre. Inzwischen gelangte man jedoch zu völlig neuen Erkenntnissen, nicht zuletzt durch den möglichen Einsatz die Luftsituation. Diese Woche hat der Betrieb die ersten 50 000 Mark Sanktionen zu zahlen. Angestrebt werden die Verlagerung der Produktion nach Veilsdorf bzw. Importe. Auf der anderen Seite stehen allerdings 200 Arbeitskräfte, die im Betrieb beschäftigt sind und über deren Verbleib man sich Gedanken machen muß. Peter Menz plädiert dafür, die geplanten Investitionen für eine Nachverbrennungsanlage in Eisfeld und eine Entstaubungsanlage in Themar kurzfristig zu realisieren. Wie allerdings der angestrebte Energieträgerwechsel ohne weiteres vonstatten gehen soll, bleibt angesichts einer notwendigen Investitionssumme von 400 Millionen Mark unabhängig vom Energieträger unklar.

**Lesen Sie in einer unserer nächsten Ausgaben: Wie sauber sind unsere Gewässer? Wie geht es mit der Gülle weiter?**

*Freies Wort vom 21.02.1990. Umweltprobleme sind typisch für die vor dem Zusammenbruch stehenden DDR.*

**22.02.**
**Donnerstag**

Auf der ehemaligen F 4 (heute: B 4) zwischen Eisfeld und Lautertal (Lkrs. Coburg) protestieren seit der Grenzöffnung auf thüringischer und bayerischer Seite die Bürger immer wieder gegen den Schwerlastverkehr. Am 22.02. kommt es beispielsweise zwischen 12 und 17.30 Uhr in Höhe des Zeisswerkes im Ortsteil Steudach viermal zu einer halbstündigen Sitzblockade.
In Lautertal haben sich die Bürger in der Bürgerinitiative „Lebenswertes Lautertal" organisiert. Die Bürger fordern den Bau einer Umgehungsstraße.

**23.02.**
**Freitag**

In einer Presseerklärung wenden sich die drei evangelischen Pfarrer Stefan Koch (CDU, Veilsdorf), Erwin Westphal (CSU, Biberschlag), Stefan Müller (SPD, Masserberg) an die Parteien, zu den bevorstehenden Volkskammerwahlen einen fairen Wahlkampf zu führen.

Eine Delegation des Runden Tisches unter Leitung von Superintendent Dr. Hanspeter Wulff-Woesten nimmt auf Einladung des Ärztlichen Direktors der Bezirksnervenklinik Hildburghausen, Dr. Klaus Hoffmann, einen Vor-Ort-Termin wahr. In Gesprächen mit den Chefärzten Dr. Klaus Hoffmann und Dr. Heinz Benkenstein wird klargestellt, dass in der Vergangenheit keinerlei Missbrauch mit der Psychiatrie für stalinistische Zwecke betrieben wurde. Die Delegation konnte sich ansonsten ein Bild von den untragbaren Zuständen der Unterbringung der Patienten in Friedrichsanfang und im Haus 8 machen.[3]

Der Kreisausschuss der Gesellschaft für Deutsch-Sowjetische Freundschaft ruft anlässlich des 72. Jahrestages der Gründung der Sowjetarmee alle Bürger, Parteien und Organisationen auf, an einer stillen Kranzniederlegung am Ehrenmal der Sowjetsoldaten auf dem Friedhof in Hildburghausen teilzunehmen.

Die SPD Heldburger Unterland hat u.a. die SPD-Bundestagsabgeordnete Susanne Kastner als Gast. Die Rede des Kreisvorsitzenden Horst Kotzem steht unter dem Motto „Die SPD kämpft nicht gegen andere Parteien, sondern für das Volk". Kastner stellt fest, dass der westdeutsche Wahlkampf voll auf dem Rücken der DDR-Bevölkerung ausgetragen werde und dass der Ausverkauf der DDR für die Bundesregierung beschämend sei.

---

[3] s. Faksimile „Für medizinische Zwecke absolut nicht geeignet", FW v. 05.03.1990.

**25.02.**
**Sonntag**

In Sesslach findet mit ca. 30 Personen aus Ost und West die Gründungsversammlung des FÖRDERVEREINS VESTE HELDBURG E.V. - eines gemeinnützigen Vereins zum Schutze vor weiterem Verfall, zum Wiederaufbau und zur Erhaltung der Heldburger Veste - statt. Vorsitzender ist der CSU-Europaabgeordnete DR. OTTO V. HABSBURG, gleichberechtigte Stellvertreter sind die Bürgermeister Sesslachs, HENDRIK DRESSEL, und Heldburgs, NORBERT PFÖRTNER. Zum Zeitpunkt befindet sich der Vereinssitz in Sesslach, der später nach Heldburg verlagert werden soll. Ziel des Vereins ist es, in deutsch-deutscher Zusammenarbeit ideell und materiell dazu beizutragen, die einstige „Fränkische Leuchte" als Kulturdenkmal wieder herzustellen, sie als Stätte thüringisch-bayerischer Begegnungen der Bevölkerung nutzbar zu machen. Zunächst sind dazu jedoch umfangreiche denkmalpflegerische Sanierungs- und Rekonstruktionsarbeiten zu leisten. Erste Planungen sind bereits vorhanden.

**26.02.**
**Montag**

In einem Leserbrief von MARTHA GEISSENHÖNER aus Hildburghausen-Häselrieth an FREIES WORT wird charakterisiert, wie die alten Gesetze auch im scheinbar privaten Bereich die Entwicklung behindern.

**„Unerträgliche Gesetze müssen weg**
Die alten Gesichter, die alten von der SED-Regierung verfaßten Gesetze, die man kraft seines Amtes verteidigt. Warum kann man ehemaligen LPG-Mitgliedern, die ihre Felder eingebracht und hohen Inventarbeitrag bezahlt haben, sich Hühner halten, auch Eier zur Versorgung der Bevölkerung liefern, nicht ein paar Zentner Futtergetreide verkaufen? Eingaben meinerseits an den Staatsratsvorsitzenden (1987) und den Ministerrat (November 1989) blieben leider ohne Erfolg. Mit ein bißchen gutem Willen seitens der LPG würde ich eine Möglichkeit sehen, aber man hält an den Gesetzen der alten SED-Regierung fest, die unerträglich sind."

**27.02.**
**Dienstag**

Der Pressesprecher des GKK, Hauptmann HÖLZEL, veröffentlicht eine Meldung, dass sich innerhalb der Grenztruppen Basisgruppen des GRENZSCHUTZBUNDES DER DDR (GSB) bilden. Der Verband vertrete die sozialen, rechtlichen und beruflichen Interessen der ehemaligen und jetzigen Berufskader der Grenztruppen gegenüber dem Staat, der Regierung und den gesellschaftlichen Organisationen während des Dienstverhältnisses, in der Reserve und außer Dienst sowie die Interessen der Familienangehörigen. Der GSB sei eine unabhängige, überparteiliche, durch freiwilligen Zusammenschluss gebildete demokratische Organisation. Verfassungstreue und Demokratie, Kameradschaft und Solidarität,

27.02. **Dienstag** Pflichterfüllung und solide Arbeit für die Interessen des Volkes seien grundlegende Verhaltensmaxime seiner Mitglieder.

28.02. **Mittwoch** Es kommt zum Gegenbesuch der Maroldsweisacher Bürger in Hellingen.

## Runder Tisch ging sensiblem Thema auf die Spur

**Kennen Sie Friedrichsanfang (links) und Station 8 (rechts)? Verständnisloses Kopfschütteln bei den meisten, nur Insider wissen Bescheid. Um zwei Stationen der Bezirksnervenklinik Hildburghausen handelt es sich, denen jüngst die Aufmerksamkeit des Runden Tisches gehörte. Fotos: FW/Langguth**

stehen beispielsweise 14 Betten, die engen Gänge gleichen oft einer Rennbahn. Patienten mit schweren aggressiven Verhaltensweisen müssen in mittelalterlich anmutende Zellen gesperrt werden, auch hier ist das Dach undicht. In beiden Einrichtungen scheint das aufopferungsvoll arbeitende Personal überfordert, was nicht unwesentlich mit der Überbelegung und der katastrophalen Situation der Bausubstanz zu tun hat.

## Für medizinische Zwecke absolut nicht geeignet

**sind Station 8 und Friedrichsanfang, zwei Außenstellen der Bezirksnervenklinik / Äußerst fragwürdige Zustände**

*Das hoch gelobte und vor dem Kollaps stehende Gesundheitswesen der DDR, das nach Expertenmeinung das Niveau eines Entwicklungslandes hat, steht seit Oktober auch im Kreis Hildburghausen in massiver Kritik.*
*FREIES WORT vom 05.03.1990 (s. 23.02.1990).*

Eine Gesellschaft, so sagt man, ist so stark, wie sie ihre Schwächsten behandelt. Die Schwächsten, das sind auch geistig und körperlich behinderte Menschen. Die Psychiatrie, so Dr. Benkenstein, Chefarzt der Hildburghäuser Bezirksnervenklinik, liegt hierzulande im argen. Menschen werden Opfer des gesellschaftlichen Fortschritts, psychische Krankheiten sind oft die Folge. Doch im Gegensatz zum Beispiel zur Bundesrepublik gibt es in der DDR bislang kein Lobby für diese Menschen. Es mangelt in Psychiatrie und auch Psychotherapie an qualifiziertem Personal, vor allem aber an langfristigen Konzeptionen. Bei allen Mängeln, so Dr. Benkenstein, sei die Hildburghäuser noch eine von den besten Anstalten, weil man „von der klugen Voraussicht der Architekten von vor 125 Jahren" lebe.

Die Bezirksnervenklinik Hildburghausen, das sind aber nicht nur Gelände und Stationen in der Eisfelder Straße. Bewußt führte der ärztliche Direktor Dr. Hofmann die Delegation des Runden Tisches zu den absoluten Schwachpunkten seiner Einrichtung. In der Außenstelle Friedrichsanfang bei Weitersroda sind 55 stark intelligenzgeminderte Patienten in 3 über 100jährigen Gebäuden gelinde gesagt unter äußerst fragwürdigen Umständen untergebracht. Die relativ gute Wandgestaltung, hier wird jedes Jahr einmal tapeziert, täuscht über den wahren Zustand des Gebäudes. Fünf verschiedene Heizungen gilt es in Gang zu bringen, damit die feuchten und kühlen Räume wenigstens einigermaßen warm werden, das Ziegeldach ist an mehr als nur einer Stelle durchschaubar, die engen Holztreppen widersprechen jeder Krankenhausnorm, die Schlafräume sind viel zu klein, dann ist zu sagen, die dünnen Außenwände lassen Feuchtigkeit und Kälte Einzug halten, die sanitären Bedingungen sind völlig unzureichend. Ganz abgesehen davon, daß im Havariefall, z. B. bei einem Brand, ein Gutteil der Patienten nicht evakuiert werden könnte.

Ähnlich die Situation in Station 8 auf dem Gelände der Karolinenburg. Aus der einst fortschrittlichen und vorbildlichen Landesirrenanstalt ist ein stark überlasteter und teilweise baufälliger Komplex geworden. Wo 1904 nur 30 Patienten untergebracht waren, sind es heute 70. Auch hier ist die jedem Patienten zur Verfügung stehende Fläche viel zu klein, in einem engen Raum

Alles Sachverhalte, auf die von seiten der Bezirksnervenklinik mehr als einmal aufmerksam gemacht wurde. Schon vor 3 Jahren war sich die Leitung einig, daß beide Häuser nicht mehr benutzbar sind. Getan hat sich seither so gut wie nichts, obwohl beispielsweise der Bezirksarzt zugesichert hatte, daß es 1990 das Problem Friedrichsanfang nicht mehr geben werde. Inzwischen schreiben wir 1990, das Problem Friedrichsanfang ist aktueller denn je. Gutachten der staatlichen Bauaufsicht, Holzschutz- und Bausubstanz-Gutachten, fachtechnische Gutachten des Instituts für Gesundheitsbauten, bislang dem Minister nachgeordnet, ergeben übereinstimmend, daß weder Friedrichsanfang noch Station 8 die notwendige medizinische Betreuung ermöglichen und für ihren gegenwärtigen Verwendungszweck absolut ungeeignet sind. Inzwischen ist ein Plattenbaukomplex wieder ins Gespräch gekommen, dessen baldmöglicher Bau eine Kapazität von 180 Betten schaffen würde. Nach einer solchen Investition von etwa 10 bis 12 Millionen Mark könnten Friedrichsanfang und Station 8 geschlossen werden. Es wäre höchste Zeit!

**Hans-H. Langguth**

**01.03.**
**Donnerstag**

Eine Expertendelegation des Lkrs. Hassberge unter Landrat Walter Keller trifft zum Erfahrungsaustausch für die Themenkreise Naturschutz, Landschaftspflege, Bau- und Verkehrswesen sowie Kultur- und Denkmalpflege im Rat des Kreises Hildburghausen ein. Die partnerschaftlichen Beziehungen zu diesen Fachbereichen werden in den kommenden Wochen und Monaten vertieft.

**02.03.**
**Freitag**

Im Rat des Kreises Hildburghausen kommt es wegen der bevorstehenden Volkskammerwahl zu einer Krisensitzung, weil die Parteien und politischen Gruppierungen nicht genügend Wahlhelfer für die insgesamt 106 Wahlvorstände benannt haben. Es wird festgestellt, dass einige Gemeinden überhaupt keine Wahlvorstände besitzen. Bis 08.03. müssen pro Wahlvorstand 7 bis 10 Personen benannt werden. Der Verantwortliche für die Volkskammerwahl (Wahlleiter) ist der spätere Landrat Peter Menz.

**03.03.**
**Sonnabend**

Freies Wort veröffentlicht einen Aufruf des Verbandes der Berufssoldaten der DDR (VBS), Ansprechpartner ist Stabsfähnrich

*Frühling 1990. Der menschenverachtende und das deutsche Vaterland trennende Todesstreifen, hier bei Poppenhausen, ist Geschichte.*
*Foto: Bernhard Grossmann.*

**03.03.**
**Sonnabend**

RÜDIGER HARPORT im Wehrkreiskommando. Der Verband verstehe sich „als Interessenvertreter der Berufssoldaten des aktiven Wehrdienstes, der Reserve und außer Dienst, ihrer Familienangehörigen sowie Hinterbliebenen in der Gesellschaft und in den Streitkräften. Seinem Charakter nach ist er unabhängig, überparteilich und demokratisch. Wir wollen eine Traditionspflege im Geiste des Patriotismus und Antifaschismus bei konsequenter Ablehnung aller Erscheinungen von Rechts- und Linksradikalismus. Der Verband wirkt im Interesse der Friedenssicherung und Vertrauensbildung mit anderen nationalen und internationalen Soldatenverbänden zusammen. Aktive und konstruktive Mitarbeit bei der Durchsetzung der Reformen in der NVA sehen wir als eine wichtige Aufgabe."

Die erweiterte Kreisvorstandssitzung der LDPD entbindet auf eigenen Wunsch FRANZ LICHTE von der Funktion des Kreisvorsitzenden. Die Liberalen bilden ein neues Arbeitssekretariat bis zu den Neuwahlen unter der Führung von HORST GÄRTNER. In den Vorstand werden kooptiert: JOCHEM VONDERLIND, MARTIN GEISSENHÖNER, HANS-JÜRGEN SALIER, FRIEDEL MÜLLER, DIETMAR KÖNIG, ROLAND HANF, WOLFGANG BAYER, RAINER ROSSBACH, WILFRIED RITTER, GUIDO VONDERLIND.

**04.03.**
**Sonntag**

In der Joseph-Meyer-Oberschule Hildburghausen kommt es zur Diskussion mit dem Europaparlamentarier DR. HEINZ KÖHLER (SPD) zu den Konturen und Konsequenzen der deutschen Einheit. Er stellte den Stufenplan der SPD „Einigung statt Anschluss" vor.

Im Kulturhaus Gießübel spricht der Beauftragte der Bundesregierung für Behinderte, MdB OTTO REGENSPURGER (CSU). Themenschwerpunkte sind die Lösung sozialer Fragen.

**06.03.**
**Dienstag**

Die im Thüringer Unternehmerverband organisierten Handwerker und Gewerbetreibenden des Kreises veranstalten eine Demo vor dem Finanzamt in der Wiesenstraße in Hildburghausen, die gegen Ex-SED-Funktionäre gerichtet ist, die angeblich noch an den Schaltstellen des Kreises sitzen, die in den zurückliegenden Jahren das Handwerk geschädigt und zur Existenzaufgabe gezwungen hätten. Sogar die Absetzung einiger Mitarbeiter wird gefordert, ansonsten drohe Steuerboykott.

Das „Gewerbegesetz der Deutschen Demokratischen Republik" wird erlassen, das am 01.04.1990 in Kraft tritt. Gewerbeanmel-

**06.03.**
**Dienstag**

dungen unterliegen somit keinen Beschränkungen mehr. Am 01.04. wird das Gewerbeamt des Kreises Hildburghausen gegründet. Bis zur WÄHRUNGS-, WIRTSCHAFTS- UND SOZIALUNION am 01.07. kommt es im Landkreis zu 486 Gewerbeanzeigen (148 Kleinindustrie, Handwerk; 338 Handel, Gastronomie, Gaststätten).

**07.03.**
**Mittwoch**

Ca. 450 Bürger nehmen auf dem Hildburghäuser Marktplatz an einer Wahlkampfkundgebung der ALLIANZ FÜR DEUTSCHLAND teil, verantwortlich zeichnet die DSU. Der Landwirtschaftsminister des Freistaats Bayern, SIMON NÜSSEL (CSU), unterstützt den Volkskammerkandidaten der DSU, DR. GERHARD SCHELLER, aktiv bei dessen Wahlkampf.

**09.03.**
**Freitag**

In einer Pressekonferenz teilt der Ratsvorsitzende JOHANNES MÜLLER mit, dass das Ratsmitglied für Finanzen, MANFRED NIMCZYK, und der Mitarbeiter Zettler beurlaubt worden seien, WILL und HEIM seien ohnehin krank. Nimczyk übergibt der Presse eine Stellungnahme, die am 15.03. veröffentlicht wird:

„1. Die schweren Vorwürfe gegen die Arbeitsweise der Abteilung Finanzen des Rates des Kreises Hildburghausen sowie Verleumdungen wegen Amtsmißbrauch und Korruption gegenüber den Mitarbeitern im Verantwortungsbereich und der 'skru-

*06.03.1990. Handwerker und Gewerbetreibende des Kreises demonstrieren vor dem Hildburghäuser Finanzamt in der Wiesenstraße gegen die unternehmerfeindliche Steuerpolitik der DDR. Foto: WALTER HÖRNLEIN.*

pellosen Förderung und Unterstützung' solcher Handlungsweisen meinerseits, werden mit aller Entschiedenheit zurückgewiesen und Anzeige bei der Staatsanwaltschaft erstattet. Über das Ergebnis wird öffentlich Rechenschaft abgelegt.
2. Mit Betroffenheit verwahre ich mich gegen unrechtmäßige Forderungen, die darauf zielen, gesetzlich verbriefte Rechte des Arbeitsgesetzbuches unbegründet aberkannt zu bekommen. Versuche, mich in meinem Reiserecht einzuschränken, halte ich selbst für Amts- und Machtmißbrauch.
3. Die zahlreichen Forderungen, die die Veränderungen steuerrechtlicher Fragen vom Gesetzgeber und zentraler Entscheidungen bedürfen und von uns als ausführendes Fachorgan eines Rates des Kreises nicht verändert werden können (was ja Amtsmißbrauch wäre!), werden den zuständigen Organen weitergeleitet."

**10.03.**
**Sonnabend**

Die LDP organisiert als Wahlkampfhöhepunkt auf dem Hildburghäuser Markt einen Markttag mit Firmen aus der Bundesrepublik, die ihre Waren gegen DDR-Mark vertreiben. Prominenter Redner ist der F.D.P.-Bundestagsabgeordnete HERMANN RIND aus Schweinfurt.

**15.03.**
**Donnerstag**

Der FDGB-Kreisvorstand tagt zum letzten Mal und wird nach Bestätigung des Geschäftsberichts, Bericht über die Verwendung finanzieller Mittel für 1989 und Bericht der Kreisrevisionskommission per Beschluss aufgelöst. Entsprechend der Satzung des gewerkschaftlichen Dachverbandes FDGB sowie dem Aktionsprogramm werden bis 31.03.1990 in den Kreisen Geschäftsstellen gebildet. Die Hildburghäuser Geschäftsstelle wird mit einem Geschäftsstellenleiter und drei Mitarbeitern besetzt. Die Industriegewerkschaften und Gewerkschaften führen selbstständig ihre Gewerkschaftsarbeit durch, sie besitzen Tarifautonomie und Finanzhoheit.

Die Mitarbeiter der Deutschen Post Hildburghausen stellen dem Minister für Post- und Fernmeldewesen der DDR bis zum 15.03. ein Ultimatum, ansonsten komme es zum Streik.
Gefordert werden u.a. eine sofortige Lohnerhöhung für alle Beschäftigten, Erhöhung des Urlaubs um zwei Tage ohne Gegenrechnung, Wiedereinführung des Treueurlaubs und Verbesserung der Arbeitsbedingungen. Im Fernschreiben heißt es weiter:

„Auch der Leitungsstil der Deutschen Post Suhl sowie der Leitung des Post- und Fernmeldeamtes Meiningen muß sich schleunigst ändern. Wir verlangen eine kontinuierliche Information und Anleitung und keine Entscheidungen vom grünen Tisch, bei denen die Meinungen der Betroffenen nicht gefragt ist. Es hat sich noch immer nichts geändert!"

# Wahlkampf ist nun in die „heiße Phase" eingetreten

**Kandidaten mit Wählern im Gespräch / Parteien im Endspurt vor den Volkskammerwahlen / Jetzt heißt es Farbe bekennen**

Wer jetzt in Sachen Wahl unterwegs ist, muß vor allem gute Kondition mitbringen, denn fast täglich stehen auch in unserem Kreis zwischen drei und sechs Veranstaltungen auf dem Terminkalender. Manch einer hat eine gewisse Vorauswahl schon getroffen, will sich nur noch einmal mit **dem** Kandidaten **seiner Wahl** näher bekannt machen. – Gelegenheit gab's dazu in Menge. Als Spitzenkandidaten der PDS stellten sich am vergangenen Freitag Dr. Horst Kober, Oberbürgermeister von Suhl, und am Montag dieser Woche Eva-Maria Förtsch, Diplompsychologin aus Bad Liebenstein, ihren Wählern. Kommunale Fragen bewegten die Zuhörer natürlich sehr, wenn ein kompetenter Mann wie Horst Kober Rede und Antwort steht. Ebenso aber konnte er mit Sachkenntnis Fragen im Zusammenhang mit marktwirtschaftlichen Bedingungen beantworten. Vor allem ältere Bürger machten das Publikum während des Forums mit Eva-Maria Förtsch im Hildburghäuser Feierabend- und Pflegeheim aus, wo sich auch Margitta Lampert von der LPG Beinerstadt vorstellte. Verständlich, daß es besonders um die Nöte unserer Rentner ging. So wollten sie wissen, wie hoch in Zukunft die Mieten im Feierabendheim werden, und forderten, daß soziale Sicherheiten für Rentner nicht vergessen werden dürfen. Die beiden Frauen versprachen, daß „... Marktwirtschaft nicht auf Kosten der Rentner gehen darf".

Trotz ununterbrochenen Regenwetters fiel das vom Bund Freier Demokraten organisierte Volksfest am vergangenen Sonnabend nicht ins Wasser. Zahlreiche Unternehmen aus dem grenznahen Raum Bayerns boten eine Vielfalt von Waren auf dem Marktplatz Hildburghausen an. Neben Süßigkeiten, Spielwaren, Strickwaren und Jeans konnte man Bier der Brauerei „Sturm" verkosten und kaufen. Auch Gäste von der F.D.P. konnten herzlich begrüßt werden und zeigten sich begeistert von der Aufgeschlossenheit und Diskussionsbereitschaft unserer Bürger. Während der Veranstaltung stellte sich Spitzenkandidat Jochen Vonderlind den Wählern unseres Kreises vor. Auch Bundestagsabgeordneter Hermann Rind (F.D.P.) nahm das Wort. Herr Rind war am gleichen Tag auch Gast einer LDP-Wahlveranstaltung in Gleichamberg, wo 65 Bürger sich mit den Zielstellungen des Bundes Freier Demokraten vertraut machen konnten.

Am Montagabend gehörte der Marktplatz der SPD zu ihrer Wahlkampfveranstaltung, zu der sich ca. 150 Bürger eingefunden hatten. Sehr ausführlich wurde hier noch einmal der „Fahrplan" der SPD zur deutschen Einheit erläutert, aber auch Stellung zu sozialen Fragen bezogen. Horst Kotzem, Spitzenkandidat des SPD-Kreisverbandes für die Wahlen am 18. März, stellte sich seinen Wählern vor.

Zur gleichen Zeit tauschten sich im Kreiskulturhaus rund 40 Bürger mit dem Kandidaten der Hildburghäuser NDPD, Rolf Kaden, über Positionen seiner Partei zur Entwicklung marktwirtschaftlicher Bedingungen, zum künftigen Bildungswesen, zu Handwerk und Gewerbe sowie Schritten auf dem Weg zur deutschen Einheit aus. – „Für diese Drucksache mußte kein Baum sterben", war auf dem etwas grau daherkommenden Programm der NDPD zu lesen. Ausschließlich aus Altpapierbeständen nämlich war das Blatt gedruckt worden, das sich jeder mit nach Hause nehmen konnte. Beweis nicht zuletzt dafür, daß die NDPD umweltbewußt an die Aufgaben der Zukunft herangehen will.

**Rügheimer/Müller**

*Freies Wort vom 14.03.1990.*

**17.03. Sonnabend** Die Kreisgeschäftsstelle der CDU teilt mit, dass es im Kreisverband Hildburghausen kein Mitglied gibt, das die SED nach 1986 verlassen hat.

**18.03. Sonntag** Freie Wahlen zur Volkskammer der DDR.
24 Parteien und Vereinigungen stellen sich der Wahl. Wahlsieger wird das Wahlbündnis ALLIANZ FÜR DEUTSCHLAND (CHRISTLICH-DEMOKRATISCHE UNION DEUTSCHLANDS, DEUTSCHE SOZIALE UNION, DEMOKRATISCHER AUFBRUCH). Zum Ministerpräsidenten wird der CDU-Politiker LOTHAR DE MAIZIÈRE gewählt.
Im Kreis Hildburghausen gibt es 44.789 Wahlberechtigte, die Wahlbeteiligung beträgt 96,11 %.
43.045 Stimmen wurden abgegeben (96,11 %), davon waren 42.699 gültig (99,20 %).

| **Wahlergebnisse:** | **Landkreis** | **DDR (Sitze)** | |
|---|---|---|---|
| CDU | 48,04 % | 40,6 % | (163) |
| DSU | 9,90 % | 6,3 % | (25) |
| DA | 0,65 % | 0,9 % | (4) |
| SPD | 16,04 % | 21,8 % | (88) |
| PDS | 12,46 % | 16,3 % | (66) |
| BUND FREIER DEMOKRATEN u.a. liberale Parteien | 4,76 % | 5,3 % | (21) |
| DEMOKRATISCHE BAUERNPARTEI DEUTSCHLANDS | 2,94 % | 2,2 % | (9) |
| GRÜNE PARTEI/UNABHÄNGIGER FRAUENVERBAND | 2,00 % | 2,0 % | (8) |
| BÜNDNIS '90/NEUES FORUM - DEMOKRATIE JETZT IFM | 1,39 % | 2,2 % | (12) |
| DEMOKRATISCHER FRAUENBUND DEUTSCHLANDS (DFD) | 0,80 % | 0,3 % | (1) |
| NATIONALDEMOKRATISCHE PARTEI DEUTSCHLANDS | 0,62 % | 0,4 % | (2) |
| ALTERNATIVE JUGENDLISTE (AJL) DJP - GJ - MJV - FDJ | 0,17 % | | |
| AKTIONSBÜNDNIS VEREINIGTE LINKE (AVL) DIE NELKEN - VL | 0,16 % | 0,2 % | (1) |
| UNABHÄNGIGE SOZIALDEMOKRATISCHE PARTEI | 0,06 % | | |

Die Parteien der ALLIANZ FÜR DEUTSCHLAND und der BUND FREIER DEMOKRATEN (später F.D.P.) gehen eine Koalition ein, die 213 der 400 Sitze erhält. Die SPD lehnt eine Koalition deutlich ab. Ab dem 03.04. sind die Weichen für eine Große Koalition gestellt.

*Am 05.04.1990 organisiert die einstige immer mehr an Einfluss verlierende SED-gesteuerte Einheitsgewerkschaft FDGB auf dem Hildburghäuser Marktplatz in gewohnter Klassenkampfmanier eine Protestkundgebung mit ca. 800 Teilnehmern gegen die Spekulationen mit der DDR-Mark. Es wird ein Umtauschsatz von 1 : 1 gefordert.*

*Der Wahlkampf zu den Kommunalwahlen läuft auf Hochtouren. Neben den etablierten Parteien, die sich denen der Bundesrepublik mehr oder weniger schnell „angleichen", tritt auch das NEUE FORUM an, das auf dem Hildburghäuser Marktplatz eine Informationsveranstaltung durchführt. Fotos: FREIES WORT.*

Am 12.04.1990 stellt der Ministerpräsident LOTHAR DE MAIZIÈRE sein neues Kabinett vor:

| | |
|---|---|
| CDU: | 12 Minister |
| SPD: | 7 Minister |
| DSU: | 2 Minister |
| B.F.D.: | 3 Minister |
| DA: | 1 Minister |

**03.04.**
**Dienstag**

Auf der 9. Tagung des RUNDEN TISCHES des Kreises Hildburghausen wird auf Vorschlag des CDU-Kreisvorsitzenden THOMAS MÜLLER einstimmig der Beschluss gefasst, dass der RUNDE TISCH seine Tätigkeit einstellt, weil er im Vorfeld der Kommunalwahlen von der Zeit überholt worden ist, dass er aber auch ein Scheingremium ohne Kompetenz ist.
Zur Verärgerung ist es des Weiteren gekommen, weil der „alte" Kreistag unter JOHANNES MÜLLER per Beschluss festlegte, dass 61 Abgeordnete für den neuen Kreistag zu wählen seien, der RUNDE TISCH hat dagegen eine Zahl zwischen 41 und 50 vorgeschlagen.

**06.05.**
**Sonntag**

Kommunalwahlen für den Kreistag Hildburghausen (61 Sitze).

| | |
|---|---|
| Wahlberechtigte: | 44.084 (Jeder Wähler hat 3 Stimmen) |
| Anzahl der Wähler: | 37.078 (84,11 %) |
| Gültige Stimmen: | 98.453 |

| | | |
|---|---|---|
| CDU | 35,20 % | 22 Mandate |
| SPD | 20,25 % | 12 Mandate |
| B.F.D. (Liberale) | 13,24 % | 8 Mandate |
| PDS | 11,69 % | 7 Mandate |
| DBD | 7,64 % | 5 Mandate |
| DFD | 5,68 % | 4 Mandate |
| DSU | 4,47 % | 3 Mandate |

**31.05.**
**Donnerstag**

PETER MENZ[1], CDU, wird erster freigewählter Landrat des Lkrs. Hildburghausen seit den 30er Jahren.
Als Beigeordnete werden gewählt: ROLF KADEN (B.F.D.), JOCHEM VONDERLIND (B.F.D.), HORST REUTER (CDU), UTE MÜLLER (CDU), WOLFGANG MARBACH (DBD), DR. KARL-HEINZ STENGLER (SPD), NORBERT PFÖRTNER (PDS). Zum Kreistagspräsidenten wird DR. ELMAR WEIDENHAUN (CDU) gewählt. Stellvertreter: HELMUT BAUM (SPD), MARLIS HÖNEL (DFD), HORST GRÖTENHERDT (B.F.D.), ANNELIESE STENGLER (SPD).

---

[1] Am 31.12.1992 tritt MENZ von seiner Funktion zurück.

*Erst im Frühjahr 1995 kommt es zur endgültigen Minenräumung bzw. Nachsuche, hier am Todesstreifen in der Gemarkung Massenhausen (heute: Einheitsgemeinde Straufhain). Das obere Bild zeigt Vorbereitungsarbeiten.*
*Fotos: Bastian Salier*

# Parolen, Losungen und Transparentaufschriften
auf den Demos im Kreis Hildburghausen (Auswahl)

Grünes Band für's Vaterland!

Für eine umfassende Reform der Wissensbildung
keine Staatsbürgerkunde und Wehrkunde,
dafür Gesellschaftsmoral und Ökologie!

Wir sind das Volk!

Wir sind ein Volk
† 1961 - *1989

Gorbi, hilf uns!

Demokratie statt Diktatur!

Freie und geheime Wahlen!

Weg mit der Sperrzone

Reiht euch ein,
lasst das Fernsehgucken sein!

Auf die Straße, reiht Euch ein![1]

FREIES WORT - ein Lügenblatt -,
wir haben diese Zeitung satt!

Stasi in die Volkswirtschaft![2]

Stasi in den Tagebau!

Stasi weg, hat keinen Zweck!

---

[1] Der Spruch ist vor allem Aufforderung an die zaudernden und meist hinter ihren Gardinen in warmen Wohnstuben verharrenden Bürger.

[2] Nach der Melodie „Ja, wir san mit' n Radl da".

Keine Überwachung, sondern Erwachung!

Lieber häufig übermüdet,
als ständig überwacht!

Stasi weg vom Zoll!

Wir bleiben da,
Mindestrente für's ZK!

Gehen ist Silber,
Bleiben ist Gold!

Privilegierte aller Länder, beseitigt Euch!

Reformer aller Länder, vereinigt Euch!

SED, gebt dem Volk zurück,
was dem Volk gehört!

Pässe für alle - Laufpässe für die SED!

SED - die tut weh!

Weg mit der führenden Rolle der SED!

Weihnachten im Schnee -
aber ohne SED!

Trotz Reisen lassen wir uns nicht bescheißen!

Gangster H. ..., wir sind schneller![3]

Links, links, da stinkt's.
Da hat der Stalin hingeschissen,
und wir ham vergessen aufzuwischen!

Rücktritt ist Fortschritt!

Erst Taten, Egon - dann lächeln!

Ich will keine Banane, ich will einen Zahnarzt![4]

---

[3] Gemeint ist ein SED-Funktionär des Kreises.

[4] Gemeint ist EGON KRENZ.

28 Jahre sind mehr als lebenslänglich![5]

Alle Tiere haben eine Zunge, nur wir hatten zwei!

Visafrei bis Hawaii!

Schnitzler in die Muppets-Show!

Lösungen statt Losungen!

Schwarze Konten in den DDR-'Haushalt'!

Biete Wandlitz, suche Wendlitz!

Wo ist ein neues Antlitz
ohne Kalk aus Wandlitz!

Keinen Artenschutz für Wendehälse!

Suche alten Bonzen mit Privilegien - zwecks Erneuerung!

Wo Geist machtlos ist, ist Macht geistlos!

**S**talinisten
**E**goisten
**D**iktatoren

HEILIGABEND '89 -
Kein Wintermärchen

Freiheit für Rumänien!

---

[5] Anspielung auf das 28-jährige Bestehen der Mauer (im SED-Jargon „Antifaschistischer Schutzwall" bzw. die sog. „Moderne Grenze")

BACH

*Ein aus der Bundesrepublik „geschmuggelter" Kopierer macht es möglich, dass es zu den Demos in Hildburghausen immer wieder auch witzige Flugblätter gegeben hat. Der bekannte Chemnitzer Karikaturist* Rainer Bach *schenkte* Bastian Salier *die hier abgebildeten Originalabzüge.*

# 1989/90 - Das letzte Jahr der DDR im Überblick

## 1989

**02.05.**

In der Ungarischen Volksrepublik beginnt der Abbau des Grenzzaunes zu Österreich. Viele DDR-Bürger fliehen nach Österreich.

**24.07.**

In Ungarn wird der Schießbefehl bei Grenzübertritten aufgehoben.

**28.07.**

Nahezu die Hälfte des Eisernen Vorhangs in Ungarn ist gefallen, u.a. werden Signalanlagen abgebaut, und das Sperrgebiet wird ab dem 01.08. abgeschafft.

**08.08.**

Die Ständige Vertretung der Bundesrepublik Deutschland bei der DDR wird bis auf Weiteres für den Publikumsverkehr geschlossen. Die Bundesregierung teilt mit, man habe sich dazu entschließen müssen, „weil 130 Personen dort Zuflucht gesucht haben, um auf diese Weise ihre Ausreise zu erzwingen". Die Einrichtungen der Vertretung ließen „den Aufenthalt weiterer Personen unter menschenwürdigen Bedingungen nicht zu".

**10.08.**

158 DDR-Bürger halten sich in der Bonner Botschaft in Budapest auf, um ihre Ausreise zu erzwingen. Am 13. August wird die Botschaft geschlossen. Trotzdem sammeln sich weiterhin DDR-Bürger, die vom Roten Kreuz betreut werden.
Nach inoffiziellen Angaben haben seit Beginn des Abbaus der ungarischen Grenzanlagen etwa 1.600 DDR-Flüchtlinge die Grenze nach Österreich passiert.

**11.08.**

Der Schriftsteller STEFAN HEYM erklärt in einem ARD-Interview, die derzeitige Ausreisewelle sei ein „fürchterliches Phänomen". Es drohe, „die ganze DDR zu vernichten". Die DDR-Führung müsse „kontrolliert" Freiheiten schaffen, um einen menschlichen Sozialismus zu schaffen.

**19.08.**

661 DDR-Bürger nutzen ein paneuropäisches Treffen, dessen Mitinitiator der Europa-Abgeordnete OTTO VON HABSBURG ist, um bei Sopron über die ungarisch-österreichische Grenze zu fliehen. Die humane Haltung Ungarns findet weltweite Anerkennung.

**22.08.**

Die Botschaft der Bundesrepublik Deutschland in Prag wird ebenfalls bis auf Weiteres für den Publikumsverkehr geschlossen. Dort halten sich zum Zeitpunkt 140 Fluchtwillige auf.

**02.09.**

In ungarischen Auffanglagern warten mehr als 3.500 DDR-Flüchtlinge. Drei Tage später errichtet die DDR neben dem Budapester Flüchtlingslager Zugliget eine Beratungsstelle ein, in der DDR-Bürger zur Rückkehr bewogen werden sollen.

**06.09.**

Dr. Joachim Wanke, Bischof des Bischöflichen Amtes Erfurt-Meiningen schreibt einen Brief an den Landesbischof der evangelisch-lutherischen Landeskirche in Thüringen Dr. Werner Leich. Es geht hierin um die Klarstellung einer Täuschung der Kirchen von staatlicher Seite. Der katholische Bischof sagt die Teilnahme an der 40-Jahrfeier der DDR nicht zu und nimmt an den Feierlichkeiten am 07. Oktober nicht teil.

**08.09.**

Die 116 Menschen, die sich in der Ständigen Vertretung der Bundesrepublik Deutschland in Ost-Berlin aufhalten, verlassen am 10.09. das Botschaftsgebäude und kehren in ihre Heimatorte zurück. Ihnen sind Straffreiheit und juristische Unterstützung bei der „legalen Betreibung ihrer Ausreise" zugesagt worden.

**09./10.09.**

Gründung des Neuen Forums in Grünheide bei Berlin (30 Personen aus 11 Bezirken, darunter Bärbel Bohley, katja Havemann, Jens Reich, Rolf Henrich). Der Aufruf Aufbruch '89 - Neues Forum wird illegal veröffentlicht.

**10.09.**

Ungarn erlaubt ohne Abstimmung mit Ost-Berlin die Ausreise der Botschaftsflüchtlinge über die ungarisch-österreichische Grenze.

**11.09.**

Die Grenze zwischen Ungarn und Österreich wird für alle DDR-Bürger geöffnet. Etwa 15.000 Bürger reisen in den ersten drei Tagen aus, 25.000 sind es bis Ende des Monats. In der SED-Presse ist von „Menschenhandel" die Rede. Ein ADN-Bericht aus Passau ist überschrieben „Eiskaltes Geschäft mit DDR-Bürgern - Silberlinge für Ungarn." Auch die Medien der anderen sozialistischen Länder verurteilen in den nächsten Tagen die (angebliche) Verletzung bestehender bilateraler Verträge durch die ungarische Regierung. Der ungarische Ministerpräsident Miklos Nemeth erklärt: Ungarn habe im „Namen der Menschlichkeit" gehandelt.

**12.09.**

Die Bürgerbewegung Demokratie Jetzt veröffentlicht einen Aufruf, in dem eine friedlich-demokratische Erneuerung der DDR gefordert wird. Zu den Unterzeichnern gehören Wolfgang Ullmann, Ulrike Poppe und Konrad Weiss.

**17.09.**

Der katholische Bischof Dr. Joachim Wanke hält zur jährlichen Herbstwallfahrt auf dem Erfurter Domplatz vor ca. 20.000 Katholiken aus Thüringen eine Predigt. Forderungen an den Staat werden öffentlich gemacht: Anerkennung des grundlegenden Erziehungsrechts der Eltern, Chancengleichheit für junge Christen in Ausbildung und Beruf sowie neue Reiseregelungen

**18.09.**

3.000 Künstler der Rock-, Pop- und Liedermacherszene unterzeichnen eine Resolution für die Demokratisierung des gesellschaftlichen Lebens in der DDR. Der Text wird wegen drohender Repressalien erst am 16.10.1989 veröffentlicht.

**19.09.**

Das Neue Forum beantragt als erste oppositionelle Gruppierung beim DDR-Innenministerium die offizielle Zulassung und bezieht sich auf den Artikel 29 der DDR-Verfassung. In 11 DDR-Bezirken wird das Neue Forum angemeldet.

**21.09.**

Der DDR-Innenminister lehnt die Zulassung des Neuen Forums ab und lässt über die Nachrichtenagentur ADN verbreiten, das Neue Forum sei verfassungs- und staatsfeindlich. Ca. 3.000 Menschen unterzeichnen den Aufruf der Bürgerrechtsbewegung.
An diesem Tag veröffentlicht das SED-Zentralorgan Neues Deutschland den legendären Bericht eines Ost-Berliner Mitropa-Kochs, der angeblich in Ungarn betäubt und gegen seinen Willen nach Wien verschleppt worden sei. Er habe dort Kontakt mit der DDR-Botschaft aufgenommen, um wieder nach Hause zu kommen. Derartige Berichte und „Leserbriefe“ mit ähnlichen Geschichten werden in die SED-Presse lanciert, um den Vorwurf des Menschenhandels zu untermauern. Die meisten DDR-Bürger durchschauen die primitive und die Satiregrenze weit überschreitende SED-Propaganda.

**25.09.**

Erste große Montagsdemo in Leipzig für Presse- und Meinungsfreiheit und Reformen mit ca. 5.000 bis 8.000 Teilnehmern.

**28.09.**

In den vergangenen Tagen und Wochen haben immer mehr Menschen die Zäune der bundesdeutschen Botschaften in Prag und Warschau überklettert, da die Tschechoslowakische Sozialistische Republik die Grenzkontrollen zu Ungarn verschärft hat. Die Situation in der Prager Botschaft, in der sich über 2.000 Menschen aufhalten, wird immer kritischer. Bundesaußenminister HANS-DIETRICH GENSCHER bittet den Präsidenten des Deutschen Roten Kreuzes, PRINZ SAYN-WITTGENSTEIN, die Hilfsmöglichkeiten vor Ort zu überprüfen. Die hygienischen Verhältnisse sind katastrophal, die Gesundheit der Menschen ist gefährdet, und die Versorgung wird immer schwieriger.

**29.09.**

Nach Angaben aus DDR-Kirchenkreisen sind bisher elf Teilnehmer der Friedensgebete in Leipzig zu Haftstrafen bis zu sechs Monaten verurteilt worden. Mehr als zwanzig hätten Geldstrafen bis zu 5.000 Mark erhalten.

**30.09.**

Bundesaußenminister HANS-DIETRICH GENSCHER und Kanzleramtsminister RUDOLF SEITERS erklären vom Balkon der Prager Botschaft unter frenetischem Jubel, dass die DDR-Flüchtlinge die Ausreise erhalten. Etwa 6.000 Flüchtlinge dürfen aus Prag und Warschau in Sonderzügen der Deutschen Reichsbahn nicht auf direktem Weg in die Bundesrepublik ausreisen, sondern über DDR-Gebiet. Dort werden ihnen die Ausweise abgenommen. Die Ausreiseaktion geschieht zwar mit Einverständnis der DDR, wird hier aber als „Abschiebung" bezeichnet, denn die Flüchtlinge hätten „ihre Heimat verraten". Man sollte ihnen „keine Träne nachweinen". Die DDR gibt sich damit international der Lächerlichkeit preis.

Bereits wenige Stunden und Tage später füllen sich die Botschaften in Prag und Warschau erneut mit DDR-Flüchtlingen. Bundesminister RUDOLF SEITERS wendet sich gegen die Forderung der DDR, die Zufluchtssuchenden abzuweisen. Dies sei eine „Zumutung".

In Weimar verabschieden 60 Teilnehmer aus kirchlichen Umweltgruppen einen „Offenen Brief", der an die Partei- und Staatsführung sowie an alle Rats- und Parteisekretäre auf Bezirks- und Kreisebene versendet wird.

Auf dem Arnstädter Marktplatz demonstrieren ca. 800 Menschen gegen das DDR-System.

**02.10.**

Nach einer Friedensandacht in der Leipziger Nikolaikirche formieren sich etwa 20.000 Menschen zu einem Protestmarsch durch die Innenstadt. Parolen wie „Wir bleiben hier!" und „Stasi weg, hat kein Zweck" werden skandiert. Es kommt zu massiven und brutalen Übergriffen der DDR-Sicherheitsorgane, Verhaftungen werden vorgenommen, es gibt Verletzte.

Der DEMOKRATISCHE AUFBRUCH - SOZIAL, ÖKOLOGISCH (DA) konstituiert sich bereits aus seit Juli 1989 bestehenden Oppositionsgruppen.

**02./03.10.**

Der Berliner Liedermacher KURT DEMMLER verliest im Suhler Kulturhaus „7. Oktober“ und im Meininger Kreiskulturbundhaus trotz Verbots die Resolution der DDR-Künstler vom 18.09. (s. dort)

**03.10.**

Im Auftrag von BÄRBEL BOHLEY und JOCHEN SEIDEL übergibt Rechtsanwalt DR. GREGOR GYSI der Hauptabteilung Innere Angelegenheiten beim DDR-Innenministerium eine Eingabe gegen das Verbot des NEUEN FORUMS.

Unterschriftenlisten des in der Illegalität arbeitenden NEUEN FORUMS und Protestresolutionen von SED-Einheiten aus Instituten, Akademien, Verlagen und anderen Einrichtungen werden an die SED-Kreisleitungen gesandt: Die Regierung der DDR soll die Medien für einen freien Dialog öffnen.

Der visafreie Reiseverkehr mit der CSSR wird von der DDR-Führung einseitig ausgesetzt. In einer ADN-Meldung heißt es, „bestimmte Kreise in der BRD bereiten weitere Provokationen zum 40. Jahrestag der DDR“ vor. Das CSSR-Außenministerium fordert in einer Protestnote die Bundesrepublik auf, „ihre Botschaftsgeschäfte in Übereinstimmung mit dem internationalen Recht zu führen“.
Nach Schließung der Grenze zur CSSR kommt es im Eisenacher Raum (Ruhla, Seebach, Eisenach) zu Arbeitsniederlegungen.

Bei einem Empfang zum 40. Jahrestag der „Vereinigung der antifaschistischen Widerstandskämpfer“ und der „Aktivisten der Ersten Stunde“ verkündet ERICH HONECKER[1] in vollster Überzeugung, dass die DDR ein „fester Grundpfeiler“ der „Sicherheit und Stabilität auf unserem Kontinent“ sei.

---

[1] Der einstige Dachdeckergehilfe und Berufsrevolutionär HONECKER konzentrierte eine ungeheure Machtfülle auf sich: Generalsekretär der SED, Staatsratsvorsitzender und Vorsitzender des Nationalen Verteidigungsrats. Damit war die stalinistische Ausrichtung des Systems festgeschrieben.
Das MINISTERIUM FÜR STAATSSICHERHEIT war eines der 36 DDR-Ministerien, und es war nach außen dem Ministerrat der DDR unterstellt. In Wirklichkeit unterstand es mit dem Ministerium des Innern, dem Ministerium für Nationale Verteidigung, seit 1960 dem Nationalen Verteidigungsrat mit Honecker an der Spitze.
Das am 30.07.1969 von ERICH HONECKER unterzeichnete “Statut des Ministeriums für Staatssicherheit” wurde als “Organ des Ministerrats” definiert. In diesem Papier gehen geheimdienstliche und geheimpolizeiliche Aufgaben ineinander über. Hier wird auch die Arbeit der inoffiziellen Mitarbeiter (IM) erwähnt:

Die DDR lässt die neuen Botschaftsflüchtlinge nach der gleichen Prozedur ausreisen, wie einige Tage zuvor. Mehrere tausend Menschen strömen am Abend zum Dresdner Hauptbahnhof, um auf die Flüchtlingszüge aus Prag zu warten - getrieben von der Hoffnung, noch aufspringen zu können, aus Solidarität oder aus Neugier. Dadurch verzögert sich die Ausreise der Botschaftsflüchtlinge, weil DDR-Sicherheitskräfte die Bahnhöfe räumen müssen.

**04.10.**

Etwa 7.600 Flüchtlinge werden in verriegelten Sonderzügen über das Gebiet der DDR in die Bundesrepublik gebracht. In Dresden kommt es zu Auseinandersetzungen zwischen 3.000 Demonstranten und der Polizei. Die DDR-Sicherheitskräfte unter Führung des SED-Bezirkssekretärs HANS MODROW[2] gebrauchen Schlagstöcke und Wasserwerfer. Eine Gruppe Demonstranten wirft mit Pflastersteinen, es entsteht Sachschaden, einige Menschen werden verletzt. Am Abend drängen sich wieder Tausende vor dem Dresdner Hauptbahnhof. Die Polizei hält das Gebäude besetzt. Einige wollen das Haus stürmen. Es wird vermutet, dass dies eine von der Stasi initiierte Provokation sei, um massiv gegen die Opposition vorgehen zu können. Wieder gibt es Auseinandersetzungen. Zwei Einsatzwagen der Polizei werden mit Molotow-Cocktails in Brand gesteckt.

18 Ausreisewillige flüchten sich in die US-amerikanische Botschaft. Ihnen wird zugesichert, dass ihre Ausreiseanträge wohlwollend behandelt werden.

Beginn der Feiern zum 40. Jahrestag der DDR mit einem Großen Zapfenstreich der NVA. Es kommt zu Demonstrationen in vielen Städten der DDR. Der sowjeti-

---

„Das MfS führt den Kampf gegen die Feinde in enger Zusammenarbeit mit den Werktätigen und mit Unterstützung aufrechter Patrioten. Auf der Grundlage des Vertrauens und der bewußten Verantwortung ist die revolutionäre Massenwachsamkeit in der Deutschen Demokratischen Republik weiter zu erhöhen. Das MfS stützt sich dabei auf eine breite gesellschaftliche Basis, um ( ... ) zu einer weitgehenden Reduzierung und Ausschließung störender und hemmender Faktoren in allen gesellschaftlichen Bereichen beizutragen."

SÜSS, WALTER: Das Verhältnis von SED und Staatssicherheit. Eine Skizze seiner Entwicklung. Schriftenreihe des Bundesbeauftragten für die Unterlagen des Staatssicherheitsdienstes der ehemaligen Deutschen Demokratischen Republik. - Berlin, 1997, Nr. 17, S. 5.

Aus Sicht der Autoren ist es kaum verständlich, dass man sich bei der Vergangenheitsbewältigung im Zuge der Neugestaltung der Gesellschaft immer wieder nur auf das SED-„Dienstleistungsunternehmen" Staatssicherheit konzentriert, aber den eigentlichen Auftraggeber SED weitestgehend außen vor lässt.

[2] Der spätere Ministerpräsident der DDR.

sche Reformer und KPdSU-Generalsekretär MICHAIL GORBATSCHOW ist Gast der SED-Führung und kritisiert die Reformunwilligkeit der SED. Sein Satz „Wer zu spät kommt, den bestraft das Leben" wird (auch international) zum geflügelten Wort.

**05.10.**

Im Foyer des Maxim-Gorki-Theaters in Berlin ist eine Tafel mit Protestresolutionen aufgestellt, in denen zu einem offenen Dialog mit allen Kräften über die Probleme und die Situation des Landes aufgerufen wird. Nach einer Vorstellung diskutieren Theaterleute und Hunderte Zuschauer darüber.

An den Grenzübergängen zwischen West- und Ostberlin wird zahlreichen westdeutschen Bürgern die Einreise in die DDR verweigert. Trotz Protesten der Bundesregierung des Berliner Senats und der alliierten Stadtkommandanten werden die Einreiseverweigerungen bis 9. Oktober fortgesetzt. Begründung: „Wir brauchen zum Geburtstag keine Zuschauer."

600 Flüchtlinge werden in einem DDR-Sonderzug von Warschau nach Hannover gebracht. 200 in die bundesrepublikanische Botschaft in Prag geflüchtete Bürger kehren nach der Zusage, dass sie innerhalb von zwei Monaten ausreisen dürften, in die DDR zurück.

In Dresden kommt es erneut zu gewalttätigen Auseinandersetzungen zwischen Demonstranten und bewaffneten Kräften.

In Magdeburg demonstrieren ca. 500 Menschen, etwa 80 werden verhaftet.

**06.10.**

Die Fußgänger-Unterführung am S-Bahnhof Borsdorf bei Leipzig ist in der Nacht mit riesigen Parolen wie „Gorbi, hilf!", „Erich hat abgewirtschaftet", „Neues Forum zulassen!" bemalt worden.

WOLFGANG ENGEL, der international bekannte Regisseur am Staatsschauspiel Dresden, verweigert die Annahme des DDR-Natiònalpreises. Die Schriftstellerin CHRISTA WOLF tritt aus der SED aus.

GORBATSCHOWS Fahrt zum Palast der Republik ist signalgebend, obwohl fast ausschließlich ausgesuchte Zuschauer und „bewaffnete Kräfte" in Uniform und in Zivil abgeordnet sind. „Gorbi-Rufe" erschallen, die Stimmung ist gereizt und explosiv zugleich. Vor westlichen Journalisten sagt GORBATSCHOW: „Ich glaube, Gefahren warten nur auf jene, die nicht auf das Leben reagieren." Darauf folgt der Staatsakt im Palast der Republik.
Punkt 17.00 Uhr: Einzug der DDR-Führung mit Ehrengästen, vorneweg MICHAIL GORBATSCHOW und ERICH HONECKER. Das Hamburger Journal „stern" schreibt:

„... eine quälende Stunde lang reiht der greise, von Krankheit geschwächte SED-Führer Phrasen und Klischees aneinander, lobt und preist sein Lebenswerk unter dem Motto: 'Vorwärts immer, rückwärts nimmer!' Willi Stoph, der Ministerpräsident, ist eingenickt, Gorbatschow nicht bei der Sache. Er scherzt mit seinem Prager Amtskollegen Milos Jakes. Honeckers Ausfälle gegen die westdeutschen Klassenfeinde setzt Gorbatschow seine Vision einer neuen Ära blockübergreifender Zusammenarbeit entgegen. Umgestaltung, Demokratisierung, Offenheit seien lebensnotwendig ...“

In der Erlöser-Kirche in Ostberlin versammeln sich mehr als 2.000 junge Leute zu einer „Zukunftswerkstatt“ unter dem Motto: „Wie nun weiter, DDR?“
Die Vertreter von überregionalen Oppositionsgruppen formulieren ein Papier der Zusammenarbeit, verlangen die Demokratisierung des gesellschaftlichen Lebens in der DDR und freie Wahlen unter UN-Kontrolle.

Am Abend findet der traditionelle Jubel-Fackelzug der Freien Deutschen Jugend, der Kampfreserve der Partei, statt. 100.000 FDJler werden aus der gesamten DDR herangekarrt, damit dem Arbeiter-und-Bauern-Staat in feudalabsolutistischer Manier gehuldigt wird. Der „stern” beschreibt das Spektakel:
„Den Minen von Gorbatschow und dem polnischen Parteichef Rakowski sieht man an, was sie von derartigen Massenspektakeln halten. Aber Honecker ist glücklich. Er winkt, reicht die Faust zum Gruß und singt in nostalgischer Verzückung mit, als das Musikkorps den alten FDJ-Hit intoniert: ‘Bau auf, bau auf, Freie Deutsche Jugend, bau auf!’ Aber dann rufen viele Blauhemden nicht ‘Erich’, sondern skandieren immer wieder: ‘Gorbi, Gorbi’ ...“
Kommentar des DDR-Fernsehens: Es sei ein Eindruck von Optimismus und Zuversicht vermittelt worden ...

**07.10.**

Überall in der DDR werden Jubelfeiern zum 40-jährigen Bestehen verordnet. Die Stimmung des Großteils der Bevölkerung ist gedrückt. Es kommt zu Zusammenstößen mit der Staatsmacht, u.a. werden die Demonstrationen von Sicherheitskräften zum Teil mit großer Brutalität aufgelöst: in Dresden 30.000 Demonstranten, in Magdeburg 500, in Leipzig 10.000, in Plauen 10.000, in Potsdam 3.000, in Karl-Marx-Stadt (Chemnitz) 1.000, in Arnstadt 600, in Berlin einige tausend, Hunderte in Suhl. In Ilmenau werden 37 protestierende (meist) Jugendliche nach einer Disko-Veranstaltung verhaftet. In der DDR sind es insgesamt 3.456 Personen. ADN spricht von „Randalierern“, die „Rädelsführer“ seien festgenommen worden.

Am Vormittag findet in der Ostberliner Karl-Marx-Allee vor handverlesenem Publikum eine zu den Vorjahren vergleichsweise kleinere Militärparade statt. Die westlichen Alliierten protestieren, weil sie gegen den entmilitarisierten Status der Stadt verstößt.

Das oppositionelle NEUE FORUM sammelt 11.000 Unterschriften. Jugendliche diskutieren mit einem alten SED-Genossen. Es gibt Rangeleien mit der verhassten Stasi, die zivil getarnt den Alex und andere für sie kritische Örtlichkeiten sichert. Die Polizei greift wegen anwesender Westjournalisten nicht ein. Sprechchöre rufen: „Freiheit", „Wir bleiben hier!", „Neues Forum", „Stasi raus", „Reformen". Aus der aus SED-Sicht konterrevolutionären und von den imperialistischen Geheimdiensten gesteuerten Provokation entwickelt sich ein spontaner Protestmarsch. Die Menschen ziehen vor dem Roten Rathaus vorbei und singen die „Internationale". Zum gleichen Zeitpunkt verabschiedet im „Palast der Republik" ERICH HONECKER seine Staatsgäste, darunter auch den sowjetischen Reformer MICHAIL GORBATSCHOW. Die Demonstranten skandieren u.a. „Gorbi, hilf uns!". Stasi-Einsatzkräfte drängen die Protestierenden ab. „Keine Gewalt" ruft die Menge. An der Dimitroffstraße wird eine Polizeikette durchbrochen. Zum Staatsjubiläum singen die mutigen Menschen „Happy birthday, Polizeistaat!" An der Gethsemane-Kirche wird die Menge abgedrängt und gewaltsam geteilt. Einige Demonstranten werden weggezerrt, brutal verprügelt, eingesperrt. Westliche Journalisten werden gezwungen, Filme, Video- und Tonbänder abzugeben.

In Schwante wird die SOZIALDEMOKRATISCHE PARTEI (SDP) gegründet.

**08.10.**

In Dresden kommt es zu einer Demonstration mit Sitzstreik, die nach Gesprächszusage vom Rat der Stadt friedlich abgebrochen wird.

Die erste offizielle Veranstaltung des noch immer verbotenen NEUEN FORUMS findet in der Leipziger Nikolaikirche statt.

In Berlin wird ein Demonstrationszug mit Tausenden Menschen gewaltsam aufgelöst.

**09.10.**

Montagsdemo in Leipzig mit 70.000 bis 100.000 Teilnehmern nach einem Friedensgebet in der Nikolaikirche mit Pfarrer CHRISTIAN FÜHRER. Eine bürgerkriegsähnliche Eskalation wird u.a. durch einen Aufruf verhindert, der von drei Sekretären der SED-Bezirksleitung, von Gewandhauskapellmeister PROF. KURT MASUR, Pfarrer PETER ZIMMERMANN und dem Kabarettisten BERND-LUTZ LANGE unterschrieben ist und in den Kirchen vorgetragen und im Rundfunk verbreitet wird. Die sowjetische Führung verweigert den Aufmarsch von Truppen. Die Demonstranten rufen „Wir sind das Volk!" Sicherheitskräfte greifen nicht ein. Das Gesprächsangebot „Sechs von Leipzig" wird in den Kirchen und über den Stadtfunk verlesen. Inzwischen sind einige zigtausend DDR-Bürger geflüchtet.

Der Dresdner Oberbürgermeister WOLFGANG BERGHOFER empfängt 20 Menschen („Gruppe der 20"), die am Vortag von den Demonstranten als Sprecher gewählt wurden. In einem Neun-Punkte-Programm wird u.a. gefordert: Klärung der Übergriffe auf die Demonstranten am Vortag, Gewährung von Meinungs-, Demonstrations- und Reisefreiheit, freie Wahlen, Zulassung des NEUEN FORUMS.

ERICH HONECKER empfängt YAO YILIN, Mitglied des Politbüros der chinesischen KP und stellvertretender Ministerpräsident. Nach ADN stimmen beide Politiker darin überein, dass „eine grundsätzliche Lehre aus dem konterrevolutionären Aufruhr in Peking sowie der gegenwärtigen Hetzkampagne gegen die DDR" darin bestehe, „unbeirrt an den Grundwerten des Sozialismus festzuhalten und gleichzeitig die sozialistische Gesellschaft ständig weiter zu vervollkommnen".

In Halle und Magdeburg kommt es zum Schweigesitzen und zu Demonstrationen.

Der Leiter der Bezirksverwaltung Suhl der Staatssicherheit, Generalmajor GERHARD LANGE, fordert in Berlin zum Schutz der Untersuchungs-Haftanstalt Suhl zwei leichte Maschinengewehre an.

**10.10.**
In der Ilmenauer Innenstadt wird demonstriert, ebenso in Nordhausen.

**11.10.**
Ein Staatsbesuch ERICH HONECKERS Ende Oktober in Dänemark wird „auf einen späteren Zeitpunkt" verschoben.

**14.10.**
Mehr als 100 Vertreter des NEUEN FORUMS versammeln sich zu einem Koordinierungstreffen in Berlin. Bisher sind etwa 25.000 Unterschriften für die Zulassung gegeben worden.

**16.10.**
In Leipzig demonstrieren ca. 120.000 Menschen, ADN berichtet erstmals umgehend und relativ ausführlich. Weitere Demonstrationen gibt es in Dresden, Halle, Magdeburg und Potsdam.

**18.10.**
SED-Generalsekretär ERICH HONECKER tritt angeblich aus gesundheitlichen Gründen von seinen Partei- und Staatsämtern zurück.
Klartext: HONECKER wird gestürzt. Er ist für die SED als Bauernopfer anzusehen. Das SED-Politbüro sieht sein Heil in einer Flucht nach vorn.

Nachfolger als SED-Parteichef ist EGON KRENZ (s. 24.10.1989). Er beharrt auf den Führungsanspruch der SED und kündigt eine „Wende" an, bei der aber der Sozialismus nicht in Frage gestellt wird. Nach einem Beschluss des Politbüros des ZK der SED vom 17.10.1989 treten der Wirtschaftsfunktionär GÜNTER MITTAG und der Verantwortliche für Medien, JOACHIM HERRMANN, zurück. Außerdem wird die Abteilung Agitation beim ZK der SED aufgelöst.

Demonstrationen gibt es u.a. in Greifswald und Neubrandenburg.

In Frankfurt/Oder findet eine Veranstaltung des NEUEN FORUMS als Podiumsgespräch mit Vertretern der SED, LDPD und CDU statt.

In Suhl versammeln sich ca 1.300 Anhänger des NEUEN FORUMS.

**19.10.**

Demonstrationen in Rostock (10.000 Teilnehmer), Zeulenroda (3.000 Teilnehmer), Schweigemarsch in Erfurt (300 Teilnehmer). In Halle werden Mitglieder des NEUEN FORUMS verhaftet.

Im DDR-Fernsehen wird erstmals eine Sendung ausgestrahlt mit dem Titel „Zuschauer fragen - Politiker antworten". (Slogan auf den Demos: „Bürger fragen - Politiker antworten nicht")

**20.10.**

In einem Kommentar des NEUEN DEUTSCHLANDS heißt es, die SED habe eine „Wende" eingeleitet. Sie beweise ihren Mut zur Wahrheit, mache Schluss mit Schönfärberei und Unbescheidenheit.

**22.10.**

Erster Dialog im Leipziger Gewandhaus. Etwa 500 Menschen diskutieren mit dem stellvertretenden Kulturminister DR. KLAUS HÖPCKE[3] und Sekretären der SED-Bezirksleitung. Einer der Initiatoren ist PROF. KURT MASUR.

Die LDPD fordert von der SED die Zulassung des NEUEN FORUMS. Sie lässt verlauten, dass sie bereit sei, Mitglieder dieser Reformgruppen aufzunehmen und auf ihren eigenen Listen kandidieren zu lassen.

---

[3] DR. KLAUS HÖPCKE, der als stellvertretender Kulturminister der DDR, verantwortlich für die Verlage und den Buchhandel, der "Oberzensor" der DDR war, ist von 1990 - 1999 Mitglied der PDS-Fraktion im Thüringer Landtag und hat sich dort als „weltoffener Oberdemokrat" aufgespielt.

**23.10.**

Montagsdemo in Leipzig mit ca. 300.000 Teilnehmern. In der gesamten DDR (vor allem im mitteldeutschen Raum) wird inzwischen massiv gegen die SED-Willkür protestiert.

In der Suhler Stadthalle findet das erste Bürgergespräch mit einigen tausend Suhlern statt. Man fordert Rechenschaft von der SED-Parteiführung um HANS ALBRECHT.

**24.10.**

Die Volkskammer der DDR wählt EGON KRENZ zum Staatsratsvorsitzenden und Vorsitzenden des Nationalen Verteidigungsrates. Bereits am Vorabend der Wahl protestieren Teile der Bevölkerung dagegen.

**27.10.**

Der DDR-Staatsrat beschließt eine Amnestie für DDR-Flüchtlinge.

Der DDR-Ministerrat hebt die zeitweilige Aussetzung des pass- und visafreien Reiseverkehrs in die CSSR zum 01.11. wieder auf. Die Zahl der Zufluchtssuchenden in den westdeutschen Botschaften steigt wieder sprunghaft an.

**30.10.**

Die letzte TV-Sendung des „Schwarzen Kanals", in der KARL EDUARD VON SCHNITZLER 30 Jahre lang gegen die Bundesrepublik polemisiert und hetzt, wird abgesetzt.

**02.11.**

Der FDGB-Vorsitzende HARRY TISCH und die Volksbildungsministerin MARGOT HONECKER müssen zurücktreten, ebenso die Parteivorsitzenden der Ost-CDU, GERALD GÖTTING, und der NDPD, HEINRICH HOMANN. Auch der 1. Sekretär der Bezirksleitung Suhl der SED, HANS ALBRECHT, wird entmachtet, PETER PECHAUF wird sein Nachfolger.

**03.11.**

SED-Parteichef KRENZ kündigt eine weitreichende Umgestaltung von Staat und Gesellschaft an (ziviler Wehrersatzdienst, Verfassungsgerichtshof, Wirtschaftsreform, Entwurf eines Reisegesetzes und Präzisierung des § 213 zum ungesetzlichen Grenzübertritt).[4]

---

[4] Damit will die SED-Führung in erster Linie das sinkende Schiff retten, ihre Macht wieder stabilisieren und vor allem die internationale Öffentlichkeit täuschen. Die Rücktritte sind mehr oder weniger System-Retuschen und nicht etwa Teil eines Demokratisierungsprozesses

Krenz teilt mit, dass Hermann Axen, Kurt Hager, Erich Mielke, Erich Mückenberger und Alfred Neumann (angeblich) freiwillig von ihren Funktionen als Politbüromitglieder entbunden werden wollen.

**03. - 09.11.**

40.000 ausreisewillige DDR-Bürger dürfen die CSSR ohne Visum in Richtung Bundesrepublik verlassen.

**04.11.**

In Ostberlin demonstrieren 500.000 bis 1 Mio. Menschen für demokratische Reformen in der DDR, Live-Übertragung im DDR-Fernsehen, die fünfstündige Demonstration ist teilweise SED-gesteuert. Selbst der ehemalige stellvertretende Minister für Staatssicherheit, Markus Wolf, hält eine Rede, die jedoch von Pfiffen und Buhrufen begleitet wird.

**06.11.**

Entwurf eines neuen Reisegesetzes des Innenministeriums, das vom Verfassungs- und Rechtsausschuss der Volkskammer verworfen wird.

**07.11.**

Rücktritt der Regierung (Ministerrat) unter Willi Stoph.

Vor dem Gebäude des Politbüros in Ostberlin demonstrieren 5.000 Menschen für freie Wahlen. Stündlich werden durchschnittlich 300 Aussiedler registriert.

**08.11.**

Das SED-Politbüro tritt auf einer ZK-Sitzung zurück. Das ZK wählt ein neues Politbüro. Egon Krenz wird als Generalsekretär bestätigt.

Tausende Mitglieder der SED demonstrieren in Ostberlin vor dem Gebäude des Zentralkomitees und fordern die Einberufung eines außerordentlichen Parteitages.

Das oppositionelle Neue Forum wird nach Verfolgung und auf Druck großer Bevölkerungskreise vom DDR-Innenministerium als Vereinigung anerkannt.

**09.11.**

120.00 DDR-Bürger sind bislang über Ostblockstaaten geflüchtet.

---

der kommunistischen SED, der späteren SED-PDS. Der Dresdner SED-Chef Modrow, verantwortlich für brutale Übergriffe gegen Oppositionelle und Wahlfälschungen, und weitere Parteiführer fordern in einem Positionspapier „die tiefgreifende Erneuerung des Sozialismus". Es gibt aber kaum konkrete Vorstellungen, wie das aussehen und was geschehen soll.

Das SED-Politbüromitglied SCHABOWSKI verkündet kurz vor 19 Uhr nach einer Sitzung des Zentralkomitees der SED auf einer Pressekonferenz, dass jeder DDR-Bürger mit sofortiger Wirkung die Möglichkeit zur freien Ausreise ohne größere Formalitäten habe.[5]

Die ersten DDR-Bürger dürfen die GÜST ohne Visa passieren, weil die DDR-Kontrollorgane noch keine Anweisungen erhalten haben. Die DDR-Grenzorgane beherrschen wegen des Fehlens einer eindeutigen Befehlslage nicht mehr die Lage.

Die DDR öffnet die Grenzübergänge zur Bundesrepublik Deutschland und zu Westberlin, Reisebeschränkungen werden aufgehoben. Das erste Wochenende nutzen ca. 3 Mio. DDR-Bürger für einen Besuch in der Bundesrepublik Deutschland.

**10.11.**

Das ZK der SED will mit einem Aktionsprogramm seine in massive Kritik geratene Führungsrolle retten.

150.000 Bürger demonstrieren auf dem Ostberliner Alexanderplatz für Demokratie und gegen die Willkürherrschaft der SED.

Vor dem Schöneberger Rathaus in West-Berlin versammeln sich 20.000 Menschen zu einer Kundgebung, auf der die Grenzöffnung begrüßt wird. Es sprechen Bundeskanzler HELMUT KOHL, Bundesaußenminister HANS-DIETRICH GENSCHER, der Regierende Bürgermeister von Berlin WALTER MOMPER und Alt-Bundeskanzler WILLY BRANDT.

MICHAIL GORBATSCHOW beglückwünscht die SED-Führung, dass sie die Grenze geöffnet hat.

**11.11.**

Bis zu diesem Zeitpunkt haben 1989 nach DDR-Angaben 11.463 Aussiedler das Land über die innerdeutsche Grenze verlassen.

**13.11.**

Stasichef ERICH MIELKE erklärt den (staunenden) Volkskammerabgeordneten: „Genossen! Glaubt's mir doch! Ich liebe doch alle Menschen!“

GÜNTHER MALEUDA (DBD) wird neuer Volkskammerpräsident. Die Volks-

---

[5] Das Ereignis, verursacht durch eine total verwirrte DDR-Führung, wird als Befreiungsschlag der in die Enge getriebenen skrupellosen SED-Bonzen im Nachhinein oft als schönster Irrtum in der deutschen Geschichte, aber auch als Schwejkiade kolportiert.

kammer wählt Hans Modrow, den einstigen Dresdner SED-Bezirkschef, zum Ministerpräsidenten der DDR.

**15.11.**

Eine Unabhängige Untersuchungskommission der Ostberliner Stadtverordnetenversammlung beginnt mit der Untersuchung der Stasi- und Polizeiübergriffe am 7. bis 8. Okt. auf Demonstranten.

**16.11.**

Die Leipziger CDU-Zeitung Die Union veröffentlicht einen Bericht, wonach sich die NVA im Oktober im Ausnahmezustand befunden habe. So sollten notfalls Armee-Einheiten gegen Demonstranten in Leipzig eingesetzt werden. Die Soldaten wurden darauf hingewiesen, dass „im Einzelfall und bei entsprechendem Befehl auf das Volk geschossen werden muss".

**17.11.**

Regierungserklärung Modrows. Er kündigt eine „demokratische Erneuerung des öffentlichen Lebens" an, und schlägt eine „Vertragsgemeinschaft der beiden deutschen Staaten" vor. Modrow präsentiert der Volkskammer sein Kabinett.

Das Ministerium für Staatssicherheit wird in ein Amt für Nationale Sicherheit umgewandelt. Leiter wird Generalleutnant Dr. Wolfgang Schwanitz, der Mitglied des Ministerrats der DDR wird.

**19.11.**

Krenz und Modrow erklären ihre Ablehnung zu einer Vereinigung der beiden deutschen Staaten und der sogenannten „selbstständigen politischen Einheit Berlin-West".

**20.11.**

Bei einigen Montagsdemos wird die Einheit Deutschlands gefordert.

**22.11.**

Nach massiven Forderungen oppositioneller Gruppen lenkt das SED-Politbüro ein und schlägt einen Runden Tisch vor.

**23.11.**

Gegen Erich Honecker wird ein Parteiverfahren eingeleitet, der ehemalige Wirtschaftsminister Günter Mittag wird aus der SED ausgeschlossen.

**25.11.**

Egon Krenz erklärt in einem Interview mit der Londoner Financial Times, dass es keine Wiedervereinigung geben und die DDR ein „sozialistisches Land" bleiben werde. Die Beziehungen der beiden deutschen Staaten können aber in eine Konföderation münden, „falls in den kommenden Jahren eine Auflösung der NATO und des Warschauer Vertrages erfolge".

**26.11.**

Krenz verkündet, dass es freie Wahlen in der DDR nicht vor Ende 1990 geben werde.

Zumeist dem linken Spektrum zuzurechnende DDR-Künstler und Oppositionelle veröffentlichen den Aufruf „Für unser Vaterland", in dem die Zweistaatlichkeit als besserer Weg zur deutschen Einheit bezeichnet wird. Der Aufruf erscheint am 29.11. im SED-Zentralorgan Neues Deutschland und ruft starke Kritik hervor. (s. 20.12.)

**28.11.**

Bundeskanzler Helmut Kohl legt dem Deutschen Bundestag ein „Programm zur Überwindung der Teilung Deutschlands und Europas" ohne zeitliche Festlegungen vor.

**29.11.**

Die Sowjetregierung weist den Kohl-Plan energisch zurück, die westlichen Verbündeten reagieren distanziert.

**01.12.**

Die führende Rolle der SED wird aus dem Artikel 1 der Verfassung der DDR gestrichen. Der Bericht des Untersuchungsausschusses der Volkskammer über Privilegien der SED-Partei- und Staatsführung wird veröffentlicht.

Seit dem 09.11.1989 haben 9.090.200 DDR-Bürger die innerdeutsche Grenze passiert, seit Januar haben 300.633 Bürger die DDR verlassen. Seit 1949 sind es damit insgesamt 3.400.000, die dem „Arbeiter-und-Bauern-Staat" den Rücken gekehrt haben.

**02.12.**

Bei Rostock wird von Bürgern ein Waffenlager der IMES GmbH (KoKo) entdeckt. Von hier werden Kriegsgüter in Spannungs- und Kriegsgebiete exportiert. Federführend in diesen Waffengeschäften ist der DDR-Staatssekretär und Staatssicherheitsoberst Dr. Alexander Schalck-Golodkowski tätig. Er flieht am 03.12.1989 in den Westen.

**03.12.**

Rücktritt des Politbüros und des ZK der SED. Krenz verliert sein Amt als SED-Parteichef. Honecker und elf weitere Spitzenfunktionäre der früheren Staats- und

Parteiführung werden aus der SED ausgeschlossen, darunter HANS ALBRECHT, der Suhler Bezirksfürst.
TISCH, MITTAG und der Erfurter 1. SED-Bezirkssekretär GERHARD MÜLLER werden wegen Amtsmissbrauch verhaftet. HANS ALBRECHT wird später ebenfalls verhaftet. 1993 wird gegen ihn eine viereinhalbjährige Freiheitsstrafe verhängt, jedoch außer Vollzug gesetzt. Die Anklage lautete „Beihilfe zum Totschlag", weil ALBRECHT als Mitglied des Nationalen Verteidigungsrats mitverantwortlich für den Schießbefehl an der innerdeutschen Grenze war.
Die Geschäfte übernimmt ein Arbeitsausschuss, dem u.a. angehören der stasibelastete Rechtsanwalt DR. GREGOR GYSI, der später als Wahlfälscher verurteilte Dresdner Oberbürgermeister WOLFGANG BERGHOFER und der ehemalige stellvertretende Staatssicherheitsminister MARKUS WOLF.

Von 12.00 bis 12.15 Uhr zieht sich durch die DDR eine große Menschenkette und protestiert still gegen den SED-Staat.

**04.12.**

CDU und LDPD treten aus dem Demokratischen Block der Parteien und Massenorganisationen aus.

Beginn der Stasibesetzungen. Die Besetzung der Bezirksverwaltung Erfurt des AMTES FÜR NATIONALE SICHERHEIT (AfNS), der Nachfolgeeinrichtung des Ministeriums für Staatssicherheit, erfolgt mit einer spontanen Aktion der Erfurter Ärztin DR. KERSTIN SCHÖN (FRAUEN FÜR VERÄNDERUNG) und später weiterer Gruppen. Das unspektakuläre Überrumpeln des Geheimdienstes hat Signalwirkung für die gesamte DDR.

In einem Treffen zwischen Vertretern der Bürgerbewegung und dem Chef des AfNS, Generalleutnant SCHWANITZ, wird gefordert, die Aktenvernichtung zu stoppen.

**05.12.**

Zwischen den Regierungen der Bundesrepublik Deutschland und der DDR wird ein gemeinsamer Fonds für Reisedevisen in Berlin vereinbart.

HONECKER und ehemalige SED-Politbüromitglieder, bei denen die strafrechtliche Verfolgung noch erfolgen muss, sind laut dem stellvertretenden Generalstaatsanwalt in Wandlitz unter Hausarrest gestellt worden.

**06.12.**

KRENZ tritt von seinen Staatsämtern zurück. Vorsitzender des Staatsrates wird der LDPD-Vorsitzende, PROF. DR. MANFRED GERLACH.

Der Bezirksfürst der SED, HANS ALBRECHT, wird in die Strafvollzugsanstalt Untermaßfeld b. Meiningen eingeliefert.

**07.12.**

Der RUNDE TISCH tagt erstmals in Ostberlin, er besteht aus Mitgliedern der DDR-Parteien, aus oppositionellen Gruppen und Kräften. Hauptziel ist die Vorbereitung demokratischer Wahlen.

**08./09.12.**

Sonderparteitag der SED. GREGOR GYSI wird Parteivorsitzender. Die Partei erklärt ihre Abkehr vom Stalinismus.

**11.12.**

In der DDR kommt es zu Protesten, weil die 15 Bezirksverwaltungen und ca. 200 Kreisdienststellen des MfS bzw. des AfNS teils ungenügend kontrolliert werden. Es werden Bürgerkomitees, Räte für Volkskontrolle bzw. Unabhängige Untersuchungsausschüsse mit Bürgerrechtlern, Staatsanwälten und Regierungsbeauftragten gefordert.

**14.12.**

Beschluss des Ministerrates zur Auflösung des MfS/AfNS und der Einrichtung eines Amtes für Verfassungsschutz. Wegen massiver Proteste in der Bevölkerung und bei den Oppositionsgruppen verzichtet die Regierung jedoch auf die Einrichtung eines Verfassungsschutzes.
Der RUNDE TISCH vom 27.12. (4. Beratung) verlangt den Verzicht auf einen Geheimdienst.

**16./17.12.**

Dem Parteinamen SED wird das Kürzel PDS (PARTEI DES DEMOKRATISCHEN SOZIALISMUS) angefügt. Ein Großteil der Bevölkerung findet das als ungeheure Demagogie. Bei den Demos und Friedensgebeten wird immer wieder massiv das Verbot der SED bzw. SED-PDS gefordert, da die SED-Führungsgremien Befehlszentralen für die verbrecherische Staatssicherheit gewesen sind.

**17.12.**

Nach einem Regierungsbeschluss wird dem Volkskammerpräsidenten MALEUDA mitgeteilt, dass das AfNS aufgelöst worden sei.

In Leipzig wird die Partei DEMOKRATISCHER AUFBRUCH gegründet.[6]

---

[6] s. auch 02.10.1989.

**19.12.**

Gespräch zwischen Bundeskanzler HELMUT KOHL und DDR-Ministerpräsident HANS MODROW in Dresden zu einer Vertragsgemeinschaft der beiden deutschen Staaten und zum Wegfall der Visumspflicht für Bundesdeutsche bei Reisen in die DDR zum 24.12.

**22.12.**

Das Brandenburger Tor in Berlin wird geöffnet.

**24.12.**

Bundesbürger und Westberliner dürfen ohne Zwangsumtausch und Visum in die DDR einreisen. Eine Reisewelle von West nach Ost setzt ein. Bis zum Zeitpunkt müssen die Besucher u.a. aus der Bundesrepublik an den Zollstellen der DDR 25 D-Mark gegen 25 DDR-Mark tauschen.

**31.12.**

1989 sind 343.854 DDR-Bürger in die Bundesrepublik übergesiedelt. (39.832 im Jahr 1988)

**1990**

**03.01.**

Während der 5. Sitzung des RUNDEN TISCHES verlangen Oppositionsgruppen die Entwaffnung der Staatssicherheit zum 08.01. und den generellen Verzicht auf Geheimdienste.

**08.01.**

Bei den Montagsdemos wird der Ruf nach der Einheit Deutschlands immer lauter, Proteste gegen die SED-PDS werden stärker.

**11.01.**

Der DDR-Ministerpräsident MODROW sagt in seiner Regierungserklärung, dass die Einheit Deutschlands nicht zur Disposition stehe, er bietet aber den Oppositionsparteien eine Mitarbeit in der Regierung an.

Die Regierung MODROW mit ihrer SED-PDS-Mehrheit in der Volkskammer verzögert mit pseudodemokratischem Taktieren wesentlich die Demokratisierung des öffentlichen Lebens, dabei werden Forderungen der Opposition und der Runden Tische kaum erfüllt bzw. die Lösung der Probleme in Angriff genommen.[7]

---

[7] So kommt es beispielsweise beim RUNDEN TISCH am 08.01.1990 beinahe zum Eklat, weil

In der DDR kommt es zu Demonstrationen gegen die Zahlung hoher Überbrückungsgelder für die Stasi-Mitarbeiter.

Ein neues Gesetz über Reisen von DDR-Bürgern ins Ausland wird erlassen, es tritt am 01.02.1990 in Kraft.

**12.01.**
Die Volkskammer stoppt die Vorbereitung des Aufbaus eines DDR-Verfassungsschutzes.

**15.01.**
Das berüchtigte Gebäude des Ministeriums für Staatssicherheit in der Normannenstraße in Berlin-Lichtenberg[8] wird gestürmt und teilweise verwüstet. Bis zu diesem Zeitpunkt arbeitet hier ungehindert der kommunistische Geheimdienst.
Suhler Mitglieder der zeitweiligen Kommission des Bezirkstags übernehmen vom 15. bis 17.01.1990 mit die Bürgerwache.

In der gesamten DDR kommt es zu Demonstrationen wegen der Restauration der SED und ihres Sicherheits- und Spitzelapparats.

**21.01.**
Krenz und 13 ehemalige Staatsfunktionäre werden aus der SED-PDS ausgeschlossen.

**22.01.**
Modrow verkündet am Runden Tisch, dass Vertreter der Opposition in die Regierung aufgenommen werden. Damit will die SED-PDS verhindern, dass die Regierung Modrow die Vertrauensfrage stellen muss und die SED-PDS ihren noch vorhandenen Einfluss verliert.

---

die Forderung der Opposition nach Stasiauflösung zu zögerlich und im Schutz der Regierung Modrow (als geordneter Rückzug) vor sich geht. Die SED-PDS hat nach wie vor alle Schalthebel der Macht in der Hand, also die drei Staatsfunktionen Legislative, Exekutive und Judikative. Hinzu kommt der noch immer große Einfluss der „4. Staatsgewalt", der Medien. Der Rundfunk und die Nachrichtenagentur ADN bleiben weiterhin staatliche Einrichtungen, und die ehemaligen SED-Bezirkszeitungen besitzen vor allem in der Lokalberichterstattung weiterhin eine Monopolstellung.

[8] In der Normannenstraße gibt es ca. 3.000 Räume und Büros, in denen etwa 12.000 bis 13.000 Geheimdienstmitarbeiter tätig sind. Insider haben im Nachhinein berichtet, dass die Erstürmungsaktion von der Stasi mitinitiiert worden sei.

**25.01.**

Die Regierung beschließt die Gewerbefreiheit und erlaubt die Gründung von Unternehmen mit ausländischer Beteiligung (z. B. Joint-venture).

**26.01.**

Der visafreie Reiseverkehr mit der Republik Österreich wird ab 01.02. vereinbart.

**28.01.**

Nach scheinbar endlosen Diskussionen wird der Wahltermin der Volkskammer vom 06.05. auf den 18.03. vorverlegt, am 6. Mai sollen Kommunalwahlen stattfinden. Neue demokratische Parteien und Gruppierungen sind wegen fehlender Zeit im Wahlkampf eingeschränkt, eine Angleichung zu den in der Bundesrepublik bestehenden Parteien wird deutlich.

**29.01.**

HONECKER wird nach einem Krankenhausaufenthalt verhaftet, tags darauf aber für haftunfähig erklärt. Ein evangelisches Pfarrerehepaar nimmt ERICH und MARGOT HONECKER auf.

**30.01.**

MODROW besucht GORBATSCHOW in Moskau. Der Generalsekretär der KPdSU und spätere sowjetische Staatspräsident stimmt einer Konföderation beider deutscher Staaten zu.

**01.02.**

MODROW schlägt die schrittweise Vereinigung der beiden deutschen Staaten unter strikter militärischer Neutralität vor.

**03.02.**

In Davos/Schweiz kommt es zu einem Gespräch zwischen KOHL und MODROW.

**04.02.**

Die SED-PDS gibt sich den Namen PDS (PARTEI DES DEMOKRATISCHEN SOZIALISMUS).

**05.02.**

Aus oppositionellen Parteien und Gruppierungen treten acht Minister ohne Geschäftsbereich in die DDR-Regierung ein, die sich jetzt (REGIERUNG DER NATIONALEN VERANTWORTUNG) nennt.

Die Bundesrepublik schlägt Verhandlungen über eine Währungsunion beider deutscher Staaten vor.

**08.02.**

Die Bundesregierung bietet der DDR Verhandlungen und Hilfe an. Der Flüchtlingsstrom kann nicht gestoppt werden, vor allem weil viele junge Menschen aus der DDR keine Chance unter der Regierung MODROW sehen und die ökonomischen Verhältnisse sich zusehends verschlechtern. Täglich verlassen ca. 2.000 Menschen die DDR.

Die Bürgerbewegungen drängen den RUNDEN TISCH, Komitees zur Auflösung des AfNS zu bilden. Bis zum 08.03. sollen nach Forderung vom 20.02. die elektronischen Datenträger mechanisch zerstört werden.

**10./11.02.**

Bundeskanzler KOHL und Außenminister GENSCHER treffen mit GORBATSCHOW in Moskau zusammen. Der sowjetische Präsident überlässt den Deutschen den Weg der Einigung. Damit ist ein wesentlicher Punkt der deutschen Frage geregelt.

Die Regierung MODROW und die PDS werden im Vorfeld nicht in die Gespräche und Verhandlungen eingeweiht. Man ist hilf- und ratlos, vor allem weil man von den Genossen in Moskau nicht informiert wird.

Die LDPD benennt sich um in LDP (Liberal-Demokratische Partei), eine neue Parteiführung wird gewählt.

**11.02.**

Die britische Premierministerin MARGARET THATCHER erklärt sich zur Einigungsproblematik reserviert. Sie betont, Deutschland könne nur mit Zustimmung aller 35 Signatarstaaten der KSZE-Schlussakte von Helsinki vereinigt werden.

**13.02.**

Eine DDR-Regierungsdelegation unter MODROW weilt zu einem zweitägigen Besuch in Bonn. Es wird vereinbart, eine Expertenkommission zur Vorbereitung der Währungsunion und Wirtschaftsgemeinschaft zu bilden. Die Bundesregierung lehnt einen von der DDR und dem RUNDEN TISCH geforderten Solidarbeitrag (ohne dass ein Verwendungskonzept vorgelegt wird) von bis zu 15 Milliarden DM ab, weil man nicht umsonst Geld in die marode sozialistische Planwirtschaft stecken will.

**14.02.**

Die Siegermächte des 2. Weltkrieges und die beiden deutschen Staaten besprechen die Aufnahme von Verhandlungen über die deutsche Einheit („Zwei plus vier").

**19.02.**

Bundeskanzler KOHL spricht in Erfurt vor 130.000 Menschen und unterstützt die ALLIANZ FÜR DEUTSCHLAND in ihrem Wahlkampf.

**01.03.**

Die DDR-Regierung beschließt die Gründung einer Treuhandanstalt zur Verwaltung des Volkseigentums.

Prognosen für die Volkskammerwahl der DDR am 18.03. werden veröffentlicht. 53 % der Wahlberechtigten plädieren für die SPD, für das Wahlbündnis ALLIANZ FÜR DEUTSCHLAND 24 %, die PDS 11 %, jeweils 3 % für die Liberalen, die DBD, die Grünen und sonstige Parteien und Wählergruppen.

**06.03.**

Bei einem Moskau-Besuch von DDR-Regierungsvertretern erklären beide Staaten, dass eine Vereinigung Deutschlands nicht durch den DDR-Beitritt nach Artikel 23 des Grundgesetzes der Bundesrepublik Deutschland erfolgen dürfe. Ein etappenweises Vorgehen wird vorgeschlagen. Gesamtdeutschland dürfe nicht Mitglied der NATO werden.[9]

**08.03.**

Die 109.000 „Inoffiziellen Mitarbeiter“ (IM) des MINISTERIUM FÜR STAATSSICHERHEIT (ab 17.11.1989 AMT FÜR NATIONALE SICHERHEIT) werden von der DDR-Regierung entpflichtet.

**12.03.**

Letzte Sitzung des RUNDEN TISCHES. Er lehnt eine Übernahme des Grundgesetzes der Bundesrepublik Deutschland für die DDR ab. Über eine neue DDR-Verfassung sollte am 17.06.1990 abgestimmt werden.
Von der Arbeitsgruppe Sicherheit wird der Abschlussbericht vorgelegt, in dem festgestellt wird, dass die Stasi nicht mehr arbeitsfähig sei, 96 % der Mitarbeiter wären angeblich entlassen worden.

**18.03.**

Freie Wahlen zur Volkskammer der DDR. Wahlsieger ist die von der CDU geführte ALLIANZ FÜR DEUTSCHLAND (CDU, DSU, DA), gefolgt von der SPD und der PDS.

---

[9] Eine Debatte wurde vor allem darüber geführt, nach welchem Artikel des Grundgesetzes die Einheit Deutschlands herzustellen sei. Nach Artikel 23 (sog. „Beitrittsartikel") wurde, wie geschehen, lediglich der Geltungsbereich des Grundgesetzes vergrößert. Nach Artikel 146 („Geltungsdauer des Grundgesetzes") bestand und besteht jedoch auch die Möglichkeit, eine Verfassung zu entwerfen, deren Einführung von einem Volksentscheid abhängig wäre. Mit dem Einigungsvertrag vom 31.08.1990 wurde schließlich der Beitritt der DDR festgelegt. Artikel 23 ist aufgehoben worden, da nunmehr die „Einheit und Freiheit Deutschlands vollendet" sei (Präambel des Grundgesetzes).

**01.04.**

Die Deutsche Bundesbank schlägt bei einer Währungsunion vor, dass Einkommen und Renten im Verhältnis 2 : 1 umgestellt werden. Es kommt zu Protesten in der DDR.

Nach Regierungsangaben sind zu diesem Zeitpunkt alle hauptamtlichen Mitarbeiter der Staatssicherheit entlassen, außer HV A (Hauptverwaltung Aufklärung). Die für Auslandsspionage vorgesehene Abteilung übergibt am 30.06. ihre Räume besenrein an das staatliche Auflösungskomitee.

**03.04.**

In der Presse werden Mitteilungen über Verbrechen in den sowjetischen Sonderlagern des Geheimdienstes in der SBZ und in der DDR publiziert.[10]

**05.04.**

Konstituierung der Volkskammer der DDR. Abschaffung des Staatsrats. Volkskammerpräsidentin SABINE BERGMANN-POHL (CDU) übernimmt provisorisch die Aufgaben des Staatsoberhaupts, LOTHAR DE MAIZIÈRE (CDU) wird mit der Regierungsbildung beauftragt (Am 12.04. wird er zum Ministerpräsidenten gewählt).

**10.04. - 02.10.1990.**

Nachfolger des „Ministeriums für Nationale Verteidigung" der DDR[11] wird das

---

[10] Vom 21.08.1945 bis 1950 werden Anhänger und Täter des Nationalsozialismus, aber auch bürgerliche Demokraten, Parteilose und Kommunisten in das ehem. KZ Buchenwald (Speziallager Nr. 2 des sowjetrussischen NKWD) verschleppt. Unter ihnen befinden auch Bürger des Kreises Hildburghausen. Die Opfer werden oft von deutschen Helfershelfern denunziert. In den sowjetischen KZ in der SBZ/DDR sind mindestens 183.000 Menschen interniert, davon kommen 73.100 ums Leben oder werden gezielt ermordet. Allein in Buchenwald sterben 8.000 von 32.000 Inhaftierten. Die Zahlen müssen nach der Aufdeckung der Verbrechen immer wieder nach oben korrigiert werden. In den Folgemonaten werden überall im Land weitere Untaten der Sowjets bekannt im Zusammenspiel mit deutschen Kommunisten, so auch Massenhinrichtungen in der Nähe Hildburghausens, die teils staatsanwaltlich untersucht werden.

[11] Am 12.09.1961 (also einen Monat nach dem Mauerbau) wird mit Befehl 1/61 des Vorsitzenden des Nationalen Verteidigungsrats, WALTER ULBRICHT, die Deutsche Grenzpolizei (mit Wirkung v. 15.09.) in die Nationale Volksarmee (NVA) eingegliedert. Das ist ein DDR-Etikettenschwindel: Aus "Polizisten" werden "Soldaten". Die Grenzpolizisten werden dem Ministerium für Nationale Verteidigung unterstellt. Das NVA-Kommando Grenze verfügt seinerzeit über schwere Waffen: Panzer Typ T 34, Sturmgeschütze SU-76, schwere Infanteriewaffen usw.
Hildburghausen gehört bis zum Zusammenbruch der DDR zur Grenzbrigade 11, Stab in Meiningen.

„Ministerium für Abrüstung und Verteidigung". Trotz Verhandlungen gelingt es nicht, die Grenztruppen dem Innenministerium zu unterstellen.

**12.04.**
DDR-Volkskammer wählt erstmals in ihrer Geschichte eine demokratische Regierung, es wird eine große Koalition gebildet: ALLIANZ FÜR DEUTSCHLAND (15 Minister), Sozialdemokraten (7 Minister) und Liberale (3 Minister). LOTHAR DE MAIZIÈRE (CDU) wird zum Ministerpräsidenten gewählt.

**18.04.**
Memorandum der UdSSR gegen einen Beitritt der DDR zur Bundesrepublik Deutschland nach Artikel 23 des Grundgesetzes der Bundesrepublik Deutschland.

**19.04.**
Regierungserklärung des Ministerpräsidenten der DDR, LOTHAR DE MAIZIÈRES: Er fordert die schnelle Herstellung der Einheit Deutschlands gemäß Artikel 23 des Grundgesetzes der Bundesrepublik Deutschland.[12]

**23.04.**
Die Bundesrepublik schlägt für eine eventuelle Währungsunion einen Umtauschkurs von 1 : 1 vor (Löhne, Gehälter, Renten, Bargeld sowie Sparguthaben bis 4.000 Mark pro Kopf, weitere Guthaben 1 : 2).

**27.04.**
Beginn der offiziellen Gespräche der Regierungen der beiden deutschen Staaten in Bonn und Ost-Berlin über die Schaffung einer WIRTSCHAFTS-, WÄHRUNGS- UND SOZIALUNION.

**28.04.**
Die Gipfelkonferenz der Europäischen Union stimmt der Vereinigung Deutschlands zu.

Die „Zwei-plus-vier"-Gespräche beginnen in Bonn (Außenminister der beiden deutschen Staaten und der vier Siegermächte).

**06.05.**
Kommunalwahlen in der DDR.

**16.05.**
Bund und Länder sind sich einig über die Schaffung eines Fonds „Deutsche Ein-

---

[12] s. 06.03., 03.10.1990.

heit“ zur Unterstützung der DDR in Höhe von 115 Milliarden DM. Das Geld soll zum Großteil am Kapitalmarkt aufgenommen werden.

**17.05.**
Die DSU-Fraktion der Volkskammer beantragt den Beitritt der DDR zur Bundesrepublik nach Artikel 23 des Grundgesetzes der Bundesrepublik Deutschland, der Antrag wird in die Ausschüsse verwiesen.

**18.05.**
Unterzeichnung des Staatsvertrags zur WÄHRUNGS-, WIRTSCHAFTS- UND SOZIALUNION von den Finanzministern THEO WAIGEl (Bundesrepublik) und WALTER ROMBERG (DDR).

**31.05.**
Die Volkskammer beschließt, das Vermögen der Parteien und Massenorganisationen treuhänderisch verwalten zu lassen (Regierungskommission). Das Staatswappen der DDR wird in und an allen öffentlichen Gebäuden entfernt.

**17.06.**
Die Volkskammer beschließt ein Gesetz über Verfassungsgrundsätze. Sich auf die sozialistische Staatsordnung beziehende Rechtsvorschriften werden außer Kraft gesetzt.

Erstmals gedenkt man in der DDR offiziell der Opfer des Volksaufstands vom 17. Juni 1953. Die Veranstaltung findet in Heinersdorf mit über 10.000 Teilnehmern statt.

**21.06.**
Bundestag und Volkskammer verabschieden gleichlautende Erklärungen über die Endgültigkeit der Oder-Neiße-Linie als polnische Westgrenze.

**01.07.**
Die WÄHRUNGS-, WIRTSCHAFTS- UND SOZIALUNION tritt in Kraft. Die D-Mark ist alleiniges Zahlungsmittel in beiden deutschen Staaten. Personenkontrollen an der innerdeutschen Grenze fallen weg, ebenso Notaufnahmeverfahren für Übersiedler aus der DDR.

An der Grenze bei Hönbach (Sonneberg) unterzeichnen der Innenminister der Bundesrepublik Deutschland, WOLFGANG SCHÄUBLE, und der Innenminister der Deutschen Demokratischen Republik, PETER-MICHAEL DIESTEL, den Vertrag zum Wegfall der Demarkationslinie.

**03.07.**
Die DDR-Regierung stimmt gesamtdeutschen Bundestagswahlen zu.

**06.07.**
Aufnahme von Verhandlungen auf Regierungsebene zum Einigungsvertrag.

**16.07.**
Gespräche zwischen GORBATSCHOW und KOHL in Moskau und im Kaukasus. Zustimmung der UdSSR für die Mitgliedschaft eines geeinten Deutschland in der NATO, Abzug der Sowjettruppen innerhalb von 3 bis 4 Jahren.

**22.07.**
Volkskammerbeschluss über die Wiederherstellung der 1952 aufgelösten Länder. Festlegung der Landtagswahlen auf den 14.10.1990.

**24.07.**
Wegen Unstimmigkeiten über den Modus gesamtdeutscher Wahlen verlassen die Liberalen das Regierungsbündnis in der DDR.

**01.08.**
Veröffentlichung des DDR-Entwurfs zum Einigungsvertrag.

**03.08.**
Unterzeichnung des Wahlvertrags in Ostberlin (5-Prozent-Klausel, Listenverbindungen).

**08.08.**
Die Volkskammer wendet sich an die Bundesregierung mit der Bitte, die gesamtdeutschen Wahlen auf den 14.10.1990 zu legen. Es wird ein Anschluss der Deutschen Demokratischen Republik an die Bundesrepublik Deutschland nach Artikel 23 des Grundgesetzes vorgeschlagen.

**19.08.**
Die SPD verlässt die Regierungskoalition der DDR.

**23.08.**
Die Volkskammer der DDR beschließt den Beitritt der DDR zur Bundesrepublik Deutschland am 03.10.1990 (294 Abgeordnete stimmen für den Beitritt: CDU/DA, DSU, SPD, F.D.P.; 62 Gegenstimmen, 7 Enthaltungen). Der Bundestag verabschiedet das Wahlgesetz.

**31.08.**

In Ostberlin wird der Einigungsvertrags von Bundesinnenminister Wolfgang Schäuble und DDR-Staatssekretär Günther Krause unterzeichnet.

**12.09.**

Die Außenminister der 4 Siegerstaaten und der beiden deutschen Staaten unterzeichnen den „Zwei-plus-vier-Vertrag". Nach der Ratifizierung erlöschen die Rechte der Siegermächte.
Die Nachkriegszeit endet.

**19.09.**

Die DDR-Regierung ernennt Joachim Gauck zum Sonderbeauftragten für den Umgang mit personenbezogenen Stasiakten (Stasi-Unterlagen-Gesetz).

**20.09.**

Die Volkskammer und der Bundestag ratifizieren den Einigungsvertrag, am 21.09. der Bundesrat (299 Abgeordnete der Volkskammer stimmen für den Einigungsvertrag, 80 dagegen, 1 Abgeordneter enthält sich. Im Bundestag stimmen 442 Abgeordnete für den Einigungsvertrag, 47 dagegen, 3 enthalten sich der Stimme).

**24.09.**

Austritt der DDR aus dem Warschauer Vertrag.

**26.09.**

Letzte DDR-Kabinettssitzung.

**01.10.**

Die Siegermächte suspendieren in New York ihre Vorbehaltsrechte auf Deutschland bis zum Inkrafttreten des „Zwei-plus-vier-Vertrages". Der Vertrag muss noch von den Parlamenten ratifiziert werden. Damit hat Deutschland seine volle Souveränität zurückerlangt.

**02.10.**

Letzte DDR-Volkskammersitzung.

**02./03.10.**

Um Mitternacht wird vor dem Reichstag in Berlin feierlich die deutsche Flagge gehisst. Die deutsche Teilung ist beendet.
In vielen Städten und Gemeinden des neuen deutschen Vaterlandes werden würdige Feiern gestaltet und das vom SED-Regime verfemte Lied der Deutschen gesungen:

Einigkeit und Recht und Freiheit

für das deutsche Vaterland!

Danach lasst uns alle streben

brüderlich mit Herz und Hand!

Einigkeit und Recht und Freiheit

sind des Glückes Unterpfand.

Blüh' im Glanze dieses Glückes,

blühe, deutsches Vaterland!

## DDR-Glossar

**Agitation und Propaganda** (Agitprop)

Sie fasst die massenpolitische Arbeit der „Partei der Arbeiterklasse" zusammen. Bereits in den 20er Jahren für die Parteiarbeit der KPD gebräuchliche Bezeichnung. Mit dem Kurzbegriff Agitprop werden in der DDR verstärkt auch die Versuche bezeichnet, mit Hilfe von künstlerischen Ausdrucksformen die marxistisch-leninistische Weltanschauung sowie aktuelle Parteibeschlüsse zu verbreiten (Agitpropkunst).

**Aktivist**

Die Aktivistenbewegung geht zurück auf den Bergmann ADOLF HENNECKE, der am 13.10.1948 seine Schichtnorm mit 387 Prozent erfüllte. Die von der SED initiierte Bewegung nach sowjetischem Vorbild sollte durch Planüberfüllungen und sog. Neuerermethoden helfen, die Arbeits- und Lebensbedingungen in der SBZ bzw. in der DDR zu verbessern. Im „sozialistischen Wettbewerb" wurden „verdienstvolle Werktätige" zum Beispiel mit dem Titel „Aktivist der sozialistischen Arbeit" geehrt. Allerdings wurde die Aktivistenbewegung nach der Euphorie in den Gründungsjahren der DDR immer mehr zu einer lästigen Pflichterfüllung in den Betrieben.

**Antifaschistischer Schutzwall**

Offizielle Bezeichnung der Berliner Mauer und der gesamten Grenzanlagen der DDR. In zynischer Weise wurde der Begriff von der SED-Propaganda dazu verwendet, die wahre Absicht des Mauerbaus zu verschleiern. Durch ihn sollte vor allem der Flüchtlingsstrom in den Westen eingedämmt werden.

**Arbeiter-und-Bauern-Inspektion** (ABI)

Staatliches und gesellschaftliches Organ, das seit 1963 der SED bei der Kontrolle der Verwirklichung ihrer Beschlüsse, Direktiven und des Wirtschaftsplans (z.B. Fünfjahrplan) behilflich war. In den Betrieben, Genossenschaften und Einrichtungen wurden ABI-Kommissionen eingerichtet, in den Städten, Wohngebieten und Gemeinden die Volkskontrollausschüsse. Sie konnten durchaus dazu taugen, Missstände aufzudecken und auf kürzeren Dienstwegen zu beseitigen. Insgesamt war die ABI jedoch ein bürokratisches SED-Instrument und besaß mehr oder weniger Alibifunktion für die „sozialistische Demokratie".

**Ausreiseantrag**

Antragsteller, die eine dauerhafte Übersiedlung in die Bundesrepublik Deutschland wünschten, wurden gesellschaftlich ausgegrenzt und persönlich diskriminiert, was bis zum Verlust des Arbeitsplatzes führen konnte. Meist dauerte es Jahre, bis die Staatssicherheit (→MfS) über den Antrag endgültig entschied. Nicht selten war mit der Ausreise nach Westdeutschland der Verlust des gesamten persönlichen Eigentums ohne Entschädigung verbunden.

**Bausoldat**

Angehöriger des sogenannten Spatentrupps. Die Verweigerung des Militärdienstes wurde in der DDR mit langjährigen Haftstrafen geahndet. Möglich war seit 1964 jedoch die Verweigerung des Waffendienstes. In diesem Fall wurden die Wehrpflichtigen als Bausoldaten einberufen, die durch einen silbernen Spaten auf dem Schulterstück gekennzeichnet waren. Die Baukompanien dienten oft als billige Arbeitskräfte und wurden vor allem in Tagebauen, auf Abraumhalden und in Chemiebetrieben eingesetzt. Die Trupps unterstanden der vollen militärischen Leitung der NVA-Kommandeure und sind schon deshalb keinesfalls mit dem Zivildienst in der Bundesrepublik Deutschland vergleichbar. Bausoldaten wurden auch nach ihrer Entlassung gesellschaftlich diskriminiert.

**Bereich Kommerzielle Koordinierung** (BKK oder KoKo)

Unter Mitwirkung des Ministeriums für Staatssicherheit (→ MfS) wurde 1966 im Ministerium für Außenhandel der Bereich Kommerzielle Koordinierung eingerichtet. Mit verdeckten Geschäften (u.a. Waffen-, Kunst- und Antiquitätenhandel) sollten Devisen ins Land geholt werden, um die Zahlungsfähigkeit der DDR zu sichern. Weitere Ziele waren das Unterlaufen von Embargobestimmungen (z.B. für Computer- und Militärtechnik) durch Zwischenhändler im Ausland sowie Beschaffung und Transport geheimdienstlicher Informationen für das MfS. Zum Leiter wurde der Staatssekretär und MfS-Oberst Dr. Alexander Schalck-Golodgowski ernannt, der die KoKo zu einem bis heute undurchsichtigen Wirtschaftsimperium ausbaute, das vom Staat völlig unkontrolliert agieren konnte.

**Bewaffnete Organe**

Gesamtheit aller waffentragenden Einrichtungen und Institutionen der DDR, die rechtlich verbindlich handelten und Waffen gemäß ihrer Dienstvorschriften anwenden durften. Dazu gehörten: die NVA, die Grenztruppen (→ Deutsche Grenzpolizei), die Volkspolizei (→), das MfS, die Zollorgane, die Kampfgruppen, die Zivilverteidigung. Alle b. O. unterstanden dem Nationalen Verteidigungsrat (→), dessen Vorsitzender der SED-Generalsekretär war.

**Bezirke**

Die bereits in der SBZ eingeleitete gesellschaftliche Umgestaltung nach sowjetischem Vorbild wurde zunehmend perfektioniert. Die vorwiegend exekutive Funktionen besitzenden Länder wurden zum Ausbau der zentralistischen Strukturen aufgelöst und in 15 Verwaltungseinheiten aufgeteilt (14 Bezirke und Berlin, Hauptstadt der DDR). Jeder Bezirk unterteilte sich in Kreise (insgesamt 217).
Am 25.07.1952 fand die letzte Sitzung des Thüringer Landtags statt. Mit dem „Gesetz über die weitere Demokratisierung des Aufbaus und der Arbeitsweise der staatlichen Organe im Land Thüringen" wurden drei Bezirke gebildet (Erfurt, Gera, Suhl). Der Kreis Hildburghausen wurde Bestandteil des Bezirks Suhl, der anfangs aus acht Kreisen, nach Bildung des Stadtkreises Suhl aus neun bestand (bis 1990).

Die Kreisgrenzen wurden korrigiert. Hildburghausen verlor Römhild und einige Grabfeldgemeinden an Meiningen, das kurzfristig zugehörende Gebiet um Schleusingen an Suhl. Auch die Amtsgerichtsbezirke wurden aufgehoben, historisch gewachsene Gebietsgrenzen in der Folgezeit willkürlich zu Gunsten der Schaffung des Kreises Suhl verändert, um der Bezirksstadt Suhl ein entsprechendes Umfeld zu geben.
1990 wurde die Länderstruktur im ehemaligen Gebiet der DDR wieder eingeführt, 1993 wurde die Kreisgebietsreform beschlossen, die ab 01.07.1994 in Kraft trat.

**Blockpartei**
Im „antifaschistisch-demokratischen Block" schlossen sich am 14.07.1945 die Parteien KPD, SPD, CDU, LDP zusammen (17.08.1945 Bildung eines Landesparteienblocks in Thüringen), später kamen die weiteren von der SED initiierten Parteineugründungen hinzu: DBD, NDPD. Damit hatte die KPD und nach der Vereinigung von KPD und SPD zur SED die SED eine nahezu perfekte Kontrolle über die anderen in der SBZ und späteren DDR zugelassenen Parteien. Sie konnte damit mehr Bürger ins politische System integrieren und eine pluralistische Parteienstruktur vorgaukeln.

**Bundis**
Scherzhafte (mitunter auch abfällige) Bezeichnung für Bürger der sog. alten Bundesländer.

**Bürgerkomitee**
Zeitweilige Zusammenschlüsse von Bürgern während der '89er Revolution, zur Verfolgung bestimmter Ziele. B. bildeten sich etwa zur Untersuchung von Vorfällen, zur Aufdeckung politischer Skandale, zur Bewachung von Objekten (z.B. der Staatssicherheit, um Aktenvernichtungen zu verhindern). B. bestanden häufig aus Personen, die sich vorher kaum oder gar nicht kannten und sich lediglich zu diesem Zweck zusammen fanden. Die B. respektierten die SED und ihre helfenden Organe zum Teil sehr stark. So verhinderten kommunistische Unterwanderung und unkoordiniertes Vorgehen der B. eine deutliche Abrechnung mit dem SED-Regime und ihren Funktionären.

**Delikatladen**
(→ Exquisit- und Delikatläden)

**Demarkationslinie** (demarkieren = abgrenzen)
Durch Demarkationsvertrag festgelegte Grenzlinie zwischen Staaten oder Bürgerkriegsparteien. Ist als vorläufige Abgrenzungslinie zu sehen, um Hoheitsbefugnisse oder Einfluss-Sphären zu schützen. D. gilt im völkerrechtlichen Sinne nicht als Staatsgrenze.

**Deutsche Grenzpolizei**

Am 1.12.1946 gebildet. Sie unterstand dem MdI und zeitweilig dem MfS (→). 1961 Umbenennung in „Kommando Grenze“ und Angliederung an das Ministerium für Nationale Verteidigung als Teilstreitkraft der NVA. 1973/74 wurden die polizeiähnlichen Strukturen endgültig aufgelöst und die „Grenztruppen der DDR“ geschaffen, eine eigenständige Armee, die ausschließlich der DDR-Regierung unterstand und nicht Bestandteil der Truppen des Warschauer Vertrages (→) war. Sie diente zur Sicherung der Grenze zur Bundesrepublik Deutschland und hatte vor allem die Aufgabe, Republikflucht (→) von DDR-Bürgern zu verhindern. Die Grenztruppen verfügten daher vorwiegend über leichte Bewaffnung.

**Ehrenmal**

Oft mit großem Aufwand errichtete Gedenksteine/Denkmale für die Opfer des Faschismus oder die gefallenen Soldaten der Sowjetarmee gab es nahezu in jedem größeren Ort - meist auf dem Friedhof. An den entsprechenden Gedenktagen („Gedenktag für die Opfer des Faschismus und Militarismus“, „Tag der Nationalen Volksarmee“ oder „Tag der Befreiung“ u.a.) wurden hier Kranzniederlegungen veranstaltet.

**Eingabe**

Eine der wenigen Möglichkeiten der Bevölkerung, Behördenentscheidungen anzufechten. Es gab keine Klagemöglichkeit vor einem Zivilgericht. E. wurden an die übergeordnete Stelle gerichtet und verloren sich regelmäßig in den Mühlen der sozialistischen Bürokratie. Beliebt waren daher E., die direkt an den (→) Staatsrat der DDR oder noch besser an dessen Vorsitzenden Erich Honecker, geschickt wurden. So konnte es passieren, dass auf Anordnung von „ganz oben“ Entscheidungen revidiert wurden. Der beschwerdeführende Bürger hatte sich damit allerdings oft einen nicht zu unterschätzenden Feind geschaffen: Den verantwortlichen Sachbearbeiter.

**EOS** (Erweiterte Oberschule)

Weiterführende Schule zum Erwerb des Abiturs nach dem Besuch einer zehnklassigen polytechnischen Oberschule (POS). Da die Plätze begrenzt waren, gab es verschiedene Hürden zu überwinden: Einen Numerus clausus von 1,5 und einen Bewerberschlüssel, bei dem bei gleichem Notendurchschnitt Arbeiter- oder Parteiarbeiterkinder und Offiziersanwärter bevorzugt berücksichtigt wurden.
In Hildburghausen: Erweiterte Oberschule „Geschwister Scholl“.

**„Erika“**

Schreibmaschinentyp des VEB Robotron Rechen- und Schreibtechnik Dresden (später Robotron-Elektronik Dresden) - zum VEB Kombinat Robotron gehörend. Kopiertechnik und Personalcomputer mit Drucker waren in der DDR so gut wie unbekannt und Drucklizenzen äußerst rar. Schreibmaschinen boten die einzige Möglichkeit - mit Hilfe von Kohlepapier und dünnem Durchschlagpapier - mehrere Kopien anzufertigen.

**Exquisit- und Delikatläden**

Läden mit hochwertigeren Waren der Bekleidungs- und Nahrungsgüterindustrie. Die Waren stammten zumeist aus der DDR-Produktion bzw. aus der Gestattungs-, also Lizenzproduktion, oder es waren Billigimporte aus dem sog. Nichtsozialistischen Wirtschaftsgebiet (NSW). Die Waren wurden zu Wucherpreisen angeboten, in den Auslagen wurden die Preise nicht notiert. Ein Teil der Bevölkerung ignorierte diese Läden, die einerseits der Kaufkraftabschöpfung dienten und andererseits das ungenügende Warenangebot der desolaten DDR-Wirtschaft überspielen sollten. Zudem konnte die Preisbindung umgangen werden, indem höherwertige DDR-Produkte als „Luxusgüter" eingestuft wurden. Delikatläden wurden anfangs auch als UWuBu (ULBRICHTS Wucherbuden) bezeichnet.

**Fahnenappell**

Auszeichnungs- oder Eröffnungsfeier an Schulen, Berufsschulen, in Pionierlagern, paramilitärischen Einrichtungen und bei den bewaffneten Organen (→). Hier wurden Aufgaben und Ziele (z.B. des neuen Schuljahres) vorgestellt oder Ergebnisse ausgewertet und Auszeichnungen verliehen. Schüler mussten Pionier- oder FDJ-Kleidung tragen. Nach militärischem Vorbild wurde eine Fahne gehisst und teils auf die Fahne geschworen.

**FDJ (Freie Deutsche Jugend)**

1946 gegründete „sozialistische Massenorganisation" (→) für Jugendliche ab dem 14. Lebensjahr, einziger in der SBZ bzw. in der DDR zugelassener Jugendverband. Die FDJ wird als Nachwuchsorganisation der SED (als „Kampfreserve") gesehen und bezeichnet. Sie hatte in der DDR ca. 2 Mio. Mitglieder. Ihre zentrale Aufgabe war, die Jugend politisch zu organisieren und sie ideologisch und fachlich zu erziehen. Sie betreut den DDR-Kinderverband, die Pionierorganisation „Ernst Thälmann". (→ Junge Pioniere)

**„Firma"**

Im Volksmund Bezeichnung für das MfS (→).

**Forumscheck**

(→ Intershop)

**„Freundschaft!"**

Gruß der FDJler (→) bei der Eröffnung gesellschaftlicher Veranstaltungen (z.B. → Fahnenappell) und Schulstunden. Die Jungen Pioniere (→) grüßten bei gleichen Anlässen mit der Dialogformel: „Für Frieden und Sozialismus: Seid bereit!" „Immer bereit!"

**Friedensgebet**

F. nehmen im Spätsommer/Herbst 1989 in der DDR eine Eigendynamik an. Sie entwickeln sich zu Bürgerversammlungen in kirchlichen Räumen. Nach Begrüßung, Fürbittgebet, Lesung und Liedern (dem klassischen Friedensgebet) übernehmen meist Mitglieder eines Vorbereitungskreises die neuesten Informationen zur aktuellen politischen Entwicklung im Land, Nachrichten über Demonstrationen in anderen Städten, die aktuellen (wahren) Auswanderungszahlen etc. Auch schriftliche Veröffentlichungen des NEUEN FORUMS und anderer Oppositionsgruppen wurden verlesen oder vervielfältigt verteilt. Anschließend (und oft war das der Hauptteil des F.) wurde am 'offenen Mikrofon' diskutiert.

**Fünfjahrplan**
(→ Plan)

**Genosse**
Anrede zwischen Parteimitgliedern der SED in Verbindung mit der kollegialen Duz-Form. Auch Angehörige der bewaffneten Organe (→) (z.B. alle Soldaten der NVA) redeten sich mit „Genosse" an, ungeachtet der Parteizugehörigkeit. Allerdings blieb es hier beim distanzierenden „Sie", wegen des Unterstellungverhältnisses von „Genosse Soldat" und „Genosse Offizier".

**Grenzgebiet**
(→ Grenzregime, Sperrgebiet)

**Grenztruppen**
(→ Deutsche Grenzpolizei)

**Grenzregime**
Die innerdeutsche Demarkationslinie (→) hatte eine Länge von insgesamt 1.378 km (plus 161 km Berliner Mauer). Im Hinblick auf ihre Funktion als „Eiserner Vorhang" (CHURCHILL) zwischen den beiden großen Weltmächten bzw. gesellschaftlichen Systemen wurde sie zu einer der am besten gesicherten „Staatsgrenzen" der Welt ausgebaut. 1952 ordnete die DDR-Regierung die Errichtung eines Grenzregimes (DDR-Terminus für die gesetzliche Regelung des „Grenzsicherungssystem") nach sowjetischem Vorbild an: 5 Kilometer tiefes Sperrgebiet, 500 Meter Schutzstreifen, 10 Meter breiter gepflügter Kontrollstreifen vor dem letzten Grenzzaun. 1961 befahl der Oberkommandierende der GSSD die Verminung der Grenze. Ab 1966 war die sog. „moderne Grenze" zur Verhinderung von Republikflucht und zum militärischen Schutz komplett. Zu den gestaffelten Sperrzonen kamen hinzu: Stacheldraht, elektrisch gesicherte Metallgitterzäune, Mauern aus Stahlbetonsegmenten, Kfz-Sperrgräben, Stolperdrähte, Minenfelder, Selbstschussanlagen, Warnsysteme, Bunker, Beobachtungstürme, Hundelaufanlagen, Kolonnenwege für die Versorgung der Grenztruppen.
An den Grenzübergangsstellen (GÜST) zwischen der DDR und der Bundesrepublik waren ebenfalls die Grenztruppen (→ Deutsche Grenzpolizei, Grenztruppen) zur

Absicherung eingesetzt. Die Passkontrolle übernahmen sog. Passkontrolleinheiten (PKE), die direkt dem MfS unterstanden. Die Chefs der PKE führten das Kommando an den GÜST.
Der Grenzdienst bedeutete für die Soldaten eine erhebliche psychische Belastung, da von der SED-Führung ständig Bedrohungsängste geschürt und vor „Grenzprovokationen" gewarnt wurde (Insgesamt wurden bei bewaffneten Ausbrüchen oder Fluchtversuchen 25 Grenzsoldaten getötet, elf von fahnenflüchtigen Kameraden). Zudem galt im Ernstfall der Schießbefehl. Festnehmen oder Vernichten - der Tod von Menschen war bei der Aufrechterhaltung des Grenzregimes von vornherein einkalkuliert. Todesschützen wurden belobigt, aber vom Grenzdienst entfernt. Die Namen der Opfer wurden gelegentlich verheimlicht, selbst die nächsten Verwandten mitunter nicht benachrichtigt.
Im Zuge der KSZE-Verhandlungen in Helsinki und der Unterzeichnung der Schlussakte 1975 war die Entschärfung des Grenzregimes immer wieder Verhandlungsgegenstand zwischen beiden deutschen Staaten. 1983 wurde schließlich mit dem Abbau der Selbstschussanlagen und Minen begonnen.

**GÜST** (Grenzübergangsstelle)
(→ Grenzregime)

**Helfer der Volkspolizei**
Freiwillige, die die Volkspolizei (→) in ihrer Arbeit unterstützten. Sie hatten eine bestimmte monatliche Stundenanzahl für polizeiliche Zwecke zur Verfügung zu stehen (Ordner bei Großveranstaltungen, Verkehrsregelung etc.). H. d. V. mussten mindestens 18 Jahre alt sein und unterstanden direkt dem zuständigen Abschnittsbevollmächtigten (ABV), der in einem bestimmten Ort oder Wohngebiet für Ordnung und Sicherheit sorgte und die polizeilichen Aufgaben wahrnahm. Da die ABV auch direkt das MfS (→) über bestimmte Vorkommnisse informierten, gerieten die Polizeihelfer schnell in den Ruf von Polizeispitzeln.

**Hetze**
„Staatsfeindliche Hetze" war ein Allzweckterminus des DDR-Regimes für oppositionelle Äußerungen. Der § 106 des DDR-Strafgesetzbuches bezeichnete sie als eine staatsfeindliche Handlung. In den Dienstanordnungen des MfS (→) („Sofortmaßnahmen zur Bekämpfung staatsfeindlicher Hetze") fand sich die Anleitung, wie Andersdenkende, die etwa Flugblätter („Hetzflugblätter", „Hetzlosungen") verteilten, mundtot zu machen seien. Diese Sofortmaßnahmen sollten nach Möglichkeit in „engem kameradschaftlichem Zusammenwirken" mit der Volkspolizei passieren.

**HO** (Handelsorganisation)
Staatliche Handelsorganisation der SBZ/DDR (1948 gegründet) für den volkseigenen Einzelhandel und das Gaststätten- und Hotelgewerbe. Die HO diente anfangs dazu, mit dem Verkauf von Lebensmitteln (ohne Lebensmittelmarken) und Mangel-

waren zu erhöhten Preisen, den Schwarzmarkt zu bekämpfen und überflüssige Kaufkraft abzuschöpfen.
Neben der KONSUM-Genossenschaft (→) war die HO wichtigster Träger des Einzelhandels, sie unterstand dem Ministerium für Handel und Versorgung.

**„Horch, Guck und Greif"**
Im Volksmund Bezeichnung für das MfS (→).

**Inoffizielle Mitarbeiter**
(→ MfS)

**Intershop**
1962 gegründete staatliche Handelsorganisation, in deren Läden ausschließlich Westprodukte oder Waren aus dem Bereich der Lizenz- oder Gestattungsproduktion für Devisen angeboten wurden. Anfangs gedacht als eine Einkaufsmöglichkeit für Besucher aus dem westlichen Ausland. Entwickelte sich aber ab 1974 (Entschärfung der Devisengesetze) zu einem Geschäft, in dem dringend benötigte Mangelware oder Luxusprodukte in der gewünschten Qualität von DDR-Bürgern erworben wurden, die über entsprechende D-Mark-Einkommen verfügten (anfänglich war der Besitz von Devisen in der DDR verboten). Solche Leute erregten freilich den Neid der Besitzlosen, und es kam vielfach zu Spekulationen über die Herkunft des „Westgeldes" und damit auch zu Verleumdungen. Ab 1980 durfte der DDR-Bürger in den Intershops nicht mehr mit D-Mark zahlen, sondern musste seine Devisen bei der Staatsbank der DDR in sog. Forumschecks im Verhältnis 1 : 1 umtauschen. So konnte der Staat die Devisenbestände seiner Bürger schneller abschöpfen und für sich nutzbar machen. Dennoch: Die D-Mark wurde aufgrund der immer schlechteren Versorgungslage zur inoffiziellen Leitwährung.

**Isolierungslager des MfS**
Die seit Anfang der 60er Jahre geplanten I. gehören zu den dunkelsten Kapiteln der DDR-Geschichte. „Schlagartig, konspirativ und vorbeugend sollte es geschehen. Fast 86.000 Bürger der ehemaligen DDR hätte es betroffen. Sie alle waren vom MfS (→) im sogenannten 'Vorbeugekomplex' erfasst und im Spannungsfall oder Verteidigungszustand zur Festnahme, Isolierung bzw. verstärkten operativen Kontrolle und Überwachung vorgesehen. In X + 24 Stunden sollten geeignete und konspirativ aufgeklärte Objekte mit Stacheldraht und Wachtürmen umgeben und das ganze Land mit Isolierungslagern überzogen werden. Hunderte von MfS-Mitarbeitern bereiteten diese Aktion seit Jahrzehnten vor und arbeiteten die entsprechenden Planungen ständig 'tagfertig' auf."
Durch die Bezirksverwaltung Suhl wurden 1988 für den Kreis Hildburghausen im Vorbeugekomplex 257 Personen erfasst (Bezirk: 2.228). Sie wurden eingeteilt in:

| | |
|---|---|
| 4.1.1. - Festnahme | = 3 |
| 4.1.3. - Isolierung | = 59 |

4.1.4. - Überwachung unzuverlässiger staatlicher Leiter = 1
4.1.5. - Erfassung feindlich-negativer Personen = 194

In einem Fernschreiben an die 1. Sekretäre der Bezirksleitungen der SED vom 22.09.1989 forderte ERICH HONECKER:
„In der letzten Zeit haben auf verschiedenen Ebenen Aktivitäten unserer Feinde stattgefunden, die darauf gerichtet sind, entsprechend der bundesdeutschen Propaganda konterrevolutionäre Gruppen zu organisieren. Diese Fragen haben wir auf der letzten Beratung mit den 1. Sekretären der Bezirksleitungen besprochen. Es bestand Übereinstimmung, daß diese feindlichen Aktionen im Keime erstickt werden müssen, daß keine Massenbasis dafür zugelassen wird. Da in einigen Kreisen nicht rechtzeitig die politisch-organisatorischen Maßnahmen getroffen wurden, ist es erforderlich, die bisher geleistete Arbeit zu überprüfen. Das betrifft die politisch-ideologische Arbeit und gleichzeitig ist dafür Sorge zu tragen, daß die Organisatoren der konterrevolutionären Tätigkeit isoliert werden."
Der damalige 1. Sekretär der SED-Bezirksleitung Dresden und Vorsitzende der Bezirkseinsatzleitung, HANS MODROW (Er ist heute Ehrenvorsitzender der PDS und Abgeordneter des Europäischen Parlaments), übertrifft in der Radikalität noch seinen Generalsekretär HONECKER, wenn er am 22.09.1989 von den 1. Kreissekretären fordert: „Die Partei- und Staatsführung hat zur gegebenen Lage Stellung genommen und fordert die konsequente Isolierung aller konterrevolutionären Kräfte. [ ... ] Die Leiter der Kreisdienststellen des MfS sind beauftragt, Euch in diesem Sinne weitere Informationen zu übermitteln, die in die politische Führung entsprechend einzubeziehen sind."

AUERBACH, THOMAS: Vorbereitung auf den Tag X - Die geplanten Isolierungslager des MfS. In: Schriftenreihe des BUNDESBEAUFTRAGTEN FÜR DIE UNTERLAGEN DES STAATSSICHERHEITSDIENSTES DER EHEMALIGEN DEUTSCHEN DEMOKRATISCHEN REPUBLIK. - Berlin, 1995, Seiten 3, 24, 82, 128.

**Jugendklub**
Von den FDJ (→)-Grundorganisationen betriebene Veranstaltungshäuser, in denen sich die Jugend zu Tanz- und Kulturabenden traf. Der FDJ war dabei die Aufgabe übertragen worden, die Jugendlichen auch in ihrer Freizeit zu sozialistischen Persönlichkeiten zu erziehen. Freie Jugendtreffs, die in Eigeninitiative entstanden, wurden deshalb sehr kritisch gesehen und sogar bekämpft.

**Junge Pioniere**
Nach der Schuleinführung wurden die Schüler klassen- bzw. jahrgangsweise in die Pionierorganisation „Ernst Thälmann" aufgenommen (meist in einer Feierstunde am 13. Dezember, dem Gründungstag der Pionierorganisation). Die Jungen Pioniere (1. bis 3./4. Schuljahr) bekamen als Zeichen ihrer Mitgliedschaft weiße Hemden und blaue Halstücher (Jungpioniere), die zu offiziellen Anlässen getragen wurden.

Mit der 4. Schulklasse kam der Aufstieg zum Thälmann-Pionier (rotes Halstuch), und mit der achten Klasse schloss sich nahtlos die Aufnahme in die Freie Deutsche Jugend (FDJ [→] oder „Blauhemden") an.

**Kader**

(1) leitender Angesteller eines Betriebs in der DDR,
(2) Personal (Mitarbeiter) von Betrieben in der DDR,
(3) haupt- oder ehrenamtliche Kraft eines gesellschaftlichen Organs (→) (Funktionsträger), die persönlich verantwortlich war für die Umsetzung von SED-Beschlüssen,
(4) Nachwuchskräfte mit höherem Abschluss, die für Leitungsfunktionen herangezogen wurden.

**Kampfgruppen**

Nach den revolutionären Ereignissen vom 17. Juni 1953 auf Politbüro (→)-Beschluss gebildete paramilitärische Formationen aus Mitarbeitern von Betrieben, Kombinaten, staatlichen Organen (→) und Einrichtungen. Sie sollten im Kriegs- oder Krisenfall Betriebe verteidigen und die Sicherheit in den Ortschaften gewährleisten. Die Kampfgruppen unterstanden dem MdI und hätten bei Bedarf auch den Kommandeuren der NVA unterstellt werden können. K. waren u.a. mit Schützenpanzerwagen und schweren Granatwerfern ausgerüstet. Am 13. August 1961 riegelten Kampfgruppenhundertschaften in Form einer lebenden Mauer die Grenze zu Westberlin ab. Im Herbst 1989 gab es in einigen Städten Versuche, mit Hilfe der Kampfgruppen die Demonstrationen einzudämmen - erfolglos, weil sie dort ihren eigenen Kollegen gegenüberstanden.

**Kerze**

Symbol der Demonstranten während der Revolutionszeit. K. wurden bei den Demonstrationen und vor allem bei den Schweigemärsche getragen und am Ziel der Demo (meist Gebäude und Einrichtungen der SED oder des MfS [→]) aufgestellt. Mit den K. in der Hand stellten sich die mutigen Demonstranten in Leipzig, Dresden, Berlin und anderswo schon Anfang Oktober den schwer bewaffneten Sicherheitskräften entgegen. Die K. als ein Symbol der christlichen Kirche wurde aus den Friedensgebeten (→) auf die Straße getragen. Sie hat in den verschiedenen Glaubensrichtungen und Kulten meist eine ähnliche Bedeutung: das göttliche Licht; Licht in der Dunkelheit des Lebens; Erleuchtung; Leben als etwas leicht Auslöschbares.
Die 89er Revolution wird auch als „Kerzenlichtrevolution" bezeichnet.[1]

---

[1] Gemeinsam mit Prof. Dr. habil. em. Gerhard Steiner (1905 - 1995) verausgabte der Autor H.-J. S. 1990 anlässlich des ersten Jahrestages der Grenzöffnung das Werk „Grüß' dich, Deutschland, aus Herzensgrund! - Hundert Jahre deutsche Landschaftsdichtung" unter dem Motto „Herausgeber und Verlag widmen diesen Band den aufrechten Menschen der herbstlichen Kerzenlichtrevolution, deren Freiheitssinn Mauern bersten ließ."

**Kombinat**

Staatlicher (volkseigener) Großbetrieb vorrangig der industriellen Produktion, dem verschiedene Teilbetriebe und Zulieferer angehörten. Es wurde versucht, ganze Produktionsabläufe von der ersten Bearbeitungsstufe bis zum fertigen Erzeugnis jeweils in einem K. zu integrieren. K. besaßen entsprechende Budgets für Forschung Weiterentwicklung der Produktionsprozesse und der Produktpalette.

**Konspiration** (politisch-operative)

Im Stasi-Jargon (→ MfS) Bezeichnung für getarntes Vorgehen im geheimdienstlichen Sinne. Aus dem Untergrundkampf der Bolschewisten und des ersten sowjetrussischen Geheimdienstes Tscheka wurde die Legende um die konspirative Tätigkeit der „Soldaten der unsichtbaren Front" gestrickt und eine angebliche tschekistische Tradition kultiviert (→ Tschekist).

Konspirative Wohnungen oder Objekte dienten als geheime Treffpunkte zwischen den Inoffiziellen Mitarbeitern und ihren Führungsoffizieren.

KONSUM

Handelsgenossenschaft, die aus der 1845 gegründeten ersten deutschen Konsumgenossenschaft hervorging. Nach deren Enteignung im Nazireich auf Befehl des SMAD wieder gegründet. Die Mitglieder der KONSUM-Genossenschaft erhielten bei ihren Einkäufen in den KONSUM-Verkaufsstellen Umsatzwertmarken, auf die ein jährlicher Rabatt gewährt wurde. Neben der HO (→) war der K. der wichtigste Einzelhandelsträger in der DDR.

**Kreisplankommission**

Fachabteilung des Rates des Kreises (→ Rat) für die Ausarbeitung der kreislichen Planentwürfe. Zuständig für die Organistion und Koordination der Planauflagen in den Betrieben des Kreises. Die Planentwürfe für den Kreis wurden weitergegeben an die Bezirksplankommission, die wiederum die bezirklichen Planentwürfe für die Fünfjahrpläne und die Jahresplanung der Volkswirtschaft ausarbeitete. Die K. hatte ihre Planentwürfe zuerst der SED (→)-Kreisleitung zur Beschlussfassung vorzulegen, bevor sie an den Rat des Kreises weitergeleitet wurden.

(s.a. → Plan)

**Mandat**

Auftrag.

(1) Wahlauftrag (Amt und Auftrag des Abgeordneten),

(2) Amt eines gewählten Abgeordneten,

(3) treuhänderisch von einem Staat verwaltetes Gebiet,

(4) Erlass, Auftrag an einen Untergebenen.

**Massenorganisationen**

Vereinigungen von Bürgern. In der DDR waren M. wichtige Elemente der politischen Organisation der sozialistischen Gesellschaft. Sie standen immer unter der Führung und dem Einfluss der SED. Einige der wichtigsten M.: FDGB, FDJ (→), DFD, DSF, Kulturbund, DTSB, VdgB. Die größten M. waren wie Parteien organisiert, standen auf den Einheitslisten der Nationalen Front (→) und bekamen Mandate (→) in den sog. Volksvertretungen.

**Ministerium für Staatssicherheit (MfS)**

Gegründet auf Beschluss der Volkskammer am 08.02.1950 zum Schutz der DDR und vor Anschlägen westlicher Geheimdienste. Über die Jahre verlagerte sich das Hauptaugenmerk der Stasi von ihrer Spionagefunktion (vor allem gegen das westliche Ausland: Spionage, Einmischung in die Staatspolitik, dubiose Wirtschaftsgeschäfte) auf die Geheimdiensttätigkeit nach innen, gegen das eigene Volk. Das MfS war gleichsam Geheimdienst und Geheimpolizei, die immer und überall präsent war. Neben den hauptamtlichen Mitarbeitern (sog. „Tschekisten" [→]) beschäftigte das MfS unzählige IM (Inoffizielle Mitarbeiter), die als Spitzel Berichte z.B. über Arbeitskollegen, Sportkameraden, Mitglieder in Kulturgruppen und sogar Familienangehörige anfertigten. Das MfS gehörte zu den bewaffneten Organen und war außerdem verantwortlich für die Passkontrollen an den Grenzübergängen der DDR (Die Passkontrolleinheiten (PKE) trugen zwar die Uniformen der Grenztruppen, waren aber dem MfS unterstellt). Gegen unerwünschte Aktivitäten von DDR-Bürgern (Umweltschutz- und Menschenrechtsgruppen, politische Dissidenten, Antikriegsbewegung, Homosexuelle, bestimmte Religionsgruppen, sog. asoziale Elemente wie Rocker oder Punker) ging die Stasi häufig mit brutalsten Mitteln vor: Verhaftungen, körperliche Gewalt, Lüge, Unterschieben von Straftaten etc.
Die Staatssicherheit nannte sich selbst „Schild und Schwert der Partei". Der gesamte Apparat war von der SED kontrolliert, der Oberbefehl lag bei ihr. Die Kreis- und Bezirksdienststellen des MfS hielten engsten Kontakt zu den SED-Kreisleitungen/SED-Bezirksleitungen. Wenn heute das MfS zu Recht als eine staatsterroristische und kriminelle Vereinigung angesehen und über die zahllosen Verbrechen dieser menschenverachtenden Organisation geredet wird, so sollte immer beachtet werden, woher die Befehle kamen, wer den Staatssicherheitsdienst zum eigenen Machterhalt nutzte.
Umbenennung in Amt für Nationale Sicherheit (AfNS) am 17.11.1989 und Auflösung am 17.12.1989.

**Montagsdemo**

Nach dem Vorbild der Leipziger Protestdemonstrationen seit dem 25.09.1989 werden in vielen Städten und Gemeinden der ehemaligen DDR Protestveranstaltungen an den Montagen veranstaltet und M. genannt.

**Nationale Front der DDR**

Seit 1973 Umbenennung des als N. F. des Demokratischen Deutschlands auf Initiative des Deutschen Volksrats am 07.10.1947 gegründeten Zusammenschlusses der politischen Parteien und Massenorganisationen (→) der SBZ/DDR unter der Führung der SED. Alle Wahlen wurden von der Nationalen Front getragen. Die Kandidaten der Parteien und Massenorganisationen wurden mit der SED nach entsprechenden Vorgaben festgelegt und erschienen auf den Einheitslisten der N. F. Somit wählte man sie entweder im Block oder lehnte alle ab, dann mussten jedoch alle Namen einzeln durchgestrichen werden. So hieß es auch im Volksmund nicht: „Wir gehen wählen", sondern „Wir gehen Zettel falten".

**Nationales Aufbauwerk** (NAW)

Zumeist unentgeltlich geleistete Aufbauarbeit in der DDR. Gegründet von der Nationalen Front (→) anfangs zur Beseitigung der Kriegsschäden. Später gab es nur noch sog. Aufbaustunden, die von einzelnen Organisationen (Kultur- und Sportgruppen, Wohnungsverwaltungen, Genossenschaften etc.) von ihren Mitgliedern abverlangt wurden. Später wird das NAW Volkswirtschaftliche Masseninitiative (VMI) genannt.

**Nationaler Verteidigungsrat** (NVR)

Am 10.02.1960 gebildete Notstandsregierung (Vorsitzender und 12 Mitglieder) im Wartestand, durch die Volkskammer gewählt, später durch den Staatsrat berufen. Hätte im Verteidigungsfall die gesamten Kompetenzen und den Oberbefehl über alle bewaffneten Organe auf sich vereinigt. Wie bei allen Organen (→) und Quasi-Organen lag die eigentliche Befehlsgewalt jedoch immer bei der SED-Führung. Der ZK-Vorsitzende bzw. -Generalsekretär war automatisch Vorsitzender des NVR (seit 1971 ERICH HONECKER). Der spektakulärste Befehl des NVR hatte in der Nacht vom 12. zum 13. Aug. 1961 die Abriegelung der innerdeutschen Grenze und den Bau der Mauer zur Folge.

**Neues Forum**

Wichtigste DDR-Oppositionsbewegung im Herbst 1989, die nach Verfolgung und Unterdrückung am 08.11.1989 vom DDR-Innenministerium anerkannt wird. Das N. F. ist am 12.09.1989 mit einem Gründungsaufruf an die Öffentlichkeit getreten. Es wollte keine Partei, sondern „eine politische Plattform für die ganze DDR" sein. Das N. F. wünschte sich einen reformfreudigen sozialistischen Rechtsstaat und ging von der Zweistaatlichkeit Deutschlands aus.

**Organ**

(1) Im Sinne von Sprachorgan: Jede Partei und Massenorganisation (→) hatte ein Organ in Form einer Tages- oder Wochenzeitung.
(2) Im Sinne von Staats-, Macht- oder bewaffneten Organen (→): Einrichtungen des Staates, die der Aufrechterhaltung der gesellschaftlichen Ordnung dienten.
(3) Im Sinne von Entscheidungsorgan: Entscheidungsbefugte Gremien von Parteien oder Massenorganisationen.

**Parteisekretär**

Wahlfunktion innerhalb der SED. Vorsitzende der Parteigruppen (in kleinen Betrieben, Einrichtungen etc.) über die Grundeinheiten bis hinauf zu den hauptamtlichen Parteisekretären (in Großbetrieben, Kombinaten) und 1. Sekretären der regionalen Parteileitungen. Höchster Parteisekretär war der Generalsekretär des Zentralkomitees der SED.

**Petition**

Bittschrift oder Eingabe (→) an eine Behörde, an das Parlament (Petitionsrecht - verfassungsmäßig garantiertes Recht). Historischer Vorläufer des Petitionsrechts ist das Recht der Stände, dem Landesherrn Beschwerden vorzutragen.

**Plan**

In der sozialistischen Volkswirtschaft (Planwirtschaft) die verbindliche, in ihren Zielen von den SED-Parteitagen festgelegte und durch Beschluss der Volkskammer zum Gesetz erhobene Richtlinie für die Entwicklung der gesamten Wirtschaft in einem bestimmten Zeitabschnitt (z.B. Fünfjahrplan). Der Plan enthält genaue Angaben über Ziele und Art der Realisierung. Für den einzelnen Arbeiter oder die Brigaden und Abteilungen bedeutete der Plan die Einhaltung bestimmter Normen (Planauflage), die aus dem Volkswirtschaftsplan extrahiert wurden. Neben der Produktionsleistung enthielt der Plan auch exakte Aufgaben zur Entwicklung des geistig-kulturellen Lebens in den Betrieben und zur Weiterbildung der Werktätigen. In den Betrieben wurden sog. Gegenpläne aufgestellt, die die vorfristige Erfüllung des Planes vorschrieben (Planübererfüllung). Der Gegenplan war aber genauso verbindlich wie der Plan selbst und musste natürlich mit den Zulieferern und der gesamten Produktionskette abgestimmt werden. Aber zur Kaschierung unerfüllter Pläne wurden Gegenpläne aufgestellt. Der Tag der vorfristigen Erfüllung des Planes wurde in den Betrieben als „Plansilvester“ gefeiert. Auf die Leitungen war der Druck zur Erfüllung des Planes und der Planauflagen so groß, dass häufig frisierte Zahlen (z.B. doppelte Abrechnung der Produktion etc.) nach oben gemeldet wurden.

**Politbüro** (Politisches Büro)

(→ Zentralkomitee der SED)

**Polizeihelfer**

(→ Helfer der Volkspolizei)

**Protokollarische Rangfolge der DDR**

Vom Staatsrat der DDR am 15.1.1987 letztmalig beschlossen:

- der Generalsekretär des Zentralkomitees (→) der SED (Parteichef)
- der Vorsitzende des Staatsrates (→) der DDR (Staatschef)
- der Vorsitzende des Ministerrates der DDR (Regierungschef)
- der Präsident der Volkskammer (→) der DDR (Parlamentspräsident)

- die Mitglieder und Kandidaten des Politbüros und Sekretäre des ZK der SED
- die Stellvertreter des Vorsitzenden des Staatsrates der DDR
- der Präsident des Nationalrates der Nationalen Front der DDR
- die Vorsitzenden der weiteren Parteien der DDR
- die Stellvertreter des Vorsitzenden des Ministerrates der DDR
- die Mitglieder und Kandidaten des ZK der SED
- die Mitglieder des Ministerrates (also die Minister)

An 17. Stelle folgten die 1. Sekretäre der Bezirksleitungen der SED, darauf die Vorsitzenden der Räte (→) der Bezirke. Angehörige der P. R. wurden als „führende Repräsentanten" und „offizielle Persönlichkeiten" bezeichnet. Die Reihenfolge war die Grundlage für die Platzierung und die namentliche Nennung in Presse, Rundfunk und Fernsehen, auch wenn die Aufzählung der Protokollspitze oft länger geriet als die eigentliche Nachricht über das Ereignis. Auslassungen in der P. R. deuteten auf personelle Veränderungen hin und wurden eher registriert als die Aufzählung selbst.

**Rat** (Rat der Gemeinde, Rat der Stadt, Rat des Kreises, Rat des Bezirkes)
Exekutivorgane und Verwaltungsapparate der gewählten „Volksvertretungen" (Gemeinde-, Stadtverordnetenversammlung, Kreistag, Bezirkstag). Die Räte wurden von den Volksvertretungen für eine Legislaturperiode gewählt. Rat ist diesem Fall ein Begriff aus der Arbeiterbewegung (Räterepublik) und entspricht dem russischen Begriff Sowjet. Rat der Stadt ist deshalb nicht zu verwechseln mit den heute zu wählenden Stadträten (Legislativorgan - in der DDR: Stadtverordnetenversammlung).

**Rathausgespräch**
Bezeichnung für die Zusammenkünfte der Hildburghäuser Bürger auf dem Marktplatz. Ab dem 30.10. bzw. 06.11.1989 jeden Montag um 19 Uhr wurde zur Diskussion eingeladen. Anschließend marschierten die Menschen im Demonstrationszug meist lautstark durch die Stadt. Das Wort Rathausgespräch wurde von der offiziellen Seite als Euphemismus geprägt (genau wie „Dialog" für die Auseinandersetzung der aufgebrachten Bürger mit dem SED-Regime, oder „Wende" für die revolutionären Ereignisse 1989). Zu einer ersten „Dialogveranstaltung" am 30.10. (siehe dort) lud tatsächlich die SED-Kreisleitung (ursprünglich ins Theater) ein. Danach wurden die R. vom Neuen Forum (→) und anderen Bürgerinitiativen organisiert. Mit Beginn des Wahlkampfes in der DDR (etwa im Januar) bereiteten die verschiedenen Parteien die R. vor. Immer hat es jedoch die Möglichkeit gegeben, dass Menschen aus den unterschiedlichsten Bereichen ihre Meinung sagen konnten und über ihre Probleme sprachen.

**Republikflucht**
Von den DDR-Behörden nicht genehmigte Ausreise aus der DDR. Während andere Länder ihre Grenzen vor illegalen Einwanderern schützen, war das Grenzregime (→) der DDR komplett darauf ausgerichtet, Fluchtversuche von DDR-Bürgern ins

westliche Ausland zu verhindern. Viele Fluchtwillige bezahlten den Versuch, die innerdeutsche Grenze, die gleichzeitig die Einfluss-Sphären der beiden Weltmächte trennte, mit ihrem Leben. Der Versuch der Republikflucht zog grundsätzlich mehrjährige Haftstrafen nach sich. Oft wurden die Verurteilten von der Bundesrepublik Deutschland freigekauft, was zur Folge hatte, dass sich das DDR-Regime mit Menschenhandel, dem Verkauf ihrer eigenen Staatsbürger, dringend benötigte Devisen beschaffte.

Es zeigt die Verzweiflung vieler Menschen, die etwa wegen eines abgelehnten Ausreiseantrags gesellschaftlich ausgegrenzt waren, dass sie trotz des Wissens um das brutale Grenzregime (→) lebensgefährliche Aktionen unternahmen, um dem SED-Staat zu entkommen. Das geschah bisweilen auf recht spektakuläre Weise mit dem Eigenbau von Heißluftballons, Fluggeräten, sogar U-Booten und Panzerfahrzeugen. Andere Möglichkeiten der Flucht boten sich zuweilen über das sozialistische Ausland oder über westliche Fluchthilfe-Organisationen.

Vom 13. August 1961 bis 9. November 1989 gelang rund 40.100 Menschen die Flucht in die Bundesrepublik. An der Grenze zur Bundesrepublik wurden 121 Menschen bei Fluchtversuchen erschossen, 80 starben an der Berliner Mauer.

**Runder Tisch**

Außerparlamentarische Institution nach polnischem und ungarischem Vorbild, die in der Zeit der Wende teilweise als Quasi-Volksvertretung fungierte, nachdem die eigentlichen Volksvertretungen teilweise nicht mehr arbeitsfähig waren und neue Gremien fehlten. Am R. waren alle Teilnehmer gleichberechtigte Diskussionspartner und kamen aus allen gesellschaftlichen Einrichtungen und sozialen Schichten. Am 07.12.1989 tagte erstmals der zentrale R. in Berlin (letzte Tagung am 12.03.90), der sich die Kontrolle der Modrow-Regierung zur Aufgabe stellte. Wichtige Entscheidungen: Termin der Volkskammerwahl, Vorlage eines neuen Verfassungsentwurfes, Abschaffung des MfS (→) und AfNS. Parallel dazu gab es eine Fülle von regionalen oder lokalen R. Moderiert wurden der zentrale R. sowie die regionalen und lokalen R. meist von Vertretern der Kirchen.

**Schweigemarsch**

Form der Demonstration, bei der sich der Zug nahezu lautlos durch die Straßen bewegte. Es wurden keine Parolen skandiert. Mit Kerzen in der Hand und Transparenten, die zur Gewaltlosigkeit aufriefen, demonstrierten die Teilnehmer gegen den SED-Staat. Die Kerzen wurden vor den Gebäuden der Staatsmacht (SED-Leitungen [→], MfS-Dienststellen [→]) aufgestellt. Meist formierten sich Schweigemärsche im Anschluss an die Friedensgebete (→) bzw. Bittgottesdienste in den Kirchen.

**SED-Kreisleitung / SED-Bezirksleitung**

Regionalleitungen der Partei. Sie waren die zentralen Schaltstellen in den Provinzen. Von hier aus wurden die regionalen Volksvertretungen und Räte angeleitet. Die 1. Sekretäre der Leitungen herrschten teilweise wie kleine Landesfürsten und besaßen absolute Weisungsbefugnis. Für den gewieften DDR-Bürger war es durchaus von großer Wichtigkeit, gute Beziehungen zu einem Mitglied der jeweiligen Kreis- oder gar Bezirksleitung zu unterhalten, um eigene Probleme (meist der Versorgung) schneller lösen zu können.

**Sicherheitspartnerschaft**
Unter dem Eindruck der brutalen Niederschlagung oppositioneller Gruppen im Sept. und Okt. in Leipzig, Dresden u.a. Städten durch bewaffnete Organe (→) (besonders durch Mitarbeiter der Staatssicherheit [→] und der Volkspolizei [→]) waren die Bürgerbewegungen (vor allem das NEUE FORUM) daran interessiert, dass die Protestveranstaltungen nicht zur Gewalt eskalierten. Demonstrationen oder Veranstaltungen wurden bei der Polizei angemeldet, die Demonstranten stellten Ordnungskräfte. Beispielsweise stadtbekannte gewaltbereite Personen oder Provokateure (teils aus dem Bereich der Staatssicherheit) wurden ausgegrenzt. Vor allem die Volkspolizei zeigte sich kompromissbereit. Die blutige Niederschlagung der Revolution konnte vor allem durch das besonnene Auftreten der oppositionellen Kräfte im Zusammenspiel mit der Polizei verhindert werden, zumal es für die bewaffneten Kräfte der DDR keine klare Befehlslage gab und sich die befehlsgebende SED nahezu selbst paralysiert hatte.

**Sperrgebiet** (auch: Sperrzone)
Neben den Sperrgebieten um militärische Objekte gab es in der DDR ein großes zusammenhängendes S.: Zwischen den Grenzanlagen zur Bundesrepublik Deutschland und dem eigenen Hinterland wurde 1952 ein mindestens 5 Kilometer breiter Streifen angelegt, der von den Grenztruppen (→ Deutsche Grenzpolizei) kontrolliert wurde. Zu diesem Zweck wurden rund 8.000 im Grenzgebiet wohnende Menschen ausgewiesen und zwangsweise ausgesiedelt. Im S. lebende und arbeitende Anwohner besaßen einen Vermerk im Personalausweis und hatten freien Zugang. Für Verwandte, Freunde und Bekannte musste ein sog. Passierschein beantragt werden, dessen Gültigkeit sich je nach Verwandtschaftsgrad staffelte und der auch nicht in allen Fällen genehmigt wurde. Besucher mussten sich innerhalb von 24 Stunden beim zuständigen ABV (Abschnittsbevollmächtigter = verantwortlicher Polizist in einem Dorf oder Wohngebiet) melden. Bewohner des Sperrgebietes des Kreises Hildburghausen konnten beispielsweise ebenfalls im Sperrgebiet liegende Nachbarorte der Kreise Sonneberg und Meiningen wiederum nur mit Sondergenhmigungen betreten. Politisch missliebige Personen konnten aus dem Sperrgebiet ausgewiesen werden und verloren damit ihren Grund und Boden.

**Sperrzonenzuschlag**
Wurde gezahlt an Personen, die im Sperrgebiet wohnten und arbeiteten oder dort wohnten und außerhalb arbeiteten. Meist 15 Prozent des Arbeitslohnes. Es galt die Regelung, dass der S., der nicht zum Durchschnittslohn des Beschäftigten gehörte, für die Monate November und Dezember 1989 weitergezahlt wurde. Ab 01.01.1990 stellte man die Zahlungen insgesamt ein.

**Staatsrat**

Nach dem Tod von Wilhelm Pieck, dem 1. Präsidenten der DDR, im Jahre 1960 wurde das Präsidentenamt abgeschafft und der Staatsrat als kollektives Staatsoberhaupt nach dem Vorbild des sowjetischen Staatsmodells eingeführt. Der Vorsitzende des Staatsrates war der oberste staatliche Repräsentant der DDR.

**Staatssicherheit(sdienst)**

(→ Ministerium für Staatssicherheit)

**Städteexpress oder Städteschnellverkehr**

Schnellzüge der Deutschen Reichsbahn, die morgens von den Provinzstädten über die Bezirksstädte nach Berlin, Hauptstadt der DDR und abends wieder zurück fuhren (im Bezirk Suhl ab Meiningen). Die Züge wurden auch „Bonzenschleudern" genannt, weil darin häufig leitende Kader (Betriebsdirektoren, Parteisekretäre usw.) zum Rapport in ihre übergeordneten Dienststellen fuhren. Der S. war daher auch ein Ausdruck des Zentralismus in allen Bereichen der Gesellschaft und der Berlin-Lastigkeit des Systems.

**Stasi**

(→ Ministerium für Staatssicherheit)

**Superintendent**

In dt. ev. Landeskirchen Bezeichnung für den aufsichtsführenden Amtsträger (Leitungs- und Verwaltungsaufgaben) eines Kirchenkreises, die nicht immer mit den politischen Grenzen identisch sind.

**Tschekist**

In Anlehnung an die 1917 von F. E. Dzierzynski geschaffene und 1922 aufgelöste sowjetrussische Staatssicherheitsorganisation Tscheka (russ.: Wserossiskaja Tschreswytschainaja Kommissija po borbe s kontrrevoluzijej, sabotashem i spekulazijej = Allrussische Außerordentliche Kommission für den Kampf gegen Konterrevolution, Sabotage und Spekulantentum), die wegen ihres menschenverachtenden „roten Terrors" unrühmlich in die Geschichte eingegangen ist. Die Stasi-Aktivisten sehen in der „Tscheka" ihr „revolutionäres Vorbild" und bezeichnen sich als „Tschekisten". Die Aufgaben des sowjetrussischen Geheimdienstes werden 1922 unter dem Namen GPU dem Innenministerium unterstellt.

**volkseigen**

Dem Volk gehörend, Eigentum des Volkes (auch sozialistisches Eigentum). 99 Prozent der Arbeiter waren in volkseigenen Betrieben (VEB) beschäftigt und stellten 96 Prozent der gesamten Erzeugnisse her, die ebenfalls als volkseigen bezeichnet wurden. Die volkseigenen Betriebe arbeiteten auf Grundlage des Plans (→) (Planwirtschaft). Auch Einrichtungen wie Schulen, Museen, Theater, Sportplätze zählten zum Volkseigentum. Real gesehen kann „volkseigen" jedoch mit „staatlich" gleichgesetzt werden, da es nach marxistisch-leninistischer Anschauung keine Trennung zwischen Staat und Volk gab. Problematisch war jedoch der Umgang mit den volkseigenen Produktionsmitteln, da sie ja allen, also faktisch niemandem gehörten, herrschte in den Köpfen eine stark ausgeprägte Selbstbedienungsmentalität. Mangelnde Motivation, fehlendes Verantwortungsbewusstsein und Verschwendung trugen ihr Übriges zum Niedergang der DDR-Wirtschaft bei.

**Volkskammer**

Höchste, nach Einheitslisten gewählte Volksvertretung der DDR (Quasi-Parlament der DDR). 500 Abgeordnete wurden für die Dauer von fünf Jahren gewählt (Einheitslisten der Nationalen Front [→]). Die Sitzverteilung der einzelnen Parteien und Massenorganisationen (→) war vorgeschrieben und von der SED und ihren Vereinigungen geprägt. Vorrangige Aufgaben der V.: Wahl der zentralen Staatsorgane, Verabschiedung von Gesetzen.

**Volkskorrespondent** (VK)

1948 eingeführte ehrenamtliche Mitarbeiter bei Zeitungen und beim Rundfunk. Vor allem Arbeiter aus den verschiedensten Wirtschaftszweigen sollten über Entwicklungen und Ergebnisse aus ihrem Arbeits- und Lebensumfeld berichten. VK wurden von den Redaktionen ausgewählt und weitergebildet. Für ihre Arbeit erhielten sie ein Honorar oder eine Prämie. Volkskorrespondent war aber vorrangig die Bezeichnung für jede Art von freien Mitarbeitern der Presse (Berichterstatter, Reporter, Fotograf), die genauso über Sport und Kulturleben usw. berichteten.

**Volkspolizei** (VP)

Die Deutsche Volkspolizei (DVP) war ein bewaffnetes Organ (→) zur Aufrechterhaltung der öffentlichen Ordnung und Sicherheit. Ihr waren alle klassischen Polizeiaufgaben zugeordnet, wie Aufklärung, Untersuchung und Vorbeugung von Straftaten, Ahndung von Ordnungswidrigkeiten, Beseitigung von Gefahren und Störungen der öffentlichen Ordnung und Sicherheit, Aufrechterhaltung der Ordnung und Sicherheit im Straßenverkehr etc., Einhaltung der Pass- und Meldebestimmungen. Zur Volkspolizei gehörten auf Kreis-, Bezirks- und zentraler Ebene: Schutz-, Kriminal-, Verkehrspolizei, Pass- und Meldewesen, Transport- und Bereitschaftspolizei (spezielle Einsätze, auch gegen Demonstrationen). Die Volkspolizisten oder „VoPos" (auch: Vopos)[2] , wie sie gemeinhin genannt wurden, zeigten dem Bürger meist recht offensiv, wer die Staatsgewalt in den Händen hielt. Freundliches

---

[2] In der teils oberflächlichen und undifferenzierten Berichterstattung in der Bundesrepublik und im Sprachgebrauch der Bevölkerung werden oft alle „Uniformierten" der DDR als „Vopos" bezeichnet.

Verhalten und deeskalierende Zurückhaltung definierten die „VoPos“ nur selten zu ihrem Aufgabenbereich. Scheinbar gingen sie von dem Grundsatz aus, dass jeder Bürger zur Gefahr für die öffentliche Ordnung und Sicherheit werden könne und damit einen potentiellen Feind darstellt.

**Warschauer Vertrag** (auch: Warschauer Pakt)
Am 14.05.1955 geschlossenes Bündnis zwischen den sozialistischen Staaten Osteuropas unter der Führung der UdSSR. Der Vertrag koordinierte die Sicherheits-, Militär- und Außenpolitik der sog. Ostblockstaaten. Der W. kann als Reaktion auf die Pariser Verträge, die eine Remilitarisierung Westdeutschlands vorsahen, gewertet werden. Der Pakt bedeutete das militärische Gegengewicht zur NATO. Mit der Teilung Europas in zwei Blöcke gingen die Errichtung des „Eisernen Vorhangs“, die latente Bedrohung des Kalten Krieges und das Wettrüsten einher, bei dem die Warschauer Vertragsstaaten schließlich technologisch und finanziell ins Hintertreffen gerieten.

**Weißes Band**
Weiße, schmale Bändchen als Anstecker an der Jacke oder befestigt an der Autoantenne kennzeichneten vor und während des Zusammenbruchs der DDR die Ausreisewilligen.

**Wende**
Von Egon Krenz geprägter Euphemismus für die revolutionären Ereignisse 1989. Bei seiner Antrittsrede als Generalsekretär des Zentralkomitees der SED (→) am 18.10. sprach er von der „Unumkehrbarkeit der Wende“, die in seiner Partei eingeleitet worden sei.

**Zentralkomitee der SED** (ZK der SED)
Höchstes Organ (→) der SED zwischen den Parteitagen. Der Vorsitzende des ZK der SED war der mächtigste Mann im Staat. Aus dem Zentralkomitee wurde das Politbüro gewählt, dessen Mitglieder den inneren Kreis der DDR-Führung darstellte.

# Abkürzungen

Abb. - Abbildung
ABI - Arbeiter-und-Bauern-Inspektion
Abk. - Abkürzung
Abt. - Abteilung
ABV - Abschnittsbevollmächtigter (Polizei)
a. d. L. - an der Lederhecke
ADN - Allgemeiner Deutscher Nachrichtendienst (DDR-Nachrichtenagentur)
AfNS - Amt für Nationale Sicherheit (Nachfolgeeinrichtung des Ministeriums für Staatssicherheit)
AG - Arbeitsgebiet, Arbeitsgemeinschaft, Arbeitsgruppe
Agitprop - Agitation und Propaganda
AJL - Alternative Jugendliste
AN - Aktennotiz
AO - Anordnung
Apr. - April
ARD - Arbeitsgemeinschaft der öffentlich-rechtlichen Rundfunkanstalten der Bundesrepublik Deutschland
AVL - Aktionsbündnis Vereinigte Linke

b. - bei
BDVP - Bezirksbehörde der Deutschen Volkspolizei
bes. - besonders
B.F.D. - Bund Freier Demokraten (Vorläufer der F.D.P. in Ostdeutschland)
BGL - Betriebsgewerkschaftsleitung
BHG - Bäuerliche Handelsgenossenschaft
BKA - Bundeskriminalamt
BKK - Bereich Kommerzielle Koordinierung
BL - Bezirksleitung (der SED)
BPS - Bezirksparteischule (hier: in Schleusingen)
BRD - Bundesrepublik Deutschland
BStU - Der Bundesbeauftragte für die Unterlagen des Staatssicherheitsdienstes der ehemaligen Deutschen Demokratischen Republik
BT - Bezirkstag
BV - Bezirksverwaltung des MfS (s. auch BVfS)
BVfS - Bezirksverwaltung für Staatssicherheit

CDU - Christlich Demokratische Union
chin. - chinesisch
CSSR - Tschechoslowakische Sozialistische Republik
CSU - Christlich-Soziale Union

DA - Demokratischer Aufbruch (Partei)
DA - Dienstauftrag
DB - Durchführungsbestimmung

DBD - Demokratische Bauernpartei Deutschlands
DDR - Deutsche Demokratische Republik
Dez. - Dezember
DFD - Demokratischer Frauenbund Deutschlands
Dipl.-Med. - Diplom-Mediziner
DM - Deutsche Mark
D-Mark - Deutsche Mark
dpa - Deutsche Presseagentur
DRK - Deutsches Rotes Kreuz
DSF - Gesellschaft für Deutsch-Sowjetische Freundschaft (DDR-Massenorganisation)
DSU - Deutsche Soziale Union
dt./Dt. - deutsch, Deutschland
DTSB - Deutscher Turn- und Sportbund
DV - (1) Dienstvorschrift
- (2) Datenverarbeitung
d. Verf. - der/die Verfasser
DVP - Deutsche Volkspolizei

ehem. - ehemals, ehemalig
eigtl. - eigentlich
EOS - Erweiterte Oberschule
EU - Europäische Union
ev., evang. - evangelisch
e. V. - eingetragener Verein

f. - für
Fa. - Firma
FDGB - Freier Deutscher Gewerkschaftsbund (DDR-Einheitsgewerkschaft)
FDJ - Freie Deutsche Jugend
Febr. - Februar
FIM - Führungs-IM der Staatssicherheit, der haupt- oder ehrenamtlich andere IM führt
fm - Festmeter
FO - Feindobjekt
FW - Freies Wort (regionale Tageszeitung)

GBK - Grenzbezirkskommando
Gen. - Genosse
GKK - Grenzkreiskommando
GMS - Gesellschaftlicher Mitarbeiter für Sicherheit der Staatssicherheit
GÖV - Gesetz über die örtlichen Volksvertretungen
GSB - Grenzschutzbund der DDR
GSSD - Gruppe der Sowjetischen Streitkräfte in Deutschland
GVS - Geheime Verschlusssache

ha - Hektar

| | |
|---|---|
| HA | - Hauptabteilung (Staatssicherheit) |
| Hg. | - Herausgeber(in) |
| HIM | - Hauptamtlicher Inoffizieller Mitarbeiter der Staatssicherheit, der finanziell und sozial versorgt wird |
| HO | - Handelsorganisation (in der DDR) |
| HV A | - Hauptverwaltung Aufklärung der Staatssicherheit |
| | |
| IM | - Informeller Mitarbeiter, Inoffizieller Mitarbeiter der Staatssicherheit |
| IMB | - Inoffizieller Mitarbeiter der Abwehr mit Feindverbindung bzw. zur unmittelbaren Bearbeitung im Verdacht der Feindtätigkeit stehender Personen (Staatssicherheit) |
| IME | - Inoffizieller Mitarbeiter für einen besonderen Einsatz, zumeist in einer Führungsposition der Staatssicherheit tätig (z. B. Ermittler, Experte o. ä.) |
| IMF | - Inoffizieller Mitarbeiter der inneren Abwehr mit Feindverbindungen zum Operationsgebiet (Staatssicherheit) |
| IMK | - Inoffizieller Mitarbeiter zur Sicherung der Konspiration und des Verbindungswesens (oftmals Besitzer od. Verwalter von Wohnungen für konspirative Zwecke o. ä.) (Staatssicherheit) |
| IMS | - Inoffizieller Mitarbeiter zur politisch-operativen Durchdringung und Sicherung des Verantwortungsbereiches (Staatssicherheit), ca. 80 - 85 % aller IM |
| IMV | - Inoffizieller Mitarbeiter, der unmittelbar an der Bearbeitung und Entlarvung im Verdacht der Feindtätigkeit stehender Personen mitarbeitet (Staatssicherheit) |
| insges. | - insgesamt |
| Inv.-Rente | - Invalidenrente |
| | |
| Jg. | - Jahrgang |
| | |
| K I | - Arbeitsgebiet I der Kriminalpolizei, arbeitet mit inoffiziellen Kräften |
| KA | - Kreisamt |
| KAfNS | - Kreisamt für Nationale Sicherheit |
| KAP | - Kooperative Abteilung Pflanzenproduktion |
| KD | - Kreisdienststelle |
| KDfS | - Kreisdienststelle für Staatssicherheit |
| KfL | - Kreisbetrieb für Landtechnik |
| Kfz | - Kraftfahrzeug |
| KGB | - Komitet gossudarstwennoi besopasnosti = Komitee für Staatssicherheit (Geheimdienst der ehem. Sowjetunion) |
| KL | - Kreisleitung (der SED) |
| KO | - Konspiratives Objekt (Staatssicherheit) |
| KoKo | - Bereich Kommerzielle Koordinierung (Unternehmen des Außenhandelsministeriums der DDR unter Mitwirkung des MfS gegründet) |
| Koll. | - Kollege |
| KOM | - Kraftomnibus |
| KP | - (1) Kommunistische Partei |
| | - (2) Kontaktperson (Staatssicherheit) |
| KPD | - Kommunistische Partei Deutschlands |

| | |
|---|---|
| KPKK | - Kreisparteikontrollkommission (der SED) |
| KSZE | - Konferenz über Sicherheit und Zusammenarbeit in Europa |
| KT | - Kreistag |
| KW/KO | - Konspirative Wohnung, Konspiratives Objekt |
| KZ | - Konzentrationslager |
| | |
| LDP | - Liberal-Demokratische Partei |
| LDPD | - Liberal-Demokratische Partei Deutschlands |
| Lkrs. | - Landkreis |
| Lkw | - Lastkraftwagen |
| LPG | - landwirtschaftliche Produktionsgenossenschaft |
| lt. | - laut |
| | |
| männl. | - männlich |
| MdB | - Mitglied des Bundestags |
| MdI | - Ministerium des Innern |
| MdL | - Mitglied des Landtags |
| MfS | - Ministerium für Staatssicherheit |
| mind. | - mindestens |
| Mio. | - Millionen |
| MR | - Medizinalrat |
| | |
| NASI | - Amt für Nationale Sicherheit (spöttische Bezeichnung in Anlehnung an „Stasi“ für Ministerium für Staatssicherheit) |
| NATO | - North Atlantic Treaty Organization |
| NDPD | - National-Demokratische Partei Deutschlands |
| NF | - Neues Forum |
| NKWD | - Narodny Kommissariat Wnutrennich Del (Volkskommissariat für Innere Angelegenheiten) (sowjetische staatsterroristische Geheimpolizei 1934 - 1946) |
| N. N. | - lat. nomen nescio - „den Namen weiß ich nicht“, „irgend jemand“ (anstelle eines unbekannten Namens) |
| Nov. | - November |
| NSW | - Nichtsozialistisches Wirtschaftsgebiet |
| NVA | - Nationale Volksarmee |
| NVR | - Nationaler Verteidigungsrat |
| | |
| o.ä. | - oder ähnlich(es) |
| od. | - oder |
| OGS | - Obst, Gemüse, Speisekartoffeln (Handelskombinat) |
| OHS | - Offiziershochschule |
| OibE | - Offizier im besonderen Einsatz, verdeckt arbeitender hauptamtlicher Mitarbeiter des MfS |
| o. J. | - ohne Jahr |
| Okt. | - Oktober |
| OMR | - Obermedizinalrat |
| OPK | - Operative Personenkontrolle (Staatssicherheit) |
| OV | - Operativer Vorgang (Staatssicherheit) |

| | |
|---|---|
| ÖVW | - örtliche Versorgungswirtschaft |
| | |
| PGH | - Produktionsgenossenschaft des Handwerks |
| PiD | - politisch-ideologische Diversion |
| PKE | - Passkontrolleinheit |
| Pkw | - Personenkraftwagen |
| Politbüro | - Politisches Büro (des Zentralkomitees der SED) |
| poln. | - polnisch |
| POS | - polytechnische Oberschule |
| PUT | - Politische Untergrundtätigkeit |
| | |
| rpt (engl.) | - repeated = wiederholt |
| russ. | - russisch |
| | |
| s. | - siehe |
| S. | - Seite |
| SBZ | - Sowjetische Besatzungszone |
| Schraube | - VEB Schrauben- und Normteilewerk Hildburghausen |
| SDP | - Sozialdemokratische Partei (nach Gründung 1989 in der DDR) |
| SED | - Sozialistische Einheitspartei Deutschlands |
| SED-UnBerG | - SED-Unrechtsbereinigungsgesetz |
| Sept. | - September |
| SERO | - (Kurzwort für) Sekundärrohstoffe |
| SMAD | - Sowjetische Militäradministration in Deutschland |
| SMH | - Schnelle Medizinische Hilfe |
| sog., sogen. | - sogenannte, sogenannter, sogenanntes |
| Soli | - Solidaritätsspende für die Gewerkschaft (FDGB) oder für eine Hilfsaktion |
| SPD | - Sozialdemokratische Partei Deutschlands |
| Stasi | - (volkstümlich) für Staatssicherheit der ehem. DDR |
| stellv. | - stellvertretend, Stellvertreter |
| StGB | - Strafgesetzbuch |
| Str. | - Straße |
| StUÄndG | - Stasi-Unterlagen-Änderungs-Gesetz |
| StUG | - Stasi-Unterlagen-Gesetz |
| StVA | - Strafvollzugsanstalt |
| SV | - Sozialversicherung |
| | |
| tgl. | - täglich |
| Thür./thür. | - Thüringen/Thüringer/thüringisch |
| tschech. | - tschechisch, tschechoslowakisch |
| | |
| u. | - und |
| u.a. | - und andere, unter anderem |
| u. ä. | - und ähnliche, und ähnliches |
| UN | - United Nations (Vereinte Nationen) |
| urspr. | - ursprünglich |
| UV | - Untersuchungsvorgang |

| | |
|---|---|
| UWuBu | - Ulbrichts Wucherbuden |
| | |
| v. | - vom, von |
| v. a. | - vor allem |
| VBS | - Verband der Berufssoldaten der DDR |
| VdF | - Verband der Freidenker |
| VdgB | - Vereinigung der gegenseitigen Bauernhilfe |
| VDJ | - Verband der Deutschen Journalisten, seit 1972 Verband der Journalisten der DDR |
| VEB | - volkseigener Betrieb |
| vermutl. | - vermutlich |
| VK | - Volkskorrespondent |
| VL | - Vereinigte Linke |
| VMI | - Volkswirtschaftliche Masseninitiative |
| VO | - (1) Verordnung |
| | - (2) Verbindungsoffizier |
| Vopo/VoPo | - Volkspolizist |
| Vors. | - Vorsitzende(r) |
| VP | - Volkspolizei |
| VPKA | - Volkspolizei-Kreisamt |
| v. r. n. l. | - von rechts nach links |
| VVB | - Vereinigung Volkseigener Betriebe |
| VVS | - Vertrauliche Verschlusssache |
| | |
| ZAIG | - Zentrale Auswertungs- und Informationsgruppe (Staatssicherheit) |
| ZENTRAG | - Zentrale Druckerei-, Einkaufs- und Revisionsgesellschaft (später auch VOB Zentrag), untersteht der SED. Ca. 90 % der Druckereien unterstehen der ZENTRAG. |
| ZK | - Zentralkomitee der SED |
| ZOS | - Zentraler Operationsstab |
| ZOV | - Zentraler Operativer Vorgang |
| ZPKK | - Zentrale Parteikontrollkommission |
| ZV | - Zivilverteidigung |

# Ortsregister

**(Nicht erfasst wurden die Begriffe Deutschland, Drittes Reich, Sowjetische Besatzungszone, Deutsche Demokratische Republik, Bundesrepublik Deutschland, beide deutsche Staaten o. ä.)**

# Personenregister

**(in Klammern: Beruf bzw. Funktion zum Zeitpunkt, Lebensdaten)**

# Literatur und Quellen


AKTIV STAATSSICHERHEIT DER ZEITWEILIGEN KOMMISSION DES BEZIRKSTAGES SUHL FÜR AMTSMISSBRAUCH UND KORRUPTION (REDAKTION: BRIGITTA WURSCHI, MARTIN MONTAG, PETER SEIFERT, EBERHARD SCHNEIDER, VILMOS SIDLO, RENÉ HÜBNER) (Hg.):
Genossen! Glaubt's mich doch! Ich liebe Euch alle! Dokumentation des Aktivs Staatssicherheit und der zeitweiligen Kommission „Amtsmißbrauch und Korruption" des Bezirkstages Suhl. - Suhl, 1990.

ALBERT, REINHOLD:
Festschrift 875 Jahre Gompertshausen 1119 - 1994. - Gompertshausen, 1994.

ALBERT, REINHOLD:
1049 - 1999. 950 Jahre Rieth. Chronik von Rieth und Albingshausen. - Hellingen, 1999.

ALBERT, REINHOLD:
Die Staatssicherheit hatte auch den Zimmerauer Bayernturm sowie bayerische Grenzinformationsstellen im Visier.
(1) In: Echo der Lederhecke. Mitteilungsblatt der Gemeinde Sulzdorf a. d. L. 4/1999 (Oktober - Dezember 1999).
(2) In: Frankenland. Zeitschrift für fränkische Landeskunde und Kulturpflege. Würzburg, Heft 6/1999, S. 420 ff.

ARNOLD, KARL-HEINZ:
Die ersten hundert Tage - Hans Modrow. - Berlin, 1990.

AUERBACH, THOMAS: Vorbereitung auf den Tag X - Die geplanten Isolierungslager des MfS. In: Schriftenreihe des BUNDESBEAUFTRAGTEN FÜR DIE UNTERLAGEN DES STAATSSICHERHEITSDIENSTES DER EHEMALIGEN DEUTSCHEN DEMOKRATISCHEN REPUBLIK. - Berlin, 1995.

BAHRMANN, HANNES und CHRISTOPH LINKS:
Chronik der Wende (Bde. 1/2). - Berlin, 1994.

BILKE, JÖRG BERNHARD:
Erste Schritte ins verbotene Land / Besuch in Thüringen nach 35 Jahren. In: Grenzenlos - Erfahrungen aus der geteilten Heimat Thüringen und Franken. Hg. CLAUDIA SCHUGG-REHEIS und MICHAEL BAHR. - Coburg, 1990.

CISSEK, PETER:
In Hibu war die Stasi besonders eifrig - Kreisdienststelle sorgte für die größte Unterlagensammlung. In: Freies Wort, 09.10.1998. - Suhl, 1998.

COBURGER TAGEBLATT:
Jahrgänge 1989/90. - Coburg.

DER BUNDESBEAUFTRAGTE FÜR DIE UNTERLAGEN DES STAATSSICHERHEITSDIENSTES DER EHEMALIGEN DEUTSCHEN DEMOKRATISCHEN REPUBLIK:
Abkürzungsverzeichnis. Häufig verwendete Abkürzungen und Begriffe des Ministeriums für Staatssicherheit. - Berlin, 1996.

DER BUNDESBEAUFTRAGTE FÜR DIE UNTERLAGEN DES STAATSSICHERHEITSDIENSTES DER EHEMALIGEN DEUTSCHEN DEMOKRATISCHEN REPUBLIK:
Vierter Tätigkeitsbericht des Bundesbeauftragten für die Unterlagen des Staatssicherheitsdienstes der ehemaligen Deutschen Demokratischen Republik, 1999. - Berlin, 1999.

DORNHEIM, ANDREAS:
Politischer Umbruch in Erfurt 1989/90. -Weimar/Köln/Wien, 1995.

DORNHEIM, ANDREAS:
Der Demokratisierungsprozeß in Thüringen 1989. In: Thüringen - Blätter zur Landeskunde (Hg. Landeszentrale für politische Bildung Thüringen). - Erfurt, 1997.

DORNHEIM, ANDREAS:
Das MfS in Thüringen während der Wende 1989/90. In: Thüringen - Blätter zur Landeskunde (Hg. Landeszentrale für politische Bildung Thüringen). - Erfurt, 1997 (2. Aufl.).

ENGELMANN, ROGER:
Zu Struktur, Charakter und Bedeutung der Unterlagen des Ministeriums für Staatssicherheit. In: Schriftenreihe des Bundesbeauftragten für die Unterlagen des Staatssicherheitsdienstes der ehemaligen Deutschen Demokratischen Republik. - Berlin, 1994, Heft 3.

FRÄNKISCHER TAG:
Regionalausgaben der Jahre 1989/90. - Bamberg.

FREIES WORT:
Jahrgänge 1989/90. - Suhl.

FREISTAAT THÜRINGEN:
Der Landesbeauftragte des Freistaates Thüringen für die Unterlagen des Staatssicherheitsdienstes der ehemaligen Deutschen Demokratischen Republik. Informationsmaterial an die Fraktionen der Kreistage und kreisfreien Städte. - Erfurt, 1994.

FRIEDRICH, MARGOT:
Eine Revolution nach Feierabend. Eisenacher Tagebuch der Revolution. Marburg, 1991.

GRAMS, EDGAR:
Die friedliche Revolution - Die historischen Ereignisse vom 18. August 1989 bis zum 3. Oktober 1990, dem Tag der deutschen Einheit. - Sonneberg, 1997.

HENKE, KLAUS-DIETMAR; SIEGFRIED SUCKUT, CLEMENS VOLLNHALS, WALTER SÜSS und ROGER ENGELMANN (Hg.):
MfS-Handbuch. Anatomie der Staatssicherheit. Die Organisationsstruktur des Ministeriums für Staatssicherheit 1989. In: Schriftenreihe des Bundesbeauftragten für die Unterlagen des Staatssicherheitsdienstes der ehemaligen Deutschen Demokratischen Republik. - Berlin, 1995.

HERBERG, DIETER; DORIS STEFFENS und ELKE TELLENBACH:
Schlüsselwörter der Wendezeit. Wörterbuch zum öffentlichen Sprachgebrauch 1989/90. - Berlin, 1997.

HERBST, ANDREAS; WINFRIED RANKE und JÜRGEN WINKLER:
So funktionierte die DDR.
Band 1: Lexikon der Organisationen und Institutionen. Abteilungsgewerkschaftsleitung (AGL) - Liga der Völkerfreundschaft der DDR.
Band 2: Lexikon der Organisationen. Mach-mit-Bewegung - Zollerwaltung der DDR.
Band 3: Lexikon der Funktionäre. - Reinbek bei Hamburg, 1994.

JOHN, JÜRGEN; REINHARD JONSCHER und AXEL STELZNER:
Geschichte in Daten. Thüringen. - München/Berlin, 1995.

KRAUSS, GERD:
Über die Vergangenheit - die Gegenwart und die Zukunft - Zum 10. Jahrestag der ersten Montags-Demo am 30. Oktober 1989 in Hildburghausen. In: Südthüringer Rundschau, Ausgabe 28.10.1999. - Hildburghausen/Hassfurt, 1999.

MOCZARSKI, HEIDI u.a.:
Kreisarchiv Hildburghausen. Kurze Übersicht über die Bestände. - Hildburghausen, 1997.

MOCZARSKI, HEIDI und HANS-JÜRGEN SALIER:
Kleine Landkreis-Chronik Hildburghausen. - Hildburghausen, 1997.

MAIER, GERHART:
Die Wende in der DDR. - Bonn, 1990.

NEUE PRESSE:
Jahrgänge 1989/90. - Coburg.

NEUE PRESSE (Hg.):
Deutschland einig Vaterland - Die Geschichte der beiden deutschen Staaten und ihre Vereinigung dokumentiert am Beispiel Südthüringen, Unter- und Oberfranken. - Coburg, 1991.

NEUES FORUM LEIPZIG (Hg.):
Jetzt oder nie - Demokratie! Leipziger Herbst '89 - Zeugnisse, Gespräche, Dokumente. Mit einem Vorwort von Rolf Henrich. - Leipzig 1989 (2. Aufl.).

PFRENGER, MICHAEL:
Herbststimmung in Eisfeld. In: eisfelder zeit. 10 Jahre Grenzöffnung. Herausgeber: Verein zur Pflege und Erhaltung von Kirche und Schloss zu Eisfeld e. V., Heft 6. - Eisfeld, 1999, S. 21 - 27.

SALIER, BASTIAN und HANS-JÜRGEN SALIER:
„Happy birthday, Polizeistaat!" Vor 7 Jahren - Daten und Fakten rund um den 40. Jahrestag des SED-Staates Deutsche Demokratische Republik und Stationen auf dem Weg zur deutschen Einheit. Serie in: Südthüringer Rundschau. - Hildburghausen/Hassfurt, 1996.

SALIER, HANS-JÜRGEN:
Demarkationslinie - „Staatsgrenze". Serie in: Freies Wort. - Suhl, 1997.

SALIER, HANS-JÜRGEN:
Chronik der Stadt Hildburghausen. Band 1. - Hildburghausen, 1999.

SALIER, HANS-JÜRGEN und BASTIAN SALIER:
Wie die 89er Revolution auch den Landkreis Hildburghausen erfasste. Serie in 3 Folgen in: Freies Wort. - Suhl, 02. - 04.11.1999.

SALIER, HANS-JÜRGEN und BASTIAN SALIER:
Wir hatten Angst, aber wir hatten den Willen, etwas zu tun - Gedanken zur friedlichen Revolution 1989. In: Hildburghäuser Lesebuch. - Hildburghausen, 1999.

SCHÄTZLEIN, GERHARD:
DDR-Staatssicherheit und Grenze.
(1) In: Echo der Lederhecke. Mitteilungsblatt der Gemeinde Sulzdorf a. d. L. 4/1999 (Oktober - Dezember 1999).
(2) In: Frankenland. Zeitschrift für fränkische Landeskunde und Kulturpflege. - Würzburg, Heft 6/1999, S. 430 f.

SCHÄTZLEIN, GERHARD; BÄRBEL RÖSCH und REINHOLD ALBERT:
Grenzerfahrungen Bayern - Thüringen 1945 bis 1971. Bd. I. - Hildburghausen, 1999 (2. Aufl. 2000).

SCHLEY, NADINE und BASTIAN SALIER:
Stationen des Wandels in der ehemaligen SED-Bezirkspresse seit 1989 (Manuskript). - Leipzig, 1996.

SCHEFFLER, UTE und DAGMAR WINKLHOFER (Hg.):
Wir sind das Volk.
Heft 1 - Aufbruch 89: Die Bewegung bis 18. Oktober 1989;
Heft 2 - Hoffnung 89: Die Bewegung bis 9. November 1989;
Heft 3 - Ungeduld 89: Die Bewegung. November/Dezember 1989. - Halle/Leipzig, 1989/90.

SOMMER, STEFAN:
Lexikon des DDR-Alltags. Von „Altstoffsammlung" bis „Zirkel schreibender Arbeiter". - Berlin, 1999.

SPITTMANN, ILSE und GISELA HELWIG (Hg.):
Chronik der Ereignisse in der DDR. - Köln, 1990.

STROHBUSCH, HORST:
Das Licht kam aus der Kirche. Die Wende in Meiningen 1989 - 1990. - Meiningen, 1999.

SUCKUT, SIEGFRIED:
Das Wörterbuch der Staatssicherheit - Definitionen zur „politisch-operativen Arbeit". - Berlin, 1996.

SÜSS, WALTER:
Das Verhältnis von SED und Staatssicherheit. Eine Skizze seiner Entwicklung. Schriftenreihe des Bundesbeauftragten für die Unterlagen des Staatssicherheitsdienstes der ehemaligen Deutschen Demokratischen Republik. - Berlin, 1997, Nr. 17.

VEREIN ZUR PFLEGE UND ERHALTUNG VON KIRCHE UND SCHLOSS ZU EISFELD E.V.:
eisfelder zeit. 10 Jahre Grenzöffnung, Heft 6. - Eisfeld, 1999.

Wende '89 im Bezirk Suhl. Gemeinsame Ausstellung des Thüringischen Staatsarchivs Meiningen, des Bundesbeauftragten für die Unterlagen des Staatssicherheitsdienstes der ehemaligen DDR und vom FREIEN WORT Suhl (im ehemaligen Gefängnis des Minsteriums für Staatssicherheit in Suhl) sowie Zeittafel. Ereignisse und Prozesse der Monate September bis Dezember 1989. Als Manuskript vervielfältigt. - Meiningen/Suhl, 1999.

WIEGAND, WOLFGANG:
Eine Chronik der Wende 1989 im Sonneberger Land. In: Jahrbuch des Landkreises Sonneberg. - Sonneberg, 1999.

WOLLE, STEFAN: Die heile Welt der Diktatur. Alltag und Herrschaft in der DDR 1971 - 1989. - München 1999

ZENTRALKOMITEE DER SED/ABTEILUNG AGITATION UND PROPAGANDA:
Informationen 1989/7, Nr. 261. - o. O. (Berlin), o. J. (1989).

Tonbandmitschnitte, Protokolle, Tagebuchaufzeichnungen und Redemanuskripte aus dem Zeitraum Oktober 1989 bis März 1990. Sammlung SALIER.

## Abbildungsnachweis

Bernhard Grossmann, Hildburghausen Titel, 52 (6), 53 (2), 54 (6), 55 (2), 184
Frank Elsner, Hildburghausen 66, 139 (2)
Freies Wort, Hildburghausen und Suhl 26, 33, 47, 48, 60/61, 65 (2), 76, 79, 84, 87, 95, 100, 101, 102, 145, 148, 149, 154/55, 158, 162/63, 164, 165, 166, 169, 172/73, 178/79, 182/83, 188, 190 (2)
Walter Hörnlein, Erlau 186
Hans-Hermann Langguth, Eisfeld 33, 59
Bastian Salier, Leipzig 141 (2), 192 (2), 194, 195, 197, 198, 227
Sammlung Salier, Hildburghausen 22/23, 69, 70, 71, 111, 117-121, 143
Bruno Schubarth, Gellershausen 66

## Dank

Ein herzliches Dankeschön sagen wir allen Freunden, die uns mit ihrem Rat zur Seite standen oder uns Dokumentarmaterial zur Verfügung stellten (in alphabetischer Reihenfolge):

Reinhold Albert, Sternberg (Gemeinde Sulzdorf an der Lederhecke)
Bernhard Großmann, Hildburghausen
Helmut Göpfert, Hildburghausen
Gerd Krauß, Hildburghausen
Fritz-Georg Kupfer, Hildburghausen
Landratsamt Hildburghausen - Kreisarchiv
Hans-Hermann Langguth, Eisfeld
Helmut Mitzenheim, Hildburghausen
Helmut Müller-Enbergs, Gauckbehörde Berlin
Gritt Pfefferkorn, Weimar
Michael Pfrenger, Eisfeld
Südthüringer Rundschau, Hildburghausen
Gerhard Schätzlein, Willmars-Filke
Thüringisches Staatsarchiv Meiningen
Franz-Xaver Stubenitzky, Hildburghausen
Ingwart Ullrich, Hildburghausen
KR Dr. Hanspeter Wulff-Woesten, Hildburghausen

# Zu den Autoren

**Hans-Jürgen Salier**
Diplom-Lehrer, Verleger.
*02.04.1944, Hildburghausen, 1950 bis 1960 Grundschule bzw. Mittelschule II, spätere „Joseph-Meyer-Schule“. 1960 bis 1962 (1963) Studium am Institut für Lehrerbildung Meiningen. 1963 Lehrerprüfung, 1966 bis 1970 Fernstudium an der Pädagogischen Hochschule Erfurt/Mühlhausen als Diplom-Lehrer für Deutsche Sprache und Literatur. Von 1962 bis 1965 Lehrer in Hellingen, 1965 bis 1987 Lehrer an der Zentralen Oberschule Hildburghausen ("Joseph-Meyer-Oberschule") und in der Erwachsenenbildung. 1987 bis 1990 Buchlektor in Berlin für Philatelie, Postgeschichte, Numismatik und Nachrichtenverkehr. Im Oktober 1989 schließt er sich dem NEUEN FORUM an und wird Anfang November Mitglied der LDPD (später LDP, B.F.D., F.D.P.).
Am 01.06.1990 Gründung des „Verlags Frankenschwelle Hans J. Salier“, seit Mai 1995 „Verlag Frankenschwelle KG“, seit 1993 Mitarbeiter im Druckhaus Offizin Hildburghausen GmbH. Seit 1990 Kreisrat der F.D.P., seit 1999 Stadt- und Kreisrat, Vorsitzender des Kreistagsausschusses für Kultur, Bildung und Sport, Ehrenmitglied der Ingenieurverbindung „Hildburgia“.

Publikationen (Auswahl): Herausgeber der Schriftenreihe "Beiträge zur postgeschichtlichen Forschung" des Arbeitskreises Postgeschichte Thüringen (1976 - 1989), „Aus der Postgeschichte von Hildburghausen (1976), „Thurn und Taxissche Ortsaufgabestempel in Thüringen“ (mit DR. KURT REUM, 1977), „Daten zur deutschen Postgeschichte“ (mit WOLFRAM GRALLERT), (1989/90), Jahrbuch „Die Postwertzeichen der Deutschen Post 1988“, Klassische Briefmarken - Geschichten zum 150jährigen Jubiläum (mit PETER FISCHER, Berlin, 1989), „Kleine Landkreis-Chronik Hildburghausen“ (mit HEIDI MOCZARSKI, 1997), „Arbeitserinnerungen des Kupferstechers Karl Seizinger“ (1997), „Zunftliederbuch. Gesellige Lieder nach schönen Weisen für Buchdrucker, Buchbinder, Buchhändler und das ganze Buchgewerbe“ (gemeinsam mit BASTIAN SALIER, 1997), „Chronik der Stadt Hildburghausen“ (1999), „Hildburghäuser Lesebuch“ (gemeinsam mit BASTIAN SALIER, 1999), ca. 150 heimatgeschichtliche Artikel und Serien.

**Bastian Salier**
Journalist.
*10.04.1975, Hildburghausen.
1993 Abitur am Gymnasium Georgianum Hildburghausen, Studium der Journalistik und Politikwissenschaften in Leipzig. Seit 1991 Mitarbeit an verschiedenen Zeitungen und Rundfunksendern. 1994/95 Stadtrat der F.D.P., 1998/99 Volontariat beim Mitteldeutschen Rundfunk in Leipzig, Magdeburg, Weimar und Dresden (Ausbildung zum Hörfunk- und Fernsehredakteur). Lebt als freier Journalist in Leipzig, Mitarbeit an mehreren Fernseh- und Hörfunkproduktionen.

Publikationen: „800 Jahre Massenhausen - Ein Streifzug durch die Geschichte der ehemals kleinsten Gemeinde Deutschlands“ (1995), „Zunftliederbuch. Gesellige Lieder nach schönen Weisen für Buchdrucker, Buchbinder, Buchhändler und das ganze Buchgewerbe“ (gemeinsam mit HANS-JÜRGEN SALIER, 1997), „Hildburghäuser Lesebuch“ (gemeinsam mit HANS-JÜRGEN SALIER, 1999)

# HEIMAT ZUM LESEN

**Verlag Frankenschwelle KG**
Verlagsleiter: Hans-Jürgen Salier
**Geschwister-Scholl-Straße 26**
**98646 Hildburghausen**
**Telefon: 03685/790617**
**Fax: 03685/706009**
**Internet: www.Frankenschwelle.de E-mail info@frankenschwelle.de**

## BUCHTITEL MIT INHALTEN ZUM LEBEN IN DER DDR

Peter Ziegler; Horst Jäger; Bernhard Nieland
**Abseits der großen Städte -**
*10 Tage durch thüringische Rhön und Grabfeld*
*1. Auflage 1991, 484 Seiten, 110 teils farb. Abb., Hartband cell.*
*Preis: DM 39,80 / EUR 19,90*
*ISBN 3-86180-019-5*

Heidi Moczarski; Hans-Jürgen Salier
**Kleine Landkreis-Chronik Hildburghausen**
*1. Auflage 1997, 208 Seiten, 70 Farb- und sw-Abb., Hartband cell.*
*Preis: DM 19,80 / EUR 9,90*
*ISBN 3-86180-066-7*

Hans-Jürgen Salier
**Chronik der Stadt Hildburghausen, Bd. I**
*1. Auflage 1999, 492 Seiten, 133 Abb., Hartband cell.*
*Preis: DM 49,80 / EUR 24,90*
*ISBN 3-86180-065-9*

Wolfgang Brückner (Herausgeber)
**Heimat und Arbeit in Thüringen und Franken -**
*Zum Volksleben einer Kulturregion*
*1. Auflage 1996, 236 Seiten, 84 Abb., davon 22 Farbkarten, Broschur*
*Preis: DM 29,80 / EUR 14,90*
*ISBN 3-86180-061-6*

Norbert Fuchs
**Billmuthausen - Das verurteilte Dorf**
*1. Auflage 1991, 160 Seiten, 41 Abb., Hartband*
*Preis: DM 18,80 / EUR 9,40*
*ISBN 3-86180-006-3*

Ulrike Lischewsky
**Sonneberger Puppen- und Plüschspielzeugproduktion -**
*Studien zum industriellen Arbeitsalltag in der DDR der 50er bis 70er Jahre*
*1. Auflage 1999, 280 Seiten, 58 Abb., Hartband*
*Preis: DM 49,80 / EUR 24,95*
*ISBN 3-86180-081-0*

Erich Hahn
**Das Narrenparadies -**
*Achtzig Späße über meine Landsleute*
*1. Auflage 1991, 200 Seiten, Ganzleinen, Schutzumschlag*
*Preis: DM 22,80 / EUR 11,40*
*ISBN 3-86180-017-9*

Heinz Werner Hübner
**"... und raus bist du!" -**
*Eine Abrechnung (Roman)*
*1. Auflage 1997, 256 Seiten, Hartband*
*Preis: DM 27,80 / EUR 13,90*
*ISBN 3-86180-062-4*

Manfred Weniger
**Das Trabi-Denkmal -**
*Trabigeschichten für große Kinder und Erwachsene*
*3. Auflage 1997, 111 Seiten, Hartband cell.*
*Preis: DM 18,80 / EUR 9,40*
*ISBN 3-86180-049-7*

Gerhard Schätzlein; Bärbel Rösch, Reinhold Albert
**Grenzerfahrungen Bayern - Thüringen 1945 - 1971 (Bd. I)**
*2. Auflage 2000, 384 Seiten, 198 Abb., Hartband*
*Preis: DM 39,80 / EUR 19,80*
*ISBN 3-86180-089-6*

Herbert Mesch
**Gäbe es die DDR noch ...**
*2. Auflage 1999, 176 Seiten, ca. 150 Abb., Broschur (DIN A 5)*
*Preis: DM 19,80 / EUR 9,90*
*ISBN 3-86180-087-X*